U0636038

新編諸子集成

韓非子集解

〔清〕王先慎撰

鍾　哲　點校

中　華　書　局

圖書在版編目(CIP)數據

韓非子集解/(清)王先慎撰;鍾哲點校. —北京:中華書局,2016.4（2025.6重印）
（新編諸子集成）
ISBN 978-7-101-11673-1

Ⅰ.韓… Ⅱ.①王…②鍾… Ⅲ.①法家②《韓非子》-注釋 Ⅳ.B226.52

中國版本圖書館 CIP 數據核字(2016)第 062440 號

責任編輯：張　巍
責任印製：陳麗娜

新編諸子集成

韓非子集解

〔清〕王先慎 撰
鍾　哲　點校

*

中 華 書 局 出 版 發 行
（北京市豐臺區太平橋西里 38 號　100073）
http://www.zhbc.com.cn
E-mail:zhbc@zhbc.com.cn
三河市中晟雅豪印務有限公司印刷

*

920×1250 毫米 1/32 · 17¼印張 · 2 插頁 · 273 千字
2016 年 4 月第 1 版　2025 年 6 月第 7 次印刷
印數:11501-12500 冊　定價:86.00 元

ISBN 978-7-101-11673-1

新編諸子集成精裝本出版説明

子書是我國古籍的重要組成部分。最早的一批子書産生在春秋末到戰國時期的百家争鳴中，其中不少是我國古代思想文化的珍貴结晶。秦漢以後，還有不少思想家和學者寫過類似的著作，其中也不乏優秀的作品。

二十世紀五十年代，中華書局修訂重印了由原世界書局出版的諸子集成。這套叢書匯集了清代學者校勘、注釋子書的成果，較爲適合學術研究的需要。但其中未能包括近幾十年特别是一九四九年後一些學者整理子書的新成果，所收的子書種類不够多，斷句、排印尚有不少錯誤，爲此我們從一九八二年開始編輯出版新編諸子集成，至今已出滿四十種。

爲滿足不同讀者的需求，這套套書將分批出版精裝本，版面疏朗，裝訂考究，非常適合閲讀與收藏。敬請關注。

中華書局編輯部

二○一六年三月

韓非子集解目録

目　録

三

目　録

點校説明

韓非子集解，清王先慎撰。該書以宋乾道本爲主，參考了藏本、張本、凌本、趙本等多種版本，利用了太平御覽、藝文類聚、群書治要、事類賦、白孔六帖等類書和老子、荀子、戰國策、史記、淮南子、文選等著作的有關資料，吸取了盧文弨群書拾補、顧廣圻韓非子識誤、王念孫讀書雜志、俞樾諸子平議、孫詒讓札迻等著作的校釋成果，闡述了作者自己的研究心得，具有很高的學術價值。

這次整理，除重新標點外，正文以四部叢刊影宋乾道本進行校勘，注文按所引之書加以核對。凡有訂正，一律出校説明。不當之處，盼讀者指正。

鍾　哲

一九九五年五月

序

韓非處弱韓危極之時，以宗屬疏遠，不得進用。目擊游說縱橫之徒，顛倒人主以取利，

而奸猾賊民，恣爲暴亂，莫可救止，因痛嫉夫操國柄者，不能伸其自有之權力，斬割禁斷，蕭

朝野而謀治安。其身與國爲體，又燭弊深切，無繇見之行事，爲書以著明之。故其情迫，其

言戁，不與戰國文學諸子等。迄今覽其遺文，推迹當日國勢，苟不先以非之言，殆亦無可爲

治者。仁惠者，臨民之要道，然非以待奸暴也。孟子導時王以仁義，而惡言利，今非之言

曰：「世之學術者說人主，不曰乘威嚴以困奸衰，而皆曰仁義愛。世主亦美仁義之名，而

不察其實。」蓋世主所美，非孟子所謂仁義；說士所言，非仁義惠愛。至勸人主用威，唯

非宗屬乃敢言之。非論說固有偏激，然其云明法嚴刑，救羣生之亂，去天下之禍，使強不陵

弱，眾不暴寡，耆老得遂，幼孤得長，此則重典之用而張弛之宜，與孟子所稱及閭暇明政刑，

用意豈異也！既不能行之於韓，而秦法闇與之同，遂以鉏羣雄，有天下。而董子迺曰秦行

韓非之說。攷非奉使時，秦政立勢成，非往即見殺，何謂行其說哉！書都二十卷，舊注罕所

揮發。從弟先愼爲之集解，訂補闕譌，推究義蘊，然後是書釐然可誦。主道以下，蓋非平日所爲書；初見秦諸篇，則後來附入者。非勸秦不舉韓，爲宗社圖存，畫至無俚，君子於此，尤悲其志焉！光緒二十二年冬十二月葵園老人王先謙序。

序

三

弁　言

韓非子舊有尹知章注，見唐書藝文志，不載卷數，蓋其亡久矣。元何犿稱舊有李瓚注，李瓚無考，宋乾道本不題姓名，未知孰是。太平御覽、事類賦、初學記注所引注文，與乾道注本合，則其人當在宋前。顧其注不全備，且有舛誤，近儒多所匡益。因旁采諸説，間附己見，爲韓非子集解一書。其文以宋乾道本爲主，間有譌脱，據它本訂正焉。光緒二十一年孟冬月長沙王先愼。

攷證

〔漢書藝文志法家〕韓子五十五篇。名非，韓諸公子。使秦，李斯害而殺之。

〔隋書經籍志子部法家〕韓子二十卷，目一卷。韓非撰。

〔舊唐書經籍志丙部子錄法家〕韓子二十卷。韓非撰。

〔唐書藝文志丙部子錄法家〕韓子二十卷。韓非。尹知章注韓子。卷亡。

〔宋史藝文志子類法家類〕韓非子二十卷。韓非撰。

〔晁公武郡齋讀書志子類法家類〕韓子二十卷。右韓非撰。非，韓之諸公子也，喜刑名法術之學，作孤憤、五蠹、說林、說難十餘萬言。秦王見其書，歎曰：「得此人與之遊，死不憾矣！」急攻韓，得非。後用李斯之毀，下吏，使自殺。書凡五十五篇，其極刻覈，無誠惻，謂夫婦父子舉不足相信。而有解老、喻老篇，故太史公以爲大要皆原於道德之意。夫老子之言高矣，世皆怪其流裔何至於是。殊不知老子之書有「將欲歙之，必固張之」，「將欲弱之，必固強之」，「將欲廢之，必固興之」，「將欲奪之，必固與之」及「欲上人者，必以其言下

之，欲先人者，必以其身後之」之言，乃詐也。此所以一傳而爲非歟！

〔陳振孫直齋書錄解題法家類〕 韓子二十卷。 韓諸公子韓非撰。漢志五十五篇，今同。 所謂孤憤、說難之屬皆在焉。

〔王應麟漢藝文志攷證〕 韓子五十五篇。 史記韓非傳：「喜刑名法術之學，而其歸本於黃老。」「作孤憤、五蠹、內外儲、說林、說難十餘萬言」注：新序曰：申子書號曰術，商鞅書號曰法，皆曰刑名。東萊呂氏曰：「太史公謂非喜刑名法術之學，則兼治之也。」索隱按：「韓子書有解老、喻老二篇，是亦崇黃老之學也。」今本二十卷，五十六篇。辨見後。沙隨程氏曰：「非書有存韓篇，故李斯言非終爲韓不爲秦也。後人誤以范睢書廁于其書之間，乃有舉韓之論。通鑑謂非欲覆宗國，則非也。」

〔困學紀聞十〕 韓子曰：「殷之法棄灰於街者。」子貢以爲重，問之仲尼，仲尼曰：『知治之道也。』」以商鞅之法爲殷法，又託於仲尼，法家侮聖言至此。 又「吏者民之本綱也，聖人治吏不治民」，內儲說右下。 斯言不可以韓非廢。

〔國朝四庫全書總目子部法家類〕 韓子二十卷。內府藏本。 周韓非撰。漢書藝文志載韓子五十五篇，張守節史記正義引阮孝緒七錄載韓子二十卷，篇數卷數皆與今本相符。惟

王應麟漢藝文志考證作五十六篇，殆傳寫字誤也。其注不知何人作。考元至元三年何犿本

稱「舊有李瓚注，鄙陋無取，盡爲削去」云云，則注者當爲李瓚。然瓚爲何代人，犿未之言，

王應麟玉海已稱「韓子注不知誰作」，諸書亦別無李瓚注韓子之文，不知犿何所據也。犿本

僅五十三篇，其序稱：「內佚姦劫一篇，說林下，六微內似類〔一〕以下數章。」明萬曆十年趙

用賢購得宋槧，與犿本相校，始知：「舊本六微篇之末尚有二十八條，不止犿所云數章；說

林下篇之首尚有「伯樂教二人相踶馬」等十六章，諸本佚脫其文，以說林上篇「田伯鼎好士」

章逕接此篇「蟲有蚘」章；和氏篇之末自「和雖獻璞而未美，未爲王〔三〕之害也」以下，脫三

百九十六字，姦劫篇之首自「我以清廉事上」以上，脫四百六十字，其脫葉適在兩篇之間，故

其次篇標題與文俱佚，傳寫者各誤以下篇之半連於上篇，遂求其下篇而不得，其實未嘗全佚

也。今世所傳，又有明周孔教所刊大字本，極爲精楷。其序不著年月，未知在用賢前後。

考孔教舉進士，在用賢後十年，疑所見亦宋槧本，故其文均與用賢本同，無所佚闕，今即據以

〔一〕 「似類」，原本作「似煩」，據六微篇改。

〔三〕 「王」，原本作「玉」，據和氏篇改。

繕録，而校以用賢之本。考史記非本傳稱：「非見韓削弱，數以書諫韓王，韓王不能用。」

「悲廉直不容於邪枉之臣，觀往者得失之變，故作孤憤、五蠹、内外儲說、説林、説難十餘萬

言。」又云：「人或傳其書至秦，秦王見其孤憤、五蠹之書，」則非之著書，當在未入秦前。史

記自敘所謂韓非囚秦，說難、孤憤者，乃史家駁文，不足爲據。今書冠以初見秦，次以存韓，

皆入秦後事，雖似與史記自序相符，然傳稱：「韓王遣非使秦，」「秦王說之，未信用，李斯、姚賈

害之」，「下吏治非，李斯使人遺之藥，使自殺」。計其間未必有暇著書。且存韓一篇，終以

李斯駁非之議及斯上韓王書，其事與文皆爲未畢。疑非所著書，本各自爲篇，非歿之後，其

徒收拾編次，以成一帙。故在韓在秦之作，均爲收錄，併其私記未完之槀亦收入書中，名爲

非撰，實非非所手定也。以其本出於非，故仍題非名，以著於錄焉。

〔四庫全書子部法家類存目〕　韓子迂評二十卷。内府藏本。　舊本題「明門無子評」，

前列「元何犿校上」，原序署「至元三年秋七月庚午」，結銜題「奎章閣侍書學士」。考元世

祖、順帝俱以至元紀年，而三年七月以紀志干支排比之，皆無庚午日，疑「子」字之誤。奎章

閣學士院，設於文宗天曆二年，止有大學士，尋陞爲學士院，始有侍書學士。則犿進是書在

後至元時矣。觀其序中稱「今天下所急者，法度之廢；所少者，韓子之臣」。正順帝時事

勢也。

門無子自序稱：「坊本至不可句讀，最後得何犿本，字字而讐之，皆不失其舊，乃句爲之讀，字爲之品，間取何氏注而折衷之，以授之梓人」云云。蓋趙用賢翻刻宋本在萬曆十年，此本刻於萬曆六年，故未見完帙，仍用何氏之本。然犿序稱「李瓚注鄙陋無取，盡爲削去」而此本仍間存瓚注，已非何本之舊。且門無子序又稱「取何注折衷之」，則併犿所加旁注，亦有增損，非盡其原文。蓋明人好竄改古書，以就己意，動輒失其本來。萬曆以後，刻版皆然，是書亦其一也。門無子不知爲誰，陳深序稱：「門無子俞姓，吳郡人，篤行君子。」然新舊志乘，皆不載其姓名。所綴評語，大抵皆學究八比之門徑，又出犿注之下。所見如是，宜其敢亂舊文矣。

【四庫全書簡明目錄】　韓子二十卷。

【孫氏祠堂書目諸子法家】　韓非子二十卷。　周韓非撰，凡五十五篇。舊本多所佚脫，明趙用賢始得宋槧校補。又周孔教家大字刻本與趙本亦同，今用以互校，視他刻本爲完善。其注不知何人作，元何犿稱爲李瓚，未知何據也。一、明趙用賢刊本。　一、明吳勉學刊本。　一、明葛鼎刊本。　一、明十行本缺二卷。　一、依宋刻校本。

【盧文弨羣書拾補】　韓非子。　是書有明馮舒已蒼據宋本、道藏本以校張鼎文本外，又

有明淩瀛初本，黃策大字本，今并以校明神廟十年趙用賢二十卷全本。而以是者大書，其異同，作小字注於下。此書注乃元人何犿刪舊李瓚注而爲之者，亦甚略，且鄙謬者亦未刊去。

明孫月峯評點本，并無注，茲不取在所校本中。

〔吳山尊重刻韓非子序〕 翰林前輩夏邑李書年先生好藏古書精槧，而宋乾道刻本韓非子尤其善者。 嘉慶辛未，先生方爲吾省布政使，察賑鳳潁，鼎以後進禮謁於塗次，求借是書，先生辭以在里中。又六年丙子六月，余在揚州，先生督漕淮上，專使送是册來。迺屬好手影鈔一本，以原本還先生。 明年丁丑五月，攜至江甯，孫淵如前輩慫惠付梓。又明年戊寅五月刻成，而淵如已歸道山，可痛也！是本爲明趙文毅刻本所自出，卻有以他本改易處。元和顧君千里實爲余校刊。 千里十四年前已見此册，抉摘標舉，具道此槧之所以善。宋槧誠至寶，得千里而益顯矣。 千里別有識誤三卷，出以贈余，附刻書後，仍歸之千里。 昔鼎爲朱文正師恭跋御製文，及代擬進御文，屢邀兩朝襃賞。 文正曾以奏聞今上，退謂其子錫經，必以藁還鼎，聽入私集。 且與鼎書曰「一不可掠人之美，一不欲亂我之真也」。 鼎老且病，然尚思假年居業，以期有以自立，不敢鸚披隼翼，鹿蒙虎皮也。 是年月陽在己已已胐，舊史氏吳鼎序。

【顧千里韓非子識誤序】　予之爲韓子識誤也，歲在乙丑，客於揚州太守陽城張古餘先
生許。宋槧本，太守所借也，與予向所得述古堂影鈔正同。第十四卷失第二葉，以影鈔者補
之。前人多稱道藏本，其實差有長於趙用賢刻本者耳，固遠不如宋槧也。通而論之，宋槧之誤由乎未嘗校改，故誤之迹往往可尋
元中元日黃三八郎印，亦頗有誤。通而論之，宋槧之誤由乎未嘗校改，故誤之迹往往可尋
也；而趙刻之誤，則由乎凡遇其不解者必校改之，於是而并宋槧之所不誤者，方且因此以
至於誤。其宋槧之所誤，又僅苟且遷就，仍歸於誤，而徒使可尋之迹泯焉，豈不惜哉！予雖
勘數過，推求彌年，既窺得失，乃條列而識之，不可解者未敢妄說。庚午在里中，友人王子渭
爲之寫録，間有所論。厥後攜諸行篋，隨加增定。甲戌以來，再客揚州，值全椒吳山尊學士
知宋槧之善，重刊以行，復舉識誤附於末。竊惟智茶學短，曾何足云，庶後有能讀此書者，將
尋其迹，輒以不敏爲之先道也。　嘉慶廿一年歲在丙子，秋八月。　元和顧廣圻序。

先慎按：藏本有南北之分，故顧氏與盧氏所校多不合。

【孫詒讓札迻卷七】　韓非子某氏注。　吳鼒景宋乾道刻本。　顧廣圻識誤校。　日本蒲阪圓增讀韓非子
校。　盧文弨羣書拾補校。　王念孫讀書雜志餘編校。　俞樾諸子平議校。

佚 文

先慎案：史志載韓子五十五篇，與今本合，似無殘脫，而其佚文之讀者有可考焉。今推究其義，凡可補者，悉注本文之下。其不能附麗者，都爲一類，俾後之讀者有可考焉。

明主之治國也，適其時事以致財物，論其稅賦以均貧富，厚其爵祿以盡賢能，重其刑罰以禁姦邪，使民以力得富，以事致貴，以過受罪，以功置賞而不望慈惠之賜，此帝王之政也。

羣書治要卷四十引。

解狐與邢伯柳爲怨，趙簡主問於解狐曰：「孰可爲上黨守？」對曰：「邢伯柳可。」簡主曰：「非子之讎乎？」對曰：「臣聞忠臣之舉賢也，不避仇讎，邢伯柳聞之，乃見解狐謝。解狐曰：「舉子，公也；怨子，私也，往矣！怨子如異日。」羣書治要卷四十引。

「邢」並作「荆」。其廢不肖也，不阿親近。」簡主曰：「善。」遂以爲守。以上又見藝文類聚卷二十二。

師曠鼓琴，有玄鶴銜明月珠在庭中舞。失珠，曠掩口而笑。北堂書鈔卷一百九引。以上又見初學記卷十六注引。

孫叔敖冬日黑裘，夏日葛衣。北堂書鈔卷一百二十九引。

一百四十三引。

孫叔敖相楚，糲飯菜羹，以上又見初學記卷二十六注引。「相楚」作「爲令尹」。枯魚之膳。北堂書鈔卷

昔齊桓公入山問父老：「此爲何谷？」答曰：「臣舊畜牛生犢，以子買駒，少年謂牛不生駒，遂持而去。傍鄰謂臣愚，遂名愚公谷。」藝文類聚卷九引。事又見劉向説苑。

勢者君之馬也，威者君之輪也。勢固則輿安，威定則策勁，臣從則馬良，民和則輪利。爲國有失於此，覆輿奔馬，折策敗輪矣。輿覆馬奔，策折輪敗，載者安得不危？藝文類聚卷五十二引。

聖人立法，賞足以勸善，威足以勝暴，備足以必完。藝文類聚卷五十四引。

水激則悍，矢激則遠。太平御覽卷三百五十引。

楚王有白猿，王自射之，則搏矢而熙，熙，戲也。使養由基射之，始調弓矯矢，未發而猿擁樹號矣。由基，楚共王之臣養叔也。調，調張也。矯，直也。擁，抱也。案此見太平御覽卷三百五十引。事類賦卷十三注引同。「熙」字作「嬉戲」二字，無「始」字。

天下有至貴而非勢位也，有至富而非金玉也，有至壽而非千歲也」，願恕反性則貴矣，

適情知足則富矣，明生死之分則壽矣。太平御覽卷四五十九引。

木鐸以聲自毀，膏燭以明自爍。太平御覽卷四五十九引。

魏武侯浮西河而下，中流謂吳起曰：「美哉！山河之固，魏國之寶也。」對曰：「在德不在險。昔三苗氏左洞庭而右彭蠡，德義不修，而禹滅之；夏桀之居，左河濟而右太華，伊闕在其南，羊腸在其北，修政不仁，湯放之；商紂之國，左孟門，右太行，常山在其北，大河經其南，修行不德，而武王滅之。王恃險而不修德，舟中之人盡敵國也。」武侯曰：「善。」太平御覽卷四百五十九引。

輿〔一〕人成輿〔二〕，則願人富貴也；非輿〔三〕人仁，不富不貴則〔四〕不售〔五〕也。太平御覽卷六百七引。

加脂粉則膜母進御，蒙不潔則西施棄野，學之爲脂粉亦厚矣。太平御覽卷四百十二引。

勢者君之興也，威者君之策也，臣者君之馬也，民者君之輪也。勢固則興安，威定則策

〔一〕〔二〕〔三〕〔四〕「輿」，原本作「與」，據御覽和備內篇改。

〔五〕「售」，原本作「集」，據備內篇改。

勁，臣順則馬良，人和則輪利。而爲國皆失此，有覆輿、走馬、折策、敗輪矣。太平御覽卷六百二十一引，與藝文類聚引文不合。

爲人君者猶壺也，民亦水也。壺方水方，壺圓水圓。外儲說「壺」作「盂」。太平御覽卷六百二十引。

孫叔敖相楚，衣羖羊裘。太平御覽卷六百九十四引。

公儀休相魯，其妻織布，休曰：「汝豈與世人爭利哉？」遂燔其機。太平御覽卷八百二十引。

舜耕於歷山，農者讓畔；漁於河濱，漁者讓澤。太平御覽卷四百二十四。又八百二十二引：「歷山農侵畔，舜往耕，其年讓畔。」

物有所宜，才有所施，各處其宜，故上下無爲。意林卷一引。

愛人不得獨利，待譽而後利之；憎人不得獨害，待非而後害之。意林卷一引。

不蔽人之美，不言人之惡。意林卷一引。

韓非子序〇先慎曰：此全鈔史記列傳，不得爲序。

韓非者，韓之諸公子也。喜刑名法術之學，而歸其本於黄老。〇先慎曰：史記作「而其歸本於黄老」。

其爲人吃口，〇先慎曰：史記作「非爲人口吃」。與

李斯俱事荀卿，李斯自以爲不如。非見韓之削弱，數以書干韓王，〇先慎曰：史記「干」作「諫」。

索隱：韓王，安也。韓王不能用。於是韓非病治國不務〇先慎曰：史記「不務」下有「脩明其法制，執勢以御其

臣下，富國彊兵，而以」十八〔二〕字。求人任賢，反舉浮淫之蠹，而加之功實之上。以爲儒者用文亂

法，而俠者以武犯禁。寬則寵名譽之人，急則用介胄之士。所用非所養，所養非所用。〇先

慎曰：史記二句互易，上有「今者」二字。廉直不容於邪枉臣，〇先慎曰：史記「臣」上有「之」字。觀往者得失

之變，故作孤憤、五蠹、内外儲、〇先慎曰：史記有「説林」三字。說難五十五篇十餘萬言。〇先慎曰：

史記無「五十五篇」四字。按初見秦、存韓二篇係後人彙集，飾令一篇全載商君書，姦劫弑臣「屬憐王」、國策以爲荀子書，

〔二〕「八」，原本作「九」，據實際字數改。

韓詩外傳同，以五十五篇爲非自作，誤。史記此下全載說難篇。

人或傳其書至秦，秦王見孤憤、五蠹之書，曰：「嗟乎！寡人得見此人與遊，死不恨矣！」李斯曰：「此韓非之所著書。」○先慎曰：史記有「也」字。秦因急攻韓。韓始不用，○先慎曰：史記「韓」字下有「王」字，「用」下有「非」字。及急，乃遣韓非使秦。○先慎曰：史記無「韓」字。秦王悅之，未任用。○先慎曰：史記「任」作「信」。李斯害之。○先慎曰：史記「李斯」下有「姚賈」二字。秦王曰：○先慎曰：史記「秦王」作「毀之」「曰」下有「韓」字。「非，韓之諸公子也，今欲并諸侯，非終爲韓不爲秦，此人情也。○先慎曰：史記「人」下有「之」字。今王不用，久留而歸之，此自遺患也，不如過法誅之。」○先慎曰：史記「如」下有「以」字。秦王以爲然，下吏治非。李斯使人遺藥，令早自殺。○先慎曰：史記「遺」下有「非」字，「令」作「使」，無「早」字。韓非欲自陳，不見。○先慎曰：史記「見」上有「得」字。秦王後悔，使人赦之，非已死矣。

乾道改元中元日黃三八郎印。

韓非子集解卷第一

初見秦第一

○顧廣圻曰：戰國策作張儀說。高誘注：秦惠王也。吳師道補注云：張儀，誤，當作韓非。

非以韓王安五年使秦，始皇十三年也。今案：吳依此，是也。先慎曰：史記秦本紀、六國表並以韓非使秦在始皇十四年，韓世家屬之王安五年。案秦攻韓，紀、表未書。始皇十三年用兵於趙，十四年定平陽、武城、宜安，而後從事於韓，則非之使秦，當在韓王安六年。紀、表爲是。吳師道以非爲韓王安五年使秦，據世家言之，不知作五年者，史駁文也。又案：趙本篇目頂格，下同，不復出。

臣聞不知而言，不智；知而不言，不忠。○先慎曰：秦策「言」下並有「爲」字。爲人臣不忠，當

死，言而不當，亦當死。○盧文弨曰：「言而不當」，策作「言不審」。雖然，臣願悉言所聞，唯大王裁其罪。○先慎曰：爾雅：「裁，度也。」「罪」，即指上「言而不當亦當死」而言。國策高誘注訓「裁」爲「制」，失其義。臣聞：天下陰燕陽魏，燕北，故曰陰；魏南，故曰陽。周禮柞氏疏引爾雅：「山南曰陽，山北曰陰。」陰陽隨山水所指，無庸取大小爲說。此不過舉關東地形而言，燕在陰，魏在陽耳。○先慎曰：高注：「陰小陽大。」案舊注是，高注非也。連荆固齊，收韓而成從，○盧文弨曰：策作「收餘韓成從」。將西面以與秦強爲難。○盧文弨曰：策無「強」字，此倒，當作「強秦」。先慎曰：盧說非，「強」音其兩切。臣竊笑之。世有三亡，而天下得之，得天下。○盧文弨曰：天下得亡之形也。宋本「三亡」作「二亡」，末多「以逆攻順者亡」一句，或此脫。顧廣圻曰：策「三」，末多「以逆攻順者亡」一句，或此脫。宋本「三亡」作「二亡」。張文虎曰：「三亡」，即下所云「以亂攻治者亡，以邪攻正者亡，以逆攻順者亡」（今本脫，依秦策）三端也。「天下」二字，承上「臣聞天下」來，謂天下之攻秦者，犯此三亡也。先慎曰：吳據誤本引作「二」。盧說宋本即指吳所引而言，乾道本作「三」，張榜本、趙本並同，不當作「二」。顧、張說是。其此之謂乎！臣聞之曰：「以亂攻治者亡，以邪攻正者亡，以逆攻順者亡。」○先慎曰：乾道本無「以逆攻順者亡」句，張榜本有，與策合，是也。上言「三亡」，此不當少一句。御覽三百十八引有「以逆攻順者亡」六字，是宋人所見本不脫。今據補。今天下之府庫不盈，困倉空虛，悉其士民，張軍數十百萬，○先慎曰：策作「張軍數千百萬」。虛張其軍號稱數千百萬耳。姚本云「曾作『張軍聲』」，案有「聲」字者是也。此奪「十」字，當從策作「千」，下云「秦師數十百萬」，則天下之士民應不止此，況自張其聲乎，「十」字涉下而誤。其頓首戴羽爲將軍，斷死於

前，不至千人，皆以言死。○盧文弨曰：策無此下二十字。「頓」國策補注引作「頇」説文：「頇，直項也。」

「頓」字無理。孫詒讓曰：「頓」疑作「頓足」，下文「頓足徒裼，犯白刃，蹈鑪炭，斷死於前者，皆是也」正與此文相應，

是其證。王先謙曰：文選羽獵賦：「賁育之倫，蒙盾負羽。」後漢賈復傳：「被羽先登。」謂繫鳥羽爲標識也。「戴」與

「負」、其義一耳。「千」當爲「干」，形近致誤。干，犯也。「不至干人，皆以言死。」謂未至犯敵人時，皆言必死。先慎

曰：「頓首」，當依策注作「頇首」，猶言抗首也。「頓足」亦通，然與「戴羽」文義不貫。白刃在前，斧鑕在後，而卻

走不能死也。○先慎曰：「也」與「者」同義，説見王氏經傳釋詞。策無「也」字及下「非」字，有「罪」字，是合「也」、

「非」二字而誤，當依此訂正。非其士民不能死也，上不能故也。言賞則不與，言罰則不行，賞罰不

信，故士民不死也。○先慎曰：「不能故」策作「不能殺」。案「殺」乃「故」字形近而誤。士民之不死，其故由上

之不能。賞罰無信，正不能之實也。若作「殺」，則文氣不屬。今秦出號令而行賞罰，有功無功相事也。○俞

樾曰：「事」者，治也。高注呂氏春秋、淮南内篇屢見。詩卷耳毛傳：「采采，事采之也。」正義引鄭志答張逸云：「事，謂

事事」「一用意之事。」故「一用意謂之」事」也。此言「有功無功相事」，正「一用意之義，謂分別其有功無

功，不混淆也。秦策作「不攻耳無相攻事也」，與上下文義不屬，蓋後人不達「事」字之義而臆改。其「功」與「攻」，則古字通

用。出其父母懷衽之中，生未嘗見寇耳。○盧文弨曰：當句。策作「也」。聞戰，頓足徒裼，○先慎曰：

「裼」，趙本及策均作「裼」，誤。爾雅釋訓：「襢裼，肉袒也。」郭注：「脱衣而見體。」史記張儀傳：「秦人捐甲徒裼以趨

敵。」索隱：「裼，袒也，謂袒而見肉也。」犯白刃，蹈鑪炭，斷死於前者，皆是也。夫斷死與斷生者不

同，○先慎曰：拾補「者」作「也」。盧文弨云：今從藏本、張本，策同。而民爲之者，是貴奮死也。○先慎曰：

策無「死」字。高注：「奮，勇也。」○先慎曰：四「對」字，策作「勝」。今秦地折長補短，方數千里，名師數十百萬。秦

可以剋天下矣！○先慎曰：夫一人奮死可以對十，十可以對百，百可以對千，千可以對萬，萬

之號令賞罰，地形利害，天下莫若也。以此與天下，天下不足兼而有也。是故秦戰未嘗不

剋，攻未嘗不取，所當未嘗不破，開地數千里，此其大功也。○先慎曰：策「其」作「甚」，是也。先言秦

之功極大，爲下「霸王之名不成」作反勢，若作「其」則文氣平實。「其」當爲「甚」之殘字。然而兵甲頓，士民病，蓄

積索，田疇荒，困倉虛，四鄰諸侯不服，霸王之名不成，此無異故，○先慎曰：「異故」猶它故。其謀

臣皆不盡其忠也。○盧文弨曰：「謀」上「其」字可省，策無。○先慎曰：不省亦可，盧說非。臣敢言之，往者

齊南破荊，東破宋，○先慎曰：「東」，策作「中」，誤。當依此訂。下云「中使韓、魏」五戰之事備矣。西服秦，

北破燕，中使韓、魏，土地廣而兵强，○先慎曰：策無「土」字。戰剋攻取，詔令天下。齊之清濟濁

河，足以爲限，○先慎曰：策作「濟清河濁」，誤。史記蘇秦傳與此同。長城巨防，足以爲塞。○王先謙曰：

水經濟水注：「平陰城南有長城，東至海，西至濟，河道所由，名防門，去平陰三里。齊侯塹防門，即此也。其水引濟。故

瀆尚存。」續漢郡國志濟北國盧縣下劉昭注引史記蘇代說燕王曰：「齊有長城巨防。」巨防即防門。先慎曰：策作「鉅

坊」。案「鉅」、「巨」字通。「坊」誤，當作「防」。史記亦作「防」。　齊五戰之國也，謂五破國也。　一戰不剋而無

齊。爲樂毅破齊於濟西。○先愼曰：見齊世家。「無」字，張榜本、趙本作「不」。盧文弨云：藏本、張本作「無」，策同。

由此觀之，夫戰者，萬乘之存亡也。且聞之曰：○先愼曰：「且」下脫「臣」字，策有。「削迹無遺根，無與禍鄰，禍乃不存。」言禍敗之迹，削去本根，則無禍敗。言秦宜以齊爲戒。○盧文弨曰：策作「削株掘根」。顧廣圻曰：當從策。

秦與荊人戰，大破荊，襲郢，取洞庭、五湖、江南，○盧文弨曰：「湖」，策作「都」，一作「渚」。顧廣圻曰：吳師道云：「都」當從韓作「湖」。今按：吳說非也。王先謙曰：史記秦紀：「昭王三十年，取江南爲黔中郡。」正義引括地志云：「黔中故城，在辰州沅陵縣西二十里。」又「三十一年，楚人反我江南。」六國表云：「秦拔我江旁反秦。」楚世家所謂江旁十五邑也。先愼曰：蘇秦傳集解引戰國策云：「秦與荊人戰，大破荊，襲郢，取洞庭、五渚、江南，皆楚邑也。」索隱：「五渚，五處洲也。」然則五渚在洞庭。案：裴說誤讀策文耳。高注：「郢，楚都也。洞庭、五渚、江南，皆楚邑也。」解引戰國策：「取洞庭五渚。」「渚」、「都」同字，「湖」是「渚」之譌。劉氏以爲五渚，宛、鄧之間，臨漢水，不得在洞庭。「湖」乃「渚」之誤，顧說是。

荊王君臣亡走，東服於陳。○張文虎曰：「服」當依策作「伏」。史記楚世家：「頃襄王二十一年，秦將白起遂拔我郢，燒先王墓、夷陵。楚襄王兵散，遂不復戰，東北保於陳城。」〈六國表作「王亡走陳」，白起列傳作「東走徙陳」〉故云「伏」，謂竄伏也。又曰：此秦昭襄王二十九年事，秦策以此篇爲張儀說秦王文。案儀以秦武王元年去秦入梁，在前三十三年矣。又下文稱秦攻魏，軍大梁，白起擊魏華陽軍，及長平之事，更在其後，足以明國策之誤矣。

當此時也，隨荊以兵，則荊可舉，荊可舉則民足貪也，地足利也。東以弱齊、燕，○顧廣圻曰：「弱」策作「強」。高注：「言以強於燕、齊也。」下文同。先愼

曰：「弱齊、燕」與「淩三晉」對文。「齊、燕遠於秦，非兵力所能驟及，我滅敵勢強，則齊、燕自畏而親附，故但言「弱」也。下文兩言「弱齊、燕」，尤其明證，策誤。高順文爲說，亦未合。中以淩三晉，○盧文弨曰：張本「淩」作「陵」，下同，策同。

然則是一舉而霸王之名可成也，四鄰諸侯可朝也。而謀臣不爲，引軍而退，復與荆人爲和。○王先謙曰：史記秦紀：「昭王二十九年，取郢爲南郡，王與楚王會襄陵。」此所謂軍退復和也。楚世家：「襄王二十三年（六國表昭王三十一年）襄王收東地兵，得十餘萬，復西取秦所拔江旁十五邑以爲郡距秦。」下文所謂「與秦爲難」也。

令荆人得收亡國，聚散民，立社稷主，置宗廟，令率天下西面以與秦爲難，○顧廣圻曰：策無「稷」字，以「廟」字句絕。「令」字屬下。俞樾曰：策是也。「收亡國，聚散民，立社主，置宗廟」，皆三字爲句，後人誤以「令」字上屬，成四字句，遂於上句加「稷」字配之耳。「置宗廟令」，義不可通，此言荆人「置宗廟」，非言其置令也。古宗廟亦未聞有令，足知其非矣。下文云「魏氏反收亡國，聚散民，立社稷主，置宗廟令，此固以失霸王之道二矣」，「稷」字亦衍文，「令」下亦當有「率天下西面以與秦爲難」十字。秦策關此句，後人據以刪韓子。若惟是「收亡國，聚散民，立社主，置宗廟」，則是魏之得猶未足以見秦之失也。然則此句不可闕，因一字之幸存，而全句轉可據補。先慎曰：「令」字下屬，是也。「立社稷主」四字不誤。白虎通社稷篇云：「土地廣博，不可徧敬，五穀衆多，不可一一祭，立社稷而祭之，故謂之社稷主。」策無「稷」字，自是脫文，必欲以四句爲對文，亦太泥矣。此固以失霸王之道一矣。○先慎曰：「以失」策無「下同。天下又比周而軍華下，○顧廣圻曰：周當作意。下文云「天下皆比意甚固」，策兩「意」字皆作「志」。王先謙曰：高注：「華下，華山之下也。」案據史記紀、表、世家參之，秦昭王九年，魏、齊、韓共敗秦軍函谷；十一年，齊、韓、魏、趙、宋、中山共攻秦，文蓋指此。天官書：「中

國山川東北流，首在隴、蜀，尾没勃、碣。」張守節所謂「自南山、華山渡河，東北盡碣石」者，是函、崤諸山皆華嶽支麓，故函谷亦得稱爲華下。」戰國之兵，始終未踰秦關一步，華山之下，固非天下所能軍也。「比意」猶言合謀。大王以詔破之，兵至梁郭下，○先慎曰：策無「下」字。圍梁數旬，則梁可拔，拔梁則魏可舉，舉魏則荊、趙之意絕，荊、趙之意絕則趙危，趙危而荊狐疑，○盧文弨曰：策作「荊孤」，是。顧廣圻曰：「狐」當從策作「孤」，衍「疑」字，策無。○俞樾曰：存韓篇云「趙氏破膽，荊人狐疑」，則「狐疑」字不誤，盧、顧說非。先慎曰：彼趙云「破膽」，則楚云「狐疑」。既趙云「危」，則楚不得僅云「狐疑」也。「孤」、「危」之與「破膽」，語輕重大相逕庭。從策作「孤」爲是。東以弱齊、燕，中以凌三晉，然則是一舉而霸王之名可成也，四鄰諸侯可朝也。而謀臣不爲，引軍而退，復與魏氏爲和，○王先謙曰：據史記六國表、魏世家「秦昭王三十二年，魏安釐王二年也」，秦軍大梁下，韓來救，予秦溫以和」，又穰侯傳「穰侯圍大梁，納梁大夫須賈之說而罷梁圍」。明年，魏背秦，與齊從親」，即其事也。令魏氏反收亡國，聚散民，立社稷主，置宗廟，令○先慎曰：「令」下脫「率天下西面以與秦爲難」句，説詳上。此固以失霸王之道二矣。前者穰侯之治秦也，用一國之兵，而欲以成兩國之功。穰侯私邑，謀秦，故非諷云「兩國」。○王先謙曰：高注：「穰侯、魏人。治，猶相也。穰侯相秦，欲興秦而安魏，故曰『欲成兩國之功』」。案舊注非，高注尤謬。穰侯得罪憂死，下文明斥其非，不須諷也。史傳云：「宣太后異父弟，姓魏氏，其先楚人。」則非魏人明矣。又屢用兵於魏，何云「安魏」乎？蓋穰侯志在併國拓地，故云「欲成兩國之功」耳。是故兵終身暴露於外，士民疲病於内，○先慎曰：策「露」作「靈」，「疲」作「潞」。黃丕烈札記云：此當各依本書。策文下句言潞病，「潞」同字，此句不得更言「暴露」。「靈」者，「零」之假借。「暴」謂日，「靈」謂雨也。其策文作「潞病」，不與作

「疲病」同，高注可證。先慎案：此及策並當作「暴靈」於外，「潞病」於內。「靈」乃霝之借字。説文：「霝，雨零也。」詩定之方中傳：「零，落也。零當作霝。」亦假靈爲之。鄭風「零露溥兮」，正義本作「靈」，箋云：「靈，落也。」是「靈落」即「霝落」矣。「暴靈」二字之義，當如黄説。「潞病」，高注云「潞，贏」，吕覽不屈篇「士民罷潞」，「罷潞」與「潞病」義同。淺人多見「暴露」、「疲病」，少見「暴靈」、「潞病」，故改「靈」爲「露」，改「潞」爲「疲」，而古義俱湮矣。霸王之名不成，此固以失霸王之道三矣。趙氏，中央之國也，雜民所居也。趙居邯鄲，燕之南，齊之西，魏之北，韓之東，故曰「中央」。兼四國之人，故曰「雜」。○先慎曰：乾道本注「中」上衍「東」字，依趙本删。其民輕而難用也。號令不治，賞罰不信，地形不便，○先慎曰：高注「趙王都邯鄲，無險固，故曰『不便』。」下不能盡其民力。○俞樾曰：「下」當從秦策作「上」。惟以「上」言，故曰「其民」，若以「下」言，則但曰「不能盡其力」足矣。上文曰：「號令不治，賞罰不信」，此正上之所以不能盡民力。民力之不盡，其故在上，不在下。當言「上不能」，不當言「下不能」也。彼固亡國之形也，而不憂民萌，○顧廣圻曰：「萌」，策作「氓」。本書例用「萌」字。先慎曰：説文：「民，衆萌也。」後人於經傳中「萌」字皆改作「氓」，如周禮遂人「以興耡利萌」，説文引作「萌」，而今本皆作「氓」。又説文「衆萌」字，毛本作「氓」之類，是也。幸本書尚存其真。悉其士民，軍於長平之下，以爭韓上黨。大王以詔破之，拔武安。○先慎曰：高注：「趙括封於武安，武安君將趙四十萬拒秦，秦將白起坑〔二〕括四十萬衆於長平下，故曰『拔武

〔二〕 「坑」原本作「抗」，據戰國策高誘注改。

安」。當是時也，趙氏上下不相親也，貴賤不相信也。然則邯鄲不守。○先慎曰：「則」下當有「是」字，此與下文「然則是趙舉」文法一律，策有「是」字。拔邯鄲，筦山東河閒，○顧廣圻曰：乾道本「河閒」作「可閒」，藏本亦作「可」，皆譌。盧文弨曰：策作「完河閒」，無「山東」二字。先慎曰：「完」，即「筦」字殘闕，當依此訂正。樂記鄭注：「筦，猶包也。」謂秦軍包舉其地。「可閒」乃「河閒」之譌，改從張榜本、趙本。引軍而去，西攻修武，踰華，○顧廣圻曰：當從策作「踰羊腸」。高注：「羊腸，塞名也。」○顧廣圻曰：當從策作「降〔二〕代、上黨。」代四十六縣。○盧文弨曰：「四〔三〕」，策作「三〔四〕」，疑是。上黨七十縣，○顧廣圻曰：「七十」策作「十七」。張文虎云：「以趙策『今有城市之邑七十』。今按史記趙世家，彼亦作十七。」不用一領甲，不苦一士民，此皆秦有也。代、上黨不戰而畢爲秦矣，○先慎曰：乾道本「代」上有「以」字，策同。王渭云：即上句「也」字，疑即上句「也」字譌衍。先慎案：張榜本亦無，今據刪。○先慎曰：秦兵力所不及，則齊、燕將分取之。此皆趙地，故下云「趙舉」。東陽、河外不戰而畢反爲齊矣，中山、呼沱以北不戰而畢爲燕矣。然則是趙舉，○先慎曰：策作「然則是舉趙則韓必亡」。趙舉則韓亡，韓亡則荆、魏不能獨立，荆、魏不能獨立則是一舉而壞韓、蠹魏、拔荆，東以弱齊、燕，○先慎曰：乾道本「燕」上有「強」字。盧文弨云：衍「強」字，凌本無。

〔二〕「降」，原本作「絳」，據顧氏韓非子識誤改。

先慎案：策無「強」字，今據刪。上兩言「弱齊、燕」，即其證。決白馬之口以沃魏氏，○盧文弨曰：「沃」，策作

「流」。王先謙曰：水經河水注：「黎陽縣東岸有故城，險帶長河，謂之鹿鳴城。濟取名鹿鳴津，亦曰白馬濟，津之東南有

白馬城，河水舊於白馬縣南洗，通濮、濟、黃溝。故蘇代說燕曰：決白馬之口，魏無黃、濟陽。」魏世家無忌說魏王曰：

決熒澤水，灌以大梁，大梁必亡。」後王賁攻魏，卒引河溝灌大梁而取之。先慎曰：「沃」、「流」二字義同。說文「沃」作

「溑」，溉灌也。高注：「流，灌也。」是一舉而三晉亡，從者敗也。○先慎曰：高注：「從者，山東六國」。敗，從

不成也。」大王垂拱以須之，○俞樾曰：策作「大王拱手以須」，「韓作『須之』。」然則韓非異於國策

者，但句末多「之」字，其「拱手」字必與策同。若作「垂拱以須之」，則吳師道何以不及乎？此必後人所改，當依國策訂正。

天下編隨而服矣，○盧文弨曰：拾補「編」作「徧」。「服」作「伏」。盧文弨云：「徧」字高誘注國策本同。吳師道補注

作「編」。」云：「以繩次物曰編。」張本、凌本此亦作「編」字。顧廣圻云：藏本同，今本「編」作「徧」，誤。先慎案：吳說是。

霸王之名可成。而謀臣不爲，引軍而退，復與趙氏爲和。夫以大王之明，秦兵之強，棄霸王

之業，地曾不可得。且夫趙當亡而不亡，秦當霸而不霸，天下固以量秦之謀臣一矣。乃復悉士卒

以攻邯鄲，不能拔也，棄甲兵弩，戰竦而卻，天下固已量秦力二矣。乃取欺於亡國，是

廣圻云：今本「兵」作「負」，誤。「而」下有「卻」字，策有。高注：「卻，退也。」吳師道引此無。「弩」，策作「怒」。顧引作

「拏」，不合。先慎案：「而」下當有「卻」字，依今本增。「棄甲兵弩」四字不成文，「兵」當作「與」。說文「與」古文作

「兵」作「市」，二字篆形相近而誤。

軍乃引而退，并於李下，○先慎曰：乾道本「退」作「復」，「李」作「孚」。盧文弨云：「復」乃「復」之譌。「孚」乃「李」之誤，「策」作「李」。高注：「李下，邑名，在河內。」張榜本、趙本「復」作「退」、「孚」作「李」是，今據改。大王又并軍而至，○盧文弨曰：「至」「策」作「致」。先慎曰：張榜本作「致」，誤。與戰不能尅之也，○顧廣圻曰：七字爲一句。又不能反運，罷而去，○盧文弨云：「運」，或改作「軍」。顧廣圻曰：「又不能反運」句絕，「反」當作「及」，「運」讀爲饋。「罷而去」爲一句，「罷」讀爲疲。「策」作「又交罷卻」，按無「不能運而」四字不同也。俞樾曰：「運」乃「軍」之誤，上云「大王又并軍而至」，此云「軍罷而去」，文義正相應。蓋不能勝則宜退，既不能尅又不能反，故其軍至於罷病而後去也。先慎曰：顧說較長，不能及運，言饋運不繼也，文義甚順，當從之。張榜本「運」作「交」，依策改，非。天下固量秦力三矣。○先慎曰：「固」下當有「以」字，與上文一律，此脫。內者量吾謀臣，外者極吾兵力，由是觀之，天下固量秦力矣。○先慎曰：張榜本「觀」作「親」，誤。臣以爲天下之從，幾不難矣。言諸侯知秦兵頓民疲，則從益堅，固曰「不難矣」。○先慎曰：乾道本「難」作「能」。盧文弨云：案注是「難」字。策作「豈其難」。注曰：上當有「故」字。王渭云：「能」當作「難」。先慎按：張榜本作「難」，今據改。「幾」，猶殆也。內者，吾甲兵頓，士民病，蓄積索，田疇荒，困倉虛；外者，天下皆比意甚固。○俞樾曰：「皆」字衍文，蓋即「比」字之誤而複者，秦策無「皆」字。願大王有以慮之也。○先慎曰：高注：「慮，謀也。」且臣聞之曰：「戰戰栗栗，日慎一日。苟慎其道，天下可有。」何以知其然也？昔者紂爲天子，將率天下甲兵百萬，左飲於淇溪，○先慎曰：趙本「溪」作「谿」。盧文弨云：「谿」，

策作「谷」。先慎按：御覽六十四、八百九十六、事類賦二十一引「飲」下並有「馬」字，無「谿」字，下同。右飲於洹谿，○盧文弨曰：策作「水」。○先慎曰：御覽、事類賦並引作「洹水竭，淇水不流」。以與周武王爲難。武王將素甲三千，戰一日，○先慎曰：策「千」下有「領」字。張榜本、趙本「曰」作「夜」，非。高注：淇水竭而洹水不流，○先慎曰：策「傷」上有「不」字，誤。知伯率三國之衆以攻趙襄主於晉陽，決

一日，甲子之日也。太公望爲號到牧野便剋紂，故曰『一日』。而破紂之國，禽其身，據其地而有其民，天下莫傷。○先慎曰：高注：「傷，愍也。」策「傷」上有「不」字，誤。知伯率三國之衆以攻趙襄主於晉陽，決

水而灌之三月，○盧文弨曰：秦策、趙策俱作「三年」。先慎曰：此誤，下十過篇正作「三年」。城且拔矣；襄

主鑽龜筮占兆，以視利害，○盧文弨曰：策作「錯龜數筴」，此「筮」上疑脫一字。其「數筴」必與策同，當依以訂正。先慎曰：吳師道補云：「錯，韓作『鑽』。」是韓之異「筴」三字。案飾邪篇「鑿龜數筴、兆曰大吉」凡三見，可證此爲脫誤。顧廣圻曰：「錯，韓作『鑽』。」「筴」當從策作「數筴」。是韓之異

何國可降。乃使其臣張孟談〔一〕，於是乃潛行而出，○先慎曰：乾道本「潛」下有「於」字。張文虎云：秦策、呂氏春秋、淮南子皆無「於」字。案「於」疑「游」字之譌，蓋韓子作「游」，他本作「行」，讀者旁注異文，轉寫並存，又以形近譌爲「於」耳。游者，泗水也。此時城爲水灌，不没者三版，故泗水

而出。○先慎案：趙本正孫詒讓云：十過篇云：張孟談〔二〕曰：「臣請試潛行而出，見韓、魏之君。」「潛」下亦無「於」字。先慎案：趙本正

〔一〕「張孟談」，原本作「趙孟談」，據十過篇改。

無「於」字，今據刪。○先慎曰：乾道本無「反」字。顧廣圻云：今本「知」上有「反」字，策同。先慎案

有「反」字是，今據補。高注：「知伯與韓、魏攻襄子，張孟談辭於韓、魏，魏與趙同，故曰『反知伯之約』也。」得兩國

之眾，以攻知伯，禽其身，以復襄主之初。○盧文弨曰：策作「以成襄子之功」。先慎曰：張榜本「初」作

「功」。今秦地折長補短，方數千里，名師數十百萬，秦國之號令賞罰，地形利害，天下莫如

也。以此與天下，天下可兼而有也。○先慎曰：乾道本無「以」字，「天下」二字不重，「可」作「何」，無「而」字。

今據補改。盧文弨云：「一本『此』上有『以』字，藏本『兼』下有『而』字，『何』作『可』，策同。」顧廣圻云：「今本重『天下』，策有。」

臣昧死願望見大王，○先慎曰：策無「願」字，姚校：「劉作『願望』。」言所以破天下之從，舉

趙，亡韓，臣荆、魏，親齊、燕，以成霸王之道。大王誠聽其說，○盧文弨曰：

「誠」，策作「試」。先慎曰：此即承上「舉趙，亡韓，臣荆、魏，親齊、燕」而言，不當作「弱」。張說誤。

上文「親」當作「弱」。○先慎曰：拾補重「爲」字。盧文弨云：舊

成，四鄰諸侯不朝，大王斬臣以徇國，以爲王謀不忠者也。○張文虎曰：依

少一「爲」字，今據吳注引增，上「爲」如字，下去聲。「爲」下張本有「戒」字，策作「以主不忠於國者」。

作「以主爲謀不忠者」。「主」謂爲主首也。「爲謀」，造謀也。此文例言大王，不言王，「王」字必誤。吳師道引此無「也」

字，是。重「爲」字，非。先慎案：姚本國策與盧引同，鮑本與顧同，故所引各異。又策「國」上有「於」字。今案「王」當作

「主」，顧說是也。「爲」上「以」字當衍，「以徇國爲主謀不忠者也」作一句讀，文氣自順。

存韓第二

韓事秦三十餘年，出則爲扞蔽，入則爲蓆薦，出貢以供，若蓆薦居人下。○先愼曰：乾道本注「人下」二字作「久」字，今從趙本。秦特出銳師取韓地而隨之，○先愼曰：「韓」字當在「而」下。「取地」，略地也。下文：「韓與秦兄弟共苦天下。」怨懸於天下，功歸於強秦。○王渭曰：「秦」當作「趙」。先愼曰：「秦」字不誤。謂韓則受其怨，秦則得其功也。且夫韓人貢職，與郡縣無異也。今臣竊聞貴臣之計，○先愼曰：乾道本「下有「日」字，盧文弨云：「『日』字衍「張本無。」今據刪。欲興兵將伐韓。夫趙氏聚士卒，養從徒，○先愼曰：乾道本無「徒」字，顧廣圻云：「『從』下有『徒』字。」今據補。欲贅天下之兵，「贅」，綴連也。欲西面行其意，非一日之計也。今釋趙之患，而攘內臣之韓，韓爲內臣，秦猶滅之，則天下從趙攻秦，計爲得矣。夫韓，小國也，而以應天下四擊，主辱臣苦，上下相與同憂久矣。修守備，戒強敵，有蓄積，築城池以守固。今伐韓未可一年而滅：拔一城而退，則權輕於天下，天下摧我兵矣。○先愼曰：「摧，折也。」韓叛則魏應之，趙據齊以爲原，若山原然。○顧廣圻曰：「原」，當作「厚」，舊注誤。是韓、魏資趙假齊以固其從，而以與爭強，○先愼曰：與秦爭強也。趙之福而秦之禍也。夫進而擊不弱，則諸侯必滅宗廟，○先愼曰：諸侯宗廟，必爲秦滅。

趙不能取，退而攻韓弗能拔，則陷銳之卒勤於野戰，○盧文弨曰：「勤」，張本作「勤」。負任之旅罷

於內攻，勞餉者。則合羣苦弱以敵而共二萬乘，○王渭曰：當衍「而共」二字。非所以亡趙之心也。

○顧廣圻曰：「趙」當作「韓」。亡韓，貴人之計也。均如貴人之計，「均」同也，謂同其計而用之。○盧文弨曰：張

本「人」作「臣」。則秦必爲天下兵質矣。既進退不能，則同於爲質者。○顧廣圻曰：「質」，如字，射的也。舊注

誤。陛下雖以金石相弊，○王渭曰：文選二十九卷注引「以」作「與」，「以」即「與」也。○盧文弨曰：馮氏云：「言其時之久也。注解謬，石何可以召

士？」王渭曰：「弊」，盡也，「以」，盡以召士。○盧文弨曰：七發注亦引作「與」。王先謙曰：「與金石

相弊」，謂與金石齊壽也；雖永壽而無兼天下之日，極言其非計。則兼天下之日未也。今賤臣之愚計。○

先慎曰：乾道本「愚」上有「遇」字。顧廣圻云：藏本無「遇」字，是也。今本「遇」作「進」，誤。先慎案：「遇」即「愚」之

誤而衍者，今從藏本。使人使荊，重幣用事之臣，○先慎曰：重幣，猶言厚賂。明趙之所以欺秦者，與

魏質以安其心，從韓而伐趙，趙雖與齊爲一，不足患也。二國事畢，則韓可以移書定

也。○先慎曰：「韓」，乾道本作「轉」。盧文弨云：藏本亦作「轉」，是。上已云「從韓而伐趙」，則不待再收韓明矣。顧

廣圻云：今本「轉」作「韓」，誤。此言定荊、魏。俞樾云：「轉」字無義；趙本作「韓」，是也。此篇名存韓，本因秦貴臣

之計，舉兵將伐韓，故爲是說勸之釋韓而伐趙，趙、齊事畢而韓可移書定，正見韓之不必伐也。乃乾道本、道藏本皆作

「轉」，則字之誤久矣。趙本改「轉」爲「韓」，是也。盧、顧以上文已云「從韓伐趙」，此不必更言定韓。今案韓未聞其將伐

趙，秦何得從韓以伐趙？且秦之伐趙，亦何必從韓？疑「韓」字是衍文。蓋既使人使荊、又與魏質，則荊、魏不與我爲難矣，

於是「從而伐趙」。「從而」者，繼事之詞，明其事次第當如此，非從他國之謂也。後人不達其義，妄補「韓」字以實之，」盧

顧不知上「韓」字之衍，而疑下「韓」字之非，誤矣。先慎案：俞說是。張榜本「轉」亦作「韓」，今據改。

本皆同。顧氏謂當作「轉」，誤。先慎曰：顧說是。如貴臣之計，秦爲天下兵質，則秦必弱，如非之計，齊、趙可亡，荊、魏

計者，所以定事也，不可不察也。 韓、秦強弱○顧廣圻曰：「韓」當作「轉」。俞樾曰：「韓、秦強弱」，各

也。以秦與趙敵衡，加以齊，今又背韓而未有以堅荊、魏之心。夫一戰而不勝，則禍搆矣。

國有亡形，○先慎曰：二國指齊、趙。 則荊、魏又必自服矣。 故曰：「兵者，凶器也。」不可不審

必服，則秦強〔二〕矣。秦計一定，強弱隨之。若韓之強弱，豈非所敢言乎？在今年耳。且趙與諸侯陰謀久矣。

夫一動而弱於諸侯，危事也；爲計而使諸侯有意伐之心，○盧文弨曰：「伐」，張本、凌本作「我」，趙

敬夫云：「意秦之伐之也，不必作『我』。」至殆也，，見二疏，○先慎曰：乾道本「疏」作「疎」，盧文弨云：「從藏本

作『疏』。」今依改。 非所以強於諸侯也。 臣竊願陛下之幸熟圖之！夫攻伐而使從者間焉，不可

悔也。 ○先慎曰：乾道本「攻」上無「夫」字，「間」作「聞」。盧文弨云：「夫」字脱，張、凌本有「夫」字。「聞」一作

〔二〕 「強」，原本作「弱」，據文意改。

一六

「間」。顧廣圻云：「聞」當作「間」，「間」，反間也。先愼案：盧校是，今據改。存韓文止此，下乃附見其事。

詔以韓客之所上書，書言「韓之未可舉」，下臣斯，○先愼曰：乾道本「言韓」下有「子」字。俞樾云：「子」字衍文，韓非因聞貴臣之計，舉兵將伐韓，故上此書，言韓之未可舉。○先愼曰：誤衍「子」字，義不可通。趙本無「子」字，亦當從之。先愼案：張榜本亦無「子」字，今據刪。

甚○先愼曰：拾補「甚」上有「臣斯」二字。盧文弨云：舊本不重，一本有。先愼案：「臣斯」二字誤複。以下皆李斯言。以爲不然。

秦之有韓，若人之有腹心之病也。○盧文弨曰：「腹心」，舊本倒，今從藏本、張本，與下同。

虛處則恢然，「恢」，妨心腹虛也。而病爲妨，喻秦虛心待韓，韓終爲妨。「恢」，音艾。○盧文弨曰：注『恢音艾』，凌本音改。案説文：「苦也，胡繫切。」玉篇：「恨苦也。」

若居濕地，著而不去，以極走則發矣。謂疾得冷，卒然而走必發矣。喻秦雖加恩於韓，有急，韓之不臣之心必見矣。○顧廣圻曰：「虛處」逗，平居也，與「極」對文，「則恢然若居溼地著而不去」十一字爲一句，「恢」，説文「苦也」，廣韻云「患苦，胡繫切」，舊注並皆誤。「以極」，「走」字衍。○俞樾曰：顧氏視舊讀爲長，然「平居」不得謂之「虛處」，且「走」與「處」對文，則「走」字非衍也。此當以「虛處則恢然若居濕地」爲句，「虛」乃衍字也，蓋即「處」字之誤而複者。「極」，「嘔」也，古字通用。荀子賦篇「出入甚極」，又曰「反覆甚極」，楊注並云：「極，讀爲嘔。」是其證。著而不去，平居猶可，「嘔走則發矣」。「嘔走」，喻急也。舊注「卒然而走」，是正讀「極」爲「嘔」也。下文「今若有卒報之事」與「嘔走則發矣」之喻相應。顧訓「極」爲「困」，而刪「走」字，未得其旨。○先愼曰：俞説是。

夫韓雖臣於秦，未嘗不爲秦病，今若有卒報之事，韓不可信也。○俞……乾道本注「冷」作「令」，今依趙本。

樾曰：「報」，讀爲赴疾之赴。禮記少儀篇「毋報往」，喪服小記篇「報葬者報虞」，鄭注並云：「報，讀爲赴疾之赴。」是也。

秦與趙爲難，荊蘇使齊，未知何如。以臣觀之，則齊、趙之交未必以荊蘇絕也，若不絕，是悉趙而應二萬乘也。○王渭曰：「趙」當作「秦」。夫韓不服秦之義而服於強，今專於齊、趙，則韓必爲腹心之病而發矣。韓與荊有謀，諸侯應之，則秦必復見崤塞之患。○先慎曰：謂諸國兵將復至函谷。非之來也，未必不以其能存韓也，爲重於韓也。○先慎曰：非之來秦，爲存韓也。則說雖爲秦，心必爲韓，故云「爲重於韓也」。辯說屬辭，飾非詐謀，以釣利於秦，而以韓利闚陛下。「闚陛下」之意，因隙而入說，以求韓利。夫秦、韓之交親，則非重矣，見重於二國。此自便之計也。臣視非之言，文其淫說，靡辯才甚。臣恐陛下淫非之辯而聽其盜心，○王先謙曰：浸淫而聽納之。因不詳察事情。今以臣愚議：秦發兵而未名所伐，疑伐己也。則韓之用事者以事秦爲計矣。臣斯請往見韓王，使來入見，大王見，因内其身而勿遣，○盧文弨曰：凌本「大王」二字重。張本不重，是。稍召其社稷之臣，以與韓人爲市，則韓可深割也。○王先謙曰：韓遣韓非入秦，在王安六年。其時滎陽、上黨悉已入秦，存者獨潁川一郡地耳。非存韓也。李斯所云深割者，即盡入其地之謂也。因令象武○王渭曰：「象」當作「蒙」。蒙武見始皇本紀、蒙恬列傳。蒙即荊蘇，秦使之齊，絕趙交也。發東郡之卒，闚兵於境上而未名所之，則齊人懼而從蘇之計，是我兵未出而勁韓以威擒，強齊以義從矣。聞於諸侯也，趙氏破膽，荊人狐疑，必有忠計。○先慎曰：荊疑四國，必不欺秦。荊人不動，魏不足患

也，則諸侯可蠶食而盡，趙氏可得與敵矣。願陛下幸察愚臣之計，無忽。秦遂遣斯使韓也。李斯往詔韓王，未得見，因上書曰：昔秦、韓勠力一意以不相侵，天下莫敢犯，如此者數世矣。前時五諸侯嘗相與共伐韓，秦發兵以救之。○先慎曰：韓世家：「釐王二十三年，趙、魏共伐韓，韓使陳筮告急於秦，秦昭王遣白起救韓，八日而至，大破趙、魏之師。」據六國表，事在昭王三十一年。韓居中國，地不能滿千里，而所以得與諸侯班位於天下，君臣相保者，以世世相教事秦之力也。○王先謙曰：韓自懿侯後事見世家者，如昭侯十一年如秦，宣惠王十九年以太子倉質秦，襄王十年太子嬰朝秦，釐王時兩會秦王，非不世世事秦，而無世不被秦兵；常出兵佐秦伐諸侯，其得秦救，惟釐王二十三年一役而已。所謂「勠力一意以不相侵」，特策士之游談，初無關於事實也。先時五諸侯共伐秦，韓反與諸侯先為鴈行，以嚮秦軍於關下矣。○王先謙曰：秦昭王九年，齊、魏、韓共擊秦於函谷，十一年齊、韓、趙、魏、宋、中山五國共攻秦，韓襄王十四、十六年事也。先慎曰：乾道本「關」作「闕」。盧文弨云：藏本作「關」。下云：「先為鴈行以攻關」。先慎案：「闕」乃「關」字形近而譌，即函谷關。今據藏本改。諸侯兵困力極，無奈何，諸侯兵罷。○王先謙曰：秦割地以和，見表及秦紀，此飾言之。杜倉相秦，起兵發將以報天下之怨，而先攻荊。○王先謙曰：據表、紀〔一〕、世家，秦昭王二十七年，楚頃襄王十九年，韓釐王十六年也。自是連三年秦擊楚，破之，遂拔郢。先慎曰：乾道本「先」作「失」，非也。顧廣圻云：

〔一〕「紀」原本作「記」，形近而誤，今改。

荆令尹患之曰:「夫韓以秦爲不義,而與秦兄弟共苦天下,○先慎曰:「今本『失』作『先』。」今據改。謂與秦爲兄弟也。已又背秦,先爲鴈行以攻關。韓則居中國,展轉不可知。」○先慎曰:「展轉」猶反覆也。天下共割韓上地十城以謝秦,解其兵。○王先謙曰:據秦紀及表,昭王四十五年攻韓,取十城,未知即此事否?四十七年,秦即攻上黨,亦未嘗解兵。夫韓嘗一背秦而國迫地侵,兵弱至今,所以然者,聽姦臣之浮說。○先慎曰:乾道本「臣」作「人」。盧文弨云:張本「人」作「臣」。先慎曰:下文亦作「臣」。作「臣」者是,今據改。不權事實,故雖殺戮姦臣,不能使韓復强。今趙欲聚兵以秦爲事,○先慎曰:「兵」字疑衍,上文「夫趙氏聚士卒」無「兵」字,即其證。盧文弨云:舊不重,今依張,凌本補。顧廣圻云:藏本重「欲伐秦」三字。使人來借道,言欲伐秦。欲伐秦,其勢必先韓而後秦。○先慎曰:乾道本不重「欲伐秦」三字。先慎案:重三字文義較足,未必乾道本獨是,而衆本皆非也。顧說太泥,今據補。顧廣圻云:則齒寒。」夫秦、韓不得無同憂,其形可見。魏欲發兵以攻韓,秦使人將使者於韓。○王先謙曰:此言魏遣使於秦,約共攻韓,秦欲送其使於韓,所以誑恐之。且臣聞之……「脣亡今秦王使臣斯來而不得見,恐左右襲囊姦臣之計,使韓復有亡地之患。臣斯不得見,○先慎曰:乾道本無「得」字,顧廣圻云:「藏本,今本『不』下有『得』字。」今據補。請歸報,秦、韓之交必絕矣!斯之來使,以奉秦王之歡心,願效便計,豈陛下所以逆賤臣者邪!臣斯願得一見,前進道愚計,退就葅戮,願陛下有意焉!今殺臣於韓,則大

王不足以强；若不聽臣之計，則禍必構矣。秦發兵不留行，而韓之社稷憂矣。臣斯暴身於韓之市，則雖欲察賤臣愚忠之計，不可得已。邊鄙殘，國固守，鼓鐸之聲於耳，○先慎曰：「邊鄙殘」句，「國固守」句。「於」上脱「盈」字。而乃用臣斯之計，晚矣。且夫韓之兵於天下可知也，今又背强秦。夫棄城而敗軍，○顧廣圻曰：「敗軍」當作「軍敗」，「軍」句絶，「敗」下屬。王先謙曰：言割城而又敗其軍，於義自順，無庸倒文。則反掖之寇，○顧廣圻曰：反掖者，謂麾下反以禽君掖也。○盧文弨曰：反於掖下，言內變將作也，注迁晦。王先謙曰：謂韓本國之寇，與下「秦興兵」對文。必襲城矣。城盡則聚散，聚散則無軍矣。○先慎曰：乾道本不重「聚散」二字。顧廣圻云：藏本、今本重「聚散」。先慎案：城盡則聚者散，聚者散則國無軍。重「聚散」二字，語乃明顯，今據補。城固守，○顧廣圻曰：藏本、今本「城」上有「使」字。先慎曰：「城固守」與上「城盡」對文，無「使」字是。則秦必興兵而圍王一都，○王先謙曰：或云「一」字當在「道」字下，非也。古城邑大者，皆謂之都，不必王所居方爲都。孟子云：「王之爲都者，臣知五人」，是也，韓世家「公仲請王賂秦以一名都，楚陳軫言秦得韓之名都一」，正與此文「一都」相類。道不通則難必謀，○王先謙曰：説文：「慮難曰謀。」其勢不救。左右計之者不用，○顧廣圻曰：「用」當作「周」。「周，密也。」願陛下熟圖之。若臣斯之所言有不應事實者，願大王幸使得畢辭於前，乃就吏誅不晚也。秦王飲食不甘，遊觀不樂，意專在圖趙，使臣斯來言，願得身見，因急與陛下有計也。○先慎曰：乾道本無「見」字。顧廣圻云：「藏本、今本有『見』字」，今據

補。**今使臣不通，則韓之信未可知也。夫秦必釋趙之患而移兵於韓，願陛下幸復察圖之，而賜臣報決。**○趙用賢曰：此當時記載之文，故并敍李斯語。

難言第三

臣非非難言也，所以難言者：言順比滑澤，洋洋纚纚然，則見以爲華而不實；言順於慎，比於班。「洋洋」，美；「纚纚」，有編次也。○盧文弨曰：「順比」，不拂逆也。注「言順於慎，比於班」，轉難解。凌本「澤」作「瀉」，誤。先慎曰：意林引「見」下有「者」字。「爲」作「謂」，下同。**敦厚恭祇，○**先慎曰：乾道本作「敦祇恭厚」，意林引作「敦厚恭祇」，是也，今據改。**鯁固慎完，則見以爲拙而不倫；**○先慎曰：乾道本「拙」作「掘」。顧廣圻云：藏本、今本「掘」作「拙」。先慎案：意林亦作「拙」，今據改。**多言繁稱，連類比物，則見以爲虛而無用；惣微說約，徑省而不飾，則見以爲劌而不辯；**○先慎曰：乾道本「劌」作「訥」。盧文弨云：今本「急」作「意」，誤。先慎案：「譖」，凌本作「僭」，拾補「急」下旁注「意」字。**激急親近，探知人情，則見以爲僭而不讓；**○先慎曰：乾道本「僭」作「譖」。顧廣圻云：今本「急」作「意」。先慎案：「譖」，凌本作「僭」，張本「意」作「急」，「探」作「深」，凌本「譖」作「僭」。釋名：「急，及也，操切之使相逮及也。」說文：「探，遠取之也。」疏遠之臣，慮事廣是，今據改。意林「急」亦誤作「意」。

二二

肆，並及人主之親近，以刺取其向背，即說難所謂非間己即賣重也，故見者以爲「僭而不讓」。閎大廣博，妙遠不測，○先慎曰：「意林」「妙遠」作「深而」。則見以爲夸而無用，家計小談，以具數言，則見以爲陋；○顧廣圻曰：藏本同，今本「家」作「纖」，誤。盧文弨曰：張本作「家」。○先慎曰：此即說難篇所謂「米鹽博辯」也，作「家」字是。言而近世，辭不悖逆，則見以爲貪生而諛上；故不悖逆。釋文云：「遷，五故反，本亦作逆。」按說難篇云：「大意無所拂悟。」「拂」「悖」同字，「遷」、「悟」同字。「逆」者，形近之誤也。又鄭檀弓注：「噫，弗寤之聲。」「弗寤」即「拂悟」。正義讀「弗」如字者，非。今本因之改「弗」作「不」，尤誤。列女傳「不拂不寤」，亦用「寤」字。言而遠俗，詭躁人閒，則見以爲誕；○先慎曰：躁，燥也，物燥，乃動而飛揚也。則「躁」有華而不實之意，易繫辭：「躁人之辭多。」捷敏辯給，繁於文采，則見以爲史；○先慎曰：儀禮聘記云：「辭多則史。」鄭注：「史，謂策祝。」亦史官辭多文也。殊釋文學，○王先謙曰：「殊釋」，猶言絕棄。以質性言，則見以爲鄙；○先慎曰：乾道本「性」作「信」。盧文弨云：「信，張凌本皆作「性」。顧廣圻云：藏本「信」作「性」，是也。今據改。時稱詩書，道法往古，則見以爲誦。此臣非之所以難言而重患也。故度量雖正，未必聽也；義理雖全，未必用也。大王若以此不信，則小者以爲毀訾誹謗，大者患禍災害死亡及其身。故子胥善謀而吳戮之，仲尼善說而匡圍之，管夷吾實賢而魯囚之。故此三大夫豈不賢哉！而三君不明也。上古有湯至聖也，伊

尹至智也。夫至智說至聖，然且七十說而不受，身執鼎俎爲庖宰，昵近習親，而湯乃僅知其賢而用之。故曰：以至智說至聖未必至而見受，伊尹說湯是也；以智說愚必不聽，文王說紂而不囚之，○先慎曰：乾道本無「而紂」二字。顧廣圻云「藏本、今本『紂』下有『而紂』二字，今據補。翼侯炙，○顧廣圻曰：戰國策、史記皆作「鄂侯」。先慎曰：左隱五年：「邢人伐翼，翼侯奔隨。」六年：「納諸鄂謂之鄂侯。」翼、鄂地近，故相通稱。史記楚世家「熊渠中子紅爲鄂王」，吳越春秋句踐陰謀外傳「號翼侯，」可借證翼、鄂通稱。鬼侯腊，○先慎曰：史記作「九侯」，徐廣注：「九侯，一作『鬼侯』，鄴縣有九侯城。」「九、「鬼」聲近通用。比干剖心，梅伯醢，○先慎曰：數諫至醢。夷吾束縛，而曹羈奔陳，伯里子道乞，○先慎曰：即百里奚亡秦走宛事。顧廣圻曰：「伯」讀爲百。傅說轉鬻，○……轉次而備，故曰『饗』。孫子臏腳於魏，吳起收泣於岸門，○盧文弨曰：「收」，疑是「抆」字，見呂氏春秋長見篇。顧廣圻曰：仲冬紀云「抿泣」，恃君覽云「雪泣」。先慎曰：「收」，當作「抆」，形近而誤。痛西河之爲秦，卒枝解於楚，○先慎曰：說詳姦刼弑臣篇。公叔痤言國器，反爲悖，公孫鞅奔秦，關龍逢斬，萇宏分胣，碟裂也，敕氏反。○先慎曰：趙本無注六字。一云剟腸曰「胣」。六微篇以爲叔向之讒。○顧廣圻曰：莊子胠篋篇釋文引司馬云：「萇弘，周靈王賢臣也。」案周景王、敬王之大夫，魯哀公三年六月，周人殺萇弘。尹子穿於棘，投之於穿棘中。○顧廣圻曰：未詳。先慎曰：趙本無注。盧文弨云：張本有注。司馬子期死而浮於江；田明辜射；非罪爲

「辜」，射而殺之。○顧廣圻曰：未詳。俞樾曰：舊注曲說，「辜射」即辜磔。「磔」從石聲，與「射」聲相近，故得通用。「辜」、「磔」本疊韻字，荀子正論篇「斬斷枯磔」，以「枯」爲「辜」；此云「辜射」，又以「射」爲「磔」。古書每無定字，學者當以聲求之。周禮掌戮「殺王之親者辜之」，注曰：「謂磔之。」「田明辜射」，即此刑也。史記李斯傳「十公主矺死於杜」，索隱曰：「『矺』與『磔』同，古今字異耳。」

市，○先慎曰：「安于」，十過、七術篇作「闕于」，觀行篇作「安」，與此同。案「安」、「闕」古通，左定十三年傳作「安」，淮南道應訓作「闕」，是也。惟趙策「安」、「闕」兩有爲誤。

者，皆世之仁賢忠良有道術之士也，不幸而遇悖亂闇惑之主而死。然則雖賢聖不能逃死亡避戮辱者何也？則愚者難說也，故君子難言也。○先慎曰：乾道本「難言」作「不少」。顧廣圻云：今本「不少」作「難言」，誤。案此句下有脫文。先慎案：「君子難言」文甚明白易曉，今從之。

宓子賤、西門豹不鬬而死人手；董安于死而陳於市；宰予不免於田常；范睢折脅於魏。此十數人

心，非賢聖莫能聽，願大王熟察之也！

愛臣第四

愛臣太親，必危其身；　威權上逼，故「危其身」。○盧文弨曰：一作「人臣

人臣太貴，必易主位；

且至言忤於耳而倒於

太擅，必易主命，與韻不叶，非也。　主妾無等，必危嫡子；「主」，謂室主。　兄弟不服，必危社稷。君之兄

弟不相從服。臣聞：千乘之君無備，必有百乘之臣在其側，以徙其民而傾其國；○王渭曰：

「民」當作「威」。萬乘之君無備，必有千乘之家在其側，以徙其威而傾其國。是以姦臣蕃息，主

道衰亡。是故諸侯之博大，天子之害也；羣臣之太富，君主之敗也。將相之管主而隆國

家，○孫詒讓曰：日本蒲阪圓本作「後主而隆家」，云：「物茂卿本『後』作『管』，『隆』下有『國』字。凌本同，非。八經

篇：『家隆劫殺之難。』詒讓案：「管主」並無義，「管」當作「營」，形近而誤。「營主」謂營惑其主也。淮南子原

道訓高注：「營，惑也。」「隆國家」，當依蒲阪圓本刪「國」字，「隆家」言搆諸大家使争鬭，詳後八經篇。

外也。君當疏外斥遠之。萬物莫如身之至貴也，位之至尊也，主威之重，主勢之隆也。○先慎曰：

乾道本無「位之至尊也」下三句。顧廣圻云：今本「也」下衍十四字。先慎案：下「四美」即指此「身」、「位」、「威」、

「勢」而言，少三句則下「四美」無著，今據補。此四美者，不求諸外，不請於人，議之而得之矣。○先慎

曰：「議」當作「義」。義者，事之宜也。人君合其宜則得之矣。故曰：人主不能用其富，則終於外也。○先慎

曰：「從」當作「以」。「以」與古文「從」

二六

不能用富，臣則竊之。○先慎曰：「富」之言備也。四美不備，則國非其有矣。此君人者之所識也。昔者紂之

亡，周之卑，皆從諸侯之博大也。殷諸侯文王，周諸侯秦襄王。○下「皆以羣臣之太富也」與此文正一律，明此「從」爲「以」之誤。晉之分

相似，因誤爲「從」，校者不審，又改爲「從」。

也，趙「魏、韓也。齊之奪也，陳恒弒簡公也。皆以羣臣之太富也。夫燕、宋、之所以弒其君者，○先慎曰：「子罕劫宋，子之奪燕。皆以類也。○孫詒讓曰：「以類」當作「此類」。故上比之殷、周、中比之燕、宋，莫不從此術也。是故明君之蓄其臣也，盡之以法，臣雖有貴賤，同以法也。質之以備。謂薄其賞賜也，臣貧則易制。○王先謙曰：廣雅釋詁：「質，正也。」「備」者，未至而設之，所以逆杜其邪心也。舊注誤。故不赦死，不宥刑，赦死宥刑，是謂威淫，淫，散也。是故大臣之祿雖大，不得藉威城市，○先慎曰：乾道本注無「成」字，今從趙本。市，衆所聚，恐其乘衆而生心也。○俞樾曰：「威」字衍文。「藉」當讀爲籍。詩韓奕篇「實畝實籍」，唐石經作「實畝實藉」，是其例矣。漢武帝紀「籍吏民馬」，師古注：「籍者，總人籍錄而取之。」即此「籍」字之義。管子輕重甲篇：「桓公欲藉於室屋，欲藉於萬民，欲藉於六畜，欲藉於樹木。」與此正同。言大臣之祿雖大，而城市之地不得藉而取之也。下云「黨與雖衆，不得臣士卒」「臣士卒」與「藉城市」相對成文。今涉上文「是謂淫」及「國家偏威」而誤衍「威」字。舊注不解「威」字，是舊本猶未衍也。黨與雖衆，不得臣士卒。故人臣處國無私朝，謂臣自私朝。居軍無私交，其府庫不得私貸於家。不欲令其樹福也。此明君之所以禁其邪。是故不得四從，四鄰之國爲私交。○孫詒讓曰：注說非也。此「四從」「四」與「駟」通，謂駟乘也。(左文十一年傳注：「駟乘，四人共車。」)「從」謂從車。「不載奇兵」，即蒙上「四從」而言。史記商君傳：「趙良曰：『五羖大夫之相秦也，行於國中，不從車乘，不操干戈。』又曰：「君之出也，後車十數，從車載甲，多力而駢脅者爲驂乘。」(參乘爲驂乘，四乘爲駟乘，二者畧同。)商君正以從車載兵甲，故

皆以羣臣之太富也。○先慎

君威散，臣威成，故曰「偏威」。

爲趙良所責，可證此文之義。先慎曰：「四從」，孫說是。舊注當在「居軍無私交」下，傳寫誤置於此耳。**不載奇兵，**○

王先謙曰：淮南隆形訓高注：「奇，隻也。」「奇兵」，佩刀劍之屬，與上「四從」對文。「不載」，謂不載以從。戰國策「秦羣臣侍殿上者，不得持尺寸之兵」即此義也。惟傳邊以備非常，乃得載兵甲，故下又申言之。秦御臣民至嚴峻，此法制已然者，非之言此，特以中其意。

非傳非邊，載奇兵革，罪死不赦。此明君之所以備不虞者也。

主道第五

道者，萬物之始，物從道生，故曰始。**是非之紀也。**是非因道彰，故曰「紀」。**是以明君守始以知萬物之源，**得其始，其源可知也。○先慎曰：乾道本注「可」作「亦」，今據張榜本、趙本改。**得其紀，其端可知也。故虛靜以待令，令名自命也，令事自定也。虛則知實之情，靜則知動者正。**○俞樾曰：下「知」字當作「爲」。「靜則爲動者正」，猶下文云「不智而爲智者正」也。涉上句而誤作「知」，於義不可通。先慎曰：俞說是。下「者」字，張榜本作「之」。**治紀以知善敗之端。**得其紀，其端可知也。**故虛則知實之情，靜則知動者正。有言者自爲名，有事者自爲形，形名參同，君乃無事焉，歸之其情。故曰：君無見其所欲，君見其所欲，臣自將雕琢；**臣因欲雕琢以稱之。○盧文弨曰：「自將」二字疑倒，當與下文一例。**君無見其意，君見其意，臣將自表異。**君見其意，臣因其意以稱之。**故**

曰：　去好去惡，臣乃見素；　去舊去智，臣乃自備。好惡不形，臣無所效，則戒而自備。○王念孫曰：

「去舊去智」，本作「去智去舊」。「惡」、「素」為韻，「舊」、「備」為韻。「舊」，古讀若忌，大雅蕩篇「殷不用舊」，與「時」為韻；召閔篇「不尚有舊」，與「里」為韻，管子牧民篇「不恭祖舊」，與「備」為韻，皆其證也。後人讀「舊」為巨救反，則與「備」字不協，故改為「去舊去智」。不知古音「智」屬支部，「備」屬之部，兩部絕不相通，自唐以後始溷為一類；此非精於三代兩漢之音者，不能辨也。　故有智而不以慮，使萬物知其處；　有行而不以賢，觀臣下之所因，○先慎曰：當作「有賢而不以行」，與「有智而不以慮」「有勇而不以怒」文法一律。下文「去智」「去賢」「去勇」，不作「去行」，是其證。　有勇而不以怒，使羣臣盡其武。　是故去智而有明，去君智，則臣智自明也。去賢而有功，去君賢，則臣事自功。去勇而有強。去君勇，則臣武自強。羣臣守職，百官有常，因能而使之，是謂習常。　故曰：寂乎其無位而處，漻乎莫得其所。○顧廣圻曰：「漻」讀為寥，正字作「廫」。說文云：「空虛也。」明君無為於上，羣臣竦懼乎下。○盧文弨曰：「乎」，藏本作「於」。　明君之道，使智者盡其慮，而君因以斷事，故君不窮於智；用臣智，故智不窮。賢者敕其材，○盧文弨曰：「敕」一作「效」。　君因而任之，故君不窮於能；有功則君有其賢，有過則臣任其罪，故君不窮於名。○先慎曰：乾道本「君」下有「子」字。盧文弨云：「子」字衍。顧廣圻云：藏本無「子」字，是也。先慎案：張榜本亦無，今據刪。　是故不賢而為賢者師，君雖不賢，為賢臣之師。不智而為智者正。為臣之正。○先慎曰：乾道本「為」下有「上」字。盧文弨云：「為」下衍「上」字，張、凌本俱無。顧廣圻云：藏本無「上」字，是也。先慎案：張榜本亦無，

今據刪。

臣有其勞，君有其成功，君取臣勞以爲己功。○王先謙曰：依文義文勢讀之，無「功」字爲是。「正」、「成」、「經」又相均也。據舊注則所見本已衍「功」字。此之謂賢主之經也。「經」常法也。

道在不可見，君道必使臣不可見也。○盧文弨曰：張本不提行。用在不可知。虛靜無事，以闇見疵。○先慎曰：人不知虛靜之道，反其闇而疵之。見而不見，聞而不聞，知而不知。知其言以往，勿變勿更，以參合閱焉。官有一人，○顧廣圻曰：揚搉篇「有」作「置」。勿令通言，則萬物皆盡。各令守職，勿使相通，情既相猜，則自盡矣。○先慎曰：乾道本注「盡」作「静」，據趙本改。函掩其跡，匿其端，○盧文弨曰：「掩」字疑是注，凌本無。顧廣圻曰：「則萬物皆盡函」句絕，舊注讀「函」屬下，誤。孫詒讓曰：「函」當爲「亟」，○盧「函」俗作「圅」，形近而誤。爾雅釋詁云：「亟，疾也。」此當以「亟掩其跡」爲句，顧讀非，盧校尤誤。下不能原。○先慎曰：「原」當作「緣」，緣，因也。掩跡匿端則下無所因以侵其主。「不能原」與下「不能意」同義，「原」「緣」聲近而誤。二柄篇云：「人主不掩其情，不匿其端，而使人臣有緣以侵其主。」作「緣」，是其證。

保吾所以往而稽同之，謹執其柄而固握之。絕其望，破其意，毋使人欲之。去其智，絕其能，下不能意。○先慎曰：各本「望」上有「能」字，拾補刪。盧文弨云：注「則人意望絕」，張本作「絕其能望」，亦衍「能」字。望絕也。○先慎曰：各本「望」上有「能」字，誤。先慎案：無「望」字者，因上有「絕其能」而妄刪之，不知此「能」字正涉上文而誤衍，注「則人意望絕」不釋「能」字，明舊本亦無「能」字，依盧校刪。顧廣圻云：藏本同，今本無「望」字，誤。此當衍「能」字。

不慎其事，不掩其情，賊乃將生。不謹其閉，不固其門，虎乃將存。權柄不固，則篡國之虎因而存矣。弒其主，代其所，人莫不與，

故謂之虎。處其主之側，○顧廣圻曰：句絕。與下文「忒」、「賊」爲韻。爲姦臣，○王念孫曰：「臣」當爲「匿」字之誤。「匿」讀爲慝，謂居君側而爲姦慝也。逸周書大戒篇：「克禁淫謀，衆匿乃雍。」「衆匿」即「衆慝」。管子七法篇「百匿傷上威」，「百匿」即「百慝」。明法篇「比周以相爲匿」，明法解「匿」作「慝」。漢書五行志「朔而月克東方謂之仄慝」，書大傳作「側匿」。是「匿」與「慝」古字通。「主」、「所」、「與」、「虎」爲韻，「側」、「匿」、「忒」、「賊」爲韻。則失其韻矣。顧廣圻曰：「臣」當作「以」。「以」正字作「㠯」形相近。先慎曰：王説是。聞其主之忒，○王念孫曰：「聞」蓋「閒」之譌。「閒」，伺也。故謂之賊。散其黨，收其餘，○顧廣圻曰：「餘」當作「與」。下文「輔」、「虎」其韻也。閉其門，奪其輔，國乃無虎。大不可量，深不可測，同合刑名，○顧廣圻曰：「刑」，讀爲形，揚攉篇同。審驗法式，擅爲者誅，國乃無賊。是故人主有五壅：臣閉其主曰壅，臣制財利曰壅，臣擅行令曰壅，臣得行義曰壅，臣得樹人曰壅。臣閉其主則主失位，臣制財利則主失德，○王先謙曰：「德」當作「得」，與上「財利」相應，此緣聲同而誤。臣擅行令則主失制，臣得行義則主失名，○先慎曰：乾道本「名」作「明」，顧廣圻云：「藏本、今本『明』作『名』。」今據改。臣得樹人則主失黨。此人主之所以獨擅也，非人臣之所以得操也。人主之道，靜退以爲寶。○先慎曰：「靜退」當作「虛靜」。此承上「虛靜以待令」而言，下「不操事」、「不計慮」而知巧拙、福咎，即申「虛則知實之情，靜則爲動之正」之義。今譌作「靜退」，則文之前後不相照應矣。不自操事而知拙與巧，不自計慮而知福與咎。是以不言而善應，○先慎曰：乾道本無「而」字，顧廣圻云：「藏本、今本『言』下有『而』字。」今據補。不約而善增。言已應則執

其契，事已增則操其符。○俞樾曰：「增」字義不可通，兩「增」字疑皆「會」字之誤。「不言而善應」，語本老子曰：「約而善會」，亦即老子所謂「善結無繩，約而不可解」也。「善會」猶「善結」也。「會」誤作「曾」，又誤爲「增」耳。先慎曰：「約」當作「事」。「言已應」、「事已增」正承上言之。「增」，讀如譄，與上「應」爲韻。俞改「增」爲「會」，迂曲不可從。符契之所合，賞罰之所生也。故羣臣陳其言，君以其言授其事，事以責其功。○顧廣圻曰：藏本，今本「事以」作「以事」，按當作「以其事」。先慎曰：二柄篇作「專以其事責其功」。功當其事，事當其言則賞，功不當其事，事不當其言則誅。明君之道，臣不得陳言而不當。○先慎曰：乾道本無「得」字。盧文弨云：「得」字脱，藏本有。先慎案：二柄篇亦有「得」字，今據補。顧廣圻云：此句下有脱文。是故明君之行賞也，曖乎如時雨，○顧廣圻曰：「曖」，讀爲愛。百姓利其澤；其行罰也，畏乎如雷霆，神聖不能解也。故明君無偷賞，無赦罰。賞偷則功臣墮其業，赦罰則姦臣易爲非。○盧文弨曰：「臣」，張本作「人」。是故誠有功則雖疏賤必賞，誠有過則雖近愛必誅。○顧廣圻曰：此句下有脱文。先慎曰：此下當有「疏賤必賞」四字。近愛必誅，則疏賤者不怠，而近愛者不驕也。

韓非子集解卷第二

有度第六　　二柄第七

揚權第八　　八姦第九

有度第六〇先慎曰：乾道本「六」作「七」，據趙本改。

國無常強，無常弱。奉法者強則國強，「強」爲不曲法從私。〇盧文弨曰：注「爲」字當作「謂」。先慎曰：「爲」「謂」字同。奉法者弱則國弱。荆莊王并國二十六，開地三千里，莊王之泯社稷也，先慎曰：荆全之時與荆亡之時，民及社稷未改易，而全、亡遂殊者，則由奉法有強弱故也。〇顧廣圻曰：「泯」當作而荆以亡。

「民」下二句同，舊注未譌。齊桓公并國三十，啟地三千里，桓公之泯社稷也，而齊以亡。燕襄王〇顧廣圻曰：「襄」當作「昭」，下同。史記年表、世家，燕無襄王。下文云「殘齊」，在昭王二十八年，或一謚「襄」也。以河

爲境，以薊爲國，襲涿、方城，方城，涿之邑也。○顧廣圻曰：句有誤。王先謙曰：「襲」謂重繞在外。謂燕都在薊，涿、方城在外，猶左傳言「表裏」也。涿與方城二地，注云詳見水經聖水、巨馬水注中，今直隸固安縣西南有方城村，即其地也。方城見燕世家，漢志涿屬涿郡，薊、方城屬廣陽國；方城屬廣陽國；殘齊，平中山，中山，國名。有燕者重，無燕者輕，謂鄰國得燕爲黨者則重，反是者則輕也。襄王之氓社稷也，而燕以亡。顧廣圻曰：當云「攻燕救趙」。年表：五年擊燕，二十年救邯鄲，二十一年救趙。又世家二十年云：「趙得全也。」魏安釐王攻趙救燕，○取地河東；河東，故南燕國所在，時魏救燕，燕人得之，故以河東故國與魏也。○盧文弨曰：注「河東，故南燕國所在」，張本作「故南燕之地」，無下「河東」二字。「德之」誤作「得之」。先慎曰：此蓋五年擊燕所得，注謂燕人與魏，非也。攻盡陶、魏之地，陶，定陶也。○顧廣圻曰：「魏」當作「衞」，見本書飾邪篇。加兵於齊，私平陸之都，言魏加兵於齊平陸，以爲私都也。攻韓拔管，管，故管叔所都。○先慎曰：勝於淇下，睢陽之事，荊軍老而走；魏與楚相持於睢陽，而楚師遁。師久爲老。○先慎曰：注趙本「爲老」作「而老」，誤。蔡、召陵之事，荊軍破，兵四布於天下，「兵」魏之兵也。威行於冠帶之國；安釐王死而魏以亡。○先慎曰：乾道本無「王」字，盧文弨云：「脫，藏本有。」今據補。故有荊莊、齊桓則荊、齊可以霸，○先慎曰：乾道本無「公」字，盧文弨云：「『公』字衍。」顧廣圻云：「藏本無，是也。」今據刪。有燕襄、魏安釐則燕、魏可以強。今皆亡國者，其羣臣官吏皆務所以亂而不務所以治也。其國亂弱矣，又皆釋國法而私其外，

「外」，謂臣之事也。則是負薪而救火也，亂弱甚矣。故當今之時，能去私曲就公法者，民安而國治；能去私行行公法者，則兵強而敵弱。故審得失有法度之制者加以羣臣之上，則主不可欺以詐偽；謂得守法度之臣，授之以政，位加羣臣之上，故不可欺以詐偽。○顧廣圻曰：「失」當作「夫」，下文「審得失有權衡之稱者」「失」亦當作「夫」。「加以」當作「加」，舊注未誤。○先慎曰：顧說是。拾補「加以」作「加於」，是。注趙本「授」誤作「受」。審得失有權衡之稱者以聽遠事，則主不可欺以天下之輕重。權衡所以稱輕重也，臣既妙於輕重，使之聽遠，故不可欺以輕重也。今若以譽進能，則臣離上而下比周，能由譽進，所以比周於下，求其虛譽。若以黨舉官，則民務交而不求用於法。官由黨舉，所以務交，求其親援。○先慎故官之失能者其國亂。以譽為賞，以毀為罰也，則好賞惡罰之人釋公法行私術，比周以相為也。○先慎曰：上「行」字當作「法」。「好賞惡罰之人，釋公法行私術」與上「去私曲就公法，去私行行公法」、下「行私重輕公法，奉公法廢私術」相應，四處皆作「法」字，此「行」字涉下文而誤。○先慎曰：顧說是。忘主外交，以進其與，忘主外交，以進其與，「與」謂黨與也。則其下所以為上者薄矣。交眾與多，外內朋黨，雖有大過，其蔽多矣。朋黨既多，遞相隱蔽，雖有大過，無從而知也。故忠臣危死於非罪，姦邪之臣安利於無功。邪臣朋黨，則忠臣橫以非罪而見陷，邪臣輒以無功而獲利也。忠臣危死而不以其罪，則良臣伏矣；臣傷其類，故良臣伏也。○先慎曰：乾道本「危」上有「之所以」三字，「良」下無「臣」字。盧文弨云：「之所以」三字衍，一本無。顧廣圻云：藏本、今本「良」下有「臣」字。先慎案：注云

「則良臣伏」，是注所見本亦有「臣」字。「之所以」三字不當有，此與下句文法一律，今從盧、顧校改。「伏」，謂隱也。姦

邪之臣安利不以功，則姦臣進矣。同氣相求，故姦臣進也。此亡之本也。若是則羣臣廢法而行私

重，○王渭曰：句絕。輕公法矣。「私重」，謂朋黨私相重也。數至能人之門，此其所以私重也。○顧廣圻曰：

「能」當作「態」。態人，即荀子之「態臣」，見臣道篇。先慎曰：「能人」，即私人也，見管子明法篇，本書作「能」字不誤。三

守篇「不敢不下適近習能人之心」，即其證。乾道本注「此」作「比」，依張榜本、趙本改。不壹至主之廷，○先慎

曰：「趙本『壹』作『一』」，下同。百慮私家之便，不壹圖主之國。屬數雖多，非所以尊君也；君之徒屬

之數雖多，皆行私重，故非尊君。○先慎曰：乾道本無「以」字。顧廣圻云：今本「所」下有「以」字。先慎案：依下文當

有，今據補。百官雖具，非所以任國也。百官雖備，皆慮私家之便，故非任國。「任」，謂當其事也。然則主有

人主之名，而實託於羣臣之家也。威權不移故也。○盧文弨曰：注「下移」誤「不移」。故臣曰：亡國

之廷無人焉。無憂國之人也。「臣」，韓非自謂也。○先慎曰：此篇多本管子明法篇。廷無人者，非朝廷之

衰也。家務相益，不務厚國；大臣務相尊，而不務尊君；○先慎曰：張榜本「相益」作「之益」。案

「家務相益」，謂務相益其家，與「大臣務相尊」同。「相益」「相尊」對「厚國」「尊君」而言。張榜本「相」作「之」，誤。小

臣奉禄養交，不以官為事。○顧廣圻曰：「奉」當作「持」，見本書三守篇。晏子春秋問下云：「士者持禄，游者

養交。」荀子臣道篇云：「以之持禄養交而已耳，國賊也。」又見韓詩外傳。此其所以然者，由主之不上斷於

法，而信下為之也。故明主使法擇人，不自舉也；使法量功，不自度也。擇人量功之法，布在方

冊，謂成國之舊制。能者不可弊，敗者不可飾也；以法飾人，故譽不能進，非不能退也。○先慎曰：張榜本作「蔽」，管子亦作「蔽」。「非」作「誹」，字並通用。則

君臣之間明辯而易治，「明辯」謂善惡不相掩。故主讐法則可也。「讐」謂校定可否。賢者之為人臣，

北面委質，無有二心。朝廷不敢辭賤，軍旅不敢辭難，朝廷辭賤則下有缺上之心，軍旅辭難則士有偷存之順

志。○先慎曰：乾道本注「士」作「事」，今依張榜本、趙本改。盧文弨云：注「缺」譌作「缺」。「士」，藏本作「事」。

上之為，從主之法，虛心以待令而無是非也。故有口不以私言，為君言也。有目不以私視，為君

視也。而上盡制之。為人臣者，譬之若手，上以脩頭，下以脩足；寒清暖寒熱，不得不救入，寒

則救之以暖，熱則救之以清，相對成文，明此不當有「入」字。舊注不審，而曲為之説，非。張榜本刪「入」字，是也。又案：「清暖寒熱」據注文當○先慎曰：「入」字衍文。下「不敢弗搏」與「不得不

作「寒暖熱清」。鏌鋣傳體，不敢弗搏。利刃近體，手必搏之。○盧文弨曰：「弗」藏本作「不」。救「入」字，是也。又案：「清暖寒熱」

臣，無私事能之士。「賢哲之臣」、「事能之士」皆以公用之。○顧廣圻曰：「感」讀為慼。故民不越鄉而交，無百里之慼。既任臣以無私賢哲之

公，則政平國理，人無異望，無外心，故不越鄉而交，所以無百里之慼。貴賤不相踰，愚

智提衡而立，愚智各得其所，故提衡而立。今夫輕爵祿，易去亡，以擇其主，臣不謂廉。

易亡，擇主，心貪者耳，如此之臣，不可謂廉也。詐說逆法，倍主強諫，臣不謂忠。逆法、強諫、淩主者耳，如此之臣，不可謂忠。行惠施利，收下爲名，臣不謂仁。行惠收下，作福者耳，如此之臣，不可謂仁。離俗隱居，而以非上，臣不謂義。隱居非上，揚主之惡，如此之臣，不可謂義。○先慎曰：乾道本「以」下有「作」字，顧廣圻云：「藏本、今本無『作』字。」今據删。

外使諸侯，内耗其國，伺其危險之陂以恐其主，○先慎曰：「陂」字無義，當作「際」。篆文〈縿〉上形與〈介〉相近，轉寫殘缺以爲「陂」耳。曰「交非我不親，怨非我不解」，而主乃信之以國聽之，卑主之名以顯其身，毀國之厚以利其家，臣不謂智。伺危以恐主，毀國以利家，姦雄者耳，如此之臣，不可謂智也。○先慎曰：注「伺危以恐主」「恐」誤作「怨」。此數物者，險世之說也，而先王之法所簡也。險世所說：邀取一時之利，先王所簡，必令百代常行。○盧文弨曰：「簡」，棄也。俞樾曰：「險世之說」本作「險世所說」。「說」，讀爲悅，注所據本尚未誤。

先王之法曰：○顧廣圻曰：此下五句文與洪範有異。毋或作威，○先慎曰：張榜本更有「毋或作福」句。毋或作利，從王之指；毋或作惡，○先慎曰：乾道本下「毋」字作「無」。顧廣圻云：今本「無」作〔二〕「毋」。先慎案：作「毋」字是，今據改。洪範正作「毋」，「或」作「有」，呂氏春秋貴公篇引亦作「或」，與此同。注：「或，有也。」「從王之路。」古者世治之民，

〔二〕「作」，原本作「所」，據顧氏韓非子識誤改。

奉公法，廢私術，專意一行，具以待任。治世之人，所具意行，不用之於私，惟以待君之任耳。夫爲人主而身察百官，則日不足力不給。言當用法而察之。○先慎曰：乾道本「爲」下有「之」字，據張榜本刪。且上用目則下飾觀，飾觀，則目視不得其真也。上用耳則下飾聲，飾聲，則耳聽不知其僞也。上用慮則下繁辭。繁辭，則慮惑於說也。先王以三者爲不足，故舍己能而因法數，審賞罰。斯術也，先王所守之要。○先慎曰：「先王之所守要」，即揚權篇「聖人執要」之義，注說非。先王之所守要，故法省而不侵。獨制四海之內，聰智不得用其詐，險躁不得關其佞，○顧廣圻曰：藏本同，今本「險」作「陰」，誤。姦邪無所依。遠在千里外，不敢易其辭，勢在郎中，不敢蔽善飾非。「郎」，近侍之官也。○俞樾曰：「勢」當作「埶」，國語楚語曰：「居寢有埶御之箴。」注曰：「埶，近也。」「埶在郎中」與「遠在千里外」正相對成義。「埶」、「勢」形近而誤，或古字通也。○先慎曰：注說非。說文：「湊，水上人所會也。」故「湊」有會合之義。此言親近重臣合之疏遠卑賤之人，皆用法數以審賞罰，毋有相違。下文「刑過不避大臣，賞善不遺匹夫」是也。朝廷羣下直湊單微，不敢相踰越。雖單微直湊，亦令得其職分，而豪強不敢踰。故治不足而日有餘，上之任勢使然也。立治之功，日尚有餘，而功教既已平，羣臣既已穆，則上之任用之勢不違，法教使之然也。夫人臣之侵其主也，○先慎曰：御覽六百三十八引「人臣」作「大臣」。如地形焉，即漸以往，如地形之見耕，漸以往，移步換形遂不能見，故必立司南以定其方。喻人主爲臣侵其權勢，使人主不自知者，非一朝一夕之故，在人主時以法度自持也。喻意言就削滅也。○先慎曰：「即」當作「積」，聲之誤也。此謂人之行路，積漸不覺而已易其方，在始未必不知，移步換形遂不

行路，非言耕者，注非。御覽引作「既」，亦誤。**使人主失端，東西易面而不自知。**既以漸來，故雖至於失端易面，而主尚不能自知。**故先王立司南以端朝夕。**「司南」，即指南車也，以喻國之正法。○先慎曰：御覽引「立」下有「教」字。**故明主使其羣臣不遊意於法之外，不爲惠於法之內，**不令遊意法外，爲惠法內，皆所以防其侵過遊外，即皆私也。○先慎曰：御覽引「惠」作「慧」。**動無非法。法，所以凌過遊外私也；**既使羣臣動皆以法，其或「凌過」字，舊注誤。○盧文弨曰：「過」爲「過」之誤，顧說是也。「過」二字，一本作「滅」。顧廣圻曰：「凌」字未詳，「過」當作「過」，衍「遊」字，舊注誤。一本脫「外」字，「遊」作「滅」，是。「凌」爲「峻」字，形近而譌，當在「法」上，傳寫誤倒耳。「峻法所以凌滅外私也」，與下「嚴刑所以遂令懲下也」句正相對，今本譌誤，遂不可讀。**嚴刑，所以**○王先謙曰：「遂」，竟也。刑以輔令而行，使必下竟。**遂令懲下也。**所以嚴刑者，欲以遂令且懲下也。「遂」，通也。**威不貸錯，制不共門。**威當主錯，故不貸臣令錯，制當主裁，故不共臣同門。錯，置也。**威制共則衆邪彰矣，**威制共臣，則制邪顯用矣。○先慎曰：注「制邪」當作「衆邪」。**法不信則君行危矣，**法不信，則後不可行，故君危。○俞樾曰：「危」，讀爲詭。呂氏春秋淫辭篇「所言非所行也，所行非所言也，言行相詭，不祥莫大焉」，與此意相近。蓋法不信則君之所行前後違反，故曰「詭」也。淮南子說林篇「尺寸雖齊必有詭」，文子上德篇「詭」作「危」，並其證也。舊注未達叚借之旨。「危」當以君位言，不當以君行言，足知舊說之非矣。**刑不斷則邪不勝矣。故曰：巧匠目意中繩，然必先以規矩爲度；**匠之目意雖復中繩，而不可用，當其規矩爲其度。○先慎曰：注上「其」字當爲「以」字之譌。**上智捷舉中事，必以**

先王之法爲比。君知雖敏而中事，不可用，當以先王之法爲其比制也。○盧文弨曰：注「君知」藏本作「君智」。先

慎曰：「上智」謂極智之人，與「巧匠」同意，非謂君也。「捷」，疾也。「中事」，合於事也；「中」音竹仲反。舊注誤。故繩

直而枉木斲，準夷而高科削，「科」等也；削高等令就下也。故以法治國，舉措而已矣。舉法而措之，治自平。○先

石設而多益少。減多益少，斗石乃滿。權衡縣而重益輕，減重益輕，權衡乃平。慎曰：注

「措」，當爲論語「錯諸枉」之「錯」。以法數治國家，不外「舉錯」二者。上文「因法數，審賞罰，先王之所守要」，即其義。注

説非。

法不阿貴，繩不撓曲。法之所加，智者弗能辭，勇者弗敢爭。刑過不避大臣，賞善不遺

匹夫。故矯上之失，詰下之邪，治亂決繆，絀羨齊非，絀其健羨，齊其爲非。「絀」，音黜。○王先謙曰：舊

「羨」，有餘也，即上削高，輕重之意。一民之軌，莫如法。屬官威民，「屬官」，欲令官之屬己。○王念孫曰：舊

注甚謬。「屬」當爲「厲」字之誤也。「厲官」「威民」義正相近。詭使篇「上之所以立廉恥者，所以屬下也」，「屬」亦「厲」字

之誤。俗書「屬」字作「属」，形與「厲」相近，故「厲」誤作「屬」。（荀子富國篇「誅而不賞，則勤厲之民不勸」，今本「厲」誤

作「屬」。）退淫殆，止詐偽，莫如刑。刑重則不敢以貴易賤，不敢以貴勢慢易於賤也。法審則上尊而

不侵，上尊而不侵則主强而守要，故先王貴之而傳之。傳之於後。人主釋法用私，則上下不

別矣。

二柄第七

明主之所導制其臣者，二柄而已矣。「導」「引也，言道所以引喻其臣而制斷之也。○俞樾曰：注訓「導」爲「引」，此未達古語也。「導」「當爲「道」，「道」者，由也。「明主所道制其臣者」，猶言「明主所由制其臣者」，古語每以「道」爲「由」。本書孤憤篇「法術之士奚道得進」，猶言奚由得進也；呂氏春秋貴因篇「孔子道彌子瑕見釐夫人」，猶言由彌子瑕見釐夫人也；晏子春秋諫上篇曰「楚巫微導裔款以見景公」，亦言由裔款以見景公，而其字作「導」。可證此文「導」之即「所由」矣。藝文類聚十一引「主」作「王」，無「之所導」三字。「臣」下有「下」字。先慎曰：張榜本「導」作「道」。云：「由也。」俞説與之合。八姦篇云「凡人臣之所道成姦者有八術」，義與此同。二柄者，刑、德也。何謂刑德？曰：殺戮之謂刑，慶賞之謂德。爲人臣者畏誅罰而利慶賞，故人主自用其刑德，則群臣畏其威而歸其利矣。故世之姦臣則不然，所惡則能得之其主而罪之，姦臣所惡，則巧詐媚惑其主，得其威而罪也。○盧文弨曰：注「罪之」誤「罪也」。所愛則能得之其主而賞之。姦臣所愛，亦以巧詐媚惑其主，得之恩而賞之。○盧文弨曰：注「其恩」誤「之恩」。今人主非使賞罰之威利出於己也，聽其臣而行其賞罰，則一國之人皆畏其臣而易其君，臣用罰，則民畏臣而輕君；歸其臣而去其君矣。臣用賞，則民歸臣而去其君，各本俱無「其」字。此人主失刑、德之患也。夫虎之所以能服狗者，爪牙也，使虎釋其爪牙而使狗用之，則虎反服於狗矣。○先慎曰：乾道本無「於」字。案以下

文例之，當有「於」字，據意林、御覽六百三十八、八百九十一、事類賦二十引補。人主者，以刑、德制臣者也，今

臣，請君爵禄而與羣臣，所以樹私德於衆官。○先慎曰：外儲説右上篇作「行諸大臣」。下大斗斛而施於百姓，於

君人者，釋其刑、德而使臣用之，則君反制於臣矣。反爲臣所制也。故田常上請爵禄而行之羣

下而用大斗斛以施百姓，所以樹私恩於衆庶也。○先慎曰：

盧文弨曰：此別一人，非春秋之樂喜。

此簡公失德而田常用之也，故簡公見弒。子罕謂宋君○

者，民之所惡也，臣請當之。」於是宋君失刑而子罕用之，故宋君見劫。田常徒用德謂不兼刑也。

而簡公弒，子罕徒用刑謂不兼德也。而宋君劫。故今世爲人臣者兼刑、德而用之，則是世主之

危甚於簡公、宋君也。故劫殺擁蔽之主，○顧廣圻曰：「擁」當作「壅」。

曰：「夫慶賞賜予者，民之所喜也，君自行之；殺戮刑罰

不危亡者，則未嘗有也。○俞樾曰：失刑、德而使臣用之，不當有「非」字，「非」字衍文。人主將欲禁姦，則

審合刑名者，言與事也。「言」，名也；「事」，則也。言事則相考合不可知也。○先慎曰：乾道本「與」作

而宋君失刑而子罕用之，故宋君見劫。非失刑、德而使臣用之而

「異」，拾補作「與」。○先慎案：張榜云：『「言」下衍「不」字，藏本無「異」字。顧廣圻云：今本「言」下有「不」字，誤。「異」當

作「與」。○先慎案：『「刑」當作「形」。』案「刑」、「形」二字本書通用，「與」字依盧、顧校改。爲人臣者陳而

言，○顧廣圻曰：藏本同，今本「陳」下有「事」字，誤。案「而」『當作「其」，見本書主道篇。君以其言授之事，

作「與」。先慎曰：顧説非，謂因其所言之事以求其效，不外使也。功當其事，專以

其事責其功。○顧廣圻曰：當衍「專」字。先慎曰：

事當其言，則賞；功不當其事，事不當其言，則罰。故羣臣其言大而功小者則罰，非罰小功

也，罰功不當名也；羣臣其言小而功大者亦罰，非不說於大功也，以爲不當名也，害甚於有

大功，故罰。不當名之害甚於大功。功大震主，亦所以爲罰。○先慎曰：「不當名也害」當作「不當名之害」，下「以

爲侵官之害甚於寒」句法正同，注所見本尚不誤。此言因功失法則國無所守，故不當名之害甚於有大功。注謂「功大震

主」，非也。 昔者韓昭侯醉而寢，○先慎曰：意林「醉」下有「甚」字。 典冠者見君之寒也，故加衣於君之

上。覺寢而說，寢寐而覺。 問左右曰：「誰加衣者？」左右對曰：「典冠。」君因兼罪典衣殺

典冠。○先慎曰：乾道本「殺」作「與」。意林「與」作「殺」，是也，今據改。下文「越官則死，不當則罰」，是其證。 其罪

衣，以爲失其事也；其罪典冠，以爲越其職也。非不惡寒也，以爲侵官之害甚於寒。故

明主之畜臣，臣不得越官而有功，不得陳言而不當。越官則死，不當則罪。守業其官，所言

者貞也，守業以當官，守官以當言，如此者貞也。 則羣臣不得朋黨相爲矣。

人主有二患：任賢，則臣將乘於賢以劫其君；賢者必多才術，故能乘賢以劫君也。妄舉，則

事沮不勝。「妄舉」，謂不擇賢，則其事必沮而不勝。「沮」，毀敗也。 故人主好賢，則羣臣飾行以要君欲，

則是羣臣之情不效。飾行則僞外，故其內情不效。「效」，顯也。 羣臣之情不效，則人主無以異其臣

矣。莫不飾行，故真偽不分也。 故越王好勇，而民多輕死；楚靈王好細腰，而國中多餓人；齊桓公

妬而好内，○先慎曰：乾道本「妬」下有「外」字，顧廣圻云：「藏本無「外」字，是也，本書十過篇、難一篇並無。」今據刪。故豎刁自宮以治内，○先慎曰：「刁」當作「刀」。左傳寺人貂，管子、大戴禮、公羊、墨子作「刀」、「刀」有貂音，故通用。桓公好味，○顧廣圻曰：當衍「桓公」二字，此與上相承。易牙蒸其子首而進之，○顧廣圻曰：藏本、今本「子首」作「首子」。案作「首子」爲是，漢書元后傳有「首子」可證。十過篇及難一篇同。先慎曰：本書作「子首」，無作「首子」者，十過篇及難一篇兩見，可證。彼惟趙用賢本作「首子」，「明」「首子」爲後人所改，古本自作「子首」也。燕子噲好賢，故子之明不受國。子之，燕之臣也。以噲好賢，故陳禪讓之事，令噲不受國以讓己，因以篡之。○先慎曰：即外儲說右下篇潘壽謂燕王事，注非。故君見惡則羣臣匿端，匿其端，避所惡也。○先慎曰：乾道本「君」下有「子」字。顧廣圻云：藏本、今本無。先慎案：此不當有，今據刪。君見好則羣臣誣能，誣其能，欲見用。○俞樾曰：「欲見」當作「見欲」，與上文「見好」、「見惡」一例。「見好」、「見惡」即自見其所好矣。下文云「豎刁、易牙因君之欲以侵其君者也」，正承此而言。主道篇云「君無見其所欲」，「可證此文「見欲」之義。先慎曰：注「利其所存」「其」當作「之」。人主欲見，則羣臣之情態得其資矣。羣臣之情態，皆欲求利，君見其好惡，則知利其所存，故得以爲資。故子之託於賢以奪其君者也，豎刁、易牙因君之欲以侵其君者也。其卒子噲以亂死，子噲，燕王名也。桓公蟲流出戶而不葬。○先慎曰：乾道本「戶」作「尸」。盧文弨云：「藏本「尸」作「戶」。」先慎案：作「戶」是，今據改。十過篇正作「戶」。此其故何也？人君以情借臣之患也。謂見好惡之情，則臣得以爲利，此以情借臣求利者也，患所以生。人臣之情非必能愛其君也，爲重利之故也。今人主不掩其

情，不匿其端，而使人臣有緣以侵其主，緣其好惡之情，得以侵主。則羣臣爲子之、田常不難矣。故

曰：去好去惡，羣臣見素。君無好惡，則臣無因爲僞，其誠素自見。○先慎曰：乾道本「惡」上無「去」字。顧廣圻云：藏本、今本有。先慎案：當有「去」字，主道篇云「去好去惡，臣乃見素」可證，今據補。羣臣見素，則大

君不蔽矣。

揚權第八

「揚」，謂舉之使明也。「權」，謂量事設謀也。○先慎曰：乾道本注「揚」下有「權」字，據趙本刪。顧廣圻云：「韓非有揚搉篇。」今「搉」作「權」，誤。注說非。孫詒穀云：文選蜀都賦劉逵注：「韓非有揚搉篇。」今「搉」作「權」，誤。注說非。顧廣圻云：廣雅〔二〕：「揚搉，都凡也。」

天有大命，人有大命。晝夜四時之候，天之大命；君臣上下之節，人之大命也。夫香美脆味，厚酒肥

肉，甘口而病形；曼理皓齒，説情而捐精。香肥所以甘口也，用之失中則病形；皓曼所以説情也，耽之過度則損精；賢才所以助理也，用之失宜則危君也。○先慎曰：乾道本「病」作「疾」，「損」作「捐」，注亦作「捐」。拾補

〔二〕「廣雅」，原本作「廣韻」，據顧氏韓非子識誤改。

「疾」作「病」。○盧文弨云：「說」注中作「悅」。「捐」，孫詒穀云：「意林」引此作「損」。顧廣圻云：藏本「疾」作「病」，是也。「捐」，亦當從七發注引作「損」。先慎案：注作「病」未誤，意林正作「藏「病」，今據改。「說」讀爲悅，非舊本作「悅」也。故去甚去泰。○先慎曰：「甚」上有「泰」字，顧廣圻云：藏本、今本無上「泰」字。先慎案：「甚」上不當有「泰」字，意林無，今據刪。身乃無害。權不欲見，素無爲也。

○顧廣圻曰：句有誤，未詳。先慎曰：用人之權，不使人見，虛以應物，不必自爲，執要以觀其效，虛心而用其長，即權不見素無爲之理。廣雅釋詁：「素，空也。」事在四方，要在中央。「四方」謂臣民，「中央」謂主君。○先慎曰：乾道本注「君」作「居」，改從今本。聖人執要，四方來效。虛而待之，彼自以之。「以」，用也。君但虛心以待之，彼則各自用其能也。四海既藏，道陰見陽。「四海」則四方也。「藏」，謂不見也。其能如此，則君當導臣之陰以見君之陽，陰陽接則君臣通也。○王先謙曰：「道」，由也。「由陰見陽」，謂由一己之虛靜，以見四海之動。注非。先慎曰：乾道本注作「以見君子之陽」，今從趙本。左右既立，開門而當。「左右」，謂左輔右弼也。君臣既通，輔弼之臣斯立，如此則同類相從，同聲相應，四方賢才畢來矣。君但開門而當之，無所遮擁也。「當」，受也。○先慎曰：乾道本注「類」上無「同」字，「從」作「後」，據趙本增改。勿變勿易，與二俱行，賢才既來，莫敢變易，但令輔弼二臣，俱行職事。行之不已，既行職事，有功而可，此皆俱賢臣之助，不須有所除去，無不隨化而成。○盧文弨曰：注「俱」字衍。是謂履理也。君能履理，故有成功。夫物者有所宜，材者有所施，各處其宜，故上下無爲。使雞司夜，令狸執鼠，皆用其能，上乃無事。○先慎曰：御覽九百一十八引「用」作「因」，事類賦十八

引仍作「用」。

上有所長，事乃不方。「所長」，謂任材用物皆得其宜，故事不一方而成。○俞樾曰：上文云「使雞司夜，令狸執鼠，皆用其能，上乃無事」，然則上固不必有所長矣。「上有所長」，是失其爲上之道。「事乃不方」，猶言無方也，謂不得其方也。下文云「矜而好能，下之所欺。辯惠好生，下因其材。上下易用，國故不治」，皆承此而言。

矜而好能，下之所欺。居上者矜好其能，則下各飾其能以欺之。

辯惠好生，下因其材。居上好生辯惠，則下因其材以入其諛佞。材，則辯惠也。

上下易用，國故不治。上代下任，下操上權，則國不治。

用一之道，以名爲首，「一」，謂道。可以常行古今莫「一」者，唯其正名乎，故曰「以名爲首」。○先慎曰：乾道本無「之」字。顧廣圻云：「藏本、今本『一』下有『之』字。」今據補。盧文弨云：注「其唯」誤倒。

名正物定，名倚物徙。故聖人執一以静，使名自命，令事自定。既使名命事，故事自定也。○先慎曰：羣書治要引尸子分事篇「執」一以静，令名自正，令事自定」，即韓非所本，「使」字作「令」，疑此「使」字涉注文而誤。注以「使」釋上「令」字，以「命」釋下「令」字，非上「令」字本作「使」字也。

不見其采，下故素正。「采」、「故」皆事也，上不見事，則下事既素且正。○盧文弨曰：注訓「采」、「故」皆爲事，非也。趙氏云：「『不見其采』是聖人静以自居，韜匿光采；臣下以故守素而趨於正。」此說是也。

因而任之，使自事之，，因其事而任之，彼則自舉其事。○顧廣圻曰：句失韻，有誤。先慎曰：「事」，當作「定」，下文「使皆自定之」承此而言。若作「事之」，則「使皆自定」句爲無著矣。

正與處之，使皆自定之。上以名舉之，凡事皆使彼自定，在上者從而以名舉之，則刑名以與之，彼則自舉之。

因而予之，彼將自舉之，，因其事審矣。○先慎曰：乾道本注「在上」誤作「任上」，改從趙本。

不知其名，復脩其形，「形」，事也。循事以求名，則

其名可知也。○顧廣圻曰：「脩」當作「循」，注未譌。**形名參同，用其所生。**「所生」爲形名所從而出者。形名既以參同，故有此人而用之。**二者誠信，下乃貢情。**「二者」謂形名也。參同則用其人，是謂「誠信」也。「貢」謂陳見也。**謹脩所事，待命於天。**君人者能謹脩其事，天必有符應之命以命之。**毋失其要，乃爲聖人。聖人之道，去智與巧，智巧不去，難以爲常。**夫智巧在，必背道而行詐，故須去之。既去智巧，民人用之，其身多殃；主上用之，其國危亡。**因天之道，反形之理，督參鞠之，終則有始。**上因天之道，下則反形之理，「二者督考參驗鞠盡之，其事既終，還從其始也。○先慎曰：乾道本注「督」下有「巧」字，據趙本刪。○顧廣圻疑「督參鞠之」句有誤，未審注本之誤耳。**虛以靜後，未嘗用己。**常當虛靜以後人，未嘗用己而先唱。**凡上之患，必同其端；**「端」謂所陳事之首也。臣之陳事，不擇可否，每皆同之，則是偏聽而致患也。○先慎曰：趙本「上」作「人」。盧文弨云：「人」張本作「上」。**信而勿同，萬民一從。**其陳事者，且當信之，無遂與同，然後擇其善者以之施教，則萬民齊一而隨從。**夫道者，弘大而無形；德者，覈理而普至。至於羣生斟酌用之，萬物皆盛而不與其寧。**道德不與物寧而物自寧。**夫道者，下周於事，因稽而命，與時生死。**言當因道以考汝報。「而」，汝也。「死生」，猶廢興也。謂其教、命時可廢則廢，時可興則興也。○先慎曰：注趙本「報」下有「命」字。「生」與下文「情」韻，舊注未譌。**參名異事，通一同情。**注趙本「報」下有「命」字，參考異事之名，必令通一而又同情。**故曰：道不同於萬物，故能生於萬物。**故能生於萬物。**德不同於陰陽，故能成於陰陽。**故能成於陰陽。○先慎曰：乾道本

無「於」字。顧廣炘云：藏本、今本有。先慎案：依上下文當有，今據補。於出入，故能正於出入。和不同於燥溼，故能均於燥溼。君不同於羣臣。故能制於羣臣。○先慎曰：乾道

衡不同於輕重，故能知其輕重。繩不同

本「君」下有「子」字，「於羣」作「羣於」。顧廣炘云：「君」下藏本、今本無「子」字，「羣於」今本作「於羣」。先慎案：「子」字衍，「羣於」二字倒，注不誤，今據刪改。凡此六者，道之出也。此六者皆自道生，故曰「道之出也」。道無雙，故曰一。是故明君貴獨道之容。道以獨為容。君臣不同道，下以名禱。下當陳其名言以禱於君。

君操其名，臣效其形，形名參同，上下和調也。○盧文弨曰：一無「也」字，是。顧廣炘曰：「同」、「調」韻，與詩車攻五章合。

凡聽之道：以其所出，反以為之入：凡聽言之道，或有未審，必出言以難之，彼必反求其理以入於此也。故審名以定位，明分以辯類。審察其名，則事位自定；明識其分，則物類自辯。聽言之道：溶若甚醉。「溶」，閒漫之貌。凡聽言者，欲闇以招明，愚以求智，故閒然若甚醉者，則言者自盡而敷泰也。○顧廣炘曰：「溶」字未詳，下同，舊注皆訓為「閒」，不見所出。俞樾曰：「溶若甚醉」，此「溶」字當為「容」。「動之溶之」言其容有似乎醉也。下文「動之溶之」，此「溶」字當為「搈」。說文手部：「搈，動搈也。」「溶若甚醉」即「動之搈之」也。「動搈」亦作「動容」，孟子盡心篇「動容周旋中禮者」是也。疑古本兩「溶」字皆止作「容」，一為容貌之容，一為動容之容，傳寫增水旁，因失其義矣。先慎曰：俞說是。注「泰」趙本作「奉」。脣乎齒乎，吾不為始乎；齒乎脣乎，愈惛惛乎。脣、齒可以發言語。也，吾不為始，則彼自為始；吾愈惛惛，彼愈昭昭。彼自離之，吾因以知之；是非輻湊，上不與構。

「離」，謂分析其所言。彼既分析，吾遂知之，所陳之言，或是或非，如輻之湊，皆發自下情，上不與之爲構也。「構」，

也。○先慎曰：「構」「講」古通，謂解釋也。臣下是非，君並聽之，不爲調解。注訓「構」爲「結」，似非。**虛静無爲，**

道之情也。」參伍比物，事之形也。參之以比物，伍之以合虛。**根幹不革，則動泄不失矣。**

散，皆無所失泄也。○先慎曰：「動泄不失」，當作「動不失泄」。「泄」有世音，與「革」字古合韻。注云「無所失泄」，是注

所見本尚不誤。**動之溶之，無爲而改之。**凡所舉動，溶然閒暇，雖有所改，無爲而爲也。○先慎曰：「溶」當作

「搈」，說見上。**喜之則多事，惡之則生怨。**謂臣所陳言，君若喜之，彼必自媚益爲其事；若乃惡之，彼必生怨而

遂止。○顧廣圻曰：以上皆失韻，未詳何句有誤。先慎曰：「喜之」、「惡之」並句。「喜」與「事」、「惡」與「怨」爲韻。外

儲說右上篇「謳乎，其已乎！苟乎，其往歸田成子乎」「謳」、「苟」爲韻，並句首字，雖用韻不同，而以句首字爲韻則可借證，

顧說非是。**故去喜去惡，虛心以爲道舍。**去喜惡以虛其心，則道來止，故爲「道舍」。**上不與共之，民乃寵**

之。謂下之爲事，上不與共得，則臣得自專，其事必成，故得受其榮寵也。**上不與義之，使獨爲之。**○先慎曰：

「義」，讀爲「議」。**上固閉内扄，從室視庭，參咫尺已具，皆之其處。以賞者賞，以刑者刑，**「閉内

扄」，謂閉心以察臣也。由内以觀外，若從室而視庭也。八尺曰「咫」。尺寸者，所以度長短。既閉心以參驗之，咫尺以度

量之，二者以具，則大小長短皆之其所，不相犯錯，如此則可賞則賞，可刑則刑，無乖謬矣。○顧廣圻曰：「上固閉内扄」，

「上」字下當有脫文。「尺」字當衍，舊注以尺寸釋「咫」，因誤入正文也。先慎曰：案「固」疑「因」字之誤。「上不與

共，「不與議」因閉心以察之，如從室視庭，尺寸不失也。「因」與「固」形近而誤，似無脫文。注「謂」字乾道本作「講」，誤，據拾補改。「以具」當作「已具」。

因其所爲，各以自成。善惡必及，孰敢不信！ 注「謂」字乾道本作「講」，所爲善惡，既各自成，善必及賞，惡必及刑，刑賞不差，誰敢不信！

規矩既設，三隅乃列。 賞罰規矩，既已説於一事二事，則人知他事皆然，故曰「三隅乃列」也。

主上不神，下將有因； 神者，隱而莫測其所由者也。既不神，故可測，可因，故曰「下將有因」也。

其事不當，下考其常。 主事不當，則下以常理考之，所以較其非。不可測者也。君用意如天地，則上因下考之，累可解也。○俞樾曰：「累解」乃疊韻字，古人常語也。荀子富國篇「則和調累解」，「累解」與「和調」並言，可知其義。楊注以爲「嬰累解釋」，非也。儒效篇「解果其冠」，楊注引説苑「蟹螺者宜禾」爲證，然則「累解」猶「蟹螺」矣。古語雖不盡可通，而「累解」二字平列，則塙然無疑。舊注之失，與楊注同。

孰疏孰親？ 天無私覆，地無私載，故無疏無親也。

能象天地，是謂聖人。 象天地之高厚而無私也。

若地若天， 若天若地，是謂累解。 天地高厚，象天地之高厚而無私也。

欲治其內，置而勿親； 「內」謂君之機密也。欲令機事不失，所置之臣勿私親之。○先慎曰：乾道本注「欲」作「故」，今從趙本。

欲治其外，官置一人，不使自恣，安得移并！ 「外」謂百官之政也。○先慎曰：乾道本注「欲」作「故」，今從趙本。夫兩雄必爭，官有二人，適足以增其猜競，故一人則專而不恣，豈有移易并兼之事。欲令官政不失，則每官置一人焉。

大臣之門，唯恐多人。 臣門多人，威權在之故也。

凡治之極，下不能得。 神隱不惻，故下不能得之，治道無踰此者，故曰「治之極」也。○先慎曰：注「惻」當作「測」。

周合刑名，民乃守職，去此更求，是謂大惑， 刑名不差則民守職，此治之至要者也。去至要而不用，非惑而何也！○顧廣圻曰：「周」當依本書主道篇作「同」。先慎曰：乾道本注「民」作「其」，今從

趙本。

獷民愈衆，姦邪滿側。亦既大惑，故姦衆而邪滿。○先慎曰：「姦邪」指臣言。謂狡獷之民則益多，而姦邪之臣盈於左右矣。注說非。

故曰：毋富人而貸焉，毋貴人而逼焉。君之富臣，更從臣貸；君之貴臣，更令臣逼。此倒置之徒，不識理道者也。

毋專信一人而失其都焉。專信一人，則形勢聚焉，故失其都。○先慎曰：乾道本注「勢」上脱「形」字，盧文弨云：「張本有。」今據補。又云：「『都』下當有『國』字。」

胕大於股，難以趣走。臣重於君，難以爲理。○盧文弨曰：「趣」疑「趨」。

主失其神，虎隨其後。「失神」，謂君可測知，如臣能爲虎，隨後以伺其隙。○先慎曰：「如」字當作「則」。

主上不知，虎將爲狗。主既不知臣之爲虎，則臣匿威藏用，外若狗然，所以陰謀其事。

主不蚤止，狗益無已。臣既以虎爲狗，君不知而止之，如此則同事相求，皆爲狗，益其朋黨，無有已時也。

虎成其羣，以弑其母。「母」，則君也。臣無則國亡，故曰「奚國之有」。

無臣，奚國之有！臣皆爲虎，故曰「無臣」也。虎既成羣，母必見弑。爲主而臣爲虎而不用，惟在主施其刑法以制之，故下云「主施其法，大虎將怯」；「主施其刑，大虎自寧」是也。舊注誤。趙本無注末十一字，因其不合而删之也。○先慎曰：盧文弨云：張本注末有此二句。

主施其法，大虎將怯；主施其刑，大虎自寧。主既施刑，虎則懼而履道，故得安寧也。

法刑苟信，虎化爲人，復反其真。謂君君臣臣也。○先慎曰：乾道本「苟」作「狗」，據拾補改。盧文弨云：「苟」誤作「狗」。顧廣圻云：「信」，讀爲「申」，「申」與下文「人」、「真」韻，言道本「苟」作「狗」，據拾補改。上文云「虎將爲狗」，又云「狗益無已」，與此相承。先慎案：顧讀「信」爲「申」是也。「狗」當從拾補改作「苟」。「狗」字涉上文而誤，不得反以爲證。此謂君苟申其刑法，則臣昔之爲虎者，皆反其真而爲人矣。「反其真」指臣而

言。舊注「謂君君臣臣」亦誤。

欲爲其國，必伐其聚；「聚」，謂朋黨交結；伐之者，所以離散其朋黨也。○顧廣圻曰：「聚」讀爲蔾，下句同。「蔾」與下文「衆」韻。○俞樾曰：呂氏春秋重己篇「故聖人必先適欲」高注：「適，猶節也。」管子禁藏篇：「故聖人之制事也，能節宮室適車輿以實藏」是「適」與「節」同義。「必適其賜」者，必節其賜也。舊注失其義。 不伐其聚，彼將聚衆。欲爲其地，必適其賜；

不適其賜，亂人求益。彼求我予，假仇人斧；亂人求益而與之，則是以斧假仇人也。○盧文弨曰：「仇」，一本作「讎」。 假之不可，彼將用之以伐我。以斧與仇，則是假與不可。仇既得斧，我之見伐，不亦宜哉！

黃帝有言曰：「上下一日百戰。」夫上位可寶，上利可貪，居下者常有羨欲之心，欲靜則不能，欲取則不得，二者交戰，一日有百也。 下匿其私，用試其上；上操度量，以割其下。下既有羨之心，常匿私以試上，故上必當操度量以割斷其下也。○先慎曰：乾道本「上操」作「下操」，俞樾云：此當作「上操」，舊注未誤。先慎案：張榜本、趙本均作「上操」，今據改。 故度量之立，主之寶也；度量可以割斷下，故爲主之寶也。 黨與之具，臣之寶也。黨與具可以奪君位，故爲臣寶。臣之所不弒其君者，黨與不具也。故上失扶寸，下得尋常。四指爲「扶」。上於度量少有所失，下之得利已數倍多矣。○盧文弨曰：「扶」字誤從牛旁，注同。「得」意林作「失」，下有「君不可不慎」句，不可從。先慎曰：趙本「扶」誤作「牫」，意林作「膚」。 有道之臣，不貴其家；大夫稱家。貴其家，臣將淩己。 有道之君，不大其都；大其都，臣將據以叛國。 貴之富之，備將代之。臣既貴富備，必將代君也。○顧廣圻曰：「備」當作「彼」，舊注誤。 備危恐殆，急置太

子，禍乃無從起。「太子」者，君之副貳，國之重鎮，今自內欲求出圍，今欲備其危殆，必速置之，則禍端自息矣。内索出圍，必身自執其度量。臣人四面謀君，常在圍。今自內欲求出圍，但身執度量則可矣。厚者虧之，薄者靡之。「厚」謂臣黨與眾勢位高也。位如此，必虧之使薄也。○盧文弨曰：「靡之」，當與易「我有好爵，吾與爾靡之」之「靡」同義。虧、靡有量，毋使民比周同欺其上。虧之若月，若明之漸虧也。亦取其既盛必衰，天之道也。○先慎曰：靡之若熱。若鑽火之取熱，不得中息。○先慎曰：「靡」與「糜」通，取糜爛之義。物之糜爛於熱，不見其消，有時而盡，故云「虧之若月」，謂漸移其權勢，不使臣自知，猶有度篇云「人臣之侵其主，如地形焉，積漸以往」之義。舊注失其旨矣。靡之「靡之若熱」。此與上「虧之若月」同意。注「息」乾道本作「急」，今從趙本。

毋弛而弓，一棲兩雄；弓以射不當棲之雄，喻刑法罰不當立人官也。○先慎曰：注「立」趙本作「位」，二字古通。「人」當作「之」。言刑法所以罰不當位之官也。一棲兩雄，其鬭嚾嚾。爭鬭貌。豺狼在牢，其羊不繁。「豺狼」，喻吏之貪殘者。一家二貴，事乃無功。二貴爭出命，服役者不知誰從，故事無功也。夫妻持政，子無適從；夫唱婦隨者，禮之正也；今夫妻爭持其政，故子不知所從也。為人君者，數披其木，毋使木枝扶疏；「木」喻臣也。「披」爲落其枝也。數落木枝者，喻數削黜臣之威勢也。木枝扶疏，將塞公閭，謂臣威權覆主，充塞公閭。○先慎曰：乾道本「主」作「土」，今從趙本。私門將實，公庭將虛，主將壅圍。「圍」，圍也。○顧廣圻曰：「圍」當作「圍」，「圍」與下文「拒」、「處」韻。王先謙曰：詳文義上屬，顧說非。數披其木，無使木枝

木枝外拒，將逼主處。數披其木，毋使枝大本小；枝大本小，將不勝春風，不勝春風，枝將害心。「拒」，謂枝之旁生者也。「春風」，所以發生萬物者也，喻君恩賞所以榮益於下者也。枝本大矣，春風又發其榮以增其重，則披枝而害心。喻臣本實矣，君又加之恩賞以增其威重，則臣二而危君矣。○先慎曰：注趙「威」下無「重」字。盧文弨云：「張本有。」

公子既眾，宗室憂吟。「宗室」，謂太宗適子家也。庶子既眾，勢淩適子，故憂吟也。○盧文弨曰：注「大宗」，「大」誤「太」。先慎曰：「吟」，趙本作「唫」，下同。

止之之道，數披其木，毋使枝茂。

木數披，黨與乃離。○盧文弨曰：藏本同，今本「木」下衍「枝」字。案三字句，上文「數披其木」凡四見。「披」「離」韻。

掘其根本，木乃不神。○顧廣圻曰：三字句，與上文同，「本」字衍，「根」「神」韻。

填其洶淵，毋使水清。「淵」者，水之停積。水清，鑒之者必眾，喻雖族和附之者必多也。○顧廣圻曰：「淵」、「清」失韻，有誤。不，即有缺文也。俞樾曰：顧氏以上句「本」字為衍文，是也。此句「洶」字蓋亦衍文。舊注不釋「洶」字，是舊本未衍也。上云「木數披，黨與乃離」，此云「掘其根，木乃不神。填其淵，毋使水清」，則更失之矣。先慎曰：俞說衍「洶」字，是也。定之方中「淵」與「人」協，詩燕燕「淵」與「身」，「人」協，楚詞卜居「清」與「身」，「人」協，詩猗嗟「清」與「成」，定之方中「淵」與「人」協，楚詞「清」與「人」協，易訟「淵」與「成」亦與「人」協，「正」協，則「淵」「清」古自為韻。先慎曰：顧疑有誤，非也。盧文弨云：注「雖」字非誤即衍。

探其懷，奪之威。探其懷，謂淵其心知其所欲焉。○先慎曰：注「淵」

字當作「測」。

主上用之若電若雷。　威不下分，則君命神而可畏，故若雷電也。

八姦第九

凡人臣之所道成姦者有八術：「道」，引也。言姦臣或誘引君之左右，或誘引君之百姓以成其姦邪，其術有八也。○先慎曰：「道」，由也。注誤，說詳上。一曰在同牀。何謂同牀？曰：貴夫人，愛孺子，便僻好色，「便僻」得嬖美好之色。此人主之所惑也。託於燕處之虞，乘醉飽之時，而求其所欲，此「乘」因也。夫人孺子等由因君醉飽之時，進以燕娛之具，以求其所欲，事無不聽。○盧文弨曰：注必聽之術也。「由」字衍。為人臣者內事之以金玉，使惑其主，此之謂同牀。以金玉之寶內事貴夫人，愛孺子等，使之惑主，主惑則姦謀可成也。二曰在旁。何謂在旁？曰：優笑侏儒，左右近習。「優笑」者，謂俳優能啁笑者。「侏儒」短人也。此人主未命而唯唯，未使而諾諾，先意承旨，觀貌察色，以先主心者也。此皆俱進俱退，皆應皆對，謂君所欲進，則左右近習俱進之；所欲退，則俱共退之。命之則皆應，問之則皆對。○先慎曰：乾道本注無「應」字，今從趙本。一辭同軌以移主心者也。為人臣者內事之以金玉玩好，○先慎曰：乾道本「之」作「比」，顧廣圻云：「今本『比』作『之』。」今據改。外為之行不法，使之化其主，此之謂在

旁。姦臣既以金玉内事近習之臣，外又爲行非法漸化其主，主既習非，則其位可得而奪也。○先慎曰：乾道本「姦」上

有「主」字，今從趙本。 三曰父兄。何謂父兄？曰： 側室公子，人主之所親愛也； 大臣廷吏，人

主之所與度計也。此皆盡力畢議，人主之所必聽也。爲人臣者事公子側室以音聲子女，○先

慎曰：乾道本「事」下有「畢」字，顧廣圻云：「藏本、今本無『畢』字。」今據刪。 收大臣廷吏以辭言，處約言事，

事成則進爵益禄以勸其心，使犯其主，此之謂父兄。「收」謂收攝其心也。謂臣欲收大臣之心，辭言爲施

聲譽，又更處置，邀共言事於君。其事既成，大臣必益爵禄，用此以勸其心，使之犯忤其主。主犯則君臣有隙，姦臣可以施

謀也。○先慎曰：乾道本注「必」作「心」，依趙本改。「處約言事」謂平居約之言事也。注謂「又更處置」，非也。 四曰

養殃。何謂養殃？曰： 人主樂美宮室臺池，好飾子女狗馬以娱其心，此人主之殃也。爲人

臣者盡民力以美宮室臺池，重賦歛以飾子女狗馬，以娱其主而亂其心，從其所欲而樹私利其

間，此謂養殃。 五曰民萌。何謂民萌？曰： 爲人臣者散公財以説民人，行小惠以取百姓，

使朝廷市井皆勸譽己，以塞其主臣行其惠則主澤不下流，故曰「塞其主」。而成其所欲，此之謂民萌。

六曰流行。何謂流行？曰： 人主者固壅其言談，希於聽論議，易移以辯説。

俊希得與振，故言談論議希也。○先慎曰：平日未聞言談論議，偶有所説，自然易動。 注「振」字誤，趙作「攝」，亦非。 君門隔於九重，賢

爲人臣者求諸侯之辯士，養國中之能説者，使之以語其私，爲巧文之言，流行之辭，謂其言巧便，

聽者似若流通而可行。示之以利勢，懼之以患害，施屬虛辭以壞其主，設施綴屬浮虛之辭。此之謂流行。七曰威強。何謂威強？曰：　君人者，以羣臣百姓爲威強者也。羣臣百姓之所善則君善之，非羣臣百姓之所善則君不善之。爲人臣者聚帶劍之客，養必死之士以彰其威，明爲己者必利，不爲己者必死，以恐其羣臣百姓而行其私，此之謂威強。八曰四方。何謂四方？曰：　君人者，○先慎曰：乾道本「人」作「臣」。顧廣圻云：「藏本、今本『臣』作『人』。」今據改。國小則事大國，兵弱則畏強兵，大國之所索，小國必聽，強兵之所加，弱兵必服。爲人臣者重賦歛，盡府庫，虛其國以事大國，而用其威求誘其君；　甚者舉兵以聚邊境而制歛於內，○顧廣圻曰：「歛」字未詳。　先慎曰：詩桑扈孔疏：「歛者，收攝之名。」爲臣者，當強兵壓境則在內制攝其君，以便己私。下文「使之恐懼」正承上震攝而言。　薄者數內大使以震其君，使之恐懼，○先慎曰：六微篇公叔因內齊軍於鄭以劫其君，以固其位，即此義。　此之謂四方。凡此八者，人臣之所以道成姦，世主所以壅劫，失其所有也，○俞樾曰：「道」字衍文也。「所以成姦」、「所以壅劫」兩文相對，讀者見篇首云「凡人臣之所道成姦者有八術」，誤以「道成姦」三字連讀，故妄增入之。不知「所道成姦」即所由成姦也，義與「所以」同。此既云「所以」，即不得復有「道」字矣。　明君之於內也，娛其色而不行其謁，不使私請。　所以防初姦之同牀也。其於左右也，使其身必責其言，不使益辭。　所以防二姦之在旁也。其於父兄大臣也，聽其言也必使以罰任於後，當則任

之，不當則罰之。○盧文弨曰：「任」，謂保任，舊注非。先慎曰：盧說亦非，「使」字衍文。廣雅釋詁：「任，使也。」聽父兄大臣之言，恐其妄舉，故以罰使於後也。此多一「使」字。

不令妄舉。 防三姦之父兄。

其於觀樂玩好也，必令之有所出， 謂知其所從來。○「之」當作「知」，注不誤。

不使擅進，不使擅退，羣臣虞其意。 防四姦之養殃也。「虞」，度也。必不令度君意擅有所進退也。○王渭曰：「擅退」二字當衍。七字為一句，舊注誤。先慎曰：案當作「不使擅進擅退羣臣虞其意」，今重「不使」二字，注所據本不重「不使」二字，故云「不令度君意擅有所進退」，明以「不使」貫下三項也。張榜本無「擅進不使擅退」六字，是求其說而不得，從而刪之，不可從。

其於德施也，縱禁 防五姦之民萌也。

財，發墳倉， 積粟於倉若墳然。○先慎曰：乾道本無「於」字，明此脫，今據補。

利於民者必出於君，不使人臣私其德。 防六姦之…。其於德施也，縱禁財，發墳倉，利於民者必出於君。

其於說議也，稱譽者所善，毀疵者所惡，必實其能，察其過， 考實其能，察詳其過。○先慎曰：乾道本無「於」字，明此脫，今據補。

不使羣臣相為語。 防六姦之流行也。○先慎曰：乾道本無「於」字，當連前，誤提行。顧廣圻云：藏本、今本有「於」字。先慎案：有「於」字是也。此與上下文法一律，皆有「於」字。

其於勇力之士也， ○先慎曰：乾道本無「於」字，明此脫，今據補。顧廣圻云：藏本、今本有「於」字。

軍旅之功無踰賞，邑鬬之勇無赦罪， 邑鬬勇者，謂恃勇…

不使羣臣行私財。 防七姦之威強也。○先慎曰：「財」字衍文。「不使羣臣行私」即上文「人臣彰威以恐其羣臣百姓而行其私」也。

其於諸侯之求索也，法則聽之，不 ○先慎曰：乾道本提行。顧廣圻云：當連前，誤提行。自此至卷末同。

法則距之。 防八姦之四方。注依誤文釋之，亦非。顧廣圻云：當連前，誤提行。顧廣圻云：當連前，誤提行。自此至卷末同。

所謂亡君者， ○先慎曰：乾道本提行。顧廣圻云：當連前，誤提行。自此至卷末同。先慎案：張榜本不提行，今從之。

非莫有其國也，而有之者皆非己有也。 亡君雖有國，非己有之，令臣執制而

先慎案：張榜本不提行，今從之。

有之。令臣以外爲制於內，則是君人者亡也。臣自外制內，而君不擅舉手，如此者君必亡也。○盧文弨曰：

「爲」張本作「而」。

聽大國，爲救亡也，而亡亟於不聽。聽大國則誅求無厭，每事皆聽，其傾國猶不足，有所不從，則有辭而見伐。故聽從之，亡急於不聽也。○盧文弨曰：注「傾國猶不足」上，張本有「其」字。案「其」當作「則」。

故不聽。○顧廣圻曰：句絕。

羣臣知不聽，○顧廣圻曰：藏本、今本重「羣臣」，誤。凡此言「不聽」，皆是不聽大國，與上文云「大國之所索小國必聽」相對，舊注全誤。○先慎曰：拾補「外」下有「市」字。盧文弨云：脫，一本有。先慎案：「外」下脫「交」字，注云

則不外諸侯，臣之外交，以君之聽己，欲有所構結，今君既不聽，則交之外心息矣。○先慎曰：「臣之[二]外交」是注所據本有「交」字。

諸侯之不聽，則不受臣之誣其君矣。○先慎曰：舊提行，今連上。諸侯知我不聽用其臣，不受彼誣其君也。「臣之」乾道本作「之臣」。顧廣圻云：「今本『之臣』作『臣之』。」今據乙。○王渭曰：「之不聽」當作「知不聽」。先慎曰：王說是，注末譌。

明主之爲官職爵禄也，○先慎曰：舊提行，今連上。所以進賢材勸有功也。故曰：賢材者處厚禄，任大官；功大者有尊爵，受重賞。官賢者量其能，賦禄者稱其功。是以賢者不誣能以事其主，有功者樂進其業，故事成功立。今則不然，不課賢不肖，論有功勞，○先慎曰：「論」上當有「不」字。用諸侯之重，諸侯以勢位之重也，有所委屬而君用之。○先

〔二〕「之」原本作「臣」，據上文注「臣之外交」改。

慎曰：諸侯所重，君遂用之，舊注非。　聽左右之謁。　○顧廣圻曰：乾道本誤提行。先慎曰：趙本不提行，是也，今從

之。　父兄大臣上請爵祿於上，而下賣之以收財利，及以樹私黨。故財利多者買官以爲貴，有

左右之交者請謁以成重。　功勞之臣不論，○先慎曰：謂不考其功勞也。　官職之遷失謬。是以吏偷

官而外交，棄事而財親。是以賢者懈怠而不勸，有功者隳而簡其業，此亡國之風也。「隳」毀

也。或本爲「墮」也。　○先慎曰：注末「也」字，趙本無。

韓非子集解卷第三

十過第十

十過：一曰行小忠，則大忠之賊也。二曰顧小利，則大利之殘也。三曰行僻自用，無禮諸侯，則亡身之至也。四曰不務聽治而好五音，則窮身之事也。○先慎曰：「喜」下文作「好」。○先慎曰：「音」下下文有「不已」二字。五曰貪愎喜利，則滅國殺身之本也。○先慎曰：羣書治要引無「而」字。六曰耽於女樂，不顧國政，則亡國之禍也。七曰離內遠遊而忽於諫士，則危身之道也。○先慎曰：「喜」下文作「好」。八曰過而不聽於忠臣，而獨行其意，則滅高名，為人笑之始也。九曰內不量力，外恃諸侯，則削國之患也。○先慎曰：「削國」下文作「國削」。十曰國小無禮，不用諫臣，則絕世之勢也。

奚謂小忠？昔者，楚共王與晉厲公戰於鄢陵，楚師敗而共王傷其目。酣戰之時，司馬子反渴而求飲，豎穀陽操觴酒而進之。○盧文弨曰：「穀陽」，呂氏權勳篇、淮南人閒訓俱作「陽穀」。顧廣圻

顧廣圻云：藏本有，今本「穀」上又有「豎」字。按本書飾邪篇有此句而無「酒」字。　先慎案：呂氏春秋有「豎穀陽曰非酒也」六字。　顧廣圻曰：左傳作「穀陽」。　先慎曰：北堂書鈔一百四十四、御覽三百八十九、四百九十七引作「穀陽豎」。

子反曰：「嘻，退！酒也。」穀陽曰：「非酒也。」　○先慎曰：乾道本無「穀陽曰非酒也」七字，此脱，今據藏本增。御覽三百八十九引作「豎曰非也」四字。説苑敬慎篇「子反曰退酒也穀陽曰非酒也」下有「子反又曰退酒也穀陽又曰非酒也」二句。　子反受而飲之。

子反之爲人也，嗜酒而甘之，弗能絕於口，而醉。戰既罷，共王欲復戰，　○先慎曰：飾邪篇有「而謀事」三字，此脱。　令人召司馬子反，司馬子反辭以心疾。共王欲自往，入其幄中，聞酒臭而還，曰：「今日之戰，不穀親傷，所恃者司馬也。而司馬又醉如此，是亡楚國之社稷而不恤吾眾也！　○先慎曰：乾道本「恤」作「言」，今本作「恤」。　顧廣圻云：「亡」當作「忘」，飾邪篇同。藏本無「言」字。　不穀無與復戰矣。」　○先慎曰：乾道本無「與」字。　盧文弨云：脱，藏本有，呂氏、淮南皆有，後飾邪篇亦有。　先慎案：上文「共王欲復戰，召子反而謀」，是欲與子反謀復戰也，不當少「與」字，今據藏本補。説苑「與」作「以」，義同。

於是還師而去，斬司馬子反以爲大戮。故豎穀陽之進酒，不以讎子反也，其心忠愛之，而適足以殺之。故曰：「行小忠則大忠之賊也。」

奚謂顧小利？昔者，晉獻公欲假道於虞以伐虢。荀息曰：「君其以垂棘之璧與屈產之

乘賂虞公，求假道焉，必假我道。」君曰：「垂棘之璧，吾先君之寶也」；「屈產之乘，寡人之駿馬也。若受吾幣不假我道，將奈何？」荀息曰：「彼不假我道，必不敢受我幣，若受我幣而假我道，則是寶猶取之內府而藏之外府也，馬猶取之內廄而著之外廄也，君勿憂。」君曰：「諾。」乃使荀息以垂棘之璧與屈產之乘賂虞公而求道焉。虞公貪，利其璧與馬而欲許之。宮之奇諫曰：「不可許。夫虞之有虢也，如車之有輔，輔依車，車亦依輔，虞、虢之勢正是也。若假之道，則虢朝亡而虞夕從之矣！不可，願勿許。」虞公弗聽，遂假之道。荀息伐虢之，還反處三年，興兵伐虞又剋之。○顧廣圻曰：藏本同。今本「之還」作「而還」，誤。「之還」「反」字當在「興」字上，讀下屬。公羊傳云「還四年，反取虞」何休注：「還，復往，故言反。」○俞樾曰：「伐虢」下脫「克」字。「四年」者，并伐虢之年數之。穀梁傳云「五年」，不合。本書喻老篇云「還反伐虞又克之」，亦可證。先慎曰：淮南人間訓與呂同。此「之」上又脫「克」字。春秋權勳篇「荀息伐虢克之」，「還反伐虢又克之」，是其證。趙用賢本改「之」爲「而」，屬下爲句，非是。「反」字當依顧移「興」字上。

荀息牽馬操璧而報獻公，獻公說○王先謙曰：穀梁傳作荀息語。曰：「璧則猶是也。雖然，馬齒亦益長矣。」故曰：「顧小利則大利之殘也。」故虞公之兵殆而地削者何也？愛小利而不慮其害，○盧文弨曰：「慮」，「藏」本作「虞」。

奚謂行僻？昔者，楚靈王爲申之會，○先慎曰：乾道本「會」作「命」，拾補「命」作「會」。盧文弨云：

宋太子後至，執而囚之，狃徐君，輕侮之也。拘齊慶封。中射士

「中射士」，官有上中下。○顧廣圻曰：本書說林上、下篇皆有「中射之士」、「射」，他書又作「謝」。呂氏春秋去宥篇云「中謝，細人也」，史記張儀列傳索隱云「蓋侍御之官」，此與左昭四年傳言「椒舉」不同。孫詒讓曰：呂覽高注云：「中謝，官名也。」「謝」與「射」通，「射」字當以「射」爲正，蓋即周禮夏官之「射人」也。（楚策亦有「中射之士」。鮑彪注云：「射人之在中者。」鮑不引周禮，則似謂能射之人在中者，與余說不同。）「中射」者，射人之給事宮內者，猶涓人之在內者謂之中涓，庶子之在內者謂之中庶子矣。周禮射人與大僕並掌朝位，又大喪與僕人遷尸，禮記檀弓云「扶君，卜人師扶右，射人師扶左」，鄭注云：「卜，當爲僕，聲之誤也。」僕人，射人皆平生時贊正君服位者，是射人與僕人爲官聯，故後世合二官以爲侍御近臣之名曰僕射。史記韓信傳「連敖」，集解如淳云「楚有連尹、莫敖，其後合爲一官」，亦合二官爲名之證。漢書百官公卿表云：「僕射，秦官，古者重武，官有主射以督課之。」此義尚與古合。先慎曰：孫說是，舊注謂「官有上中下」，誤。李涪刊誤引孔衍則云：「僕射，小官，扶掖左右者也。」此因後世僕射字音夜而爲之說，不足據也。

諫曰：「合諸侯不可無禮，此存亡之機也。昔者桀爲有戎之會而有緡叛之，紂爲黎丘之蒐而戎、狄叛之，

有戎、有緡，皆國名。○盧文弨曰：「戎」，左昭四年傳作「仍」。「黎丘」，史記楚世家作「黎山」，左但云「黎」。「戎」、「狄」，左傳、史記俱作「東夷」。顧廣圻曰：「蒐」下當依左傳、史記補「而東夷叛之，幽王爲太室之盟」二句，此上下兩事各脫其半也。

由無禮也。君

其圖之。」君不聽，○先慎曰：下「君」字涉上文而誤衍。遂行其意。居未期年，○盧文弨曰：靈王死乾谿，在昭十三年。顧廣圻曰：句有誤，左傳云：「不過十年。」靈王南遊，羣臣從而劫之，靈王餓而死乾溪之

上。故曰：「行僻自用，無禮諸侯，則亡身之至也。」

奚謂好音？昔者，衛靈公將之晉，至濮水之上，稅車而放馬，設舍以宿。夜分，而聞鼓新

聲者而說之，使人問左右，盡報弗聞。乃召師涓而告之曰：「有鼓新聲者，使人問左右，盡

報弗聞，其狀似鬼神，子爲我聽而寫之。」○先慎曰：各本無「我」字。史記樂書、論衡紀妖篇、御覽五百七十

九引有「我」字，今據補。師涓曰：「諾。」因靜坐撫琴而寫之。○先慎曰：初學記十五引「琴」作「瑟」。師

涓明日報曰：「臣得之矣，而未習也，請復一宿習之。」靈公曰：「諾。」因復留宿，明日而

習之，遂去之晉。晉平公觴之於施夷之臺，○盧文弨曰：似即左傳所云「虒祁之宮」。顧廣圻曰：史記

「夷」作「惠」。正義曰：「一本『虒祁之堂』。」先慎曰：御覽引此作「虒祁之臺」，事類賦十一引「虒祈」二字倒。酒酣，

靈公起曰：○王念孫曰：舊本「曰」上衍「公」字，今據論衡刪。顧廣圻曰：「起」下有脫字。先慎曰：史記無「起」

公」二字，彼刪「起」字，此衍「公」字，惟論衡不誤。顧氏不知「公」字衍文，故疑有脫字，今依王刪。「有新聲，願請以

示。」藏本作「鼓」。先慎案：趙本「鼓」作「撫」。案「撫」字涉下而誤，史記、論衡均作「鼓」，御覽、藝文類聚四

平公曰：「善。」乃召師涓，令坐師曠之旁，援琴鼓之。○先慎曰：拾補「鼓」下旁注「撫」字。盧

文弨云：「撫」，藏本作「鼓」。先慎曰：史記、論衡「止」上有「而」字。平公曰：「此道奚出？」○王念孫曰：

十一引此亦作「鼓」。未終，師曠撫止之，○先慎曰：史記、論衡「止」上有「而」字。曰：「此亡國之聲，不

可遂也。」○王先謙曰：「遂」，竟也。謂終曲。「此道奚出」，本作

「此奚道出」。「道」者，由也。言此聲何由出也。史記作「是何道出」，（舊本脫「是」字，今據御覽地部所引補。）論衡作「此何道出」，皆其明證矣。孤憤篇「法術之士奚道得進」，晏子春秋雜篇「景公問魯昭公曰：『君何年之少而棄國之蚤，奚道至於此乎」，呂氏春秋有度篇「客問季子曰：『若雖知之，奚道知其不爲私」，史記趙世家「簡子曰：此其母賤翟婢也，奚道貴哉」，義並與此同。今作「此道奚出」者，後人不知「道」字之義而妄改之耳。

師曠曰：「此師延之所作，與紂爲靡靡之樂也。及武王伐紂，師延東走，至於濮水而自投，故聞此聲者必於濮水之上。先聞此聲者其國必削，不可遂。」平公曰：「寡人所好者音也，子其使遂之。」師涓鼓究之。平公問師曠曰：○先慎曰：乾道本「曠」作「涓」。顧廣圻云：今本「涓」作「曠」。先慎案：上下文均作「曠」，藝文類聚九十引正作「曠」，今據改。「此所謂何聲也？」師曠曰：「此所謂清商也。」公曰：「清商固最悲乎？」師曠曰：「不如清徵。」公曰：「清徵可得而聞乎？」師曠曰：「不可。古之聽清徵者，皆有德義之君也。○先慎曰：藝文類聚引「聽」上有「得」字。今吾君德薄，不足以聽。」平公曰：「寡人之所好者音也，願試聽之。」○盧文弨曰：「試」黃本作「示」。先慎曰：藝文類聚、御覽引並同黃本「試」作「示」，誤。又藝文類聚九十、御覽九百一十六引作「得試之乎」，亦非原文。師曠不得已，援琴而鼓。一奏之，有玄鶴二八○道南方來，集於郎門之垝；棟端也。○盧文弨曰：「郎」「廊」同。○先慎曰：藝文類聚九十作「道南方來，集於郭門之扈」，事類賦引「道」作「道」，從也。○顧廣圻曰：「垝」他書又作「危」，與禮記喪大記「中屋履危」之「危」同。

自」,「郎」作「郭」,「塊」作「邑」;；御覽五百七十九引「塊」作「邑」,又九百一十六引作「廟門之上

危」。案「郭」爲「郎」之誤,「廟」爲「廊」之誤,「邑」、「扈」並「危」之誤。本書作「塊」,疑本是「上危」二字,論衡作「郭門之上

一字。史記魏世家……「痤因上屋騎危。」「危」在上,故曰「上危」,即後世所謂屋山,俗稱屋脊。再奏之,而列;,○盧

文弨曰:「而」下風俗通聲音篇有「成」字。先慎曰:御覽九百十六引作「再奏成行而列」。五百七十九引作「成列」,無

「而」字。藝文類聚引作「再奏而列」。三奏之,延頸而鳴,舒翼而舞,音中宮商之聲,聲聞于天。平公

大說,坐者皆喜。平公提觴而起,爲師曠壽。反坐而問曰:○先慎曰:乾道本無「坐」字。盧文弨

云:「坐」字脫,藏本、凌本皆有。顧廣圻云:有「坐」字是也,史記有。先慎案:論衡亦有,今從藏、凌本增。「音莫

悲於清徵乎?」師曠曰:「不如清角。」平公曰:「清角可得而聞乎?」師曠曰:「不可。

昔者黃帝合鬼神於西泰山之上,○盧文弨曰:「黃」藏本、張本作「皇」,文選赭白馬賦注引亦作「皇」,古通

用。先慎曰:舊本無「西」字。論衡、藝文類聚、御覽七十九、又九百一十五、又九百三十三引「泰山」上有「西」字,今據補。

又御覽五百七十九及事類賦引作「西山」,無「泰」字,脫也。有小泰山稱東泰山,故泰山爲西泰山,淺人妄刪「西」字耳。

駕象車而六蛟龍,○先慎曰:論衡、事類賦並無「而」字。畢方神名也。立鎋,蒲末切。○先慎曰:論衡「鎋」作

「轄」。蚩尤居前,風伯進掃,○顧廣圻曰:「進」當作「迅」。先慎曰:論衡、御覽引並作「進」,無作「迅」者,顧說

非。事類賦引作「清途」,疑後人改之,非韓子原文也。雨師灑道,虎狼在前,鬼神在後,騰蛇伏地,○盧文弨

曰:「騰」藏本作「騰」。先慎曰:事類賦「騰」作「蟲」。鳳皇覆上,○先慎曰:論衡「鳳皇」作「白雲」。大合鬼

神，作爲清角。今主君德薄，○顧廣圻曰：「主」當作「吾」。先慎曰：論衡、御覽五百七十九引作「主」。不足聽之；○先慎曰：藝文類聚一百、事類賦引「足」下並有「以」字。聽之，將恐有敗。」平公曰：「寡人老矣，所好者音也，願遂聽之。」師曠不得已而鼓之。一奏，而有玄雲從西北方起；○盧文弨曰：「而」藏本作「之」。先慎曰：「玄雲」樂書作「白雲」，論衡、藝文類聚四十一又一百、事類賦、御覽一百八十五又五百七十九、八百七十九引無「玄」字，北堂書鈔一百九引有。再奏之，大風至，大雨隨之，裂帷幕，破俎豆，隳廊瓦，○先慎曰：「隳」樂書作「飛」。坐者散走。平公恐懼，伏于廊室之間。○先慎曰：「室」樂書作「屋」。晉國大旱，赤地三年。○先慎曰：事類賦「三年」作「千里」。平公之身遂癃病。○先慎曰：乾道本「癃」作「瘙」。盧文弨云：「瘙」「瘙」字之譌，宋本作「癃」。顧廣圻曰：「癃」正字作「癃」，說文：「罷病也。」先慎案：論衡、藝文類聚一百引作「瘙」，今據改。故曰：「不務聽治而好五音不已，則窮身之事也。」

奚謂貪愎？昔者，智伯瑤知伯名。率趙、韓、魏而伐范、中行，滅之。反歸，休兵數年，因令人請地於韓。韓康子欲勿與，段規諫曰：「不可不與也。夫知伯之爲人也，好利而鷔愎。○顧廣圻曰：藏本同，今本「鷔」作「鷔」誤。戰國策作「鷔」，吳師道引此亦作「鷔」。彼來請地而弗與，則移兵於韓必矣。君其與之。與之彼狃，「狃」，習也。得地於韓將生心他求也。又將請地他國，他國且有不聽，不聽則知伯必加之兵。如是，韓可以免於患而待其事之變。」康子曰：「諾。」因令使者

致萬家之縣一於知伯。知伯説，又令人請地於魏。宣子欲勿與，〇顧廣圻曰：「宣」上當從策更有「魏」字。趙葭諫曰：「彼請地於韓，韓與之，今請地於魏，魏弗與，則是魏内自强而外怒知伯也。如弗予，其措兵於魏必矣。」〇先慎曰：「必矣」下趙本有「不如予之」四字，是也，策有。宣子「諾。」〇先慎曰：「宣子」下當有「曰」字，上「康子曰諾」文法正同，此脱，策有「曰」字。因令人致萬家之縣一於知伯。知伯又令人之趙請蔡、皋狼之地，邑名。趙襄子弗與。知伯因陰約韓、魏，將以伐趙。襄子召張孟談而告之曰：「夫知伯之爲人也，陽規而陰疏，〇顧廣圻曰：「規」當從策作「親」。三使韓、魏而寡人不與焉，三使陰以相約，知有異志也。其措兵於寡人必矣。今吾安居而可？」張孟談曰：「夫董閼于，〇先慎曰：難言篇「閼」作「安」。説詳彼。簡主之才臣也。其治晉陽而尹鐸循之，〇先慎曰：「循」，遵也。謂尹鐸治晉陽仍遵董安于之治也。國語「趙簡子使尹鐸爲晉陽」，則安于死，尹鐸繼之，非尹鐸爲安于屬大夫也。策「鐸」作「澤」，誤。國語作「鐸」。其餘教猶存，君其定居晉陽而已矣。」君曰：「諾。」乃召延陵生，〇顧廣圻曰：「生」，策誤作「王」。令將軍車騎先至晉陽，〇盧文弨曰：「軍」字衍。顧廣圻曰：策無。君至，〇先慎曰：「至」上疑衍「君」字，策無。而行其城郭及五官之藏。城郭不治，倉無積粟，府無儲錢，庫無甲兵，邑無守具，襄子懼，乃召張孟談曰：「寡人行城郭及五官之藏，皆不備具，吾將何以應敵？」張孟談曰：「臣聞聖人之治，藏於

臣○顧廣圻曰：「臣」當作「民」。不藏於府庫，務修其教，不治城郭。君其出令：「令民自遺三年之食，有餘粟者入之倉；遺三年之用，有餘錢者入之府；遺有奇人者使治城郭之繕。」

「奇」，餘也。○盧文弨曰：「有」上藏本無「遺」字。顧廣圻曰：「遺」下有脫文，藏本刪「遺」字，非也。

君夕出令，明日，倉不容粟，府無積錢，○先慎曰：「無積」當作「不容」。庫不受甲兵。居五日而城郭已治，守備已具。君召張孟談而問之曰：「吾城郭已治，守備已具，錢粟已足，甲兵有餘，吾奈無箭何？」張孟談曰：「臣聞董子之治晉陽也，公宮之垣皆以荻蒿楛楚牆之，○先慎曰：事類賦十三、御覽三百五十引並作「廬」，並注云：「音牆。」「荻」，策作「狄」；「楛」，策作「苦」，皆同字。顧廣圻云：「有楛」二字，御覽引並作「幹」，今據改。君發而用之，有餘箭矣。」○先慎曰：乾道本無此四字，策同。案下文「有餘金矣」文法正同，疑此後人據策文刪之。事類賦、御覽引有餘箭矣」四字，今據補。於是發而試之，其堅則雖菌幹之勁弗能過也。○先慎曰：各本「幹」作「餘」。

顧廣圻曰：「菌」作「箘」，「餘」作「幹」，旁注「簵」字。盧文弨云：「菌」策作「箘」，「菌」字譌。「簵」，藏本、凌本俱作「幹」。顧廣圻云：「餘」作「幹」，是也，今本作「簵」者，誤以策作「簵」而改耳。「菌」策作「箘」同字。先慎案：藝文類聚六十、御覽引並作「幹」，今據改。君曰：「吾箭已足矣，奈無金何？」張孟談曰：「臣聞董子之治晉陽也，○先慎曰：乾道

本脱「之」字，依上文當有，據藝文類聚、御覽引增。

公宮公舍之堂○先慎曰：乾道本「公舍」作「令舍」。案「令」當爲

「公」之誤，御覽引正作「公」，今據改。皆以鍊銅爲柱質，君發而用之。」於是發而用之，有餘金矣。號

令已定，守備已具，三國之兵果至。至則乘晉陽之城，遂戰，三月弗能拔。因舒軍而圍之，○

先慎曰：乾道本無「舒」字，顧廣圻云：「藏本、今本有，策有。」今據補。決晉陽之水以灌之，圍晉陽三年。城

中巢居而處，○先慎曰：御覽三百二十、又七百五十七引無「居而」二字。懸釜而炊，○先慎曰：御覽三百二十有

「易子食，析骨炊」，是也，此脱。史記趙世家：「趙襄子保晉陽，三國攻晉陽歲餘，引汾水灌其城，不没者三板。城中懸釜

而炊，易子而食。」是趙襄子守晉陽固有其事。財食將盡，士大夫羸病。襄子謂張孟談曰：「糧食匱，

財力盡，士大夫羸病，吾恐不能守矣！欲以城下，何國之可下？」張孟談曰：「臣聞之，亡弗

能存，危弗能安，則無爲貴智矣。君失此計者，○盧文弨曰：「失」策作「釋」。先慎曰：「失」當爲「釋」

之誤。「者」字衍，策作「君釋此計，勿復言也」。臣請試潛行而出，見韓、魏之君。」張孟談見韓、魏之君

曰：「臣聞脣亡齒寒。今知伯率二君而伐趙，趙亡，則二君爲之次。」二君曰：

「我知其然也。雖然，知伯之爲人也，麤中而少親，○顧廣圻曰：「麤」，策作「龐」，按當讀爲「恒」。史記

談曰：「謀出二君之口而入臣之耳，人莫之知也。」○盧文弨曰：「臣」下藏本、張本皆無「之」字。顧廣

王翦傳「夫秦王怚而不信人」徐廣曰「怚」一作粗，即此字。我謀而覺，則其禍必至矣，爲之奈何？」張孟

圻曰：「莫之知」，藏本作「莫知之」，策同。二君因與張孟談約三〔三〕軍之反，與之期日。○先慎曰：

〔三〕，當作「二」。○「軍」，指韓、魏之軍。趙既被圍，不待約也。夜遣孟談入晉陽以報二君之反。○盧文弨曰：

〔二〕，三本俱作「三軍」。○先慎曰：趙本此下有「於襄子」三字。襄子迎孟談而再拜之，且恐且喜。二君以

約遣張孟談。○顧廣圻曰：「以」，讀為已。策脫去「二君以約遣」五字，遂誤屬「張孟談」於下句，當依此訂。因朝知

伯而出，遇智過於轅門之外。○先慎曰：說苑貴德篇作「智果」，古今人表作「智過」，顏注：「即智果。」張榜本、趙本「其

怪其色，因入見知伯曰：「二君貌將有變。」君曰：「何如？」曰：「其行矜而意高，非他

時之節也。」○先慎曰：「意」、「行」三字互誤，策作「其志矜其行高」，是也，本書「志」多作「意」。

上無「曰」字。君曰：「君不如先之。」君曰：「吾與二主約謹矣，破趙而三分其地。寡人所以親之，必

不侵欺。○盧文弨曰：「侵」當作「我」。先慎曰：策作「必不欺也」。兵之著於晉陽三年，今旦暮將拔之

而饗其利。○盧文弨曰：「饗」通「嚮」。何乃將有他心？必不然，子釋勿憂，勿出於口。」明旦，二

主又朝而出，復見智過於轅門。智過入見曰：「君以臣之言告二主乎？」君曰：「何以知

之？」曰：「今日二主朝而出，見臣而其色動，而視屬臣，此必有變，君不如殺之。」君曰：

〔二〕

〔三〕 原本作「二」，據四部叢刊影宋乾道本及注文文意改。

「子置勿復言。」智過曰：「不可。必殺之；若不能殺，遂親之。」君曰：「親之奈何？」智過曰：「魏宣子之謀臣曰趙葭，韓康子之謀臣曰段規，此皆能移其君之計。○先慎曰：「宣」字、「康」字皆後人所加，智過言時不應有也。君與其二君約。○先慎曰：「與其」二字誤倒，策作「君其與二子約」，是也。破趙國，因封二子者各萬家之縣一。如是則二主之心可以無變矣。」知伯曰：「破趙而三分其地，又封二子者各萬家之縣一，則吾所得者少，不可。」智過見其言之不聽也，出，因更其族為輔氏。至於期日之夜，趙氏殺其守隄之吏而決其水灌知伯軍。知伯軍救水而亂，韓、魏翼而擊之，襄子將卒犯其前，大敗知伯之軍而擒知伯。○盧文弨曰「知伯之軍」，藏本作「知氏之軍」。知伯身死軍破，國分為三，為天下笑。故曰：「貪愎好利，則滅國殺身之本也。」

奚謂耽於女樂？昔者，戎王使由余聘於秦，○盧文弨曰：「王」宋本作「主」，下同。先慎曰：秦本紀作「王」。○顧廣圻曰：說苑反質篇作「當何以也」，下文「常以儉得之」，「常」亦作「當」。穆公問之曰：「寡人嘗聞道而未得目見之也，願聞古之明主得國失國何常以？」由余對曰：「臣嘗得聞之矣，常以儉得之，以奢失之。」穆公曰：「寡人不辱而問道於子，子以儉對寡人何也？」由余對曰：「臣聞昔者堯有天下，飯於土簋，飲於土鉶。其地南至交趾、北至幽都，東西至日月之所出入者，莫不賓服。堯禪天下，○顧廣圻曰：說苑「禪」作「釋」，下文亦云「舜釋天下」。虞舜受之。作

爲食器，斬山木而財之，○顧廣圻曰：說苑「財」作「裁」。先愼曰：御覽七百五十六引作「材」。「財」、「材」、「裁」三字並同。削鋸脩其迹，磨其斧迹。○顧廣圻曰：說苑作「消銅鐵脩其刃猶漆墨之」，按此文「削鋸」是也。淮南子本經訓云：「無所錯其剞劂削鋸」高注：「削，兩刃句刀也，讀綃頭之綃。」其下未詳，說苑即出於此，而傳寫互有誤，仍各依本書。先愼曰：各本「其」作「之」。案「之」當作「其」，注云「磨其斧迹」，是注所據本尚未誤，御覽七百五十六引正作「其」，今據改。流漆墨其上，「流」，布也。輸之於宮，以爲食器，諸侯以爲益侈，國之不服者十三。舜禪天下而傳之於禹，禹作爲祭器，墨漆其外○先愼曰：各本「漆」作「染」。王念孫云：「染」當爲「漆」。謂黑漆其外也。俗書「漆」字作「柒」，因譌而爲「染」。御覽四百九十三引此正作「漆」，說苑亦作「漆」。先愼按：王說是，御覽又七百五十六引同，今據改。而朱畫其內，縵帛爲茵，○顧廣圻曰：說苑「縵」作「繒」。蔣席，草名。頗緣。○顧廣圻曰：藏本同，今本「頗」作「額」誤。「頗緣」，謂其緣邪裂之。說苑無此一句，有「褥」字，連「茵」字讀，當有誤，仍各依本書。觴酌有采而樽俎有飾，此彌侈矣，而國之不服者三十二。○顧廣圻曰：說苑作「三十有二」。下文亦作「五十有二」。先愼曰：御覽四百九十三引作「三十二」，與說苑合。夏后氏沒，殷人受之，作爲大路而建九旒，○先愼曰：御覽引「路」作「輅」字通。食器雕琢，觴酌刻鏤，四壁堊墀，○顧廣圻曰：「四」當作「白」。「白壁」與「堊墀」對文也。說苑作「四壁四帷」。茵席雕文，此彌侈矣，而國之不服者五十三。○先愼曰：趙本「服」作「亡」，誤。君子皆知文章矣，而欲服者彌少，臣故曰儉其道也。」由余

出，公乃召內史廖而告之○顧廣圻曰：他書皆同。韓詩外傳作「內史王繆」、「繆」、「廖」同字，「王」蓋姓也。先慎曰：「顧說是，説苑尊賢篇作「王子廖」。」内史廖曰：「寡人聞鄰國有聖人，敵國之憂也。今由余聖人也，寡人患之，吾將奈何？」内史廖曰：「臣聞戎王之居，僻陋而道遠，○顧廣圻曰：「道」，當依説苑作「遼」。「後」當依説苑作「厚」。乾道本、藏本「期」作「其」，誤，説苑作「期」。先慎案：趙本作「期」不誤，今據改。未聞中國之聲，君其遺之女樂以亂其政，而後爲由余請期，○先慎曰：乾道本「期」作「其」。顧廣圻云：「史」上當有「內」字。以疏其諫，○顧廣圻曰：「諫」，説苑作「間」，史記秦本紀亦作「間」，皆當讀「間」爲「諫」。彼君臣有間而後可圖也。」君曰：「諾。」○顧廣圻曰：「史」上當有「內」字。「二八」，説苑作「三九」，韓詩外傳作「二列」，史記與此同。先慎曰：藝文類聚五十九引作「三人」，誤。乃使史廖以女樂二八遺戎王，因爲由余請期，○先慎曰：「請」，「告」也。「期」，歸期也。既告之期，又留由余不遣以失其期，使君臣有間，此秦先告以歸期之計也。戎王許諾，見其女樂而說之，設酒張飲，日以聽樂，終歲不遷，牛馬半死。由余歸，因諫戎王，戎王弗聽，由余遂去之秦。秦穆公迎而拜之上卿，問其兵勢與其地形，既以得之，舉兵而伐之，兼國十二，開地千里。故曰：「耽於女樂，不顧國政，亡國之禍也。」○先慎曰：「亡」上當有「則」字，上

奚謂離内遠遊？昔者，田成子遊於海而樂之，○先慎曰：説苑正諫篇作「齊景公」。案説林上篇有文有。

「鴟夷子皮事田成子，田成子去齊走而之燕」，事當即此。

號令諸大夫曰：「言歸者死。」顏涿聚曰：○先

慎曰：「涿聚」，說苑作「燭趨」，晏子春秋外篇作「燭鄒」，古今人表作「燭雛」。（本或作「濁鄒」。）集韻、類篇：「雛，音

聚。」案「涿」與「燭」、「濁」、「聚」與「鄒」、「趨」、「雛」形聲相近，古本通用。左哀二十三年傳又作「顏庚」。「君遊海而

樂之，奈臣有圖國者何？○盧文弨曰：藏本「臣」作「人」。君雖樂之，將安得？」田成子曰：「寡人

布令曰『言歸者死』，今子犯寡人之令。」援戈將擊之。顏涿聚曰：「昔桀殺關龍逢而紂殺

王子比干，今君雖殺臣之身以三之可也。臣言爲國，非爲身也。」延頸而前曰：「君擊之

矣！」君乃釋戈趣駕而歸。至三日而聞國人有謀不內田成子者矣。○先慎曰：趙本「成子」作「子

成」，下同，皆誤。田成子所以遂有齊國者，顏涿聚之力也。故曰：「離內遠遊則危身之道也。」

○先慎曰：上文「則」上有「而忽於諫士」句，此脫。

奚謂過而不聽於忠臣？昔者，齊桓公九合諸侯，一匡天下，爲五伯長，管仲佐之。管仲

老，不能用事，休居於家，桓公從而問之曰：「仲父家居有病，即不幸而不起，○先慎曰：乾道本

「起」下有「此病」二字，盧文弨云「凌本無」，今據刪。政安遷之？」管仲曰：「臣老矣，不可問也。雖然，

臣聞之：知臣莫若君，知子莫若父。君其試以心決之。」君曰：「鮑叔牙何如？」管仲

曰：「不可。鮑叔牙爲人剛愎而上悍。○盧文弨曰：「鮑」上脫「夫」字，各本皆有。「悍」，藏本作「捍」。下

韓非子集解

七八

同。○先慎曰：蒼頡篇：「悍，桀也。」荀子大略篇注：「悍，兇戾也。」「捍」爲捍禦之字，非此義，藏本誤。 **剛則犯民以**

暴，愎則不得民心，悍則下不爲用，其心不懼。○盧文弨曰：「懼」，藏本、張本作「具」。 先慎曰：「懼」字

是，言下不爲用而不畏也。 **非霸者之佐也。」公曰：「然則豎刁何如？」管仲曰：「不可。夫人之**

情莫不愛其身，公妬而好內，豎刁自獖氎勢也。**以爲治內，**○先慎曰：「爲」字衍，二柄篇、難一篇並無。

其身不愛，又安能愛君！」曰：「然則衛公子開方何如？」○先慎曰：乾道本「如」下衍「曰」字。先慎案：

下有「曰」字。 盧文弨云：「衛」字脫，各本有。 顧廣圻云：藏本有「衛」字，是也。

盧、顧說是，今據補「衛」字，删「曰」字。 **管仲曰：「不可。齊、衛之間，不過十日之行，開方爲事君，欲**

適君之故，十五年不歸見其父母，○先慎曰：「故」字疑衍，「欲」字當在「之」字下，難一篇作「適君之欲」，是其

證。此因「欲」字誤倒在上，後人遂於「之」下加「故」字耳。 **此非人情也。其父母之不親也，又能親君**

乎！」○先慎曰：以上下文例之，「又」字下當有「安」字。 **公曰：「然則易牙何如？」管仲曰：「不可。**

夫易牙爲君主味，君之所未嘗食唯人肉耳，易牙蒸其子首而進之，○先慎曰：「子首」趙本作「首

子」，誤，說見前二柄篇。 **君所知也。人之情莫不愛其子，今蒸其子以爲膳於君，其子弗愛，又安能**

愛君乎！」公曰：「然則孰可？」管仲曰：「隰朋可。 其爲人也，堅中而廉外，少欲而多

信。 夫堅中則足以爲表，廉外則可以大任，少欲則能臨其衆，多信則能親鄰國。 此霸者之

佐也，君其用之。」君曰：「諾。」居一年餘，管仲死，君遂不用隰朋而與豎刁。刁涖事三年，

桓公南遊堂阜，豎刁率易牙、衛公子開方及大臣為亂，桓公渴餒而死南門之寢，公守之室，身

死三月不收，蟲出于戶。○先慎曰：二柄篇、難一篇「戶」作「尸」，誤。故桓公之兵橫行天下，為五伯

長，卒見弒於其臣而滅高名，為天下笑者，何也？不用管仲之過也。故曰：「過而不聽於忠

臣，獨行其意，則滅其高名，為人笑之始也。」

奚謂內不量力？昔者，秦之攻宜陽，○顧廣圻曰：國策作「秦、韓戰於濁澤。」史記韓世家同，在宣惠王十

六年。韓氏急，公仲朋謂韓君曰：○顧廣圻曰：「朋」策誤作「明」，當依此訂。他書又作「馮」。「與國不

可恃也，豈如因張儀為和於秦哉！因賂以名都而南與伐楚，是患解於秦而害交於楚也。」秦害

交於楚也。公曰：「善。」乃警，○先慎曰：「警」策作「儆」，字同。○先慎曰：「警」，飭戒也。○先慎曰：連

上為一句。將西和秦。楚王聞之懼，召陳軫而告之曰：「韓朋將西和秦，今將奈何？」陳軫

曰：「秦得韓之都一，○顧廣圻曰：藏本同。今本「一」作「而」，屬下，誤，當句絕。策作「今又得韓之名都一」，史

記同。上文皆作「以一名都」。驅其練甲，○先慎曰：史記、國策作「而具甲」。秦、韓為一，以南鄉楚，此秦王

之所以廟祠而求也，其為楚害必矣。王其趣發信臣，多其車，重其幣以奉韓曰：『不穀之國

雖小，卒已悉起，願大國之信意於秦也。信，申也。因願大國令使者入境視楚之起卒也。』」韓

使人之楚，楚王因發車騎陳之下路，謂韓使者曰：「報韓君，言弊邑之兵今將入境矣。」使者

還報韓君，韓君大悦，止公仲。公仲曰：「不可。夫以實告我者秦也，○顧廣圻曰：策同。姚校

云：「告」一作「困」。今案：「告」當作「苦」，形近之誤。史記作「伐」。

以名救我者楚也，聽楚之虛言而輕誣強秦

之實禍，則危國之本也。」○王引之曰：此言韓王聽虛言而輕實禍，則「輕」下不得有「誣」字，「誣」即「輕」之譌，

韓策及史記韓世家俱無「誣」字，是其證也。今作「輕誣強秦之實禍」者，一本作「輕」，一本作「誣」，而後人誤合之耳。凡

從「巫」從「巫」之字，傳寫往往譌溷，説見經義述聞大戴禮「喜之而觀其不誣」下。

韓君弗聽，公仲怒而歸，十日

○顧廣圻曰：策即「輕」之譌，

不朝。宜陽益急，韓君令使者趣卒於楚，冠蓋相望而卒無至者，宜陽果拔。○顧廣圻曰：策作「秦

果大怒，興師與韓氏戰於岸門」，在十九年，其拔宜陽在襄王之五年，後此凡七年也，不同。

為諸侯笑。故曰：

「内不量力，外恃諸侯者，則國削之患也。」

奚謂國小無禮？昔者晉公子重耳出亡，過於曹，曹君袒裼而觀之。釐負羈與叔瞻侍於

前。○顧廣圻曰：「叔瞻」與左傳及本書喻老篇皆不合。叔瞻謂曹君曰：「臣觀晉公子非常人也。君

遇之無禮，彼若有時反國而起兵，即恐爲曹傷，君不如殺之。」曹君弗聽。釐負羈歸而不樂，

其妻問之曰：「公從外來而有不樂之色，何也？」負羈曰：「吾聞之……有福不及，禍來連

我。君有福未必及己，其禍之至當連我也。今日吾君召晉公子，其遇之無禮，我與在前，吾是以不

樂。」其妻曰：「吾觀晉公子萬乘之主也，其左右從者萬乘之相也，今窮而出亡過於曹，曹遇之無禮，此若反國，必誅無禮，則曹其首也。子奚不先自貳焉。」負羈曰：「諾。」乃盛黃金於壺，充之以餐，○先慎曰：乾道本無「乃」字，拾補有，盧文弨云：『「乃」字脫，「餐」當作「殘」，下同。』今依拾補增。加璧其上，夜令人遺公子。公子見使者再拜，受其餐而辭其璧。公子自曹入楚，自楚入秦。入秦三年，秦穆公召羣臣而謀曰：「昔者晉獻公與寡人交，諸侯莫弗聞。獻公不幸離羣臣，出入十年矣。嗣子不善，○顧廣圻曰：藏本、今本「嗣」上有「其」字。吾恐此將令其宗廟不拔除而社稷不血食也。如是弗定，則非與人交之道。吾欲輔重耳而入之晉，何如？」羣臣皆曰：「善。」公因起卒，革車五百乘，疇騎二千，「疇」，等也。言馬齊等皆精妙也。步卒五萬，輔重耳入之于晉，立爲晉君。重耳即位三年，舉兵而伐曹矣。因令人告曹君曰：「懸叔瞻而出之，我且殺而以爲大戮。」又令人告釐負羈曰：「軍旅薄城，○先慎曰：「薄」，迫也。吾知子不違也。知不敢違君言，非本心也。○先慎曰：謂知不背吾也，注說非。其表子之間，寡人將以爲令，令軍勿敢犯。」曹人聞之，率其親戚而保釐負羈之間者七百餘家，此禮之所用也。故曹小國也，而迫於晉、楚之間，其君之危猶累卵也，而以無禮涖之，此所以絕世也。故曰：「國小無禮，不用諫臣，則絕世之勢也。」

韓非子集解卷第四

謀而內憤。

孤憤第十一 言法術之士，既無黨與、孤獨而已，故其材用、終不見明。卞生既以抱玉而長號，韓公由之寢

智術之士，必遠見而明察，不明察不能燭私；能法之士，必強毅而勁直，不勁直不能矯

姦。○先慎曰：廣雅釋詁：「矯，直也。」莊子天下篇「以繩墨自矯」，荀子性惡篇「以矯飾人之性情而正之」，其義並同。

人臣循令而從事，案法而治官，非謂重人也。○先慎曰：「重人」非此之謂。重人也者，無令而擅

爲，虧法以利私，耗國以便家，力能得其君，此所爲重人也。擅爲虧法，逆理而動，其力尚能得君從己，

況其餘乎，此爲重人也。言其貴賤國人所共重之也。○王渭云：「爲」當作「謂」，舊注未誤。先慎曰：「爲」、「謂」古

通，不必改作。智術之士，明察聽用，且矯重人之姦行。故智術能法之士用，則貴重之臣必在繩之外矣。言

必見削除也。是智法之士與當塗之人不可兩存之仇也。既不可兩存，所存以相仇也。○盧文弨曰：注

「所」下衍「存」字。當塗之人擅事要，則外内爲之用矣。「外」，謂百官也；「内」，謂君之左右也。皆與當塗

之人爲用也。○先慎曰：「外」指敵國，下文「諸侯不因」是也。百官，左右，學士皆屬「内」。注誤。是以諸侯不因

則事不應，故敵國爲之訟；鄰國諸侯或來求事，不因當塗者其求必不見應，故重人有事，敵國爲之訟冤。○先

慎曰：「訟」説也。(説見下。)此謂敵國之人稱譽其重人，如燕噲爲秦使燕，而爲子之之類。注謂「重人有事，敵國爲之訟

冤」，非。百官不因則業不進，故羣臣爲之用；郎中不因則不得近主，故左右爲之匿；「郎

中」，爲郎居中，則君之左右之人也。既因重人而得近主，故爲之匿非也。學士不因則養祿薄禮卑，故學士爲

之談也。「談」者，謂爲重人延譽。○先慎曰：「養」、「祿」二字當衍其一。此四助者，邪臣之所以自飾也。

重人不能忠主而進其仇，重人所仇者，法術之士也。人主不能越四助而燭察其臣，「臣」亦謂法術之臣

也。故人主愈弊而大臣愈重。「弊」，讀爲蔽，下文「比周以弊主」，又「是以弊主上」，皆同。先慎

曰：本書「蔽」多作「弊」，姦劫弒臣篇云「爲姦利之弊主」，又云「非不弊之術也」，難一篇云「賞罰不弊於後」，是也。凡

當塗者之於人主也，希不信愛也，又且習故。重人得主信愛者多，又用事既久，乃慣習故舊也。若夫即主心同乎好惡，固其所自進也。○顧廣圻曰：藏本同，今本無「乎」字，誤。先慎曰：「即」就也。就主之好惡者而好惡之也。「自進」，謂己之進身也。其所以自進，則與主信愛、習故、同好惡三者而已。注訓「自進」爲「己自進舉之人」，誤。官爵貴重，朋黨又眾，而一國爲之訟。「訟」，即說也。○先慎曰：重人舉措常就主心而同其好惡，己自進舉之人、官爵重之、朋黨眾，及其有事，一國爲之訟冤，則君無德而誅之。○先慎曰：注「訟，即說」，是也。又以「訟冤」釋之，非。「眾」上脫「又」字，「無德」當作「無得」。則法術之士欲干上者，非有所信愛之親、習故之澤也；又將以法術之言矯人主阿辟之心，是與人主相反也。處勢卑賤，○先慎曰：乾道本「勢」作「世」。顧廣圻云：藏本、今本「世」作「勢」。先慎案：作「勢」是。此對官爵貴重言，不當作「世」。今據改。無黨孤特。夫以疏遠與近愛信爭，「近愛信」，謂重人是也。○先慎曰：「近」字衍文，「愛信」當作「信愛」。「疏遠」、「信愛」相對成文，「不當有『近』字。」上文「希不信愛」、「非有所信愛之親」，皆作「信愛」，此承上言，明「愛信」二字誤倒。注亦作「近愛信」，則其誤舊矣。其數不勝也；「數」，理也。以新旅與習故爭，其數不勝也；以輕賤與貴重爭，其數不勝也；以反主意與同好爭，重人與君同好。○王渭曰：「好」下當有「惡」字。其數不勝也。法術之士操五不勝之勢，以歲數而又不得以一口與一國爭，重人與一國爲朋黨。其數不勝也。見；所經時歲已至於數，猶不得見君。○顧廣圻曰：「又」當作「猶」，舊注未誤。當塗之人乘五勝之資，而

旦暮獨説於前：法術之士既不得見，故當塗之人獨訟而稱冤。○先慎曰：案依注所據本「説」作「訟」，故云「獨訟而稱冤」，此解非也。「訟」古通「誦」；「誦」猶説也。史記呂后紀「未敢訟言攻之」漢書作「誦言」，索隱云：「誦，説也。」此謂當塗之人獨常常與君言説，而法術之士見且猶不得唖，況得與言乎？此「旦暮獨訟於前」，反對法術之士言。舊注誤。

故法術之士奚道得進，而人主奚時得悟乎？法術之士既不得進，則人主何從而悟乎？○先慎曰：王氏念孫、俞氏樾並訓此「道」字為「由」。案「奚道得進」猶言何時得進也。士無時得進，則人主無時得悟，語正相當。「奚道得進」即蒙上「以歲數而又不得見」言，則「道」為「時」字變文，尤其明證。不得以他處「道」有「由」義，以例此也。人主篇正作「奚時得進」。

故資必不勝而勢不兩存，法術之士焉得不危！法術之士既資必不可勝之數，而又與重人勢不兩存，則法術之士必危而見陷。○先慎曰：乾道本注「又」下無「與」字，今據趙本增。

其可以罪過誣者，以公法而誅之；法術之士有過失可誣罔者，重人則舉以為罪而誅之。○先慎曰：乾道本「公」上無「以」字，依下文當有，今據張榜本增。

其不可被以罪過者，必死於私劍而窮之。若無過失可誣者，則使俠客以劍刺之，以窮其命也。

是明法術而逆主上者，不僇於吏誅，必死於私劍矣。○先慎曰：乾道本「僇」作「僇」。顧廣圻云：「藏本同，今本…」先慎案：「僇」與「戮」通，「僇」字誤，改從今本。

朋黨比周以弊主，言曲以便私者，必信於重人矣。

故其可以功伐借者，以官爵貴之；彼有功伐重人借為己用者，則官爵貴其人也。

其可借以美名者，以外權重之。彼雖無功伐可使近權令者，威重之。○先慎曰：顧廣圻於「其」下添「不」字，云：「『不』字當無「不」字，誤。乾道本「名」作「明」，譌。先慎案：「名」字是，今據改。「借」字當在「名」字下，「其可以美名借者」與「其

可以功伐借者」句法一律，上不當有「不」字。「借」、「藉」古通，莊子應帝王篇釋文引崔注：「藉，繫也。」其人可以功伐維繫者，則貴以官爵；可以美名維繫者，則重以外權。二事平說，舊注誤。是以弊主上而趨於私門者，不顯於官爵，必重於外權矣。「趨」，向也。今人主不合參驗而行誅，謂於法術之士，不參驗以知其真偽即行誅罰。不待見功而爵祿，重人所進，雖未見功，先與之爵祿也。故法術之士安能蒙死亡而進其說，姦邪之臣安肯乘利而退其身！故主上愈卑，私門益尊。夫越雖富兵彊，中國之主皆知無益於己也，曰：「非吾所得制也。」越國爲異國，即敵國也。○顧廣圻曰：藏本、今本「雖」下有「國」字。先慎曰：注以「越國」連文，是所見本「雖」字即「國」之誤。「夫越」微逗，「國富兵彊」句絕。中國視越國最遠，故取以爲況。說林上「越人雖善遊」〔二〕，亦借越爲喻，是其證。注訓「異國」，非。今有國者雖地廣人衆，然而人主壅蔽，大臣專權，是國爲越也。大臣專國，常有謀君之心，即己國還爲越國，故曰「是國爲越也」。智不類越，而不智不類其國，不察其類者也。縱臣專權、國變成越，是不自知己國即與越國不異，所以然者，良以不察知己國類於越國故也。○先慎曰：拾補「不智」作「不知」。盧文弨云：「知」各本俱作「智」。案「智」與「知」通，此上「智」字義亦當爲「知」。顧廣圻云：兩「類」字當作「賴」。「賴」，利也，涉下「不察其類者也」句而誤。今本「智」作「知」，誤。二「智」字皆讀爲「知」，本書屢見。先慎案：既讀爲「知」，則今本之作「知」，不得爲誤。「類」，似也。知己之國不似越之不得制，究不能自制其

〔二〕「說林上越人雖善遊」，原本作「外儲說上越人雖善溺」，今改。

國，是不知國之不似己之國也。顧改「類」爲「賴」，非。人主所以謂齊亡者，非地與城亡也，○孫詒讓曰：「主」字衍。今大臣執柄獨斷而上弗知收，是人主不明也。不知收取其柄而自執之，令臣於上獨斷，此主之不明也。「今」謂秦也。○先慎曰：此書作於韓，秦王見之，始伐韓得非，非在秦時作也。「今」字泛言當時諸侯，注誤。呂氏弗制而田氏用之，所以謂晉亡者，亦非地與城亡也，姬氏不制而六卿專之也。「今」謂秦也。死人同病者，不可生也；與亡國同事者，不可存也。今襲迹於齊、晉，欲國安存，不可得也。「襲」，重也。凡法術之難行也，不獨萬乘，千乘亦然。人主之左右不必智也，人主於人有所智而聽之，因與左右論其言，是與愚人論智也。○先慎曰：人主篇「因」上有「人」字，下同。人主之左右不必賢也，人主於人有所賢而禮之，因與左右論其行，是與愚人論賢也。智者決策於愚人，賢士程行於不肖，○先慎曰：智者之策決於愚人，賢士之行程於不肖。則賢智之士羞而人主之論悖矣。○先慎曰：拾補「絜」下旁注「潔」字。盧文弨云：「潔」，藏本、張本俱作「絜」，下同。先慎案：乾道本此作「絜」，下二「絜」字皆作「潔」、「潔」「絜」字通用。人臣之欲得官者，其修士且以精絜固身，「修士」謂修身之士，但精絜自固其身。○先慎曰：其智士且以治辯進業。「智」者，謂智謀之士也。其修士不能以貨賂事人，既修身，故不以貨賂事人也。恃其精潔，而更不能以枉法爲治，既精絜，故不能枉法爲治。智士不重說，似闕文也。○顧廣圻曰：「其修士」「修」下當脫「智之」二字。「精潔」當作「精辨」。下文云「則修智之士不事左右」即謂貨賂，「不聽請謁

即謂枉法，文相承也。下文又云「則精辯之功息」，并言「精辯」與并言「修潔」同例。舊注「智士不重説，似有脱文」，誤。

俞樾曰：「其修士」三字，衍文也。上文云「其修士且以精絜固身，其智士且以治辯進業」，此云「不能以貨賂事人」，則總蒙修士、智士爲文，言其皆不能也。「恃其精潔」當作「恃其精潔治辯」，因衍「其修士」三字，則此文專屬修士，遂删去「治辯」二字耳。舊注謂不重知士似有闕文，是其所據本已誤。　先慎曰：俞説是。

則修智之士不事左右，不聽請謁矣。「左右」，謂財貨修智之士，不肯聽從也。　○先慎曰：謂不以財貨賂左右，不能枉法從請謁，注説非。「精」，謂修士精潔也。人主之左右，行非伯夷也，求索不得，貨賂不至，則精辯之功息，而毀誣之言起矣。　○先慎曰：「辯」，謂智士辭辯也。治亂之功制於近習，「治亂」，謂智士材辯能治於亂也。　○顧廣圻曰：「亂」當作「辯」，舊注誤。　先慎曰：張榜本「亂」作「辨」。精潔之行決於毀譽，則修智之吏廢而人主之明塞矣。修智之士，能發人主之聰明，今既廢而不用，則主明自塞矣。　○先慎曰：乾道本「而」作「則」，顧廣圻云：「今本『則』作『而』。」今據改。不以功伐決智行，「決智行」當以功伐。積功曰「伐」也。　○先慎曰：「伐」，顧廣圻云：「今本『則』作『而』。」今據。不以參伍審罪過，「審罪過」當參伍之。「參」，比驗也。」「伍」，偶會也。而聽左右近習之言，則無能之士在廷而愚污之吏處官矣。近習之人既皆小人，同氣相求，同聲相應，故所親愛者無能之人，所愛者愚污之人；亦既親愛，必用之在廷，舉之處官矣。萬乘之患大臣太重，千乘之患左右太信，此人主之所公患也。　○顧廣圻曰：「公」訓爲「共」，『荀子·解蔽篇』「此心術之公患也」語句正同，楊注…「公，共也」是其證。又案注「當患」應作「爲患」。　○先慎曰：注説非。「公」正也。正當以此當患也。且人臣有大罪，人主有大失，臣主之利與相異者也。　○顧廣圻曰：「與」當在「相」字下。何以明之哉？

曰：主利在有能而任官，臣利在無能而得事；主利在有勞而爵祿，臣利在無功而富貴；主利在豪傑使能，豪傑之人有材能，然後使之矣。臣利在朋黨用私。是以國地削而私家富，主上卑而大臣重。故主失勢而臣得國，主更稱蕃臣，君臣易位，故主稱蕃臣於其臣。而相室剖符。「相室」，家臣也。「剖符」，言得專授人官與之剖符也。○先慎曰：趙本注「授」誤「投」。此人臣之所以譏主便私也。「譏」，誑也。設詐謀以誑誤於主也。○先慎曰：乾道本注「誑」作「誰」誤，改從趙本。故當世之重臣，主變勢而得固寵者，十無二三。注「有二三」當作「有一二」涉正文而誤。先慎曰：「變」謂行譏誑以移主意，十中但有二三，故曰「十無二三」也。○王先謙曰：「主勢變」，謂國君相嬗之時也，注誤。先慎曰：注「有二三」當作「有一二」涉正文而誤。是其故何也？人臣之罪大也。

臣有大罪者，其行欺主也，其罪當死亡也。先慎曰：盧文弨云：「臣」，藏本、張本俱作「人」。智士者遠見而畏於死亡，必不從重人矣；○先慎曰：拾補「人」下旁注「臣」字。賢士者修廉而羞與姦臣欺其主，必不從重臣矣。是當塗者之徒屬，非愚而不知患者，必污而不避姦者也。重人所爲必不軌，故智士恐與同之，廉士羞與之欺主，莫有從之遊者。同惡相濟，故與之爲徒屬者，必污愚之人也。○先慎曰：乾道本注「與」字上有「上」字，「污愚」作「惡愚」，并誤，改從趙本。大臣挾愚污之人上與之欺主，下與之收利，侵漁朋黨，言侵奪百姓，若漁者之取魚也。○先慎曰：「侵漁朋黨」當作「朋黨侵漁」，與下「比周相與」對文。比周相與，阿黨爲「比」，忠信爲「周」也。「比周」者，言以阿黨之人爲忠信與親也。○先慎曰：注乾道本「忠」作「心」，改從趙本。一口

惑主敗法，以亂士民，雷同是非，故曰「一口」。使國家危削，主上勞辱，此大罪也。臣有大罪而主弗禁，此大失也。使其主有大失於上，臣有大罪於下，索國之不亡者，不可得也。○

顧廣圻曰：史記列傳有。索隱云：「然此篇亦與韓子微異，煩省小不同。」今按各依本書者，不悉著。

説難第十二

夫説者有逆順之機，順以招福，逆而制禍。失之毫釐，差之千里，以此説之，所以難也。○

凡説之難，非吾知之有以説之之難也；　不知而説，雖忠見疑，故曰「非吾知之説之之難也」。○顧廣圻曰：當依史記不重「之」字。按此文首三句三「吾」字，皆吾説者也，與下文所説相對。言在吾者之非難，所以起下文在所説者之難也。在吾者必先知之有以説，然後辯之能明吾意，又然後敢橫佚而能盡，三者相承，舊注全誤。史記正義所解，亦未諦，今正之。此句之義與下文云「則非吾之難也」同。先慎曰：舊注固失，顧説亦未得也。「凡説之難」四字總挈一篇，「非吾」三句又別説難本意，再以「凡説之難也」引起正文，此言知其事理則能説其是非，此非吾所難也。又案注「吾知之」「之」當作「其」。

又非吾辯之能明吾意之之難也；　吾雖不自辯數，則能明吾所説之意，如此者萬不失一，有所以則為難也。○盧文弨曰：「辯之」下史記韓非傳有「難」字，衍。注「所以則為難也」「則」當作「明」。先慎曰：此言辯論能令吾意明晰，又非所難也。舊注非，趙本注脱「失」字。

又非吾敢橫失而能盡之之難也。　吾之所説，其不可循理，非敢橫失，能盡此意亦復難有。○盧文弨曰：史記索隱云「韓子『橫失』作『橫佚』」，此作「橫失」，疑後人依史記

改之。○顧廣圻曰：「失」當依索隱引此作「佚」，《史記》作「失」、「失」同字，故《史記》以「失」爲「佚」。○劉伯莊說及

正義讀「失」如字，又於「橫失」斷句者，非，當十二字爲一句。下文云「然後極騁智辯焉」，即此句之義也，舊注亦誤。○先慎

曰：《張榜本》「橫失」作「橫佚」，據索隱改也。「橫失」二字，顧謂「極騁智辯」，是。索隱云：「陳辭發策，能盡說情，此雖是

難，尚非難也。」**凡說之難：在知所說之心，可以吾說當之。**既知所說之心，則能隨心而發唱，故所說能當。

○盧文弨曰：注「唱」字誤從口旁。○先慎曰：《張榜本》「知」誤「之」）。**所説出於爲名高者也，而説之以厚利，**

則見下節而遇卑賤，必棄遠矣。先慎曰：所説之人意在名高，今以厚利説之，彼則爲己志節凡下，而以卑賤相遇，亦既

賤之，必棄遺而疏遠矣。○盧文弨曰：注「爲己」當作「謂己」。先慎曰：「爲」、「謂」字同。此如李克治中山，苦陘令上

計而人多之類。**所説出於厚利者也，而説之以名高，則見無心而遠事情，必不收矣。**所説之人意在

厚利，今以名高説之，此則爲己無相時之心而闊遠事情矣，如此則必見棄而不用。○盧文弨曰：注「爲己」當作「謂

己」。先慎曰：此商鞅説秦孝公以帝王故怒而不用，是也。**所説陰爲厚利而顯爲名高者也，而説之以厚利，**

高，則陽收其身而實疏之；説之以名高，則陰用其言顯棄其身矣。所説之人，内陰爲厚利，外陽爲

名高。今見其外説以名高，彼雖陽收其身，内實疏遠，若察知其内，説以厚利，私用其言，外明棄其身，以飾其名高也。○

盧文弨曰：注「私用其言」上有「則」字，脱。先慎曰：「陽收其身而實疏之」，如齊宣王欲中國而授孟子室之類，「陰

用其言顯棄其身」，如晉文公行爵雍季而後舅犯之類。**此不可不察也。夫事以密成，語以泄敗。**○盧文弨

曰：「語」，《史》作「而」。「語」，《史》作「亦」，「敗」作「禍」。先慎曰：《御覽》四百六十二引「語」作「亦」，「敗」作「禍」。**未必其身泄之也，而語及所匿**

之事，如此者身危。所說之人其所謀事，身雖不泄謀，說者泛語言及所匿，似若說者先知其事，今以發動之，既懷此疑，其身必危矣。○先慎曰：注誤。此謂有其心而未發，說者及之，故其身危。即下鄭大夫關其思對武公言「胡可伐」之類。

彼顯有所出事，而乃以成他故，說者不徒知所出而已矣，又知其所以為，如此者身危。顯出其事有所避諱，乃託以他故。而說者深知其事，既所出入知所為，所說既知情露，必有危己之心。○盧文弨曰：「彼顯有所出事」下，史作「迺自以為也，故說者與知焉，則身危」。○先慎曰：「既所出入知所為」當作「既知所出又知所為」。先慎曰：盧說是。隱斯彌使人伐樹，數創而止之，曰：「知人之所不言，其罪大矣。」即其意。

規異事而當，知者揣之外而得之，事泄於外，必以為己也，如此者身危。說者為君規謀異事，而智謀之士當知此者，自外揣之，遂得其謀，因泄於外，君則疑己漏之，便以為不密而加誅也。○先慎曰：「規異事而當」句，「知者揣之外而得之」句。「當」讀為智。「當」音丹浪反。注以「當知」連文，誤。此如漢夏侯勝傳云「霍光與張安世謀廢昌邑王。夏侯勝諫王，謂有臣下謀上者。吏白光，光讓安世，以為泄語，安世實不泄」之類。

周澤未渥也，而語極知，○先慎曰：「語極知」謂說已盡其智能也。史記正義謂「說事當理」，非。

說行而有功則德忘，○盧文弨曰：「忘」史作「亡」。「語極知」，索隱引此作「見忘」。「勝於德」，先慎曰：據索隱云云，則唐人所見本作「見忘」，不作「德忘」。此作「德忘」者，後人依史記而改也。（注云「猶忘其德」，則宋時已改矣。）「亡」「忘」古字通。說不行而有敗則見疑，如此者身危。君之於己，周給之澤未有渥厚，遂以知之極妙而以語之；行說有功，猶忘其德；若不行說有敗，則羞始生焉。此正危身之道也。○盧文弨曰：注「羞始生」，「羞」疑「妒」之誤，若袁紹之於田豐是也。先慎

曰：盧説非，此即下「鄰父以牆壞有盜，因疑鄰父」之類。注「羞」字即「疑」字之誤。又案注「行説」當作「説行」。貴人

有過端，而説者明言禮義以挑其惡，如此者身危。 挑，謂發揚也。○先慎曰：乾道本「此」下脱「者」字。貴人

盧文弨云：凌本有。 先慎按：依上下文當有，史記亦有「者」字，今據補。貴人或得計而欲自以為功，説者與

知焉，如此者身危。 彊以其所不能為，止以其所不能已，如此者身危。 不能而強，不已而止，必以不

許而興怒，故危也。 ○先慎曰：乾道本「已」作「以」，據趙本改。「強其所不能為」，若項羽欲東歸而説者言關中之類。

「止其所不能已」，若景帝決廢栗太子而周亞夫彊欲止之之類。注「不許」一本作「不討」。 盧文弨云：「不討」或是「不

忖」之誤，有謂當是「不計」，猶言失計也。此皆未見作「不許」之本耳。 故與之論大人，則以為間己矣，「間」，

代也。 論大人必談以道德宏曠，彼則以為薦大人以代之也。 ○先慎曰：此篇皆對人君而言，斷無薦大人代君之理。蓋

人君行事，大臣與焉，論其臣而即疑其論己。史記正義云「説彼大人之短，以為竊己之事情，乃為刺譏間之」是也。此「大

人」指位言，注以「間己」誤。「間」，讀為諫。 與之論細人，則以為賣重，論細人必談以器斗筲，彼則以

為短人而賣重也。「重」即「權」也。○先慎曰：「賣重」，史記作「鬻權」。案「賣」「鬻」義同，「和氏篇」「大臣貪重」，又云「近習不敢賣

重」，「重」即「權」也。 ○索隱云「薦彼細微之人，言堪大用，則疑其挾詐而賣我之權」是也。 注謂「斗筲」之人，誤。 論其所

愛，則以為藉資， 謂為藉君之所愛以為己資。 論其所憎，則以為嘗己也， 「嘗」，試也。 論君所憎則謂為

試己也含怒之深淺。 ○先慎曰：乾道本「憎」作「增」，注同。 顧廣圻云：「今本『增』作『憎』，史記作『憎』」今據改。 盧

文弨云：注「試己」下衍「也」字。 徑省其説，則以為不智而拙之， 「徑」，直。 ○盧文弨曰：史作「則不知而

屈之」，「智」本與「知」通，此加「以爲」二字，疑非。

米鹽博辯，則以爲多而交之；米鹽之爲物，積羣萃以成斛，謂博明細雜之物，則謂己多合而猥交之也。○盧文弨曰：史作「汎濫博文，則多而久之」。顧廣圻曰：正義云：「時乃永久，人主疲倦。」今按「交」「久」二文皆誤，當作「史」。本書難言篇：「捷敏辯給，繁於文采，則見以爲史。」先慎曰：顧說是。○「交」作「久」，依史記改也。

略事陳意，則曰怵懾而不盡；略言其事，粗陳其意，則謂己怵懾而有所畏懼，不敢具言。○盧文弨曰：「略」，史作「慮」。先慎曰：注「所」字趙本脫。

慮事廣肆，則曰草野而倨侮。「肆」，陳也。所說之事廣有陳說，不爲忌諱，則謂草野凡鄙俗直而侮慢也。

此說之難，不可不知也。凡說之務，在知飾所說之所矜而滅其所恥。凡欲說彼，要在知其所矜，則隨而光飾之；知其所恥，則隨而掩滅之。如此，則順旨而不忤。○盧文弨曰：注「順旨」張本作「順指」。

彼有私急也，必以公義示而强之。所說而成者，或有私事，將欲急爲，則示以公義而勉强之。

其意有下也，然而不能已，說者因爲之飾其美而少其不爲也。彼雖下意從己而不能止其私，此則爲之飾其背私之義，而以不能順公爲少。

其心有高也，而實不能及，說者爲之舉其過而見其不行也。若所說心以公義高而其材實不能及，如此者則舉簡私之過，見背公之惡，以不行私急爲多，所以成其高。○俞樾曰：此兩文相對。言：其意雖甚卑下，而有所不能已，則說者必爲之飾其美，反若以其不行而少之；如此，乃見不能已之不足爲病矣。「不能已」者，若犬馬聲色之好是矣。其意雖甚高尚，而有所不能及，則說者必爲之飾其美，反若以其不行而多之；如此，乃見不能及之不足爲恥矣。「不能及」者，若堯、舜之道仁義之説是也；「爲之飾其美」，若管子以是數者爲不害霸是也；「爲之舉其過」而見其

惡」，若陳賈謂仁知周公未能盡是也。舊注所説皆未了。且此與上文「彼有私急也，必以公義示而强之」本不相蒙，舊注必牽合爲説，宜其不可通矣。

有欲矜以智能，則爲之舉異事之同類者，多爲之地；使之資説於我，而佯不知也以資其智。 所説或矜以廣智，則多與舉彼同類之異事，以寬所取之地；令其取説於我而我佯若不知，如此者所以助其智也。○顧廣圻曰：藏本同，今本「有欲」作「有所」，誤。

欲内相存之言，則必以美名明之，而微見其合於私利也。 欲彼内有存恤之言，則爲陳顯義之名，明其人能爲此，又微言成此美名，於私有利則[二]其人必得而相存者也。○顧廣圻曰：「内」讀爲納，舊注誤。

欲陳危害之事，則顯其毀誹，而微見其合於私患也。 欲陳危害之事，其有毀誹之者，則爲之顯言，又微毀誹當爲私患，其人必以誠而可試之。

譽異人與同行者，規異事與同計者。有與同汙者，則必以大飾其無傷也；有與同敗者，則必以明飾其無失也。 説者或延譽異人與彼同行，或規謀異事與彼同計。其異人之行若與彼同汙，則大文飾之，言此汙何所傷；其異事之計若與彼同敗者，則明爲文飾，言此敗何所失。如此必以己爲善補過而崇重之也。○先慎曰：史記脱「有與同汙者則必以大」九字。乾道本注「其異人之行」「行」上有「計」字，據趙本刪。

彼自多其力，則毋以其難概之也； 彼或自多矜其力，當就譽之，無得以其所難滯礙之。概，礙也。

自勇其斷，則無以其謫怒之； 彼或自以斷爲勇，則無得以其

〔二〕 「利則」原本作「則利」，據文意乙。

先所罪謫而動怒之也。○先慎曰：乾道本「其斷」作「之斷」，拾補作「其斷」。盧文弨云：「無」，藏本作「毋」；「謫」，「敵」

史作「敵」。顧廣圻云：「之斷」當依史記作「其斷」。先慎案：張榜本作「其斷」，與上下文合，今據改。「謫」，古通，

注云「罪謫」，非。 **自智其計，則毋以其敗窮之。** 彼或自以計謀爲智，則無得以其所因敗而窮屈之。凡此皆所

以護其短而養其銳者，說可以無傷也。○先慎曰：趙本注「因」作「困」，誤。 **大意無所拂悟，辭言無所繫縻，然**

後極騁智辯焉。 意無拂忤，辭無繫縻，其智辯得以極騁。○盧文弨曰：「意」，史作「忠」。「辭」互易。案

「悟」與「忤」通，索隱、正義所見史記尚不倒。「繫縻」，注同，史作「擊摩」。顧廣圻曰：「忠」字非。

「悟」，藏本、今本作「忤」。正義云：「拂悟」當作「咈忤」，古字假借耳。「繫縻」，藏本作「擊摩」，是也，索隱引正義作「擊

摩」。先慎曰：御覽四百六十二引「意」作「怒」，「悟」作「忤」，「繫縻」作「擊排」。案「大怒」謂盛怒也，「意」、「忠」並誤。

說文：「悟，茟也。」「悟」、「忤」並通叚字。大怒之時，說尤爲難。「無所拂悟」者，若觸讋之諫趙太后[二]是

也。「繫縻」、「擊摩」古字相通，説文「縻，牛轡也」，引申爲「羈束」字。易蒙釋文：「擊，本作『繫』。」中孚釋

文：「縻，本又作『縻』」，陸作「縻」，京作「劘」。禮記學記釋文：「摩，又作『靡』。」一切經音義十：「摩，古文『劘』、『攠』

二形同。」本書作「繫縻」者，謂無縛束也。史記作「擊排」，索隱謂：「說諫之詞本無別，有所擊射排擯也。」案辭言恐有所

擊排，即多瞻顧縛束而不敢言，則必如「梁子之告季子，語必可與（商太宰三坐」是也。 **此道所得親近不疑而得盡**

[二]　「趙太后」，原本作「齊太后」，今改。

辭也。　說者因道此術，則得親近於君，終不見疑，其辭又得自盡也。○顧廣圻曰：「此道所得親近不疑」句有誤，「盡」

下當依索隱引出有「之」字，史記作「知盡之難也」。徐廣曰：「知」一作「得」，「難」一作「辭」。俞樾曰：上「得」

字，衍文也。「道所」當作「所道」。「此所道親近不疑」猶曰「此所由親近不疑」，古書每以道為由，說已見前矣。史記作

「此所以親近不疑」，「所道」即「所以」也。讀者不解「道」字而誤倒之，又妄增入「得」字，遂至不可通矣。伊尹為宰，

百里奚為虜，皆所以干其上也。二人自託於宰虜者，所以干其上也。此二人者，皆聖人也，然猶不能

無役身以進，如此其汙也。○先慎曰：乾道本「如」上有「加」字。盧文弨云：「加」字各本無，顧廣圻云：藏本

無「加」字，「以進加」史記作「而涉世」。先慎按：「加」即「如」字誤而複衍，今據刪。今以吾言為宰虜，而可以

聽用而振世，○先慎曰：說文：「振，舉救也。」此非能仕之所恥也。○盧文弨曰：「仕」與「士」通，索隱云：

「韓子作「士」。」先慎曰：今作「仕」者，後人依史記改之也。夫曠日彌久，而周澤既渥，「彌」，猶「經」也。謂所經久

遠也。○先慎曰：乾道本「彌」作「離」，「既」作「未」，據張榜本改，史記同。索隱謂：「君臣道合，曠日已久，誠著

於君也，君之渥澤周浹於臣，魚水相須，梅鹽相和也。」深計而不疑，引爭而不罪，則明割利害以致其功，

「斷」，「割」，史記作「計」。○顧廣圻曰：「割」史記作「計」。直指是非以飾其身。「直指」言無所迴避也。「飾身」謂以寵榮光

飾相持其身也。以此相持，此說之成也。君則以不疑不罪以固臣，臣則以致功飾身以輸忠，故曰「相持」。如此

者，說之成也。昔者鄭武公欲伐胡，○先慎曰：正義引世本云：「胡」，歸姓也。括地志：「胡城，在豫州郾城縣

界。」故先以其女妻胡君以娛其意，因問於羣臣：「吾欲用兵，誰可伐者？」大夫關其思對曰：「胡可伐。」武公怒而戮之，曰：「胡，兄弟之國也，子言伐之何也？」胡君聞之，以鄭爲親己，遂不備鄭，鄭人襲胡，取之。○先慎曰：外儲說下篇「宋」作「鄭」。

宋有富人，天雨牆壞，其子曰：「不築，必將有盜。」其鄰人之父亦云。暮而果大亡其財。此夕盜至，故大亡也。其家甚智其子，而疑鄰人之父。「二人」謂關其思、鄰人之父。鄭武公所以戮其所厚，欲令胡不疑也。富人所以疑其薄者，不當爲己同憂也。此二人說者皆當矣，○先慎曰：「當」音當浪反，下同。厚者爲戮，薄者見疑，則非知之難也，處之則難也。其思、鄰人之父非不知也，但處用其知不得其宜，故或見疑，或見戮，故曰「處之難也」。○先慎曰：乾道本「處之」作「處知」，據張榜本改。注云「處之難也」，亦作「之」，未誤。其「知」者，依史記改也。

故繞朝之言當矣，其爲聖人於晉，而爲戮於秦也，此不可不察。晉人謀取士會於秦，繞朝贈之以策曰：「吾謀適不用。」其言非不當也，晉人雖以爲聖，後秦竟以言戮之，是亦處知失宜也。○盧文弨曰：繞朝贈士會以策曰：「子無謂秦無人，吾謀適不用也。」則朝當已言於秦君，留士會不遣，而秦君不用其謀，故云然。注乃云「後秦竟以言戮之」，此不知出何書，殆因非之言傅會耳。

昔者彌子瑕有寵於衛君。衛國之法，竊駕君車者罪刖。「刖」作「跀」，下同。彌子瑕母病，人聞，有夜告彌子，○先慎曰：乾道本「聞有」作「聞往」。先慎按：「往」，治要作「有」，是唐人所見本自作「有」，李善注文選陸韓卿中山王孺子妾歌引作「人聞」，無「往」字。史作「人聞往」。盧文弨云：李注無「有」字，脱也。此謂人聞其母病，有夜來告者，形彌子得傳聞之言而歸，已顯衛君之稱爲孝，文相照應，今據

二唐本改。藝文類聚三十三引「人聞有」作「其人有」。　彌子矯駕君車以出。〇先慎曰：治要「出」作「歸」，藝文類聚亦作「出」。　君聞而賢之，曰：「孝哉！為母之故，忘其犯刖罪。」〇先慎曰：盧文弨云：選注引作「犯踼罪」。「踼」，古「刖」字。案此書外儲說左下「踼危生子皋」，作「踼」字，此與上文「罪刖」亦當本作「踼」，後人改之。史作「而犯刖罪」。　先慎按：治要、藝文類聚引作「犯刖罪」，是唐人所見皆有「犯」字，今據補。　異日，與君遊於果園，食桃而甘，不盡，以其半啗君。〇先慎曰：張榜本「不盡」作「而盡」，屬下為句，治要、藝文類聚八十六、白孔六帖九十九、御覽八百二十四、九百六十七、事類賦二十六、意林引「啗」並作「啖」，下同。按說文：「啖，噍啖也。」「啗，食也，讀與『含』同。」二字義別。此作「啗」，是也。　君曰：「愛我哉！忘其口味，以啗寡人。」〇先慎曰：治要、藝文類聚、白孔六帖引「以」作「而」。　及彌子色衰愛弛，得罪於君，君曰：「是固嘗矯駕吾車，又嘗啗我以餘桃。」〇先慎曰：史記「啗我」作「食我」。　故彌子之行未變於初也，〇先慎曰：治要「變」作「移」。而以前之所以見賢而後獲罪者，〇盧文弨曰：史作「前見賢而後獲罪者」，此多膳字。　先慎曰：治要無上「以」字、「之」字及下「而」字。　愛憎之變也。〇先慎曰：治要「愛」上有「人主」二字。　故有愛於主，則智當而加親；有憎於主，則智不當見罪而加疏。〇先慎曰：治要無「見罪」二字。　故諫說談論之士，不可不察愛憎之主而後說焉。　夫龍之為蟲也，柔可狎而騎也；　然其喉下有逆鱗徑尺，〇盧文弨曰：文選袁彥伯三國名臣序贊注引「柔」上有「擾」字。史無「柔」字，有

「擾」字，在下句「可」字之下。「徑尺」選注作「徑寸之處」，非。顧廣圻曰：「柔」、「擾」同字。先慎曰：史記「虫」作

「蟲」，正義：「龍，蟲類也，故言龍之爲蟲。」御覽九百二十九引「虫」作「蟲」，無「柔」字、「其」字，事類賦二十八引亦無

「柔」字、「其」字。**若人有嬰之者，則必殺人。**「嬰」，觸。**人主亦有逆鱗，説者能無嬰人主之逆鱗，**

則幾矣！○先慎曰：索隱：「幾，庶也，謂庶幾於善諫説也。」

和氏第十三

楚人和氏得玉璞楚山中，○先慎曰：藝文類聚七、白孔六帖五、事類賦九引「和氏」作「卞和」，「楚」上有

「於」字。藝文類聚、白孔六帖無「璞」字。**奉而獻之厲王，**○盧文弨曰：孫貽穀云：「楚世家無厲王，後漢書孔融

傳注引作『武王、文王、成王』是也。疑今本誤。」顧廣圻曰：新序云「荆厲王、武王、共王」，亦不同。先慎曰：後漢書注引

是，御覽三百七十二、六百四十八引作「武王、文王、成王」是其證。**厲王使玉人相之，玉人曰：「石也。」王**

以和爲誑，而刖其左足。○盧文弨曰：後漢注引「誑而」作「謾己」。先慎曰：御覽六百四十八、八百五、事類賦引

並作「謾」，無「而」字。**及厲王薨，武王即位，和又奉其璞而獻之武王，武王使玉人相之，又曰：**

「石也。」王又以和爲誑，而刖其右足。武王薨，文王即位，和乃抱其璞而哭於楚山之下，○

先慎曰：「楚山」當作「荆山」，涉上文「得玉於楚山」而誤。藝文類聚荆山下引正作「荆山」，白孔六帖同。三日三夜，

泣盡而繼之以血。○先慎曰：乾道本「泣」作「泪」，今本作「淚」。盧文弨云：「淚」，藏本作「泣」，後漢注引同。

先慎案：藝文類聚、事類賦注、御覽並引作「泣」，今據改。王聞之，使人問其故，曰：「天下之刖者多矣，

子奚哭之悲也？」和曰：「吾非悲刖也，悲夫寶玉而題之以『石』，貞士而名之以『誑』，此吾

所以悲也。」王乃使玉人理其璞而得寶焉，○先慎曰：事類賦「寶」下有「玉」字。遂命曰「和氏之璧」。○先

夫珠玉人主之所急也，和雖獻璞而未美，未爲王之害也，所獻之寶，設令未美，亦無害於王也。○先

慎曰：乾道本「王」作「主」。盧文弨云：「藏本『主』作『王』。」王先謙云：「依注當作『王』。」今據改。顧廣圻云：「害」

字起，藏本脫。然猶兩足斬而寶乃論，論寶若此其難也。今人主之於法術也，未必和璧之急也，

而禁羣臣士民之私邪；人主之於法術，未必如和璧之急，乃更禁羣臣人爲下和之忠，苟無下和之忠，誰肯犯禁而

論其法術亂也。○先慎曰：此下當有脫文。注「急」「忠」二字，乾道本互譌，今據趙本改。「亂」字亦誤，未詳所當作。

然則有道者之不僇也，特帝王之璞未獻耳。「帝王之璞」即法術也。有道之士所以不見僇者，則以未獻法術

也。○先慎曰：乾道本「特」作「持」。顧廣圻云：今本「持」作「特」。新序云：「直白玉之璞未獻耳。」先慎案：「特」

即「直」也，「持」當爲「特」殘缺字，改從今本。主用術則大臣不得擅斷，近習不敢賣重；官行法則浮萌

趨於耕農，○先慎曰：無執業者有禁，故流民急於耕農。而游士危於戰陳。○先慎曰：故游說之士以其言責

一〇二

其功，不敢言戰陳。則法術者乃羣臣士民之所禍也。人主非能倍大臣之議，越民萌之誹，獨周乎道言也。○先慎曰：「周」當爲「用」之誤。「道言」謂法術之言也，下同。則法術之士雖至死亡，道必不論矣。○先慎曰：珠玉人主之所急，然兩足刖而始論，法術不如和璧之急，故至死亡而不論。昔者吳起教楚悼王以楚國之俗曰：「大臣太重，封君太衆，若此則上偪主而下虐民，此貧國弱兵之道也。○先慎曰：「乾道本」「貧」作「貪」，按「貪」即「貧」字形近而誤，拾補改作「貧」，今從之。不如使封君之子孫三世而收爵祿，○先慎曰：喻老篇「楚邦之法，祿臣再世而收地」，則「三世而收爵祿」，蓋楚法廢弛，故吳起云然。絕滅百吏之祿秩，○盧文弨曰：「絕滅」二字，疑當作「減」。顧廣圻曰：「絕滅」當作「纖滅」，「纖」「裁」同字。○先慎曰：顧說是，「纖」「絕」偏[二]旁同，故誤。損不急之枝官，「枝官」謂非要急者，若樹之枝也。然養樹者必披落其枝，爲政者亦損其閑尤。以奉選練之士。」悼王行之期年而薨矣，○先慎曰：「矣」字，依下文不當有。吳起枝解於楚。商君教秦孝公以連什伍，設告坐之過，使什家伍家相拘連，中有犯罪，或有告者，則并坐其什伍，故曰「告坐」。燔詩書而明法令，○先慎曰：困學紀聞云：「史記商君傳不言『燔詩書』，蓋詩書之道廢，與李斯之焚無異也。」塞私門之請而遂公家之勞，於公有勞者，不滯其功賞。禁游宦之民不守本業游散求官者，設

〔二〕「偏」原本作「編」，形近而誤，今改。

法以禁之也。**而顯耕戰之士。孝公行之，主以尊安，國以富強，八年而薨，**○先慎曰：「國策」「孝公行「商

君法十八年而死」，史記「商君相秦十年」，索隱云：「國策蓋連其未作相之年說也。」案此作「八年」，與史記，國策皆不

合，疑「八」上奪「十」字。**商君車裂於秦。楚不用吳起而削亂，秦行商君法而富強，二子之言也已**

當矣，然而枝解吳起而車裂商君者何也?。大臣苦法而細民惡治也。當今之世，大臣貪重，大

臣虧公法而行私惠，所以成其重也。**細民安亂，**○先慎曰：游宦之民因請謁而得祿。甚於秦、楚之俗，此篇非未

人秦時爲韓著之，故得引秦以爲喻。**而人主無悼王、孝公之聽，則法術之士安能蒙二子之危也而明己**

之法術哉！○先慎曰：「也」字衍文。**此世所亂無霸王也。**○顧廣圻曰：今本「所」下有「以」字。

姦劫弒臣第十四

凡姦臣皆欲順人主之心，以取信幸之勢者也。○先慎曰：各本「信」作「親」，今據治要改，下正作

「信」。是以主有所善，臣從而譽之；主有所憎，臣因而毀之。凡人之大體，取舍同者則相是

也，取舍異者則相非也。今人臣之所譽者，人主之所是也，此之謂同取；人臣之所毀者，人

主之所非也，此之謂同舍。夫取舍合○先慎曰：治要「合」下有「同」字，疑「合」即「舍」字之誤而衍者，「合」當

作「同」，蒙上「此之謂同取」、「此之謂同舍」而言。而相與逆者，未嘗聞也。此人臣之所以取信幸之道

也。○先愼曰：各本無「取」字，依下文當有，據治要增。夫姦臣得乘信幸之勢以毀譽進退羣臣者，人主

非有術數以御之也，○先愼曰：各本「非」作「所」，今據治要改，下文作「非」。非參驗以審之也，○先愼

曰：依上文「非」下脫「有」字。必將以襄之合己信令今之言，此幸臣之所以得欺主成私者也。故主

必蔽於上○先愼曰：各本「蔽」作「欺」。孤憤篇云「故人主愈蔽，而大臣愈重」，語意正同，是「欺」當爲「蔽」之誤，今據

治要改。而臣必重於下矣。此之謂擅主之臣。國有擅主之臣，則羣下不得盡其智力以陳其

忠，百官之吏不得奉法以致其功矣。○先愼曰：治要「法」作「令」，「功」作「力」。何以明之？夫安利

者就之，危害者去之，此人之情也。今爲臣盡力以致功，竭智以陳忠者，其身困而家貧，父子

罹其害；爲姦利以弊人主，○先愼曰：「弊」讀爲蔽。行財貨以事貴重之臣者，身尊家富，父子

被其澤。人焉能去安利之道而就危害之處哉！治國若此其過也，而上欲下之無姦，吏之奉

法，其不可得亦明矣。故左右知貞信之不可以得安也，○先愼曰：「利」字涉上文而衍，下「知方正

之不可以得安也」、「知詐僞之不可以得安也」並無「利」字，即其證。必曰：「我以忠信事上，積功勞而求

安，是猶盲而欲知黑白之情，必不幾矣。○先愼曰：解老篇：「目不能決黑白之色」則謂之盲」，此「情」字當

作「色」。若以道化行正理，不趨富貴事上而求安，○先愼曰：「化」疑「術」之誤。「事上」二字，當在「行正

理」上。「若以道術事上」，與上「我以忠信事上」相對。是猶聾而欲審清濁之聲也，愈不幾矣。二者不可以得安，○王渭曰：句絕。我安能無相比周，蔽主上、爲姦私以適重人哉！」此必不顧人主之義矣。其百官之吏，亦知方正之不可以得安也，○顧廣圻曰：道藏本脫，止「不」字。按此乃乾道本之第七、八兩葉也，藏本出於乾道本，可知矣。必曰：「我以清廉事上而求安，若無規矩而欲爲方圓也，必不幾矣。若以守法不朋黨治官而求安，是猶以足搔頂也，愈不幾也。○先慎曰：「也」當作「矣」。不可以得安，能無廢法行私以適重人哉！」○顧廣圻曰：「人」[二]上當有「我安」二字。此必不顧君上之法矣。故以私爲重人者衆，○盧文弨曰：「人」，藏本作「臣」。而以法事君者少矣。是以主孤於上而臣成黨於下，此田成之所以弒簡公者也。○俞樾曰：「得」字衍文。此論有術者之爲人臣也，其道如此，非論得不得主法，下困姦臣，以尊主安國者也。○夫有術者之爲人臣也，得效度數之言，上明主法，下困姦臣，以尊主安國者也。也。蓋涉下文「度數之言得效於前」而衍。是以度數之言得效于前，則賞罰必用于後矣。人主誠明於聖人之術，而不苟於世俗之言，○先慎曰：「苟」當作「徇」，形近而誤。循名實而定是非，因參驗而審言辭。是以左右近習之臣知僞詐之不可以得安也，必曰：「我不去姦私之行，盡力竭智以

〔二〕「能」，原本作「人」，據顧氏韓非子識誤改。

一〇六

事主，而乃以相與比周，○先慎曰：依下文，「而」字當衍。妄毀譽以求安，是猶負千鈞之重，陷於不測之淵而求生也，必不幾矣。百官之吏亦知爲姦利之不可以得安也，必曰：「我不以清廉方正奉法，乃以貪污之心枉法以取私利，是猶上高陵之顛，墮峻谿之下而求生，○先慎曰：依上文，當有「也」字。必不幾矣。」安危之道若此其明也，左右安能以虛言惑主，而百官安敢以貪漁下！是以臣得陳其忠而不弊，○顧廣圻曰：藏本、今本「弊」作「蔽」。下得守其職而不怨。此管仲之所以治齊，而商君之所以強秦也。○先慎曰：從是觀之，則聖人之治國也，固有使人不得不愛我之道，而不恃人之以愛爲我也。○俞樾曰：「不得不愛我」當作「不得不爲我」，涉下句而誤耳。下文云「恃吾不可不爲者安矣。」「不可不爲」即不得不爲也。又曰「明主者使天下不得不爲己視，天下不得不爲己聽」，此使人不得不爲我之義也，可據以訂正。先慎曰：俞説是。恃人之以愛爲我者危矣，○先慎曰：乾道本無「爲」字。盧文弨云：「凌本有，藏本、張本倒，作『爲愛』，誤。」今據凌本增。恃吾不可不爲者安矣。夫君臣非有骨肉之親，正直之道可以得利，○先慎曰：「利」當作「安」，下云「不可以得安」，正反對「得安」而言，即其證。則臣盡力以事主；正直之道不可以得安，則臣行私以干上。明主知之，故設利害之道以示天下而已矣。夫是以人主雖不口教百官，不目索姦衺，而國已治矣。人主者，非目若離婁乃爲明也，非耳若師曠乃爲聰也。不任其數，○先慎曰：各本「不」上有「目必」三字。盧文弨云：「目必」二字疑衍。先慎案：治要無，今據刪。而待目以爲明，所見者少矣，非不弊之術也；○先慎曰：治要「弊」作「蔽」，二字本書通用。

不因其勢，○先慎曰：乾道本「不」上有「耳必」二字，「因」作「固」。盧文弨云：藏本、張本皆無「耳必」二字。顧廣圻云：藏本、今本「固」作「因」。先慎案：治要[一]亦無「耳必」二字，「固」作「因」。今據刪改。而待耳以爲聰，所聞者寡矣，非不欲之道也。明主者，使天下不得不爲己視，使天下不得不爲己聽。○先慎曰：各本無「使」字，據治要增。故身在深宮之中，而明照四海之內，○先慎曰：治要無「而」字。而天下弗能蔽、弗能欺者，何也？闇亂之道廢，而聰明之勢興也。故善任勢者國安，不知因其勢者國危。古秦之俗，君臣廢法而服私，是以國亂兵弱而主卑。商君説秦孝公以變法易俗而明公道，賞告姦，○先慎曰：史記衛鞅傳：「告姦者與斬敵首同賞。」困末作而利本事。○先慎曰：「末作」工商也；「本事」、耕織也。衛鞅傳：「事末利及怠而貧者，舉以爲收孥；大小僇力本業，耕織致粟帛多者復其身。」故末作困而本事利。當此之時，秦民習故俗之有罪可以得免，無功可以得尊顯也，故輕犯新法。於是犯之者其誅重而必，告之者其賞厚而信。故姦莫不得而被刑者衆，民疾怨而衆過日聞。○顧廣圻曰：「衆」字衍。先慎曰：「衆」當作「罪」，涉上文而誤。孝公不聽，遂行商君之法，民後知有罪之必誅，而私姦者衆也，○顧廣圻曰：「私」下當有「告」字。先慎曰：商君之法賞告姦，則告姦非私也。「私」即「告」之誤。故民

[一]「治要」，原本作「政要」，今改。

莫犯，其刑無所加。是以國治而兵強，地廣而主尊。此其所以然者，匿罪之罰重，而告姦之賞厚也。此亦使天下必爲己視聽之道也。至治之法術已明矣，而世學者弗知也。且夫世之愚學，皆不知治亂之情：○先慎曰：「情」，實也。讇諛多誦先古之書，以亂當世之治；○先慎曰：「讇，多言也」，唉，妄語也」。此「諜」字當作「唉」。言愚學溺於所聞，妄談治亂，誦說先古之書，使人主聞之不敢變法而理。智慮不足以避穽井之陷，○顧廣圻曰：句有誤。先慎曰：「穽」當作「井穽」。禮記：「人皆曰予知，驅而納諸苦獲陷阱之中，而莫知避也」，韓詩外傳五云：「兩瞽相扶，不陷井穽，則其幸也。」作「井穽」，是其證。禮記「藏本、今本『非』字，顧廣圻云：「藏本、今本有『非』字。」即「智慮不足以避陷穽」義。又妄非有術之士。○先慎曰：乾道本無「非」字，顧廣圻云：「藏本、今本有『非』字。」

今據補。聽其言者危，○先慎曰：狃於故習，輕犯新法。用其計者亂，○先慎曰：法古循禮，不敢變更。此亦愚之至大而患之至甚者也。俱與有術之士，○先慎曰：「與」，讀若爲。禮記內則「小切之與稻米〔二〕」，周禮醢人注作「小切之爲稻米」，是其證。此言世之愚學與法術之士，皆名爲有術之士，而其實不同也。有談說之名，而實相去千萬也。○先慎曰：乾道本「相」作「於」，顧廣圻云：「藏本、今本『於』作『相』。」今據改。此夫名同而實有異者也。夫世愚學之人比有術之士也，猶螮蛹蛭之比大陵也，其相去遠矣。而聖人者，審於是非之實，察於治亂之情也。故其治國也，正明法，陳嚴刑，將以救羣生之亂，去天下之

〔二〕「稻米」，原本作「稻末」，據禮記內則改。

禍，使強不陵弱，衆不暴寡，耆老得遂，幼孤得長，邊境不侵，君臣相親，父子相保，而無死亡係虜之患，○先慎曰：趙本「係」作「繫」。盧文弨云：「藏本、張本『繫』作『係』」。案二字古通。此亦功之至厚者也。　愚人不知，顧以爲暴。　愚者固欲治而惡其所以治，○先慎曰：依下文「治」下當有「者」字。皆惡危而喜其所以危者。　何以知之？夫嚴刑重罰者，民之所惡也，而國之所以治也；　哀憐百姓，輕刑罰者，民之所喜，而國之所以危也。　聖人爲法國者，必逆於世，○顧廣圻曰：「國者當作『者固』」。　「者」句絕。「固」下屬。藏本「聖」上有「故」字，非也。　而順於道德。　知之者，同於義而異於俗；弗知之者，異於義而同於俗。　天下知之者少，則義非矣。　處非道之位，被衆口之譖，溺於當世之言，而欲當嚴天子而求安，幾不亦難哉！○顧廣圻曰：「幾」當在「難」字下。　此夫智士所以至死而不顯於世者也。　○盧文弨曰：藏本無「而」字。　楚莊王之弟春申君○顧廣圻曰：與楚世家春申君列傳皆不合。　有愛妾曰余，春申君之正妻子曰甲，余欲君之棄其妻也，因自傷其身以視君而泣，○先慎曰：「視」當作「示」。「以示君」，謂以身受傷之處示君也，與下「自裂其親身衣〔一〕之裏以示君」同義。下正作「示」，明此「視」爲「示」之譌。　曰：「得爲君之妾，甚幸。　雖然，適夫人非所以事君也，適君非所以事夫

〔一〕　「親身衣」，原本「身」下脱「衣」字，據正文補。

人也。身故不肖，力不足以適二主，其勢不俱適，與其死夫人所者，不若賜死君前。妾以賜死，○先慎曰：「以」當作「不」。謂不賜妾死也。之詐，爲棄正妻。若復幸於左右，願君必察之，無爲人笑。」君因信妾余之詐，余得幸君之日久矣，甲非弗知也，今乃欲强戲余，余與爭之，至裂余之衣，而此子之不孝莫大於此矣。」君怒，而殺甲也。故妻以妾余之詐棄，而子以之死。從是觀之，父之愛子也，猶可以毀而害也。○先慎曰：乾道本「以」下無「毀」字，藏本「父」上有「夫」字。盧文弨云：「毀」字脫，凌本有。俞樾云：「以」字衍文，「可而」即可以也。此文本云「父之愛子也，猶可而害也」，淺人不達古語，於「而」上又增入「以」字，則不可通矣。先慎按：凌本作「猶可以毀而害也」，是也。下文「羣臣之毀言，非特一妾之口也」，即蒙此句，明各本脫「毀」字。俞氏據誤本，勢不得不刪字以就己說。今據凌本補。　君臣之相與也，非有父子之親也，而羣臣之毀言，非特一妾之口也，何怪夫賢聖之戮死哉！此商君之所以車裂於秦，而吳起之所以枝解於楚者也。○先慎曰：釋名：「車裂曰『轘』。轘，散也，肢體分散也。」是二子皆受轘死，各國名刑不同，韓非亦因而稱之耳。「枝」當作「支」。　凡人臣者，有罪固不欲誅，無功者皆欲尊顯。而聖人之治國也，賞不加於無功，而誅必行於有罪者也。然則有術數者之爲人也，○顧廣圻曰：藏本、今本「人」下有「臣」字。先慎曰：「人」下當有「主」字。「爲」音于僞反。　固左右姦臣之所害，非明主弗能聽也。世之學術者說人主，不曰

「乘威嚴之勢以困姦衰之臣」，而皆曰「仁義惠愛而已矣」。世主美仁義之名而不察其實，是以大者國亡身死，小者地削主卑。何以明之？夫施與貧困者，○先慎曰：乾道本無「與」字。盧文弨云：「與」字脱，一本有。先慎按：有「與」字是也，下有「與」字，即其證，今依拾補增。此世之所謂仁義，哀憐百姓，不忍誅罰者，此世之所謂惠愛也。夫有施與貧困，○顧廣圻曰：當衍「有」字。則無功者得賞，不忍誅罰，則暴亂者不止。國有無功得賞者，則民不外務當敵斬首，○顧廣圻曰：「不外」當作「外不」。內不急力田疾作，皆欲行貨財，事富貴，為私善，立名譽，以取尊官厚俸。故姦私之臣愈眾，而暴亂之徒愈勝，不亡何待！夫嚴刑者，民之所畏也，○先慎曰：乾道本無「刑」字。顧廣圻云：藏本、今本「嚴」下有「刑」字。先慎按：「嚴刑」、「重罰」相對，明此脱，今據補。重罰者，民之所惡也。故聖人陳其所畏以禁其衰，設其所惡以防其姦，是以國安而暴亂不起。吾以是明仁義愛惠之不足用，而嚴刑重罰之可以治國也。無捶策之威，銜橛之備，雖造父不能以服馬；○盧文弨曰：藏本無「欲」字。無規矩之法，繩墨之端，雖王爾不能以成方圓；無威嚴之勢，賞罰之法，雖堯、舜不能以為治。今世主皆輕釋重罰嚴誅，行愛惠，而欲霸王之功，亦不可幾也。故善爲主者，明賞設利以勸之，使民以功賞而不以仁義賜；嚴刑重罰以禁之，使民以罪誅而不以愛惠免。是以無功者不望，而有罪者不幸矣。託於犀車良馬之上，○顧廣圻曰：「犀」字未詳。

俞樾曰：「顧氏偶失考耳，漢書馮奉世傳注引晉灼云：『犀，堅也。』然則『犀車良馬』即堅車良馬矣。吳子應變篇云『車堅馬良』，是其義也。」則可以陸犯阪阻之患；乘舟之安，持檝之利，則可以水絕江河之難；○先慎曰：趙本「水」誤「永」。操法術之數，行重罰嚴誅，則可以致霸王之功。治國之有法術賞罰，猶若陸行之有犀車良馬也，水行之有輕舟便檝也，乘之者遂得其成。伊尹得之湯以王，管仲得之齊以霸，商君得之秦以強。此三人者，皆明於霸王之術，察於治強之數，而不以牽於世俗之言，適當世明主之意，則有直任布衣之士，立爲卿相之處；○盧文弨曰：「處」凌本作「功」。處位治國，則有尊主廣地之實。此之謂足貴之臣。湯得伊尹，以百里之地，立爲天子；桓公得管仲，立爲五霸主，九合諸侯，一匡天下；孝公得商君，地以廣，兵以強。故有忠臣者，○先慎曰：乾道本無「臣」字。盧文弨云：「臣」字脫，凌本有。先慎按：有「臣」字是，下「所謂忠臣也」即承此，今據補。○先慎無敵國之患，內無亂臣之憂，長安於天下而名垂後世，所謂忠臣也。若夫豫讓爲智伯臣也，外上不能說人主使之明法術度數之理，以避禍難之患；○先慎曰：乾道本「人」字在「使」字下，顧廣圻云「人」字在「主」字上，今據改。下不能領御其衆，以安其國；及襄子之殺智伯也，豫讓乃自黔劓，○盧文弨曰：「黔」藏本、張本作「黔」，本當作「鉗」。顧廣圻曰：當作「黥」。先慎曰：顧說是。書呂刑：「爰始淫爲劓、刵、椓、黥。」黥、劓刑在面，趙策所謂「自刑以變其容」也。敗其形容，以爲智伯報襄子之仇；

是雖有殘刑殺身以爲人主之名，○先慎曰：「刑」當作「形」。而實無益於智伯，若秋毫之末。此吾

之所下也，而世主以爲忠而高之。古有伯夷、叔齊者，武王讓以天下而弗受，二人餓死首陽

之陵。若此臣者，○先慎曰：乾道本無「者」字，盧文弨云：「凌本有『者』字。」今據補。不畏重誅，不利重

賞，不可以罰禁也，不可以賞使也。此之謂無益之臣也，吾所少而去也，而世主之所多而求

也。

諺曰：「厲憐王。」○顧廣圻曰：乾道本、藏本提行，今本連前，誤。戰國策以此至末「可也」，皆作孫子爲書謝

春申君，韓詩外傳同。此不恭之言也。雖然，古無虛諺，不可不察也。此謂劫殺死亡之主言也。

○先慎曰：「謂」讀爲爲。「殺」策作「弒」。人主無法術以御其臣，○先慎曰：乾道本無「主」字，盧文弨云：

「主」字脫，凌本有。先慎按：楚策、韓詩外傳皆有，今據補。雖長年而美材，○盧文弨曰：「美材」，藏本、張本作

「材美」。大臣猶將得勢，擅事主斷，而各爲其私急。而恐父兄豪傑之士，借人主之力以禁誅於

己也，○先慎曰：「父兄」，謂側室公子，人主之所親愛也。見八姦篇。「豪傑之士」，即上所云「有術之士」。

長而立幼弱，廢正的而立不義。○盧文弨曰：「弒」外傳作「捨」。顧廣圻曰：藏本「的」作「適」，是也。策、外

傳皆作「適」。故春秋記之曰：「楚王子圍將聘於鄭，未出境，聞王病而反，因入問病，以其冠

纓絞王而殺之，遂自立也。○先慎曰：事見左昭元年傳。齊崔杼其妻美，而莊公通之，數如崔氏之

室。及公往，崔子之徒賈舉率崔子之徒而攻公。公入室，○先慎曰：左襄二十五年傳作「臺」。請與之分國，崔子不許；公請自刃於廟，崔子又不聽。公乃走，踰於北牆，○先慎曰：「北」，策、外傳作「外」。賈舉射公，中其股，公墜；崔子之徒以戈斫公而死之，而立其弟景公。」近之所見，○盧文弨曰：「之」，外傳作「世」。李兌之用趙也，餓主父百日而死，○先慎曰：事互見喻老篇。卓齒之用齊也，○顧廣圻曰：藏本、今本「卓」作「淖」，策、外傳皆作「淖」。今按「卓」、「淖」同字。乾道本未嘗誤，改者非也。古今人表淖齒，師古曰：「淖，或作卓。」先慎曰：御覽三百七十五引作「淖」。擢滑王之筋，懸之廟梁，○先慎曰：「滑」，策、外傳作「閔」。御覽引亦作「閔」。宿昔而死。○先慎曰：「宿昔」，策作「宿夕」。故厲雖癰腫疿瘍，上比於春秋，未至於絞頸射股也；○先慎曰：乾道本無「射」字，顧廣圻云：「藏本、今本「股」上有「射」字，外傳有。」今據增。下比於近世，○顧廣圻曰：藏本同。今本「近世」作「近臣」，誤。未至餓死擢筋也。○顧廣圻曰：藏本同。今本「至」下有「於」字，「饑」作「餓」。策作「未至擢筋而餓死也」。外傳無「而」字。於字脫，藏本、張本有，外傳同。先慎按：策有「於」字，今據補。故劫殺死亡之君，此其心之憂懼，形之苦痛也，必甚於厲矣。由此觀之，雖「厲憐王」可也。

韓非子集解卷第五

一一六

亡徵第十五

凡人主之國小而家大，權輕而臣重者，可亡也。簡法禁而務謀慮，荒封內而恃交援者，可亡也。羣臣爲學，門子好辯，商賈外積，小民內困者，可亡也。○先慎曰：乾道本「內困」作「右仗」。盧文弨云：『「右仗」凌本作『內困』。』今據改。好宮室臺榭陂池，事車服器玩好，○顧廣圻曰：句絕。「器」下當有脫字。罷露百姓，煎靡貨財者，可亡也。○先慎曰：「露」當作「潞」，羸也。呂氏春秋不屈篇：

「士民罷潞。」用時日，事鬼神，信卜筮而好祭祀者，可亡也。聽以爵不以衆言參驗，○先慎曰：乾道

本「不以衆言」四字作「以待」三字。盧文弨云：一本作「不以衆言」。顧廣圻云：今本下「以」字作「不」。○先慎案：謂

聽以爵之尊卑，不參驗衆言得失。今據盧校改。用一人爲門户者，可亡也。官職可以重求，爵祿可以貨

得者，可亡也。○先慎曰：○八姦篇「財利多者買官以爲貴，有左右之交者請謁以成重，此亡國之風也」，即此意。緩

心而無成，○先慎曰：乾道本「而無」作「無而」，顧廣圻云：「藏本、今本『無而』作『而無』。」今據乙。柔茹而寡

斷，好惡無決而無所定立者，可亡也。饕貪而無饜，近利而好得者，可亡也。喜淫刑而不周

於法，○先慎曰：乾道本無「刑」字。盧文弨云：凌本「淫」下有「刑」字。顧廣圻云：「淫」，淫辭也，見本書存韓篇。又

呂氏春秋應覽有「淫辭」，義同，皆可證也。別本於此「淫」下妄加「刑」字，乃誤之甚者。凡別本異同，大率類此，故略不

復載。先慎案：訓「淫」爲「淫辭」，已嫌添設，且與下言「辯說」無別，顧說非也。「喜淫刑」與下「好辯說」對文，不當少一

字，今依凌本增。好辯說而不求其用，濫於文麗而不顧其功者，可亡也。淺薄而易見，漏泄而無

藏，不能周密而通羣臣之語者，可亡也。很剛而不和，○盧文弨曰：「很」，藏本作「佷」。愎諫而好

勝，不顧社稷而輕爲自信者，可亡也。恃交援而簡近隣，怙強大之救而侮所迫之國者，可亡

也。羈旅僑士，重帑在外，上間謀計，下與民事者，可亡也。民信其相，○顧廣圻曰：句有誤。俞

樾曰：「民」下脫「不」字。「民不信其相」、「下不能其上」兩文相對。民所不信，下所不能，而人主弗能廢，故曰「可亡

也」。下不能其上，主愛信之而弗能廢者，可亡也。境内之傑不事，而求封外之士，不以功伐

課試，而好以名問舉錯，羈旅起貴以陵故常者，可亡也。輕其適正，庶子稱衡，太子未定而主即世者，可亡也。大心而無悔，國亂而自多，不料境內之資而易其鄰敵者，可亡也。國小而不處卑，力少而不畏強，無禮而侮大鄰，貪愎而拙交者，可亡也。太子已置，而娶於強敵以為后妻，則太子危，如是，則羣臣易慮者，可亡也。○顧廣圻曰：藏本、今本重「羣臣易慮」。怯懾而弱守，蚤見而心柔懦，知有謂可，斷而弗敢行者，可亡也。○盧文弨曰：「謂」字衍，凌本無。顧廣圻曰：「知有謂可」四字為一句。出君在外而國更置，○先慎曰：乾道本無「更」字，顧廣圻云：「藏本、今本『國』下有『更』字。」今據補。質太子未反而君易子，如是，則國攜，國攜者，可亡也。挫辱大臣而狎其身，刑戮小民而逆其使，○先慎曰：「民」當作「人」，「逆」當作「近」。按此言近刑人也。懷怒思恥而專習則賊生，○先慎曰：「習」字疑誤，未詳所當作。賊生者，可亡也。大臣兩重，父兄眾強，內黨外援以爭事勢者，可亡也。婢妾之言聽，愛玩之智用，外內悲惋而數行不法者，可亡也。○顧廣圻曰：藏本同。今本「行」作「私」，誤。按簡私而貴公者，韓子之家法也。簡侮大臣，無禮父兄，勞苦百姓，殺戮不辜者，可亡也。好以智矯法，時以行襍公，○顧廣圻曰：法禁變易，號令數下者，可亡也。無地固，○盧文弨曰：「無地」，一本倒。城郭惡，無畜積，財物寡，無守戰之備而輕攻伐者，可亡也。種類不壽，○先慎曰：楚語「臣能自壽也」。注：「壽，保也。」主數即世，○先慎曰：「數」音色各反。嬰兒為君，大臣專制，樹

羇旅以爲黨,數割地以待交者,可亡也。太子尊顯,徒屬衆彊,多大國之交,而威勢蚤具者,可亡也。變褊而心急,○先慎曰:拾補「變」作「偏」。一作「孿」。顧廣圻云:藏本同。今本「變」作「偏」,誤。按當作「孿」,形相近。俞樾云:「變」當讀爲「辯」。說文心部:「辯,一曰急也。」是與「褊」同義。作「變」者,聲近叚借也。易文言傳「由辯之不早辯也」,釋文:「辯,荀作『變』。」孟子告子篇「萬鍾則不辨禮義而受之」,音義引丁音云:「辨,本作『變』。」皆其例矣。輕疾而易動發,○顧廣圻曰:六字爲一句。主多怒而好用兵,簡本教而輕戰攻者,可亡也。○先慎曰:乾道本「教」上有「欲」字,顧廣圻云:「藏本、今本無『欲』字。」今據刪。心悁忿而不訾前後者,可亡也。○顧廣圻曰:「心」當作「必」。先慎曰:「訾」量也。

貴臣相妬,○盧文弨曰:「臣」各本皆作「人」。○先慎曰:八姦篇云:「何謂父兄?曰:『側室公子。』是『側室』即君之父兄行也。」大臣隆盛,外藉敵國,内困百姓,以攻怨讐,而人主弗誅者,可亡也。君不肖而側室賢,○先慎曰:「藏本、今本『怨』作『怒』。」今據改。太子輕而庶子伉,官吏弱而人民桀,如此則國躁,國躁者,可亡也。藏怒而弗發,○先慎曰:乾道本「怒」作「怨」,顧廣圻云:「藏本、今本『怨』作『怒』。」今據改。懸罪而弗誅,使羣臣陰憎而愈憂懼,而久未可知者,可亡也。出軍命將太重,邊地任守太尊,專制擅命,徑爲而無所請者,可亡也。后妻淫亂,主母畜穢,外内混通,男女無別,是謂兩主;兩主者,可亡也。后妻賤而婢妾貴,太子卑而庶子尊,相室輕而典謁重,如此則内外乖;内外乖者,可亡也。大臣甚貴,偏黨衆彊,壅

塞主斷而重擅國者，可亡也。私門之官用，馬府之世，軍馬之府，立功者也。○顧廣圻曰：藏本同。今本「世」下有「絀」字。按「世」下脫字，未詳其所當作。鄉曲之善舉，官職之勞廢，貴私行而賤公功者，可亡也。公家虛而大臣實，正戶貧而寄寓富，耕戰之士困，末作之民利者，可亡也。見大利而不趨，聞禍端而不備，淺薄於爭守之事，而務以仁義自飾者，可亡也。不爲人主之孝，而慕匹夫之孝，不顧社稷之利，而聽主母之令，女子用國，刑餘用事者，可亡也。辭辯而不法，心智而無術，主多能而不以法度從事者，可亡也。親臣進而故人退，○先慎曰：「親」讀爲新。不肖用事，而賢良伏，無功貴而勞苦賤，如是則下怨；下怨者，可亡也。父兄大臣祿秩過功，章服侵等，宮室供養太侈，○先慎曰：張榜本、趙本「太」作「大」字同。而人主弗禁，則臣心無窮；臣心無窮者，可亡也。公壻公孫與民同門，暴慠其鄰者，可亡也。○先慎曰：趙本「慠」作「傲」。說文：「傲，倨也，从人敖聲」。古本作「敖」，通作「慠」。釋文：禮記樂記「傲」字又作「敖」。左襄二十年傳「大夫敖」本又作「慠」，是其證。盧文弨拾補「慠」下旁注「傲」字，云：「藏本作『慠』。」下張本多同。亡徵者，非曰必亡，○盧文弨曰：一本有「也」字。言其可亡也。夫兩堯不能相王，兩桀不能相亡；亡王之機，必其治亂、其強弱相踦者也。○先慎曰：下「其」字疑衍。木之折也必通蠹，牆之壞也必通隙；然木雖蠹，無疾風不折；牆雖隙，無大雨不壞。萬乘之主，有能服術行法以爲亡徵之君風雨者，其兼天下不難矣。

三守第十六

人主有三守。三守完，則國安身榮；三守不完，則國危身殆。何謂三守？人臣有議當途之失、用事之過、舉臣之情，○先慎曰：「舉臣」猶言衆臣，若後世言舉朝之比。人主不心藏而漏之近習能人，○先慎曰：「能人」解見有度篇。使人臣之欲有言者，不敢不下適近習能人之心，而乃上以聞人主；然則端言直道之人不得見，而忠直日疏。○先慎曰：是守之不完者一也。愛人不獨利也，待譽而後利之，憎人不獨害也，待非而後害之。然則人主無威，而重在左右矣。○先慎曰：是守之不完者又其一也。惡自治之勞憚，使羣臣輻湊用事，○先慎曰：乾道本「用事」作「之變」，顧廣圻云：「今本『之變』作『用事』。」今據改。因傳柄移藉，使殺生之機、奪予之要在大臣，如是者侵。○先慎曰：是又其守之不完也。此謂三守不完。三守不完，則劫殺之徵也。凡劫有三：有明劫，有事劫，有刑劫。人臣有大臣之尊，外操國要以資羣臣，使外內之事非己不得行。雖有賢良，逆者必有禍，而順者必有福。然則羣臣莫敢忠主憂國以爭社稷之利害。○先慎曰：乾道本「羣臣」下有「直」字。顧廣圻云：藏本、今本無「直」字。按「直」當作「且」。先慎案：無「直」字是，今據刪。人主雖賢，不能獨計，而人臣有不敢忠主，則國爲亡國矣。此謂國無臣。國無臣者，豈郎中虛而朝臣少

哉！羣臣持禄養交，行私道而不效公忠，此謂明劫。鸞寵擅權，矯外以勝內，險言禍福得失

之形，以阿主之好惡。人主聽之，卑身輕國以資之，事敗與主分其禍，而功成則臣獨專之。

諸用事之人，壹心同辭，以語其美，○先慎曰：「壹」趙本作「一」。則主言惡者必不信矣。○顧廣圻

曰：「主」，謂爲主首也，與初見秦篇「主謀」義同。此謂事劫。至於守司囹圄，禁制刑罰，人臣擅之，此

謂刑劫。三守不完，則三劫者起，三守完，則三劫者止。三劫止塞，則王矣。○先慎曰：拾補

「止塞」下旁注「者止」二字。盧文弨云：張本「止塞」別本多同。顧廣圻云：藏本同。今本「止塞」作「者止」。

備內第十七

人主之患在於信人，信人則制於人。人臣之於其君，非有骨肉之親也，縛於勢而不得不

事也。故爲人臣者，窺覘其君心也，無須臾之休，而人主怠慠處其上，此世所以有劫君弒主

也。爲人主而大信其子，則姦臣得乘於子以成其私，故李兌傅趙王而餓主父。爲人主而大

信其妻，則姦臣得乘於妻以成其私，故優施傅麗姬殺申生而立奚齊。夫以妻之近與子之親

而猶不可信，則其餘無可信者矣。

且萬乘之主，千乘之君，后妃、夫人、適子爲太子者，或有

欲其君之蚤死者。何以知其然？夫妻者，非有骨肉之恩也，○先慎曰：「恩」疑「親」之誤。上下文並作「骨肉之親」，即其證。愛則親，不愛則疏。語曰：「其母好者其子抱。」然則其爲之反也，其母惡者其子釋。丈夫年五十而好色未解也，婦人年三十而美色衰矣。以衰美之婦人事好色之丈夫，則身死見疏賤，○顧廣圻曰：藏本、今本無「死」字。按以下句例之，此字當作「疑」。下又云「而擅萬乘不疑」，相承也。先慎曰：顧說是也。而子疑不爲後，此后妃夫人之所以冀其君之死者也。唯母爲后而子爲主，則令無不行，禁無不止，男女之樂不減於先君，而擅萬乘不疑，此鴆毒扼昧「扼昧」，謂暗中絞縊也。之所以用也。故桃左春秋曰：○顧廣圻曰：藏本「桃」作「挑」，案皆未詳。俞樾曰：「左」疑「兀」字之誤，「桃兀」蓋即「檮杌」之異文。楚之「檮杌」，亦有春秋之名。楚語申叔時所謂「教之春秋」是也。故謂之檮杌春秋矣。「人主之疾死者不能處半。」人主弗知則亂多資，故曰：利君死者衆則人主危。故王良愛馬，越王勾踐愛人，爲戰與馳。醫善吮人之傷，○先慎曰：御覽七百二十四、初學記二十引「傷」作「腸」。含人之血，非骨肉之親也，利所加也。○先慎曰：御覽、初學記引「利」下有「之」字。故輿人成輿，則欲人之富貴；匠人成棺，則欲人之夭死也。非輿人仁而匠人賊也，人不貴則輿不售，人不死則棺不買，情非憎人也，利在人之死也。故后妃、夫人、太子之黨成而欲君之死也，君

不死則勢不重，情非憎君也，利在君之死也。故人主不可以不加心於利己死者。故曰月暈

圍於外，○顧廣圻曰：國策趙四有此下四句，「暈圍」作「暉」，誤，當依此訂。其賊在內，備其所憎，禍在所愛。

是故明王不舉不參之事，○盧文弨曰：「王」，藏本作「主」。不食非常之食，遠聽而近視，以審內

外之失，○先慎曰：拾補「內外」作「外內」。盧文弨云：倒，今從張本、凌本。先慎案：乾道本未誤。省同異

之言，以知朋黨之分，○先慎曰：拾補「參」下旁注「三」字。盧文弨云：「三」凌本作「參」。

顧廣圻云：今本作「三」。偶參伍之驗，○先慎曰：拾補「參」下「之」字。

以責陳言之實，執後以應前，按法以治眾，眾端以參觀。眾事之端皆相參

而觀之。○盧文弨曰：注張本作「皆相觀而參之」。舊脫「皆」字、「之」字。先慎曰：趙本無「皆」、「之」二字。士無幸

賞。○顧廣圻曰：句絕。無蹗行，○顧廣圻曰：藏本同。今本重「賞」字，誤。按本書南面篇云「雖有賢行不得蹗功而

先勢」，即此「無蹗行」之意。殺必當罪不赦，○盧文弨曰：「當」字下，凌本有「罪有」二字。則姦邪無所容其

私矣。○先慎曰：乾道本無「矣」字。顧廣圻云：藏本、今本「私」下有「矣」字。今按此與「徭役多」不相接，「私」字下

當有脫文。先慎案：「矣」字當有，今據補。徭役多則民苦，民苦則權勢起，權勢起則復除重，○趙用賢

曰：謂權勢之人，得為民復除重役也。先慎曰：趙說非也。「重」字承「權勢」而言，下云「下無重權」，即其證。復除徭

役，則苦民歸心，故其權勢重也。復除重則貴人富。苦民以富貴人，起勢以藉藉，假借也。人臣，○先

慎曰：「下云『徧借其權勢』」即此義。非天下長利也。故曰：徭役少則民安，民安則下無重權，下無

重權則權勢滅，權勢滅則德在上矣。今夫水之勝火亦明矣，然而釜鬲閒之，○盧文弨曰：「鬲」，張本作「鬲」。下同。水煎沸竭盡其上，而火得熾盛焚其下，水失其所以勝者矣。今夫治之臣爲釜鬲又明於此，○先慎曰：乾道本無「於」字，顧廣圻云：「藏本、今本『明』下有『於』字。」今據補。然守法之臣爲釜鬲之行，則法獨明於胸中，而已失其所以禁姦者矣。上古之傳言，春秋所記，犯法爲逆以成大姦者，未嘗不從尊貴之臣也。而法令之所以備，○先慎曰：乾道本「而」上有「然」字，盧文弨云：「『然』字衍，張、凌本無。」今據刪。刑罰之所以誅，常於卑賤，是以其民絕望無所告愬。大臣比周，蔽上爲一，陰相善而陽相惡以示無私，相爲耳目以候主隙。人主掩蔽，無道得聞，有主名而無實，臣專法而行之，周天子是也。偏借其權勢則上下易位矣，此言人臣之不可借權勢。○先慎曰：乾道本以末「也」字作旁注，是其迹之未盡泯者。先慎曰：疑「權勢」下有脫文，校者因旁注「也」字，以完此句。

南面第十八

人主之過，在已任在臣矣，○顧廣圻曰：當衍「任」下「在」字。又必反與其所不任者備之，○先曰：此十一字乃舊注誤入正文，乾道本以末「也」

慎曰：衛嗣君貴薄疑以敵如耳是也。見七術篇。**此其說必與其所任者爲讐，而主反制於其所不任者。**

○先慎曰：是恐爲任者所制，而反制於不任者，故聽不任者之言，以絀前之所任者。**今所與備人者，且曩之所備**

也。**人主不能明法而以制大臣之威，**○顧廣圻曰：當衍「而」字，以十二字爲一句。**無道得小人之信**

矣。○顧廣圻曰：藏本、今本「人」作「臣」。**人主釋法而以臣備臣，則相愛者比周而相譽，相憎者朋黨**

而相非，○先慎曰：意林「非」作「誹」，下同。**非譽交爭，則主惑亂矣。**○先慎曰：意林無「亂」字。**人臣者，**

非名譽請謁無以進取，非背法專制無以爲威，非假於忠信無以不禁，偽爲忠信，然後不禁。**三者，**

憎主壞法之資也。**人主使人臣雖有智能不得背法而專制，雖有賢行不得踰功而先勞，雖有**

忠信不得釋法而不禁。○王先謙曰：不以無心之過爲解，而不加罪。**此之謂明法。**

人主有誘於事者，○先慎曰：舊連上，顧廣圻云：「當以此句提行。」今從之。**有雍於言者，二者不**

可不察也。**人臣易言事者，**○顧廣圻曰：句絕。**少索資，以事誑主，**○顧廣圻曰：「少索資」逗，「以事誑

主」句。藏本同。今本「少」作「必」，誤。俞樾曰：「誑」字無義，疑「誘」字之誤。下云「主誘而不察，因而多之」，即承此而言。蓋先少索資而以事誘其主，主既爲其所誘，乃因而多之也。王先謙曰：「少索資」矯爲廉讓。廣雅釋詁：「誑，欺也。」俞說非，下乃言「誘」也。

主也，如是者謂之誘，○顧廣圻曰：「誘」下當有「於事」三字。**誘於事者困於患。**○王先謙曰：言如此

主誘而不察，因而多之，○王先謙曰：「多之」猶言賢之。**則是臣反以事制**

者，必爲憂患所困。其進言少，其退費多，雖有功，其進言不信，也，如此者謂之『進言不信』。不信者有罪，事有功者必賞，○王先謙曰：下云「出大費而成小功」、「事雖有功不賞」。「事」字衍，凌本無。○顧廣圻曰：「事有功者必賞」當作「事雖有功不賞」。先謙曰：顧說是。下云「事雖有功必伏其罪」，即其證。凌本不審而妄改，不可從。則羣臣莫敢飾言以惽主。主道者，○先慎曰：謂爲主之道。使人臣前言不復於後，後言不復於前，事雖有功，必伏其罪，謂之任下。○先慎曰：人主之患在於任臣。然以言責事，以事責功，不專任一臣，凡下之人皆得而任之，故謂之「任下」。人臣爲主設事而恐其非也，則先出説設言曰：「議是事者，妬事者也。」人主藏是言，不更聽羣臣，羣臣畏是言，不敢議事。二勢者用，○王先謙曰：「二勢」者，主拒諫，臣緘默，兩有必然之勢。則忠臣不聽而譽臣獨任，○先慎曰：乾道本「有必」作「必有」。如是者謂之壅於言，壅於言者制於臣矣。主道者，使人臣有必言之責，盧文弨云：「必有」倒，張本作「有必」，凌本作「知有」。○先慎案：張本是，今據改。又有不言之責。言無端末，辯無所驗者，此言之責也；以不言避責，持重位者，此不言之責也。人主使人臣言者必知其端以責其實，○先慎曰：依上下文，「端」下當有「末」字。藏本同。今本「責」作「資」，誤。則人臣莫敢妄言矣，又不敢默然矣，言、默則皆有責也。人主欲爲事，不通其端末而以明其欲，○王先謙曰：「明其欲」者，羣下之意同曉然於主心。有爲之者，○顧廣圻曰：

藏本同。今本「之」下有「意」字，誤。其爲不得利，必以害反。知此者，任理去欲，舉事有道，計其入多，其出少者，可爲也。惑主不然，計其入不計其出，出雖倍其入，不知其害，則是名得而實亡，如是者功小而害大矣。凡功者，其入多，其出少，乃可謂功。今大費無罪而少得爲功，則人臣出大費而成小功，小功成而主亦有害。

不知治者，○先慎曰：舊連上，顧廣圻云：「當以此句提行。」今從之。必曰：「無變古，毋易常。」變與不變，聖人不聽，正治而已。然則古之無變，常之毋易，在常、古之可與不可。伊尹毋變殷，太公毋變周，則湯、武不王矣。管仲毋易齊，郭偃毋更晉，○先慎曰：「郭偃」墨子所染篇作「高偃」。「高」與「郭」一聲之轉。左傳作「卜偃」。韋、杜注：「晉掌卜大夫。」則桓、文不霸矣。凡人難變古者，憚易民之安也。夫不變古者，襲亂之迹；適民心者，恣姦之行也。民愚而不知亂，上懦而不能更，是治之失也。人主者，明能知治，嚴必行之，故雖拂於民心，○顧廣圻曰：逗。○立其治。○顧廣圻曰：藏本、今本「心」作「必」。按「拂於民心」與上「適民心」相對，唯乾道本爲未誤。先慎曰：乾道本脫「必」字，藏本、趙本脫「心」字耳。當作「拂於民心，必立其治」。顧氏知「拂民心」與「適民心」相對，而不知「必立其治」與「嚴必行之」又相承也。說在商君之內外而鐵殳重盾而豫戒也。故郭偃之始治也，文公有官卒；；管仲始治也，桓公有武車：；戒民之備也。○先慎曰：「管仲」下當有「之」字，與上句相對。是以愚贛窳墮之

民，○盧文弨曰：以下多不可曉，疑有脫誤。先慎曰：乾道本「愚」作「遇」。顧廣圻云：「藏本同。今本「贛」作「戇」，『墮』作『惰』。按『贛』或省字也。乾道本『愚』作『遇』，誤。」今據改。苦小費而忘大利也，○顧廣圻曰：逗。故貪虎受阿諂。○顧廣圻曰：句。而輾小變而失長便，○顧廣圻曰：逗。按「輾」字有誤，未詳所當作。故鄒賈非載旅。○顧廣圻曰：句。狃習於亂而容於治，○顧廣圻曰：逗。故鄭人不能歸。○顧廣圻曰：句絕。自上文「說在商君」云云以下句例，全與本書內儲說七術、六微、外儲說左、右四篇之經相同，必韓子此下尚有其說，亦如四篇之說者，而今佚之耳。先慎曰：顧說是。外儲說左下：「鄭縣人賣豚，人問其價。曰：『道遠日暮，安暇語汝。』」當即「鄭人不能歸」佚文。

飾邪第十九

鑿龜數筴，兆曰大吉，而以攻燕者，趙也。鑿龜數筴，兆曰大吉，而以攻趙者，燕也。劇辛之事，燕無功而社稷危。○顧廣圻曰：史記趙世家：「悼襄王三年，龐煖將，攻燕，禽其將劇辛」，即其事，詳見燕世家。鄒衍之事，燕無功而國道絕。○顧廣圻曰：未詳。趙代先得意於燕，後得意於齊，○先慎曰：乾道本「後」下無「得」字，王渭云：「當衍『代』字。」顧廣圻云：「藏本、今本「後」下有「得」字。」今據補。按趙世家，四年移攻齊，取饒安，即其事也。國亂節高。○顧廣圻曰：藏本同。今本「節」作「飾」，誤。十過篇「其行矜而意

高，非他時之節也」，即此「節高」之義。自以爲與秦提衡，○先愼曰：世家：「悼襄王四年，龐煖將趙、楚、魏、燕之

銳師攻秦蕞〔一〕，不拔。」非趙龜神而燕龜欺也。趙又嘗鑿龜數筮而北伐燕，將劫燕以逆秦，兆曰

大吉。始攻大梁而秦出上黨矣，○先愼曰：「攻」、「出」二字互誤。兵至釐而六城拔矣，至陽城，秦

拔鄴矣，○顧廣圻曰：世家：「九年，攻燕，取魏陽城，兵未罷，秦攻鄴，拔之。」又年表云：「秦拔我閼與、鄴，取九城。」

即其事也。龐援揄兵而南，則鄲盡矣。○盧文弨曰：「龐援」即「龐煖」，亦作「龐涓」。顧廣圻曰：「援」讀爲

煖。史記燕、趙世家、漢書人表、藝文志皆作「煖」「援」「煖」同字耳。「南」者，兵自燕返也。臣故曰：趙龜雖無遠

見於燕，且宜近見於秦。秦以其大吉，辟地有實，救燕有有名。○顧廣圻曰：藏本、今本不重「有」字。

王渭曰：上「有」字讀爲「又」。趙以其大吉，地削兵辱，○先愼曰：乾道本「地」作「利」，盧文弨云：「凌本『利』

作『地』。」今據改。○先愼曰：趙世家：悼襄王九年卒。又非秦龜神而趙龜欺也。初時

者，魏數年東鄉攻盡陶、衛，○先愼曰：魏安釐王事見有度篇。數年西鄉以失其國。○先愼曰：魏景湣王

事，見史表、世家。此非豐隆、五行、太一、○先愼曰：張，趙本「二」作「乙」字同。漢書天文志作「泰一」。王相、

攝提、六神、五括、天河、殷搶、歲星非數年在西也，○先愼曰：天文志：「歲星所在，國不可伐，可以伐

〔一〕「秦蕞」，原本作「春蕞」，據史記趙世家改。

人。「數」上不當有「非」字，承上「此非」言；下「非數年在東也」「非」字亦衍。

又非天缺、弧逆、刑星、熒惑、奎台非數年在東也。○先慎曰：天文志：「熒惑出則有大兵，人則兵散，周還止息，迺爲其死喪寇亂，在其野者亡地，以戰不勝。」故曰：龜筴鬼神不足舉勝，左右背鄉不足以專戰。然而恃之，愚莫大焉。古者先王盡力於親民，加事於明法。彼法明則忠臣勸，罰必則邪臣止。忠勸邪止，而地廣主尊者，秦是也。羣臣朋黨比周，以隱正道，行私曲而地削主卑者，山東是也。亂弱者亡，○顧廣圻曰：四字爲一句，下「治強者王」句同。人之性也。治強者王，古之道也。越王勾踐恃大朋之龜，與吳戰而不勝，○先慎曰：乾道本「吳」作「吾」。顧廣圻云：今本「吾」作「吳」，「吾」「吳」二字，他書亦有相亂者。先慎案：下均作「吳」，似應一律，今據改。身臣入宦於吳；○顧廣圻曰：「臣」字當衍。先慎曰：趙本「宦」作「官」。案作「官」者，蓋以越語與范蠡入官於吳，越絕書請羅內傳、外傳記地傳、吳越春秋句踐入臣傳改也，本書自作「宦」。喻老篇「句踐入宦於吳」，又云「越王之霸也不病宦」，是其證。反國棄龜，明法親民以報吳，則夫差爲擒。故恃鬼神者慢於法，恃諸侯者危其國。曹恃齊而不聽宋，齊攻荆而宋滅曹。荆恃吳而不聽齊，越伐吳而齊滅荆。○顧廣圻曰：二「荆」字，皆當作「邢」。許恃荆而不聽魏，荆攻宋而魏滅許。鄭恃魏而不聽韓，魏攻荆而韓滅鄭。○先慎曰：乾道本「魏攻」作「攻魏」，今據藏本、今本改。王渭云：戰國策二作「魏攻蔡而鄭亡」。蔡、荆異同，未詳孰是。顧廣圻云：今按魏策四又云「伐榆關而韓氏亡鄭」，皆即其事，蔡入楚

者也。榆關詳見吳師道補正。今者韓國小而恃大國，主慢而聽秦，○顧廣圻曰：當補「不」字於「聽秦」上，此與上諸「不聽」相承爲文也。先慎曰：顧説非也，此正言韓聽秦之弊，玩下文自知，不當以上文爲説。魏，恃齊、荊爲用，而小國愈亡。○顧廣圻曰：「魏」上當有脱文，此複説上邢、鄭、曹、許之恃吳、魏、恃齊、荊爲用也，故曰「而小國愈亡」。故恃人不足以廣壤，而韓不見也。荊爲攻魏而加兵許、鄢，齊攻任扈而削魏，不足以存鄭，○顧廣圻曰：以上皆有脱誤。此「荊攻魏」「削魏」，當爲不足以存許言之。「齊攻任扈」，當爲不足以存曹言之。其「不足以存鄭」，當言魏攻也。而韓弗知也。此皆不明其法禁以治其國，恃外以滅其社稷者也。

臣故曰：明於治之數，則國雖小，富；○顧廣圻曰：「則國雖小」逗，「富」句絶。下文「民雖寡」逗，「強」句絶。「國雖大」逗，「兵」句絶。其句例同。先慎曰：「國雖大，兵」句讀，誤。○顧廣圻曰：「弱者」二字逗，「地非其地民非其民也」九字爲度，國雖大兵弱者，地非其地，民非其民也。文義本甚分明，顧氏讀「國雖大」逗，「兵」句，謂與上文「國雖小，富」「民雖寡，強」一句，與上文「民雖寡，強」相對。自「則國雖小」至此，今皆失其讀也。○俞樾曰：此言賞罰無紀，則國雖大而兵必弱，所以然者，由地非其地，民非其民也。賞罰敬信，民雖寡，強。賞罰無律，則「兵」之一字，殊不成義，而「弱者」二字屬下讀，於義亦未安矣。先慎曰：俞説是也。無地無民，堯、舜不能以王，三代不能以強。人主又以過予，人臣又以徒取。舍法律而言先王以明古之功者，○先慎曰：乾道本「明」上無「以」字，「古」作「君」，盧文弨云：「凌本有『以』字，『君』作『古』。」今據改。上任之以國，臣

一三二

故曰：　是願古之功，以古之賞賞今之人也，主以是過予，○先慎曰：乾道本「主以」作「以主」。顧廣圻云：藏本、今本「以主」作「主以」。先慎案：「主以是過予」、「臣以此徒取」相對成文，乾道本誤倒耳，今據改。而臣以此徒取矣。　主過予則臣偷幸，○先慎曰：乾道本「臣」作「人」，盧文弨云：「人」，張本作「臣」。今據改。　臣徒取則功不尊，無功者受賞則財匱而民望，○先慎曰：望，怨也。　財匱而民望則民不盡力矣。　故用賞過者失民，用刑過者民不畏。有賞不足以勸，有刑不足以禁，則國雖大必危。故曰：　小知不可使謀事，小忠不可使主法。　荆恭王與晉厲公戰於鄢陵，荆師敗，恭王傷，酣戰。而司馬子反渴而求飲，其友豎穀陽○顧廣圻曰：十過篇無「其友」二字。先慎曰：他書無以穀陽豎爲子反友者，呂覽權勳篇、淮南人間訓高誘注：「豎，小使也。」左傳成十六年杜注：「穀陽，反内豎。」正義云：「鄭元云：『豎，未冠之名。』故杜以爲『内豎』也。」「友」字當爲衍文。　奉巵酒而進之，子反曰：　「去之，此酒也。」豎穀陽曰：「非也。」子反受而飲之。　子反爲人嗜酒，甘之，不能絕之於口，醉而臥。恭王欲復戰而謀事，使人召子反，子反辭以心疾。　恭王駕而往視之，入幄中聞酒臭而還，曰：　「今日之戰，寡人目親傷，所恃者司馬，司馬又如此，是亡荆國之社稷而不恤吾衆也，寡人無與復戰矣！」○顧廣圻曰：十過篇無「與」字。　先慎曰：「與」字當有，說見十過篇。　罷師而去之，斬子反以爲大戮。故曰：豎穀陽之進酒也，非以端惡「端」，故也。　子反也，實心以忠愛之，而適足以殺之而已矣。　此行

小忠而賊大忠者也。故曰：小忠，大忠之賊也。若使小忠主法，則必將赦罪以相愛，

○先慎曰：乾道本不重「赦罪」二字，顧廣圻云：「藏本、今本重『赦罪』」。今據補。是與下安矣，然而妨害於治

民者也。當魏之方明立辟，○顧廣圻曰：逗。從憲令行之時，○顧廣圻曰：當衍「行」字。按下文「當趙

之方明國律」逗，「從大軍之時」句，「當燕之方明奉法」逗，「審官斷之時」句，其句例同。又下文云「故曰明法者強」承

此三句之三「明」字也。有功者必賞，有罪者必誅，強匡天下，威行四鄰，及法慢，妄予，○顧廣圻曰

「及法慢」三字爲一句，「妄予」二字爲一句。而國日削矣。當趙之方明國律，從大軍之時，人衆兵強，辟

地齊燕，及國律慢，用者弱，○顧廣圻曰：三字爲一句。而國日削矣。當燕之方明奉法，審官斷

之時，東縣齊國，南盡中山之地；及奉法已亡，官斷不用，左右交爭，則兵弱而地

削，國制於鄰敵矣。故曰：明法者強，慢法者弱。強弱如是其明矣，而世主弗爲，國亡宜

矣。語曰：「家有常業，雖飢不餓；國有常法，雖危不亡。」夫舍常法而從私意，則臣下飾

於智能，○先慎曰：乾道本無「下」字。盧文弨云：張、凌本皆有「下」字。顧廣圻云：藏本「臣」下有「下」字，是也。

先慎案：意林「臣」下有「下」字，今據補。臣下飾於智能，則法禁不立矣。昔者舜使吏決鴻水，先令有功而

也。治國之道，去害法者，則不惑於智能，不矯於名譽矣。是妄意之道行，治國之道廢

舜殺之；禹朝諸侯之君會稽之上，○盧文弨曰：「之君」二字，凌本無。防風之君後至而禹斬之。以

此觀之，先令者殺，後令者斬，則古者先貴如令矣。○顧廣圻曰：藏本同。今本「先」作「必」。按此字有

誤，未詳。王先謙曰：首以遵令爲貴，故曰「先貴如令」，説亦可通。

執正而無事，輕重從而載焉。夫搖鏡則不得爲明，搖衡則不得爲正，法之謂也。故先王以道

爲常，以法爲本，本治者名尊，本亂者名絶。凡智能明通，有以則行，無以則止。故智能單，

道不可傳於人，○王先謙曰：「單」，盡也。言雖智能竭盡，虚而無徵，不能爲後人法守，故云「道不可傳於人」。而

道法萬全，智能多失。夫懸衡而知平，設規而知圓，萬全之道也。明主使民飾於道之故，○王

渭曰：「於」下當有「法知」二字。顧廣圻曰：按「法」句絕「知」下屬。故佚而有功。○先慎曰：乾道本無「故」

字，「有」作「則」。顧廣圻云：今本「佚」上更有「故」字，「則」作「有」。藏本有「故」字，是也。先慎案：下「故勞而無功」

與此句相承，今本是，今據改。釋規而任智，惑亂之道也。亂主使民飾於智，○先慎曰：

乾道本「於」作「將」。顧廣圻云：「今本「將」作『於』。」今據改。不知道之故，故勞而無功。釋法禁而聽請

謁，羣臣賣官於上，取賞於下，○先慎曰：「賞」讀爲償。是以利在私家而威在羣臣。故民無盡力

事主之心，而務爲交於上。民好上交，則貨財上流，○先慎曰：「流」，行也。而巧説者用；○先慎

曰：謂請謁也。　若是則有功者愈少。姦臣愈進而材臣退，則主惑而不知所行，民聚而不知所

道。「道」，從也。　此廢法禁，後功勞，舉名譽，聽請謁之失也。凡敗法之人，必設詐託物以來

親，○顧廣圻曰：藏本同。今本「來」作「求」。又好言天下之所希有，此暴君亂主之所以惑也，人臣賢

佐之所以侵也。故人臣稱伊尹、管仲之功，○先慎曰：此下疑脫「而見用」三字，與下「而見殺」對文。則

背法飾智有資，稱比干、子胥之忠而見殺，則疾強諫有辭。○顧廣圻曰：「疾」下當有脫字。夫上

稱賢明，下稱暴亂，不可以取類，○王先謙曰：能用伊尹、管仲，是賢明之主，殺子胥、比干，是暴亂之主。凡此

稱說古人，皆以劫制其君，使下易於干進，上難於行罰。然伊尹、管仲不世出，進諫者非必比干、子胥，故曰「不可以取類」。

若是者禁。○先慎曰：乾道本無「者」字。顧廣圻云：「藏本、今本『是』下有『者』字。按有『者』字是也」，四字爲句，

屬上。今據補。君之立法，○顧廣圻曰：句絕。以爲是也。○顧廣圻曰：四字爲一句。「者」字衍。今人臣多立其私

智，○顧廣圻曰：逗，此與上「君之立法」句相對。以法爲非者是邪。○盧文弨云：「者」字衍。○顧廣圻曰：

「以法爲非者」五字句，與上「以爲是也」句對。先慎曰：顧讀誤。當於下「是耶」句。此立私智之臣，動與法違，故以法爲

非是也。上言「是」，此言「非是」，語意相承。「者」字不當有。以智以此思之，則知凡臣下之情皆欲過公法立私也。

○先慎曰：乾道本注「臣下」二字作「官」「公」作「功」。盧文弨云：皆從凌本改。過法立智，○俞樾曰：上「邪」字

衍文。「是以智過法立智」七字爲句。言自以其智過公法，立私智也。舊注不說「邪」字，疑其所據本作「是以智過法立

智」。今衍「邪」字，於義難通。顧氏於前後文句讀一一訂正，而此句未了，由不知「邪」字之衍耳。凌本作「以邪爲智」，與

舊注不合，非是。先慎曰：俞說非。「邪」，語辭，屬上爲句。「以智過法立智」當作「以知過法立智」，古文「知」「智」同

用「知」字，後人於「知」之讀爲「智」者，並加「日」字於下。此涉上下文而誤，舊注云「以此思之，則知凡臣下之情皆欲過公

法立私智」，是其所見本尚作「知」字，不誤。如是者禁。○顧廣圻曰：句絕。主之道也。○顧廣圻曰：四字為句。禁主之道，○盧文弨曰：「禁」凌本作「明」。顧廣圻曰：「禁」字衍。「主之道」三字逗，屬下。自「若是者禁」至此，今皆失其讀。必明於公私之分，明法制，去私恩。夫令必行，禁必止，人主之公義也。必行其私，信於朋友，不可為賞勸，不可為罰沮，人臣之私義也。私義行則亂，公義行則治，故公私有分。人臣有私心，有公義。修身潔白，而行公行正，居官無私，○先慎曰：「正」字衍文。人臣之公義也。汙行從欲，安身利家，人臣之私心也。明主在上，則人臣去私心行公義。亂主在上，則人臣去公義行私心，故君臣異心。君以計畜臣，臣以計事君。君臣之交，計也。害身而利國，臣弗為也；害國而利臣，君不為也。○先慎曰：乾道本「害」作「富」，「為」作「行」。案意林「害」作「富」「行」作「為」，今據改。臣之情，害身無利；君之情，害國無親。君臣也者，以計合者也。至夫臨難必死，盡智竭力，為法為之。○顧廣圻曰：藏本、今本「之」下有「也」字。王先謙曰：上「為」字，于偽反。故先王明賞以勸之，嚴刑以威之。賞刑明則民盡死，民盡死則兵強主尊。刑賞不察則民無功而求得，有罪而幸免，則兵弱主卑。故先王賢佐盡力竭智。故曰：公私不可不明，法禁不可不審，先王知之矣。

韓非子集解卷第六

解老第二十○盧文弨曰：此及下篇當依老子各章分段。

德者，内也；得者，外也。上德不德，言其神不淫於外也。神不淫於外則身全，身全之謂得。得者，得身也。○先愼曰：「謂得得者」兩「得」字各本作「德」。案「身全之謂得，得者，得身也」，正承上「得者」言之，御覽七百二十引正作「得」，明作「德」誤，今據正。凡德者，以無爲集，以無欲成，以不思安，以不用固。爲之欲之，則德無舍。○王先謙曰：「舍」，止也。「無舍」，言不能安其止。德無舍則不全。用之思之則不固，不固則無功，無功則生有德。○先愼曰：「生有德」承上「不全」、「無功」兩者言，疑「無功」上脱「不全」二字。乾道本「有」作「於」。盧文弨云：藏本、張、凌本「有」作「於」，凌本無「則」字。顧廣圻云：今本「於」作「有」，誤。先愼案：作「生有德」者是也。本無而致有之之謂生，老子云：「下德爲之而有以爲也」「有以爲」即所謂「生有德」也。改從今本。德則無德，○王先謙曰：「德」，非病也。「德則無德」文不成義。「德」上當有「生

有「二字。不德則有德。○先慎曰：乾道本作「不得則在有德」。盧文弨云：「在」字疑衍。顧廣圻云：藏本、今本

「得」作「德」。先慎案：作「德」是，今據改。「在」字衍，張榜本無，今據刪。

爲無思爲虛也。○先慎曰：説文：「故，使爲之也。」靈臺清静，自然而虛。若無道術之人，有意爲虛，所謂「故」也。

所以貴無爲無思爲虛者，○先慎曰：舊連上，今提行。謂其意無所制也。夫無術者，故以無

夫故以無爲無思爲虛者，其意常不忘虛，是制於爲虛也。今制於爲虛，是不虛也。虛者，謂其意所無制也。○盧文弨

曰：「所」、「無」疑倒。

常則虛，虛則德盛，德盛之謂上德。故曰：「上德無爲而無不爲也。」○先慎曰：德經河上公、王弼

本「不」作「以」，葉夢得「不」作「非」，傅奕本無「無」字，各本無「也」字。按此篇及喻老每條末「也」字、「矣」字多非老子文。

仁者，謂其中心欣然愛人也。其喜人之有福而惡人之有禍也，生心之所不能已也，非求

其報也。故曰：「上仁爲之而無以爲也。」○先慎曰：今德經無「也」字。

義者，君臣上下之事，○盧文弨曰：凌本「事」作「禮」。先慎曰：御覽四百二十一引亦作「禮」。父子貴賤

之差也，知交朋友之接也，親疏内外之分也。臣事君宜，下懷上宜，○先慎曰：乾道本脱下「宜」字。

顧廣圻云：此下當有「宜」字。先慎按：拾補有「宜」字，今依增。子事父宜，賤敬貴宜，○先慎曰：乾道本「賤」作

「衆」。顧廣圻云：藏本、今本「衆」作「賤」。今本無「宜」字，誤。藏本有。先慎按：「衆」字亦誤，此承上「父子」、「貴賤」

言，明字字當作「賤」，依藏本、今本改。知交友朋之相助也宜，○先慎曰：九字爲句。謂知交朋友宜相助也。今本

「宜」字屬下爲句，非。「友朋」依上當作「朋友」。親者內而疏者外宜。○顧廣圻曰：今本無「宜」字，藏本有。

義者，謂其宜也，宜而爲之，故曰：「上義爲之而有以爲也。」

禮者，所以貌情也。○先慎曰：乾道本「貌情」作「情貌」，下同。盧文弨云：「情貌」倒，從張本作「貌情」。先

慎案：作「情貌」者，涉下條「禮爲情貌也」而誤。「貌」與「飾」同義。荀子大略篇「文貌情用，相爲表裏」「文貌」

即「文飾」也。禮記月令疏引定本「飾，謂容飾也」「容飾」即「容貌」也。下文「禮者，外飾之所以諭內也」，「內」指「情」言，

「飾」即「貌」也。御覽五百四十二引作「禮者所以飾貌情也」，「貌」上更有「飾」字，蓋校者旁注「飾」字以釋「貌」義，刊書者

失刪，亦見「飾」。「貌」三字古通，而作「情貌」者誤，今據乙。羣義之文章也，君臣父子之交也，貴賤賢不肖

之所以別也。中心懷而不諭，故疾趨卑拜以明之，○先慎曰：乾道本「故」作「其」「以」作「而」，誤。

下文「故好言繁辭以信之」，與此正相對。顧廣圻云：今本「其」作「故」。先慎案：御覽引「其」作「以」，今

據改。實心愛而不知，故好言繁辭以信之。禮者，外飾之所以諭內也。○先慎曰：乾道本「飾」誤作

「節」，盧文弨云：「凌本「節」作「飾」。」今據改。故曰：「禮以貌情也。」○顧廣圻曰：當衍「曰」字。案此及喻

老凡「故曰」之下，例必引老子文，其不然者，即有誤也，今皆正之。凡人之爲外物動也，不知其爲身之禮也。

衆人之爲禮也，以尊他人也，故時勸時衰。君子之爲禮，以爲其身；○先慎曰：乾道本下「之」字

作「以」。顧廣圻云：今本上「以」字作「之」。先慎案：作「之」者是也，「以」字涉下文而誤。上文「眾人〔二〕之爲禮」與

此「君子之爲禮」相對，明此不當作「以」，改從今本。以爲其身，故神之爲上禮，上禮神而眾人貳，故不

能相應；不能相應，故曰：「上禮爲之而莫之應。」眾人雖貳，聖人之復恭敬盡手足之禮

也不衰，○顧廣圻曰：藏本同。今本無「之」字，誤。案此以十四字爲一句。故曰：「攘臂而仍之。」○顧廣

圻曰：經典釋文「仍」作「扔」，傅本及今德經皆作「仍」。先慎曰：「仍」，王弼作「扔」。説文：「仍，因也。；扔，亦因也。」

「仍」、「扔」字異義同。道有積而德有功，○顧廣圻曰：「德」當作「積」。德者道之功。功有實而實有

光，仁者德之光。光有澤而澤有事，義者仁之事也。事有禮而禮有文，禮者義之文也。故

曰：「失道而後失德，失德而後失仁，失仁而後失義，失義而後失禮。」○盧文弨曰：凡「而後」下

俱不當有「失」字。顧廣圻曰：傅本及德經無下「失」字。

禮爲情貌者也，○先慎曰：乾道本連上。盧文弨云：當提行。此「爲情貌」與前文自別。先慎案：盧説是，

今從拾補，提行。文爲質飾者也。夫君子取情而去貌，好質而惡飾。夫恃貌而論情者，其情惡

也；須飾而論質者，其質衰也。何以論之？和氏之璧不飾以五采，隋侯之珠不飾以銀黃，

〔二〕「眾人」，原本「眾」下脱「人」字，據正文補。

○先慎曰：御覽八百三、八百六引「隋」並作「隨」，八百六引「銀黃」作「黃金」。其質至美，物不足以飾之。夫

物之待飾而後行者，其質不美也。是以父子之間，其禮樸而不明。○先慎曰：乾道本無「樸」字。顧

廣圻云：今本「禮」下有「樸」字。按句有誤，未詳。先慎案：「樸而不明」，即下文「實厚者貌薄」之意，無「樸」字則文不

成義，改從今本。故曰：「禮，薄也。」○顧廣圻曰：句有誤。先慎曰：顧氏謂「曰」下必引老子文，故疑誤。不知

此即本老子「夫禮，忠信之薄也」，所以亦用「故曰」以明之，非必盡引老子成文而不節也。下文「是謂深其根，固其柢」，

本書無「是謂」二字，此與下文「善建者不拔」，本書僅云「故曰拔」之類是也。又有增多其字以足義者：「是謂道紀」，本書作「道理

之者也」；喻老篇「子孫以其祭祀世世不輟」，而老子原文作「子孫祭祀不輟」是也。此既云「禮薄也」，下又申明「故曰夫

禮者忠信之薄也」，正與下文「故曰道之華也」，又申之以「故曰前識者道之華也」是也。「故曰迷」，又申之以「故曰人之迷

其日故以久矣」，「故曰重積德」，又申之以「故曰重積德」；「故曰無不克」，又申之以「故曰無不克則莫知其

極」之類同例。凡物不並盛，陰陽是也；理相奪予，威德是也；實厚者貌薄，父子之禮是也。

由是觀之，禮繁者實心衰也。○王先謙曰：「禮繁者實衰」與「實衰者貌薄」對文，「心」字不當有，此緣下文「樸

心」而衍。然則為禮者，事通人之樸心者也。○王先謙曰：「通人」，謂眾人。緣眾人之實心而形之於事則為

禮之貌，故曰「為禮者事通人之樸心者也」。眾人之為禮也，人應則輕歡，○顧廣圻曰：「歡」當作「勸」。上文云

「時勸時衰」。不應則責怨。今為禮者事通人之樸心，而資之以相責之分，能毋爭乎？有爭則

亂。○先慎曰：依下文「是以曰愚之首也」文例，此當脫「是以曰亂之首也」一句。故曰：「夫禮者，忠信之薄

也，○顧廣圻曰：傅本及今德經皆無「也」字，下「道之華也」同。○顧廣圻曰：今德經無「乎」字，
傅本作「也」。

先物行先理動之謂前識，○王先謙曰：與物來順應異。前識者，無緣而忘意度也。○先慎曰：

「忘」與「妄」通，左傳哀二十七年注「言公之多忘」，釋文：「忘，本又作『妄』。」莊子盜跖篇「故推正不忘耶」，釋文：

「忘，或作『妄』。」此「忘」、「妄」古通之證。「無緣而忘意度」，謂無所因而妄以意忖度之也。用人篇「去規矩而妄意度」，是

其證。何以論之？詹何坐，弟子侍，有牛鳴於門外。弟子曰：「是黑牛也而白在其題。」○

先慎曰：乾道本無「在其」二字。案下文「而白在其角」文法一律，明乾道本脱「在其」二字，今據御覽、事類賦引補。

有「有」字。先慎案：御覽八百九十九、事類賦二十二引並有，今據補。詹何曰：「然，是黑牛也，而白在其角。」○先慎曰：御覽引無「是」字，「角」

「題」，御覽、事類賦作「蹄」。作「頭」[二]，誤，下仍作「角」，可證。使人視之，果黑牛也，而白在其角。以詹子之術，嬰眾人之心，華

焉殆矣！○先慎曰：竭其聰明，役其智力，使眾人之心爲之營惑，如華之末，庶幾近之。故曰：「道之華也。」

嘗試釋詹子之察，而使五尺之愚童子視之，亦知其黑牛而以布裹其角也。故以詹子之察，苦

[二]「頭」，原本作「頸」，據太平御覽改。

心傷神而後與五尺之愚童子同功，是以曰：「愚之首也。」○顧廣圻曰：句有誤，當衍「以曰」二字。先慎曰：「是以」二字不誤，與「故」字同用。上文「故曰道之華也」，此言「是以曰愚之首也」，語正相同，皆本老子文。變「故」言「是以」者，避下「故」字，以成文也。故曰：「前識者，道之華也，○先慎曰：「也」字，德經諸本皆無。而愚之首也。」○顧廣圻曰：今德經無「也」字，傅本有，與此合。「首」皆作「始」。所謂大丈夫者，謂其智之大也。所謂處其厚不處其薄者，○顧廣圻曰：今德經下「處」字作「居」，非。傅本與此合，下「不處其華」同。行情實而去禮貌也。所謂處其實不處其華者，必緣理不徑絕也。「徑絕」與「經絕」同義，解見下文。所謂去彼取此者，去貌徑絕○顧廣圻曰：「去」下當有「禮」字。而取緣理好情實也。○顧廣圻曰：當衍「好」字。故曰：「去彼取此。」○先慎曰：以上見三十八章。

人有禍則心畏恐，心畏恐則行端直，行端直則思慮熟，思慮熟則得事理。行端直則無禍害，無禍害則盡天年；得事理則必成功。盡天年則全而壽，必成功則富與貴，全壽富貴之謂福。○先慎曰：乾道本「富」下無「貴」字。盧文弨云：脫，張本有。顧廣圻云：藏本有「貴」者是也。先慎案：依上文應有，今據補。而福本於有禍，故曰：「禍兮福之所倚。」○先慎曰：老子明皇、陸希聲本無「之」字。「倚」，因也。以成其功也。人有福則富貴至，富貴至則衣食美，○先慎曰：乾道本「至」下無「則」字。顧廣圻云：藏本有「則」字，

是也。先慎案：御覽四百七十二引亦有「則」字，今據補。

衣食美則驕心生，驕心生則行邪僻而動棄理。○先慎曰：乾道本無「行」字，顧廣圻云：今本「則」下有「行」字，依下文當補。先慎案：御覽引有「行」字，今據補。「理」下御覽有「也」字。

行邪僻則身死夭，動棄理則無成功。夫内有死夭之難，而外無成功之名者，大禍也。而禍本生於有福，○王先謙曰：上「福本於有禍」，與此對文，不當更有「生」字，此緣上「生」字而誤衍。

故曰：「福兮禍之所伏。」○先慎曰：明皇、陸希聲本無「之」字。伏，匿也。

夫緣道理以從事者，無不能成。無不能成者，大能成天子諸侯之勢尊，○顧廣圻云：藏本、今本無「天」字。先慎案：「天」字衍，今依顧校刪。「卜祝」，疑爲「十倍」之譌。而下有倚頓、陶朱卜祝之富，○先慎曰：「卜祝」，未詳。

夫棄道理而妄舉動者，雖上有天子諸侯之勢尊，而小易得卿相將軍之賞祿。夫棄道理而妄舉動者，猶失其民人而亡其財資也。眾人之輕棄道理而易妄舉動者，不知其禍福之深大而道闊遠若是也，故諭人曰：「孰知其極。」○先慎曰：此變文而言，與「是以曰愚之首也」同例。

人莫不欲富貴全壽，而未有能免於貧賤死夭之禍也。心欲富貴全壽，而今貧賤死夭，是不能至於其所欲至也。凡失其所欲之路而妄行者之謂迷，迷則不能至於其所欲至矣。今眾人之不能至於其所欲至也。○先慎曰：與失路等。下「故曰拔」與此句例同。

人之不能至於其所欲至也，故曰「迷」。○盧文弨曰：「于」字，張本無。

眾人之所不能至於其所欲至也，自天地之剖判以至于今，故曰：「人之迷也，其

日故以久矣。」○盧文弨曰：「日」字，凌本無。顧廣圻曰：今德經「人」作「民」、無「也」字，「矣」字、傅本與此合。

「故」皆作「固」，皆無「以」字。先慎曰：王弼作「人」，與此同。陸希聲、趙孟頫本作「民迷其日固以久矣」。

所謂方者，内外相應也，○盧文弨曰：「内外」二字，凌本倒。○先慎曰：「稱」，副也，昌證反。所謂廉者，必生死之命也，○先慎曰：謂能死節。輕恬資財也。言行相稱也。○先慎曰：「恬」，淡也。所謂直者，義必公正，心不偏黨也。乾道本「心」上有「公」字。顧廣圻云：今本「公」作「立」，當衍此字。盧文弨云：下「立」字，凌本無此字。先慎案：顧說是，今依凌本刪。所謂光者，官爵尊貴，衣裘壯麗也。今有道之士，雖中外信順，不以誹謗窮墮；○盧文弨曰：「誹」，張本作「非」。先慎曰：論語「子貢方人」，今釋文：「鄭本作『謗』，謂言人之過惡。」「墮」當作「隋」。禮記曲禮「上言不隋」，注：「隋，不正之言。」順從自不言人之過惡，忠信則無不正之言，然己雖信順自持，不以信順責人，則世之謗隋者，吾不誹之窮之，所謂「方而不割」。雖死節輕財，不以侮罷羞貪；雖義端不黨，○顧廣圻曰：藏本同。今本「義」作「異」，「誤」。「端」，正也。不以去邪罪私；雖勢尊衣美，不以夸賤欺貧。其故何也？使失路者而肯聽習問知，即不成迷也。○王渭曰：「習」當作「能」，見下文。顧廣圻曰：案下文二「能」字，或本皆作「習」，而後人改之耳。「知」如字。今眾人之所以欲成功而反為敗者，生於不知道理而不肯問知而聽能。眾人不肯問知聽能，而聖人强以其禍敗適之，則怨。○王渭曰：「適」讀為謫。眾人多而聖人寡，寡之不勝眾，數也。○先慎

曰：「數」，音索角反。今舉動而與天下為雌，○先慎曰：乾道本「下」下有「之」字，顧廣圻云：「今本無『之』字。」今據刪。非全身長生之道也，是以行軌節而舉之也。○顧廣圻曰：句有誤。先慎曰：「行」謂己之所行。「軌節」即方、廉、直、光。「舉之」，謂以此正眾人也。呂覽「自知所以舉過也」，注：「舉，猶正也。」是其證。故

曰：「方而不割，廉而不劌，○先慎曰：乾道本「劌」作「穢」。顧廣圻云：藏本「穢」作「劌」，今德經作「害」，傅本作「劌」，經典釋文云：「劌，河上作『害』」，淮南子道應訓引亦作「劌」。今案藏本乃以他本老子改耳，韓子自作「穢」，上文云：「不以侮罷羞貪」即「不穢」之義。先慎案：王弼注「劌，傷也，不以清廉劌傷於物也」即「死節輕財，不以侮罷羞貪」之義。「劌」「穢」聲近而誤，非韓子本作「穢」也，今據藏本改。直而不肆，光而不耀。」○先慎曰：說文無「耀」字，河上公作「曜」，傅本作「燿」，李約本作「方而不割，直而不肆，光而不燿，廉而不劌」，與各本全異，誤倒。以上見五十八章。

聰明睿智天也，動靜思慮人也。人也者，乘於天明以視，寄於天聰以聽，託於天智以思慮。故視強則目不明，聽甚則耳不聰，思慮過度則智識亂。目不明則不能決黑白之分，○先慎曰：「分」當依下文作「色」。耳不聰則不能別清濁之聲，智識亂則不能審得失之地。目不能決黑白之色則謂之盲，耳不能別清濁之聲則謂之聾，心不能審得失之地則謂之狂。盲則不能避晝日之險，○王先謙曰：言非獨夜迷。聾則不能知雷霆之害，狂則不能免人間法令之禍。書之所謂治人者，○先慎曰：「書」謂德經。適動靜之節，省思慮之費也。所謂事天者，不極聰明之

力，不盡智識之任。苟極盡則費神多，費神多則盲聾悖狂之禍至，是以嗇之。嗇之者，愛其

精神，嗇其智識也。故曰：「治人事天莫如嗇。」○顧廣圻曰：傅本及今德經「如」皆作「若」，經典釋文作

「如」同此。先慎曰：趙孟頫本亦作「如」。

眾人之用神也躁，躁則多費，多費之謂侈。聖人之用神也靜，靜則少費，少費之謂嗇。

嗇之謂術也，生於道理。○盧文弨曰：「謂」張本作「為」。先慎曰：「為」、「謂」古通，俗人妄改。夫能嗇

也，是從於道而服於理者也。眾人離於患，○先慎曰：「離」，罹也。陷於禍，猶未知退，而不服從

道理。聖人雖未見禍患之形，○盧文弨曰：「禍患」二字，張、凌本倒。虛無服從於道理，以稱蚤服。

故曰：「夫謂嗇，是以蚤服。」○盧文弨曰：「謂」作「惟」，「以」作「謂」。凌本「服」作「復」，上下句皆同。

王弼本作「復」。釋文：「復，音服。」顧廣圻曰：傅本及今德經「謂」皆作「惟」，今德經「以」作「謂」，傅本與此合。先慎

曰：凌本作「復」者，用老子誤本改也。上文「從於道而服於理」，又云「不服從道理」，又云「虛無服從道理」，即解老子「蚤

服」之義。服從之「服」字，當作「服」，更無疑義，知韓子所見德經本作「服」不作「復」也。困學紀聞卷十引老子「服」作

「復」，並引司馬公、朱文公說云「不遠而復」，謂王弼本作「早服」，而注云「早服常也」，亦當作「復」。據此，則王弼本仍作

「服」，與本書合。宋儒據釋文爲訓，未檢韓子也。凌氏依誤本老子改本書，非是。

一四八

〔一〕「服」，原本作「復」，據正文「蚤服」、注文文意及王弼集改。

〔二〕「服」，原本作「復」，據正文「蚤服」，注文文意及王弼集改。

知治人者，其思慮靜；知事天者，其孔竅虛。思慮靜，故德不去；○先慎曰：「故」上當有「則」字。「故」，舊也。故曰：「孔竅虛，則和氣日入。」故曰：「重積德。」夫能令故德不去，新和氣日至者，蚤服者也。故曰：「蚤服是謂重積德。」○顧廣圻曰：今德經及傅本「是謂」皆作「謂之」。先慎曰：河上公作「是謂」，與此合。積德而後神靜，神靜而後和多，和多而後計得，計得而後能御萬物，能御萬物則戰易勝敵，戰易勝敵而論必蓋世，論必蓋世故曰「無不克」。○先慎曰：河上公作「剋」，下同。無不克本於重積德，故曰：「重積德則無不克。」戰易勝敵則兼有天下，論必蓋世則民人從。進兼天下而退從民人，其術遠則衆人莫見其端末。莫見其端末，○先慎曰：下「末」字，乾道本無，顧廣圻云：「藏本、今本『端』下有『末』字。」今據增。是以莫知其極。故曰：「無不克則莫知其極。」

凡有國而後亡之，有身而後殃之，不可謂能有其國，能保其身。夫能有其國必能安其社稷，能保其身必能終其天年，而後可謂能有其國，能保其身矣。夫能有其國保其身者，必且體道。體道則其智深，其智深則其會遠，其會遠則衆人莫能見其所極。唯夫能令人不見其事極，○盧文弨曰：「夫」張本作「天」。顧廣圻曰：「能」上當有「體道」二字。先慎曰：顧說是。不見其事極者爲能保其身，有其國。○先慎曰：乾道本「見」下脫「其」字，「爲」下脫「能」字，盧文弨云：「張本有。」今據增。故

曰：「莫知其極，莫知其極則可以有國。」○盧文弨曰：複「莫知其極」四字，疑衍。顧廣圻曰：今德經及

傅本皆無「則」字。

所謂有國之母，母者，道也。道也者，生於所以有國之術，所以有國之

母。夫道以與世周旋者，其建生也長，持祿也久，故曰：「有國之母可以長久。」樹木有曼

根，有直根。根者，書之所謂柢也。○顧廣圻曰：今德經「柢」作「蔕」，傅本作「柢」，與此合。經典釋文云：

「柢，亦作蔕。」今案「蔕」字非此之用。俞樾曰：「根」上當有「直」字。上云「有曼根，有直根」。此云「直根」者，下云「曼

根」者，蓋承上而分釋之。韓子之意以老子所謂「深根固柢」者，「根」即「曼根」，「柢」是「直根」也。今奪「直」字，失其旨

矣。柢也者，木之所以建生也；曼根者，木之所以持生也。○先慎曰：乾道本「持」上脫「以」字。顧

廣圻云：今本「所」下有「以」字，依下文當補。先慎案：上文亦有「以」字，明乾道本脫，改從今本。德也者，人之

所以建生也；祿也者，人之所以持生也。今建於理者，其持祿也久，故曰：「深其根。」「深其根，

其道者，其生日長，故曰：「固其柢。」柢固則生長，根深則視久，故曰：「深其根，固其柢，

長生久視之道也。」○顧廣圻曰：傅本及今德經皆無兩「其」字，「也」字，「深」上有「是謂」二字。先慎曰：「是謂」

二字，本韓子節去，彼以「是謂」承上文，此以「故曰」二字代之，顧說非。以上見五十九章。

工人數變業則失其功，作者數搖徙則亡其功。一人之作日亡半日，十日則亡五人之功

矣。○先慎曰：治要無「矣」字。萬人之作日亡半日，十日則亡五萬人之功矣。○先慎曰：治要無「矣」

字。然則數變業者其人彌衆，其靡彌大矣。凡法令更則利害易，○先慎曰：乾道本提行。顧廣圻云：藏本連上，自「工人數變業」至「若烹小鮮」止，通爲一條，是也。先慎案：治要亦連上爲一條，今據改。「易」音夷益切。利害易則民務變，民務變謂之變業。○先慎曰：各本無下「民」字，「謂之」作「之謂」，據治要改。觀之，事大衆而數搖之則少成功，藏大器而數徙之則多敗傷，烹小鮮而數撓之則賊其宰，○先慎曰：各本「宰」作「澤」。案「澤」字誤，當作「宰」。割烹，宰夫之職，當烹時而頻數撓亂，則宰夫不能盡其烹飪之功，是謂賊害其宰。「宰」與「澤」隸形相似，因譌爲「澤」耳。治要引作「宰」，明唐本韓子不誤，今據改。治大國而數變法則民苦之。是以有道之君貴虛靜而重變法。○先慎曰：各本無「虛」字，「而」作「不」。案「不」字誤。「重」，猶難也。「貴虛靜而難變法」文曲而有致，作「不」則率然矣。治要、藝文類聚五十四、御覽六百三十八引「靜」上並有「虛」字，據補。治要、藝文類聚「不」作「而」，據改。故曰：「治大國者若烹小鮮。」○人處疾則貴醫，○先慎曰：舊連上，今提行。有禍則畏鬼。聖人在上則民少欲，民少欲則血氣治而舉動理，舉動理則少禍害。○先慎曰：乾道本不重「舉動理」三字。顧廣圻云：藏本、今本重「舉動理」，按當重「血氣治而舉動理」七字。先慎案：顧說是，今據藏本、今本增三字。

顧廣圻曰：傅本及今德經皆無「者」字。先慎曰：治要有「者」字。

夫内無痤疽癉痔之害，○顧廣圻曰：「痔」當作「疛」，說文：「疛，小腹病也。」小徐本云：「讀若紂。」詩小弁釋文云：「攣，韓詩作『疛』。」集韻四十九宥「疛癙」云：「或從壽。」先慎曰：「痔」字不誤，此皆指身可見之病而言。說文：「痤，小腫也。疽，癰也。癉，勞病也。

謂勞倦。痔，後病也。」急就篇：「癉熱瘻痔眵䁾眼。」「癉痔」古本連文，無庸改「疒」。而外無刑罰法誅之禍者，

其輕恬鬼也甚。○先慎曰：「恬」安也。相安不以爲怪也。荀子富國篇「輕非譽而恬失民」「輕」「恬」對文，是

「輕」「恬」義近。故曰：「以道莅天下，○顧廣圻曰：傅本此下有「者」字，與各本全異。先慎曰：治要引老子亦

有「者」字，蓋唐人所見老子本有「者」字。其鬼不神。」治世之民不與鬼神相害也，故曰：「非其鬼不

神也，其神不傷人也。」○先慎曰：乾道本無「人」字。盧文弨云：「『傷』下脫『人』字，張、凌本皆有。」顧廣圻云：

「傅本及今德經皆無上下兩『也』字。藏本『傷』下有『人』字，是也，傅本及今德經皆有。」今據補。鬼祟也疾人○王渭

曰：「也」字衍。「鬼祟疾人」四字作一句讀，與下文「民犯法令」同。又按「人逐除之」「上刑戮民」句例皆同。之謂鬼

傷人，人逐除之之謂人傷鬼也。民犯法令之謂民傷上，上刑戮民之謂上傷民。民不犯法則

上亦不行刑，上下不行刑之謂上不傷人，故曰：「聖人亦不傷民。」○顧廣圻曰：傅本及今德經

「民」皆作「人」。按韓子自作「民」。先慎曰：上當有「非其神不傷人」句，惟趙孟頫本無，疑刊本書者從誤本老子刪之也。

河上公、王弼、傅本並有。上與民相害，而人不與鬼相傷，故曰：「兩不相傷。」民不敢犯法，則

上內不用刑罰而外不事利其產業；上內不用刑罰而外不事利其產業則民蕃息，民蕃息而

蓄積盛，民蕃息而蓄積盛之謂有德。凡所謂祟者，魂魄去而精神亂，精神亂則無德。鬼不

祟人則魂魄不去，魂魄不去則精神不亂，○先慎曰：乾道本下「則」字作「而」，盧文弨云：「凌本『而』作

『則』。今據改。 精神不亂之謂有德。 上盛蓄積而鬼不亂其精神，則德盡在於民矣。 故曰：

「兩不相傷則德交歸焉。」○顧廣圻曰：傅本及今德經「則」皆作「故」。 先慎曰：「兩」上並有「夫」字。 言其德

上下交盛而俱歸於民也。 ○先慎曰：以上見六十章。

有道之君，外無怨讎於鄰敵，而内有德澤於人民。 夫外無怨讎於鄰敵者，其遇諸侯也外

有禮義，○顧廣圻曰：「外」字當衍，八字為一句。 内有德澤於人民者，其治人事也務本。 ○先慎曰：

「人」當作「民」，下文「治民事務本」即承此而言。 遇諸侯有禮義則役希起，治民事務本則淫奢止。 凡馬

之所以大用者，外供甲兵而内給淫奢也。 今有道之君，外希用甲兵，而内禁淫奢。 上不事馬

於戰鬭逐北，而民不以馬遠通淫物，○先慎曰：乾道本「通淫」作「淫通」。 顧廣圻云：今本作「通淫」，誤。 先

慎案：顧説非。禮王制疏「淫，謂過奢侈」，是「淫物」，奢侈之物。 謂不以馬遠致奢侈之物也。 若作「遠淫通物」，則不辭

矣。 下文「得於好惡，怵於淫物」「淫物」連文，是其證。 改從今本。 所積力唯田疇，積力於田疇○先慎曰：乾道

本無「積力於田疇」五字。 顧廣圻云：「藏本有。 今本『於』仍作『唯』。」今據藏本補。 必且糞灌，故曰：「天下

有道，卻走馬以糞也。」○顧廣圻曰：傅本「糞」作「播」，與各本全異。 又傅本及今德經皆無「也」字，按喻老無。 先

慎曰：「糞」、「播」古通。 人君者無道，○先慎曰：乾道本無「者」字，「道」下更有「道」字。 盧文弨云：張、凌本「君」下有「者」字。 顧廣

圻云：藏本「君」下有「者」字，乾道本重「道」字，謬。先慎按：乾道本脱「者」字，空格於下，淺人妄增「道」字以補之。今據盧、顧校改。

則内暴虐其民，而外侵欺其鄰國。内暴虐則民產絶，外侵欺則兵數起出。○顧廣圻曰：「將」當作「牸」，形近之誤。鹽鐵論未通云：「當此之時，卻走馬以糞，其後師旅數發，戎馬不足，牸牝入陣，故駒犢生於戰地」，即本於此也。他書又作「字」，史記平準書云：「而乘字牝者，擯而不得聚會。」下文「於將馬近臣」，誤同。

則畜生少，兵數起則士卒盡。畜生少則戎馬乏，士卒盡則軍危殆。戎馬乏則將馬出，民產絶

軍危殆則近臣役。馬者，軍之大用，郊者，言其近也。今所以給軍之具於將馬近臣，○先慎曰：「牸馬近臣」，非軍中之用，今因乏殆，故並及之。

故曰：「天下無道，戎馬生於郊矣。」○顧廣圻曰：傅本及今德經皆無「矣」字，喻老無。

人有欲則計會亂，計會亂而有欲甚，○先慎曰：「而」字，依上下文當作「則」。有欲甚則邪心勝，

邪心勝則事經絶，事經絶則禍難生。○盧文弨曰：二「經」字，張本作「輕」。○顧廣圻曰：藏本二「經」字皆作「輕」。按：「經」當作「徑」。上文「必緣理不徑絶也」，陸行不緣理爲「徑」，周禮云「禁徑踰者」是也。水行不緣理爲「絶」，爾雅云「正絶流曰亂」是也。藏本所改，失之。先慎曰：「經」「徑」二字義同。易上經釋文、廣雅釋言：「徑，讀爲『經』」、「經，徑也。」釋名：「徑，經也，言人之所經由也。」左僖二十五年傳「趙衰以壺飡從徑」釋文：「徑，本亦作『經』」、「『徑』古通用。

由是觀之，禍難生於邪心，邪心誘於可欲。可欲之類，進則教良民爲姦，退則令善人有禍。○王先謙曰：可欲之類，非善人不能退之。既退之後，更思闚伺中傷，故令有禍也。

姦起則上侵弱君，

禍至則民人多傷。○先慎曰：依下文「民人」當作「人民」。

然則可欲之類上侵弱君而下傷人民。夫上侵弱君而下傷人民者，大罪也。故曰：「禍莫大於可欲。」○顧廣圻曰：「禍」當作「罪」，與上文「大罪也」相承，喻老不誤，傅本及今德經皆作「罪」。據經典釋文，王弼老子無此句，非是。

是以聖人不引五色，不淫於聲樂；明君賤玩好而去淫麗。

人無毛羽，○先慎曰：舊連上，今提行。不衣則不犯寒。○俞樾曰：「犯寒」上當有「足以」二字，下文「故聖人衣足以犯寒」是其證。先慎曰：俞說非，此與下文「不食則不能活」句例正同，不當有「足以」二字。「犯」，勝也。

上不屬天，而下不著地，以腸胃為根本，不食則不能活。是以不免於欲利之心，欲利之心不除，其身之憂也。故聖人衣足以犯寒，食足以充虛，則不憂矣。眾人則不然，大為諸侯，小餘千金之資，其欲得之憂不除也。胥靡有免，死罪時活，○王先謙曰：「有」字當在「罪」字下，「罪有時活」與「終身不解」文義相對。

故欲利甚於憂。○先慎曰：舊連上，今提行。憂則疾生；○先慎曰：舊連上，今提行。疾生而智慧衰，智慧衰則失度量；失度量則妄舉動，妄舉動則禍害至；禍害至而疾嬰內，疾嬰內則痛，禍薄外則苦。○先慎曰：乾道本重「痛禍薄外」四字，「苦」下有「痛雜於腸胃之間」七字。盧文弨云：張本不複「痛禍薄外」四字，「苦」下「痛雜於腸胃之間」七字衍。顧廣圻云：「痛禍薄外」四字，藏本不重。按此「疾嬰內則痛」為一句，「禍薄外則苦」為一句，下多

今不知足者之憂，終身不解，故曰：「禍莫大於不知足。」

複衍。○先慎按：盧、顧説是，據藏本、張本刪四字，依拾補刪七字。苦痛雜於腸胃之間，○顧廣圻曰：八字爲句。「腸胃」當作「外内」。則傷人也憯，憯則退而自咎，退而自咎也生於欲利，故曰：「咎莫憯於欲利。」○顧廣圻曰：今德經「憯」作「大」，非。傅本與此合。傅本及德經「利」皆作「得」。先慎曰：李約本「憯」作「甚」，說文：「憯，痛也」，古音「甚」，猶欲得也，又云「其欲得之憂不除也」，仍作「得」，可證。喻老不誤。「憯」、「甚」同。「利」當作「得」。顧説是。以上見四十六章。

道者，萬物之所然也，○先慎曰：「然」可也。萬理之所稽也。理者，成物之文也；道者，萬物之所以成也。故曰：「道，理之者也。」○顧廣圻曰：句有誤。按自上文「道者萬物之所然也」以下，不見所解何文。詳老子第十四章有云：「是謂道紀」此當解彼也。「紀」、理也。先慎曰：顧説是也。「道」字逗，「紀」、「理」義同，故道經作「紀」，韓子改爲「理」。物有理，不可以相薄，○王先謙曰：「薄」，迫也。故理之爲物之制。萬物各異理，○王先謙曰：「制」上「之」字衍。○先慎曰：乾道本「萬」下五字不重，顧廣圻云：「藏本、今本重」今據補。萬物各異理而道盡。稽萬物之理，故不得不化。○王先謙曰：稽合萬物之理，不變則不通。不得不化，故無常操；○王先謙曰：言不執一。無常操是以死生氣稟焉，萬智斟酌焉，萬事廢興焉。天得之以高，地得之以藏，維斗得之以成其威，○先慎曰：○王先謙曰：乾道本無「之」字。○顧廣圻云：今本「得」下有「之」字，按依上下文當補。先慎案：顧説是，依今本補。莊子大宗師篇「維斗得之，終古不忒，日月得之，終古不息」並有「之」字，是其證。日月得之以恒其光，○先慎曰：乾道本無「之」字，

五常得之以常其位，列星得之以端其行，四時得之顧廣圻云：「藏本、今本『得』下有『之』字」，今據補。以御其變氣，軒轅得之以擅四方，赤松得之與天地統，○孫詒讓曰：「統」疑當作「終」，言壽與天地同長也。「終」、「統」二字篆文形相近而誤。聖人得之以成文章。道與堯、舜俱智，與接輿俱狂，與桀、紂俱滅，與湯、武俱昌。以為近乎，遊於四極；以為遠乎，常在吾側；以為暗乎，其光昭昭；○先慎曰：乾道本無「其」字，顧廣圻云：「藏本、今本『光』上有『其』字。」今據補。以為明乎，其物冥冥。而功成天地，和化雷霆，宇內之物，恃之以成。凡道之情，不制不形，柔弱隨時，與理相應。萬物得之以死，得之以生；萬事得之以敗，得之以成。○先慎曰：乾道本「事」作「物」。案「物」字緣上文而誤，依拾補改。道譬諸若水，○先慎曰：意林「諸」作「之」。溺者多飲之即死，渴者適飲之即生；譬之若劍戟，愚人以行忿則禍生，聖人以誅暴則福成。故得之以死，得之以生，得之以敗，得之以成。○先慎曰：「故」下當有「曰」字。「得之以死」四句，老子各本無，蓋佚文也。

人希見生象也，而得死象之骨，案其圖以想其生也，故諸人之所以意想者皆謂之象也。今道雖不可得聞見，聖人執其見功以處見其形，○先慎曰：今人不聞道見一，聖人則執其顯見之功，以處見其形也。故曰：「無狀之狀，無物之象。」○先慎曰：趙孟頫本「物」作「象」。以上見十四章。

凡理者，方圓、短長、麤靡、堅脆之分也，故理定而後物可得道也。○先慎曰：乾道本無「物」

字，盧文弨云：「張、凌本有。」今據補。故定理有存亡，有死生，有盛衰。夫物之一存一亡，乍死乍生，初盛而後衰者，不可謂常。唯夫與天地之剖判也俱生，○先慎曰：乾道本「地」上有「與」字，「俱」作「具」。○顧廣圻云：藏本、今本無下「與」字，今本「具」作「俱」，誤。先慎案：「與」字衍，今據刪，「俱」字是，今據改。至天地之消散也不死不衰者謂常。而常者，無攸易，無定理。○先慎曰：乾道本下「者」字在「謂常」下。○盧文弨云：「謂常」下「者」字衍，張、凌本俱無。顧廣圻云：「而常者，無攸易，無定理」上，「而常者」三字逗，屬下。今本兩「常」下各有「者」字，誤。先慎案：顧、盧說是，據改。「無攸易」謂無所變易也。無定理，非在於常，是以不可道也。○先慎曰：乾道本「常」下有「所」字。盧文弨云：「所」字衍，張、凌本俱無。○顧廣圻云：藏本無「所」字。王渭云：「常」字句絕。先慎案：盧、顧說是，今據刪。聖人觀其玄虛，用其周行，強字之曰道，○顧廣圻曰：傅本第二十五章云：「故強字之曰道」，與此合。今道經無「故強」二字，非也。然後可論。○王先謙曰：惟有名，故可言。故曰：「道之可道，非常道也。」○盧文弨曰：「道」下「之」字，凌本無。○顧廣圻曰：傅本及今道經無「之」字、「也」字。○盧文弨曰：見第一章。人始於生而卒於死。始之謂出，卒之謂入。故曰：「出生入死。」人之身三百六十節，四肢九竅，其大具也。四肢與九竅十有三者，○先慎曰：「者」字緣下而衍。十有三者之動靜盡屬於生焉。屬之謂徒也，故曰：「生之徒也，十有三者。」○盧文弨曰：「徒」下「也」字，一本無，「三」下「者」字衍。顧廣圻曰：德經無「也」字、「者」字。按本書之例，當作「故曰生之徒十有三也」。先慎曰：「也」「者」二字

皆衍。

至其死也，○先慎曰：乾道本「至」下無「其」字，顧廣圻云：「藏本、今本有『其』字。」今據補。十有三者皆還而屬之於死，死之徒亦有十三。○先慎曰：「有十」二字誤倒。故曰：「生之徒十有三，死之徒十有三。」○先慎曰：據此，明上有「也」字，「者」字，皆非原文。凡民之生生，而生者固動，動盡則損也；而動不止，是損而不止也。損而不止則生盡，生盡之謂死，則十有三具者皆爲死地也。○盧文弨曰：下「死」字衍，凌本不重。先慎曰：盧說誤，見下。故曰：「民之生生而動，○顧廣圻曰：當於此句。動皆之死地，○顧廣圻曰：當於此句。亦十有三。」○先慎曰：乾道本「亦」作「之」，拾補作「亦」。顧廣圻云：傅本「之」作「亦」。今德經作「人之生動之死地十有三」，非也。按上文云「凡民之生生而生者固動」，又云「皆爲死死地也」「生生」與「死死」相對，所以解此文之「生生」也，可見韓子自如此。先慎案：王弼本「之」作「亦」，今據拾補改。

是以聖人愛精神而貴處靜。此甚大於兕虎之害。夫兕虎有域，動靜有時，避其域，省其時，則免其兕虎之害矣。民獨知兕虎之有爪角也，而莫知萬物之盡有爪角也，不免於萬物之害。何以論之？時雨降集，曠野閒靜，而以昏晨犯山川，則風露之爪角害之；○先慎曰：乾道本「風露」作「兕虎」。今據改。事上不忠，輕犯禁

〔一〕「兕虎」，原本作「虎兕」，據四部叢刊影宋乾道本乙。

〔二〕 誤。顧廣圻云：「今本『兕虎』作『風露』。」今據改。〔三〕 誤。

令，則刑法之爪角害之，處鄉不節，憎愛無度，則爭鬥之爪角害之，嗜慾無限，動靜不節，則痤疽之爪角害之，○先慎曰：乾道本「痤」上衍「虛」字，顧廣圻云：「藏本『痤』上衍『虛』字。」今據删。好用其私智而棄道理，則網羅之爪角害之。兕虎有域，而萬害有原，避其域，塞其原，則免於諸害矣。

凡兵革者，所以備害也。○顧廣圻曰：乾道本、藏本皆提行，今本誤連。先慎曰：上即解「陸行不遇兕虎」三句，不當提行，改從今本。重生者雖入軍無忿爭之心，無忿爭之心則無所用救害之備。此非獨謂野處之軍也，聖人之遊世也無害人之心，無害人之心○先慎曰：乾道本不重「無害人之心」句，顧廣圻云：「藏本重，是也。」今據補。則必無人害，無人害則不備人，故曰：「陸行不遇兕虎。」○先慎曰：「河上、王弼本『兕虎』作『虎兕』。」傅本、趙本與此合。入山不恃備以救害，○顧廣圻曰：「山」當作「世」。故曰：「入軍不備甲兵。」○盧文弨曰：張、凌本「備」作「被」。顧廣圻曰：藏本作「被」，德經作「避」，傅本作「被」。故經典釋文云：「被，皮彼反。」案藏本以他本老子改耳，韓子自作「備」。先慎曰：「備」、「被」義同。廣雅釋詁：「備，具也。」○史記絳侯世家集解引張揖注：「被，具也。」故本書作「備」，王弼本作「被」。「甲兵」以在己者言，明作「備」作「被」二字並通。河上本作「避」，聲之誤也。注謂「不好戰以殺人」，則依文立訓，非是。遠諸害，故曰：「兕無所投其角，虎無所錯其爪，兵無所容其刃。」○先慎曰：乾道本「容」作「害」。顧廣圻云：今本作「容」，德經亦作「容」。先慎案：釋名：「容，用也，合事宜之用也。」「害」乃「容」字形近之誤，改從今本。不設備而必無害，天地

之道理也。體天地之道，故曰：「無死地焉。」○顧廣圻曰：今德經無「焉」字，傅本有，與此合。動無

死地，而謂之善攝生矣。○先慎曰：德經無「矣」字。以上見五十章。

愛子者慈於子，重生者慈於身，貴功者慈於事。慈母之於弱子也，務致其福，務致其福

○先慎曰：乾道本四字不重。盧文弨云：「張、凌本皆重。」顧廣圻云：「藏本重『務致其福』，是也。」今據補。則事除

其禍，事除其禍則思慮熟，思慮熟則得事理，得事理則必成功，必成功則其行之也不疑，不疑

之謂勇。聖人之於萬事也，盡如慈母之爲弱子慮也，故見必行之道；見必行之道○先慎曰：

乾道本不重「見必行之道」五字，顧廣圻云：「藏本、今本重。」今據補。則其從事亦不疑，○先慎曰：乾道本「其」

上有「明」字，今據張榜本刪。　不疑之謂勇。不疑生於慈，故曰：「慈故能勇。」○先慎曰：傅本「慈」上有

「夫」字。

周公曰：○先慎曰：舊連上，今提行。「冬日之閉凍也不固，則春夏之長草木也不茂。」天地

不能常侈常費，而況於人乎！故萬物必有盛衰，萬事必有弛張，國家必有文武，官治必有賞

罰。是以智士儉用其財則家富，聖人愛寶其神則精盛，人君重戰其卒則民眾。民眾則國廣，

是以舉之曰：「儉故能廣。」○顧廣圻曰：「之」下當有脫文。先慎曰：此與上「故謂之善攝生矣」句同一律，

皆變文也，顧説非。

凡物之有形者，易裁也，易割也。何以論之？有形則有短長，有短長則有小大，有小大則有方圓，有方圓則有堅脆，有堅脆則有輕重，有輕重則有白黑。短長、大小、方圓、堅脆、輕重、白黑之謂理，○先慎曰：「大小」當依上文作「小大」。理定而物易割也。故議於大庭而後言○王先謙曰：「後言」者，集議而後斷之。則立，權議之士知之矣。○先慎曰：有權謀者，能決議於大庭。故欲成方圓而隨其規矩，則萬事之功形矣。而萬物莫不有規矩。議言之士，計會規矩也。聖人盡隨於萬物之規矩，故曰：「不敢為天下先。」不敢為天下先，則事無不事，功無不功，而議必蓋世，欲無處大官，其可得乎！處大官之謂為成事長，○王先謙曰：「為」字衍，「謂」、「為」一也，「謂」下不當更有「為」字。是以故曰：○顧廣圻曰：以下當有脫文。先慎曰：顧說非也。此當衍「故」字，「謂」、「為」或衍，「是以」字。上文或作「是以」字，或作「故曰」，是其證。

慈於子者不敢絕衣食，慈於身者不敢離法度，慈於方圓者不敢舍規矩。故臨兵而慈於士吏則戰勝敵，慈於器械則城堅固。故曰：「慈，於戰則勝，以守則固。」○顧廣圻曰：傅本及今德經「於」皆作「以」，傅本「戰」作「陣」，與各本全異。先慎曰：傅本「勝」作「正」。案王注「相慜而不避於難，故勝也」是晉時本作「勝」，傅本誤。「於」當作「以」。「慈」字逗，老子「慈」上有「夫」字。夫能自全也而盡隨於萬物之理

者，必且有天生。　天生也者，○顧廣圻曰：德經六十七章云「天將救之」，此解彼也。當是韓子所引有不同，今未

詳。　生心也。　○王先謙曰：有善心，故天救而生之。　故天下之道盡之生也，若以慈衛之也。　○王先謙

曰：「盡」下「之」字訓爲「往」，天下之道皆往生於其心，是「以慈衛之也」。　事必萬全而舉無不當，則謂之寶

矣。　故曰：「吾有三寶，持而寶之。」○先慎曰：河上、王弼本「吾」作「我」，「寶之」作「保之」，陸希聲、趙孟

頫作「保而持之」，傅本與此合。　以上見六十七章。

書之所謂大道也者，端道也。　○顧廣圻曰：解第五十三章「行於大道也」。　先慎曰：各本連上，今依拾

補分段。　所謂貌施也者，○顧廣圻曰：德經作「惟施是畏」，此未詳。　先慎曰：「貌」，飾也，下文所謂「飾巧詐」也；

「施」讀爲「迆」。「迆」，邪也。（說詳老子集解）邪道也。○先慎曰：德經「大道甚夷而民好徑」，

河上公云：「徑，邪不平正也。」此「大」字衍。　所謂徑大也者，○先慎曰：謂服文采。　佳麗也者，邪道之分也。　朝

甚除也者，獄訟繁也。　獄訟繁則田荒，○顧廣圻曰：德經作「田甚蕪」，經典釋文：「蕪，音無。」田荒則府

倉虛，○顧廣圻曰：德經作「倉甚虛」。　府倉虛則國貧，國貧而民俗淫侈，民俗淫侈則衣食之業絕，衣

食之業絕則民不得無飾巧詐，飾巧詐則知采文，知采文之謂服文采。　○先慎曰：王弼、河上公本

「采」作「綵」，傅本與此合。　獄訟繁，倉廩虛，而有以淫侈爲俗，則國之傷也，若以利劍刺之，○先慎

曰：國之受傷，猶身受利劍之刺。　故曰：「帶利劍。」○先慎曰：此下未解「厭飲食」，疑有脱文。　諸夫飾智

故以至於傷國者,○顧廣圻曰:「十一字爲一句。」其私家必富;私家必富,故曰:「資貨有餘。」○盧文弨曰:「資」,老子作「財」。顧廣圻曰:「資貨」,下文作「貨資」,傅本作「貨財」,今德經作「財貨」,非。國有若是者,則愚民不得無術而效之,效之則小盜生。由是觀之,大姦作則小盜隨,○先慎曰:乾道本「作」下無「則」字,顧廣圻云:「今本有。」改從今本。大姦唱則小盜和。竿也者,五聲之長者也,故竿先則鍾惡皆隨,○先慎曰:「鍾」,古通用「鍾」。竿唱則諸樂皆和。今大姦作則俗之民唱,俗之民唱則小盜必和,故「服文采,帶利劍,厭飲食,而資貨有餘者,是之謂盜竿矣。」先慎曰:「故」下「矣」四字,「竿」作「夸」,今按韓子自作「竿」。○顧廣圻曰:乾道本「資貨」作「貨資」,據道藏本、拾補校、張、凌本乙,上文正作「資貨」,不誤。「夸」字無義,當依此訂正。以上見五十三章。

人無愚智,莫不有趨舍。恬淡平安,莫不知禍福之所由來。得於好惡,怵於淫物,而後變亂。所以然者,引於外物,亂於玩好也。恬淡有趨舍之義,平安知禍福之計,而今也玩好變之,外物引之;引之而往,故曰「拔」。○先慎曰:此與上「故曰迷」同例。至聖人不然,一建其趨舍,雖見所好之物不能引,不能引之謂「不拔」。○先慎曰:德經:「善建〔二〕者不拔。」一於其情,雖

〔二〕「建」原本作「達」,據老子改。

有可欲之類神不爲動，神不爲動之謂「不脫」。○先慎曰：德經……「善褺者不脫。」爲人子孫者，體此道以守宗廟不滅之謂「祭祀不絕」。○顧廣圻曰：藏本、今本重「宗廟」。按此不當重。傅本及德經「絕」皆作「輟」，經典釋文：「『不輟』張劣反。」喻老篇作「輟」。先慎曰：此亦當作「輟」。身以積精爲德，家以資財爲德，鄉國天下皆以民爲德。今治身而外物不能亂其精神，故曰：「修之身，其德乃真。」○顧廣圻曰：今德經「之」下有「於」字，非。傅本無，與此合，下四句同。按淮南子道應訓引此句亦無「於」字。先慎曰：趙寫本無「於」字。真者，慎之固也。治家者，○先慎曰：「者」字依拾補引馮校增。無用之物不能動其計，則資有餘，故曰：「修之家，其德有餘。」○盧文弨曰：「有」，老子作「乃」，當據改，與上下一例。顧廣圻曰：「有」當作「乃」，涉上下文而誤。治鄉者行此節，則鄉之有德者益眾，故曰：「修之鄉，其德乃長。」先慎曰：……「國」，非。傅本作「邦」，與此合。治邦者行此節，則邦之有德者益眾，故曰：「修之邦，其德乃豐。」○顧廣圻曰：今德經「邦」作「國」者，漢人避諱改之也。「邦」與「豐」均……莅天下者行此節，則民之生莫不受其澤，故曰：「修之天下，其德乃普。」○顧廣圻曰：傅本「普」作「溥」。按「普」「溥」同字也。修身者以此別君子小人，治鄉治邦莅天下者各以此科適觀息耗，則萬不失一。○先慎曰：藏本有此句，德……故曰：「以身觀身，以家觀家，以鄉觀鄉，……○顧廣圻曰：……用此程法，靜觀動止，自無不知者。

經亦有。先慎曰：乾道本脫「以鄉觀鄉」四字，據藏本補。以邦觀邦，○先慎曰：王弼、河上本「邦」作「國」。以天下觀天下。吾奚以知天下之然也？以此。」○顧廣圻曰：今德經「奚」作「何」，非。傅本作「奚」，與此合。「也」皆作「哉」。先慎曰：王弼本無「知」字。以上見五十三章。

韓非子集解卷第七

喻老第二十一　　　　説林上第二十二

喻老第二十一　〇盧文弨曰：藏本連六卷中。

天下有道，無急患則曰静，〇顧廣圻曰：「曰」當作「曰」。遽傳不用，故曰：「卻走馬以糞。」〇先慎曰：解老有「也」字，説詳上。天下無道，攻擊不休，相守數年不已，甲冑生蟣蝨，鷰雀處帷幄，而兵不歸，故曰：「戎馬生於郊。」〇先慎曰：解老有「矣」字。翟人有獻豐狐玄豹之皮於晉文公，文公受客皮而歎曰：「此以皮之美自爲罪。」夫治國者以名號爲罪，徐偃王是也。以城與地爲罪，虞、虢是也。〇先慎曰：乾道本「以城」上有「則」字。盧文弨云：凌、張本「者」下有「則」字。顧廣圻云：今本「以城」上無「則」字，誤。按「則」讀爲「即」。藏本並上句亦添「則」字，非也。先慎案：藏本、張、凌本即沿乾道本下

則字而誤增，「以城與地爲罪」承「夫治國者」言之，亦不當有「則」字，顧說非。今並依今本刪。故曰：「罪莫大於可欲。」智伯兼范、中行而攻趙不已，韓、魏反之，軍敗晉陽，身死高梁之東，○盧文弨曰：凌本「梁」作「良」。遂卒被分，○先慎曰：十過篇云：「國分爲三。」漆其首以爲浚器。○先慎曰：説苑建本篇作「酒器」。説文：「浚，浸沃也。」「浸沃」若今人之浚麴。士虞禮「明齊浚酒」，鄭注：「明齊，新水也。」言以新水浚釀此酒也。「浚器」即釀酒之器。淮南道應訓作「飲器」，「飲器」亦酒器也。左傳：「行人執榼承飲，造於子重」，言以新褚少孫補大宛傳「飲器」韋注：「椑榼也。」皆爲酒器。後人不識「浚」字本義，遂以晉語「少浚於家牢而得文王」(韋注：「少浚」，小便，言其易也。)之「浚」釋之。

故曰：「禍莫大於不知足。」虞君欲屈產之乘與垂棘之璧，不聽宮之奇，故邦亡身死。故曰：「咎莫憯於欲得。」邦以存爲常，霸王其可也，○先慎曰：乾道本無「王」字。顧廣圻云：藏本、今本「霸」下有「王」字。先慎案：此與「富貴其可也」相對成文，不當少一字，今據補。有國者不務廣土，先圖自立，邦基既定，故可霸王。身以生爲常，富貴其可也。○先慎曰：不求於外，先修其內，身體無恙，故可富貴。不欲自害，則邦不亡，身不死。故曰：「知足之爲足矣。」○顧廣圻曰：今德經無「矣」字。傅本有，與此合。皆作「知足之足常足」。先慎曰：德經句上有「故」字。本書當依德經於「之」下補「足」字。「爲」當作「常」。人無欲心則能常守其真根，故曰：「知足之足常足。」以上見四十六章。

楚莊王既勝，○先慎曰：乾道本連上，盧文弨云：「凌本提行。」今據改。狩于河雍，歸而賞孫叔敖，孫叔敖請漢間之地，沙石之處。楚邦之法，祿臣再世而收地，唯孫叔敖獨在。○先慎曰：呂氏春

秋孟冬紀：「楚孫叔敖有功於國，疾將死，戒其子曰：『王數欲封我，我辭不受，我死，必封汝，汝無受利地。荊楚間有寢邱者，其爲地不利，而前有妬谷，後有戾邱，其名惡，可長有也。』其子從之。楚功臣封二世而收，唯寢邱不奪也。」「獨在。」藝文類聚五十一引作「獨存」，「在」、「存」義同。言惟孫叔敖所請之地不收也。

此不以其邦爲收者，瘠也。〇顧廣圻曰：「邦」讀爲封。故九世而祀不絕。〇先慎曰：史記優孟傳「九世」作「十世」。

故曰：「善建不拔，善抱不脱。〇顧廣圻曰：德經兩「不」上皆有「者」字。子孫以其祭祀，世世不輟」，〇顧廣圻曰：德經無「以其」「世世」四字。先慎曰：王弼有「以」字。孫叔敖之謂也。〇先慎曰：見五十三章。

制在己曰重，〇先慎曰：乾道本連上，今依趙本提行。不離位曰靜。重則能使輕，靜則能使躁。故曰：「重爲輕根，靜爲躁君。」故曰君子終日行不離輜重也。〇王先謙曰：重可御輕，靜可鎮躁，使之謂也。〇顧廣圻曰：今道經「君子」作「聖人」，非。傅本作「君子」，與此合。下「也」字皆無。先慎曰：此與上二句經連文，不應有「故曰」二字，「故曰」當爲「是以」之譌，道經作「是以」，即其證。傅、趙本「離」下有「其」字。

邦者，人君之輜重也。主父生傳其邦，〇先慎曰：史記趙世家武靈王二十七年傳國，立王子何以爲王，自稱爲主父。此離其輜重者也。故雖有代、雲中之樂，超然已無趙矣。主父萬乘之主，而以身輕於天下。

無勢之謂輕，離位之謂躁，是以生而死。〇先慎曰：惠文王四年，公子成、李兌圍主父宮三月餘，而餓死沙邱宮。故曰：「輕則失臣，躁則失君。」〇顧廣圻曰：「臣」當作「本」，傅本作「本」。經典釋文云：「『本』，河

上作『臣』。」按上文云「重爲輕根」「本」,根也,河上非是。

主父之謂也。○先慎曰: 以上見二六章。

勢重者,人君之淵也。君人者,勢重於人臣之間,○先慎曰: 君於臣不當以間言,「間」疑「上」之誤。 失則不可復得也。○先慎曰: 失其勢重,則不得爲君。 簡公失之於田成,晉公失之於六卿,而邦○先慎曰: 乾道本無「而」字,顧廣圻云:「今本有,依上句當有。」今據補。 亡身死。故曰: 「魚不可脱於深淵。」○顧廣圻曰: 道經無「深」字。 先慎曰: 「深」字衍,唐諱「淵」改「深」,後人回改,兼存「深」字耳。上「人君之淵」亦無「深」字,即其證。

賞罰者,邦之利器也,在君則制臣,在臣則勝君。○先慎曰:「邦」作「國」,河上、王弼並作「國」,莊子引作「國」,後漢翟酺傳亦作「國」,說苑作「國」,唯傅本作「邦」。案「國」爲「邦」字避改,說見上。 君見賞,臣則損之以爲德;君見罰,臣則益之以爲威。人君見賞而人臣用其勢,人君見罰而人臣乘其威。故曰: 「邦之利器不可以示人。」○先慎曰: 六微篇「邦」作「國」。

越王入宦於吳,而觀之伐齊以弊吳。○顧廣圻曰: 藏本、今本「觀」作「勸」。按「觀」,示也。「勸」字非。 吳兵既勝齊人於艾陵,張之於江、濟,强之於黄池,故可制於五湖。○先慎曰: 越語「吳、越戰於五湖」,韋注:「五湖,今太湖。」初學記七引揚州記曰:「太湖,一名笠澤。」左哀十七年傳「越子伐吳,吳子禦之笠澤」,是也。 故曰: 「將欲翕之,○顧廣圻曰: 傅本作「翕」,與此合。經典釋文:「翕,河上本作『噏』。」○先慎曰: 古無「翕」「噏」二字,梁簡文作「歙」。說文:「歙,縮鼻也。」「歙」有縮義,故與「張」爲對。「翕」乃「歙」之省文。 必固張

之，；將欲弱之，〇先慎曰：「河上本「欲」或作「使」，非。必固強之。」晉獻公將欲襲虞，遺之以璧馬；

知伯將襲仇由，〇先慎曰：「將」下當有「欲」字。遺之以廣車。〇先慎曰：西周策：「昔智伯欲伐厹由，遺之

大鐘，載以廣車，因隨入以兵。」高注：「廣車〔二〕，大車也。」故曰：「將欲取之，必固與之。」〇顧廣圻曰：道

經「取」作「奪」。起事於無形，〇盧文弨曰：當分段。先慎曰：盧說誤，至「弱勝強也」合上爲一章。而要大功於

天下，是謂微明。〇顧廣圻曰：「是」上當有「故曰」二字。處小弱而重自卑，謂損弱勝強也。〇顧廣圻

曰：當作「而重自卑損之謂弱勝強也」，「損」句絕。傅本云：「柔之勝剛，弱之勝強。」今道經云「柔弱勝剛強」，傅本與

此爲近之。先慎曰：顧說是。以上見三十六章。

有形之類，〇先慎曰：舊連上，今提行。大必起於小；行久之物，族必起於少。〇先慎曰：

「族」，衆也。故曰：「天下之難事必作於易，天下之大事必作於細。」〇先慎曰：河上、王弼本均無兩

「之」字，傅本有。是以欲制物者於其細也。〇先慎曰：「是以」下有脫文，此當承上兩句言，乃與下引老子合。

故曰：「圖難於其易也，爲大於其細也。」〇盧文弨曰：張本「難」下、「大」下並有「乎」字。顧廣圻曰：藏

本有「乎」字，傅本有，無「也」字。今德經「乎」字、「也」字皆無。千丈之隄，以螻蟻之穴潰；百尺之室，以

〔二〕　「廣車」原本「廣」下脫「車」字，據戰國策高誘注補。

突隙之烟焚。〇王引之曰：「突隙之烟」不能焚室。「烟」當爲「熛」。「熛」誤爲「煙」，又轉寫爲「烟」耳。舊本北堂

書鈔地部十三引此正作「熛」。（陳禹謨本刪去。）說文：「熛，火飛也，讀若『標』。」一切經音義十四引三倉云：「熛，迸

火也。」呂氏春秋慎小篇云：「巨防容螻而漂邑殺人，突泄一熛而焚宫燒積。」（今本「熛」字亦誤作「煙」，一切經音義十三

引此正作「熛」。）淮南人閒訓曰：「千里之隄以螻蟻之穴漏，百尋之屋以突隙之熛焚。」（今本亦誤作「煙」。御覽蟲豸部四

引此正作「熛」。）語意並與此同。世人多見「煙」，少見「熛」，故諸書中「熛」字多誤作「煙」。（説見呂氏春秋「煙火」下。）

火也塗其隙。〇先慎曰：易師「丈人吉」，鄭注：「丈之言長，能以法度長於人。」是以丈人爲位尊者之稱。襄九年宋

災，樂喜爲司城以爲政，使伯氏司里，積土塗，以備火之乘隙而入也。是以白圭無水難，丈人無火患，〇先慎曰：

故曰白圭之行隄也塞其穴，〇顧廣圻曰：「曰」字當衍。先慎曰：「曰」即「白」字之誤而複者。丈人之慎

初學記二十五引作「難」、「患」互易。此皆慎易以避難，敬細以遠大者也。扁鵲見蔡桓公，〇顧廣圻曰：史記亦

記列傳、新序作「齊桓公」。立有間，扁鵲曰：「君有疾在腠理，不治將恐深。」桓侯曰：「寡人無

疾。」〇先慎曰：各本無「疾」字，盧文弨云：「『無』下脱『疾』字，新序、史記扁鵲傳皆有『疾』字。」今依拾補增。扁鵲

出，桓侯曰：「醫之好治不病以爲功。」居十日，扁鵲復見曰：「君之病在肌膚，不治將益

深。」桓侯不應。扁鵲出，桓侯又不悦。居十日，扁鵲復見曰：「君之病在腸胃，不治將益

深。」桓侯又不應。扁鵲出，〇先慎曰：乾道本無「出」字。顧廣圻云：藏本、今本有「出」字。先慎案：史記亦

有，今據補。桓侯又不悦。居十日，扁鵲望桓侯而還走。〇先慎曰：「還走」，反走也。桓侯故使人問

之。〇先慎曰：張榜本無「故」字。顧廣圻云：今本有「也」字，依下二句當有。先慎案：史記亦有，今據補。扁鵲曰：「疾在腠理，湯熨之所及也；〇先慎曰：乾道本無「也」字。在肌膚，鍼石之所及也；〇先慎曰：乾道本無「也」字。在腸胃，火齊之所及也；〇盧文弨曰：「火齊」，新序作「大劑」。先慎曰：火齊湯，治腸胃病。倉公傳：「齊郎中令循不得前後溲三日，飲以火齊湯而疾愈。」又：「齊王太后病，難於大小溲溺，飲火齊湯而病已。」新序作「大劑」者，「齊」、「劑」古通，「大」乃「火」字之誤。當依此訂正。在骨髓，司命之所屬，無奈何也。〇盧文弨曰：「屬」字，新序無。今在骨髓，臣是以無請也。」居五日，桓侯體痛，使人索扁鵲，已逃秦矣。桓侯遂死。故良醫之治病也，攻之於腠理，此皆爭之於小者也。夫事之禍福亦有腠理之地，故曰聖人蚤從事焉。〇顧廣圻曰：「曰」字當衍，新序云「故聖人早從事矣」，其明證也。先慎曰：以上見德經六十三章。

昔晉公子重耳出亡〇先慎曰：各本連上，盧文弨曰「當分段」，今從之。，曰：「此賢公子也，君厚待之，可以積德。」鄭君不聽。叔瞻又諫曰：「不厚待之，不若殺之，〇盧文弨曰：張、凌本無「待之」二字。無令有後患。」鄭公又不聽。〇先慎曰：「公」當作「君」。及公子返晉邦，舉兵伐鄭，大破之，取八城焉。

晉獻公以垂棘之璧假道於虞而伐虢，大夫宮之奇諫曰：「不可。脣亡而齒寒，虞、虢相救，非相德也。〇先慎曰：虞、虢之所以相救者，非彼此見德，緣滅亡隨之耳。今日晉滅虢，明日虞必隨之亡。」虞君不聽，受其璧而假之道。晉已取虢，還反滅

虞。○先慎曰:張榜本「已」作「以」。 此二臣者,皆爭於腠理者也,而二君不用也。 然則叔瞻、宮之奇亦虞、鄭之扁鵲也,而二君不聽,故鄭以破,虞以亡。 故曰:「其安易持也,其未兆易謀也。」○顧廣圻曰:德經皆無兩「也」字。 先慎曰:見六十四章。

昔者紂爲象箸○先慎曰:乾道本連上,盧文弨云「當分段」,今從之。 而箕子怖。○盧文弨曰:「怖」,史記、淮南作「唏」。凌本同。 此自作「怖」,後同。 顧廣圻曰:「怖」當作「悑」,下文及說林上同。 先慎曰:說文:怖,惶也。 「怖」或从布聲。」「唏,笑也,一日哀痛不泣曰『唏』」。按下文「吾懼其卒,故怖其始」,則始當言「惶」,不得於始即哀痛也。史記、淮南作「唏」,誤,當依此訂正.藝文類聚七十三、御覽七百五十九引作「怖」。 以爲象箸

必不加於土鉶,必將犀玉之杯;象箸玉杯必不羹菽藿,則必旄象豹胎,○先慎曰:乾道本無「則」字,盧文弨云:「必上脱『則』字,張、凌本有。」今據補。 顧廣圻云:「旄」,讀爲芼。 先慎按:顧讀誤。呂氏春秋本味篇「肉之美者旄象之約」,高注:「旄,旄牛也。」「旄象」二字,藝文類聚、御覽均作「薦」字,誤,說林上篇亦作「旄象」。 旄象豹胎必不衣短褐而食於茅屋之下,○顧廣圻曰:藏本同。 今本「短」作「裋」,誤。 按本書說林上亦作「短」。王命論「思有短褐之襲」,文選注云:「韋昭以『短』爲『裋』。 裋,襦也。」 短,丁管切。」依此,「短褐」自有所出,不必改爲「裋」矣。 則錦衣九重,廣室高臺。○先慎曰:「則」下當有「必」字,說林上有,是其證。 吾畏其卒,故怖其始。 居五年,紂爲肉圃,設炮烙,○俞樾曰:段氏玉裁謂「炮烙」本作「炮格」,「史記索隱引鄒誕云:『烙,一音閣。』楊倞注荀子議兵篇云:『烙,音古賣反。』觀鄒、楊所音皆是『格』字無疑。 鄭康成注周禮牛人云:『互,若今屠家縣

一七四

肉格。」意紂所爲亦相似。」段氏此説洵足訂正向來傳寫之誤。惟「炮格」似有二義。荀子議兵篇：「紂刳比干，囚箕子，爲

炮格刑。」楊注引列女傳曰：「炮格，爲膏銅柱，加之炭上，令有罪者行焉，輒墜火中，紂與妲己大笑。」此則「炮格」爲淫刑，

以逞之事，是一義也。若此文云：「紂爲肉圃，設炮格，登糟邱、臨酒池」，則似爲飲食奢侈之事，別爲一義。蓋爲銅格，布

火其下，欲食者於肉圃取肉置格上，炮而食之也。如此説方與「肉圃」、「糟邱」、「酒池」一類。且因「爲象箸」而至此，正見

其由小而大，箕子所以畏其卒而怖其始也。若是炮格之刑，則不特與「肉圃」諸事不類，且與上文「爲象箸」事亦絕不相干

矣。呂氏春秋過理篇云：「糟邱酒池，肉圃爲格。」「格」即「炮格」，不言「炮格」而直曰爲「格」，是於肉

圃中爲格也，其爲炮肉之格明矣。 高注：「格以銅爲之，布火其下，以人置上，人爛墮火而死。」夫「糟邱」、「酒池」、「肉

圃」皆是飲食之地，何故即於其地炮炙人乎，蓋古書説「炮格」者，本有二義，當各依本書説之。學者但知有前一義，不知有

後一義，古事之失傳久矣。 先慎曰：本書亦有二義：如難一篇「炮烙」連「斬涉者之脛」言，難二篇兩言「請解炮烙之

刑」，難勢篇「桀、紂爲高臺深池以盡民力，爲炮烙以傷民性」，是皆以「炮烙」爲淫刑。此「炮烙」與「肉圃」、「糟邱」、「酒

池」並言，則指飲食奢侈之事。俞氏知古義之有二，而不知本書之義亦有二，故詳説之。 登糟邱，○先慎曰：張榜本

「糟」作「曹」。 臨酒池，紂遂以亡。 故箕子見象箸以知天下之禍。故曰：「見小曰明。」○顧廣圻

曰：今德經「曰」作「日」。傅本與此合。 先慎曰：王弼作「曰」。淮南同，下同。見五十二章。

句踐入宦於吳，○先慎曰：舊連上，今提行。越語「其身親爲夫差前馬」是也。 古本賤役，至漢始以此名官。百官公卿

表太子太傅屬官有先馬，如淳云：「前驅也，『先』或作『洗』。」汲黯傳作「洗馬」，是其證。 故能殺夫差於姑蘇。○

「先」。 先慎曰：「洗」、「先」古通，謂前馬而走。 身執干戈爲吳王洗馬，○顧廣圻曰：「洗」他書又作

先慎曰：北堂書鈔一百二十三引「於」作「破」。

國策云：「而武王羈於王門」又呂氏春秋云「武王事之，夙夜不懈，亦不忘王門之辱」高注：「文王得歸，乃築靈臺，作玉門，相女童，武王以此爲恥而不忘也。」「王」即「玉」字。高所說見淮南道應訓。彼注「玉門，以玉飾門」，可證也。武王

文王見詈於王門，○盧文弨曰：「王」即古「玉」字。顧廣圻曰：戰不當有羈事，策「羈」當即「詈」之譌。**顏色不變，而武王擒紂於牧野。故曰：「守柔曰强。」越王之霸也不病宦。**○先慎曰：「宦」，趙本作「官」，誤。**武王之王也不病詈，故曰：「聖人之不病也，以其不病，是以無病也。」**○顧廣圻曰：今德經無「之」字。傅本有，與此合。皆無「也」字。「以其不病」，傅本及德經皆作「以其病病」，按韓子自作「不病」。「是以無病也」，傅本作「是以不吾病」，今德經作「是以不病」，皆無「也」字。先慎曰：此謂不以爲病，故能除病。以上見七十一章。

宋之鄙人。○盧文弨曰：下二條皆當連。**得璞玉而獻之子罕。**○先慎曰：見左襄十五年傳。二柄篇有子罕，當別一人。**子罕不受。鄙人曰：「此寶也，宜爲君子器，不宜爲細人用。」子罕曰：「爾以玉爲寶，我以不受子玉爲寶。」是鄙人欲玉，而子罕不欲玉。故曰：「欲不欲，而不貴難得之貨。」**○顧廣圻曰：「周」字句絕，讀依淮南道應訓。「塗」字，淮南

王壽負書而行，見徐馮於周，塗馮曰：作「徐」。此文上「徐」下「塗」，未詳孰是。先慎曰：依淮南作「徐」是也。「涂」爲「徐」字形近之誤，後人又加土於其下耳。**「事者爲也，爲生於時，知者無常事。**○王渭曰：「知」當作「時」。先慎曰：王說是。道應訓「時」上有

「知」字，乃誤衍，當依此訂正。書者言也，言生於知，知者不藏書。○顧廣圻曰：淮南子無「不」字。先慎曰：淮南脱「不」字。「知」讀曰智。今子何獨負之而行？於是王壽因焚其書而儛之。○先慎曰：高誘注：「自喜焚其書，故舞之也。」故知者不以言談教，而慧者不以藏書篋。○王先謙曰：「書」字當在「藏」字上。此世之所過也，而王壽復之，○先慎曰：河上公注：「復之者，使反本也。」是學不學也。故曰：「學不學，復歸眾人之所過也。」○顧廣圻曰：傅本及德經無「歸」字、「也」字。又傅本「復」上有「以」字，與各本全異。先慎曰：王弼注：「學不學，以復眾人之過。」「歸」字疑衍。

夫物有常容，因乘以導之，因隨物之容。○顧廣圻曰：有誤，未詳。先慎曰：顧説非也。下「因」字微逗，其義甚明。物有定形，乘其機以引導之，不待雕琢，而聽其自然以成形。故靜則建乎德，動則順乎道。○王先謙曰：靜則心有常主，動則物來順應。宋人有爲其君以象爲楮葉者，○顧廣圻曰：「象」，列子説符篇作「玉」。三年而成。豐殺莖柯，○顧廣圻曰：「豐」，列子作「鋒」。先慎曰：作「豐」是。「豐殺」，謂肥瘦也。「殺」，音所拜反。毫芒繁澤，亂之楮葉之中而不可別也。○先慎曰：列子同。白孔六帖八十三引「亂」作「雜」。「別」作「辨」。此人遂以功食祿於宋邦。○顧廣圻曰：「功」列子作「巧」。先慎曰：「功」當作「巧」。列子下文云「聖人恃道化而不恃智巧」，張湛注：「此明用巧能不足以贍物，因道而化則無不周」，即承此「巧」字言之。「功」「巧」形近而誤。列子聞之曰：「使天地三年而成一葉，則物之有葉者寡矣。」○先慎曰：白孔

六帖引「天地」作「造化」，「寡」作「鮮」。故不乘天地之資而載一人之身，不隨道理之數而學一人之

智，○先慎曰：乾道本「智」上無「之」字，趙本有，依上文當有，改從趙本。此皆一葉之行也。故冬耕之稼，后

稷不能羨也；○俞樾曰：「羨」當作「美」，字之誤。下文云「豐年大禾，臧獲不能惡也」，「美」與「惡」相對。豐

年大禾，臧獲不能惡也。以一人力，則后稷不足；隨自然，則臧獲有餘。故曰：「恃萬物

之自然而不敢爲也。」○顧廣圻曰：「恃」字，傅本及今德經皆作「以輔」。下「也」字，今德經無，傅本有，與此合。

先慎曰：治要引老子「也」作「焉」。以上見六十四章。

空竅者，神明之户牖也。○先慎曰：乾道本連上，盧文弨云「當分段」，今從拾補。

神竭於外貌，故中無主。中無主，則禍福雖如丘山無從識之。故曰：「不出於户，可以知天

下；不闚於牖，可以知天道。」○顧廣圻曰：兩「可以」二字，今德經無，傅本有，與此合。皆無「於」字。下

「知」字，今德經作「見」，傅本作「知」，與此合。淮南道應訓引有「以」字，「無」「於」字，下「知」字亦作「見」。先慎曰：「闚」，

河上公及傅本作「規」。畢沅考異云：「説文：『窺，小視也。』『闚，閃也。』『閃，闚頭門中也。』方言：『凡相竊視，南楚

謂之『闚』。」蓋穴中竊視曰「窺」，門中竊視曰「闚」。老子楚人，用楚語作「窺」，韓子自作「闚」。此言神明之不離

其實也。

趙襄主學御於王子期，○顧廣圻曰：「期」上當有「於」字，下文及本書外儲説右下皆同。先慎曰：顧説是。

古「於」字作「于」，與「子」形近，淺人以爲複衍而妄删之，下已改「于」爲「於」，故得存其真耳。盧本反據此以改下文「於」

字爲「子」，誤。

俄而與於期逐，三易馬而三後。襄主曰：○先慎曰：趙本「主」作「王」，誤。「子之教

我御，術未盡也？」對曰：「術已盡，用之則過也。凡御之所貴，馬體安於車，人心調於馬，

而後可以進速致遠。今君後則欲逮臣，先則恐逮於臣。夫誘道爭遠，非先則後也。○先慎

曰：「誘道」，誘馬於道也。而先後心在於臣，上何以調於馬？○顧廣圻曰：今本「上」作「尚」。先慎曰：

「上」、「尚」古通。張榜本「何」作「可」，誤。此君之所以後也。」○先慎曰：此當連下爲一條。

白公勝慮亂，○先慎曰：秦策高注：「慮，謀也。」罷朝，倒杖而策銳貫頤，○顧廣圻曰：淮南子道應

訓、列子說符篇作「罷朝而立，倒杖策，錣上貫頤」。按「頤」即「頤」字之別體也。玉藻鄭注「頤，或爲『蓲』」，可借證矣。先

慎曰：御覽三百六十八引無「而」字，「頤」作「頤」。血流至於地而不知。鄭人聞之曰：「頤之忘，將何

爲忘哉！」○顧廣圻曰：「爲」，淮南子、列子作「不」。先慎曰：作「不」是，「爲」字誤。故曰：「其出彌遠

者，其智彌少。」○顧廣圻曰：傅本及今德經皆無「者」字。「少」，傅本作「尐」，與各本異。此言智周乎遠，則

所遺在近也。○王先謙曰：思遠則忽近。是以聖人無常行也。能並智，故曰：「不行而知。」能並

視，故曰：「不見而明。」○顧廣圻曰：傅本及今德經「明」皆作「名」。隨時以舉事，因資而立功，用萬

物之能而獲利其上，故曰：「不爲而成。」○先慎曰：趙孟頫本「不」作「無」。以上見四十七章。

楚莊王莅政三年，○先慎曰：乾道本連上，盧文弨云：「當分段，凌本提行。」今據改。無令發，無政爲

也。右司馬御座○盧文弨曰：張、凌本「座」作「坐」。而與王隱曰：「有鳥止南方之阜，三年不翅，不飛不鳴，○顧廣圻曰：史記楚世家、新序無「不翅」，餘亦各不同。呂氏春秋重言篇「不翅」作「不動」。嘿然無聲，此爲何名？」王曰：「三年不翅，將以長羽翼；○先慎曰：乾道本「長」上有「觀」字，顧廣圻云：「藏本、今本無『觀』字。」今據刪。不飛不鳴，將以觀民則。○先慎曰：「則」，法也。雖無飛，飛必沖天；雖無鳴，鳴必驚人。子釋之，不穀知之矣。」處半年，乃自聽政，所廢者十，所起者九，誅大臣五，舉處士六，而邦大治。舉兵誅齊，敗之徐州，○顧廣圻曰：史記年表「威王七年圍齊於徐州」，楚世家同。或此莊王謂威王也。勝晉於河雍，合諸侯於宋，遂霸天下。莊王不爲小害善，故有大名；○王先謙曰：「害」字不當有，蓋與「善」形近誤衍。不蚤見示，故有大功。故曰：「大器晚成，大音希聲。」○顧廣圻曰：傅本「希」作「稀」。按「希」、「稀」同字也。先慎曰：傅本「音」作「言」，與各本全異。見四十一章。

楚莊王欲伐越，○盧文弨曰：連下爲一條。顧廣圻曰：荀子楊倞注引無「莊」字。按莊王與莊蹻不同時，或此莊王亦謂威王也。古今人表下有嚴蹻與威王相接。莊子諫曰：○先慎曰：乾道本「莊」作「杜」，顧廣圻云：楊注引此「杜」作「莊」。先慎案：「杜」乃「莊」之誤，御覽三百六十六引作「莊」下同，今據改。「王之伐越何也？」曰：「政亂兵弱。」莊子曰：「臣患智之如目也，○先慎曰：乾道本「臣」下有「愚」字，「智之」作「之智」。盧文弨云：「愚」字衍，張、凌本無。「之智」當作「智之」，舊倒，譌。王渭云：「患」下有脫字。先慎案：盧說是。下

一八○

「此智之如目也」即承此句，王謂不知「之智」二字之倒，故疑有脫文。御覽引正作「臣患知之如目也」，今據刪。能見百步之外，而不能自見其睫。○先慎曰：御覽引無「自」字，「睫」作「眥」。王之兵自敗於秦晉，喪地數百里，此兵之弱也；莊蹻爲盜於境內，○先慎曰：乾道本「蹻」上有「蹻」字。顧廣圻云：藏本、今本無「蹻」字。按「蹻」字當衍。荀子議兵篇「莊蹻起，楚分爲三四」，楊倞注引此無「蹻」字。史記西南夷列傳「始楚威王時，使將軍莊蹻將兵」，又云「莊蹻者，故楚莊王苗裔也」，索隱「楚莊王弟爲盜者」，當是據此耳。呂氏春秋介立篇云「莊蹻之暴郢」，高誘注「莊蹻，楚成王之大盜」，「成」當作「威」。又異用篇云「跖與企足」，高誘注「企足，莊蹻也，皆大盜人名也。」「蹻」誤作「蹻」，校者旁改，遂致兩有。先慎按：顧說是，今據刪。而吏不能禁，此政之亂也。王之弱亂非越之下此智之如目也。」王乃止。故知之難，不在見人，在自見。故曰：「自見之謂明。」也，而欲伐越，○先慎曰：乾道本「欲」上脫「而」字。盧文弨云：張、凌本有。先慎案：御覽引亦有，今據補。○顧廣圻曰：傅本及今道經「之謂」二字作「者」。先慎曰：傅本未有「也」字，下句同。也」又言「此智之如目也」，即以莊王事喻老子「自知之謂明」句，「道經」「自知」即承「知人者智也」而言，無作「見」之本。此「見」字即緣上兩「見」字而誤，非韓子所見本有不同也。當依老子作「知」。

子夏見曾子，曾子曰：「何肥也？」對曰：「戰勝，故肥也。」○先慎曰：御覽三百七十八引無「也」字。曾子曰：「何謂也？」子夏曰：「吾入見先王之義則榮之，出見富貴之樂又榮之，兩者戰於胷中，未知勝負，故臞。今先王之義勝，故肥。」是以志之難也，不在勝人，在自勝

也。故曰：「自勝之謂強。」○先慎曰：以上見三十三章。

周有玉版，紂令膠鬲索之，文王不予；費仲來求，因予之。是膠鬲賢而費仲無道也，○

先慎曰：事類賦九引無「而」字。周惡賢者之得志也，故予費仲。文王舉太公於渭濱者，貴之也，

而資費仲玉版者，是愛之也。故曰：「不貴其師，不愛其資，雖知大迷，○先慎曰：「知」讀爲

「智」。趙本「大」作「太」，誤。是謂要妙。」○顧廣圻曰：傅本「是」作「此」，與各本全異。先慎曰：河上公注：「能

通此意，是謂知微妙要道也。」見二十七章。

林也。」

説林上第二十二。

○盧文弨曰：藏本卷七起。先慎曰：索隱云：「説林者，廣説諸事，其多若林，故曰説

湯以伐桀，○先慎曰：「以」「已」同。而恐天下言己爲貪也，因乃讓天下於務光。而恐務光

之受之也，乃使人説務光曰：「湯殺君而欲傳惡聲于子，故讓天下於子。」○先慎曰：言湯欲嫁

名於務光，故讓務光以天下，；受湯之天下，是並弒君之名而受之。務光因自投於河。

秦武王令甘茂擇所欲爲於僕與行事，○俞樾曰：「事」字衍文。下文曰「公佩僕璽而爲行事」，是「僕」

與「行」爲官名，言佩僕之璽，而爲行之事也。讀者誤以「行事」連讀，遂於此文亦增「事」字矣。

孟卯曰：「公不如

爲僕。公所長者使也，○先慎曰：「長」，音直良切。公雖爲僕，王猶使之於公也。○先慎曰：言雖受

僕之職而行之事猶使公。公佩僕璽而爲行事，是兼官也。」

緣上文「請」字而誤。御覽九百五十一引作「謂」，今據正。

蟲之細者也，吾今見之於君。」子圉恐孔子貴於君也，因謂太宰曰：

道本重「孔子」二字，趙本「視子」作「視之」。盧文弨云：「已」，張、凌本作「君」，凌本不重「孔子」，藏本、凌本「之」作

「子」。顧廣圻云：今本下「子」字作「之」，誤。按「孔子」二字不當更有。先慎案：趙本「君」亦作「已」，誤。御覽不重

「孔子」二字，今據刪。

子圉見孔子於商太宰。孔子出，子圉入，請問客。太宰曰：「吾已見孔子，則視子猶蚤

「君已見孔子，亦將視子猶蚤蟲也。」○先慎曰：乾

太宰因弗復見也。

魏惠王爲臼里之盟，○顧廣圻曰：「曰」，戰國韓策作「九」。將復立於天子。○先慎曰：「立於」二字

當衍，策無。○顧廣圻曰：「彭」，策作「房」。「鄭君」，策作「韓王」。按「房」當是「旁」之誤，

彭喜謂鄭君曰：○顧廣圻曰：「鄭」，即韓也。韓策有「謂鄭王曰」章，本書七術篇「魏王謂鄭王曰」，又「困梁、鄭」，六微篇「公叔因内

「彭」，「旁」同字也。

齊軍於鄭」，皆可證也。「君勿聽。大國惡有天子，小國利之。○先慎曰：「惡」，烏路反。若君與大

聽，魏焉能與小立之。」○先慎曰：策「大」「小」下並有「國」字。

晉人伐邢，○顧廣圻曰：與左傳不同。先慎曰：乾道本連上，今從趙本提行。齊桓公將救之。鮑叔曰：「太蚤。邢不亡，晉不敝；晉不敝，齊不重。且夫持危之功，不如存亡之德大。君不如晚救之以敝晉，齊實利；○先慎曰：「齊」當爲「其」之誤，下「其名美」，此言「其實利」，明不當作「齊」。待邢亡而復存之，其名實美。」○王渭曰：「實」字衍。桓公乃弗救。

子胥出走，○顧廣圻曰：燕策云「張丑」。邊候得之。○先慎曰：「候」，吏也。吳越春秋作「關吏欲執之」。子胥先慎曰：吳越春秋作「伍子胥」，與此同。曰：「上索我者，以我有美珠也；今我已亡之矣，我且曰子取吞之。」候因釋之。○先慎曰：藝文類聚八十四引「候」上有「邊」字，「因」字作「憂而」二字，誤。吳越春秋作「關吏因舍焉」，正作「因」字。

慶封爲亂於齊而欲走越，○顧廣圻曰：左傳云「奔吳」。先慎曰：舊連上，今提行。其族人曰：「晉近，奚不之晉？」慶封曰：「越遠，利以避難。」族人曰：「變是心也，居晉而可，不變是心也，雖遠越，其可以安乎！」

智伯索地於魏宣子，○顧廣圻曰：「宣」，策作「桓」，說苑權謀篇作「宣」。先慎曰：十過篇作「宣」，與此同。魏宣子弗予。任章曰：○顧廣圻曰：說苑權謀篇作「任增」。按魏策與此同，古今人表中有任章。先慎曰：淮南人閒訓作「任登」，「登」、「增」聲近，本書外儲説左上篇作「王登」，「王」即「壬」之誤，「任」、「壬」古通，「章」、「登」蓋一人而二名耳。「何故不予？」宣子曰：「無故請地，故弗予。」○先慎曰：「請」當爲「索」，上下文並

作「索」，策亦作「索」。

伯必驕而輕敵，鄰邦必懼而相親。以相親之兵，待輕敵之國，則智伯之命不長矣。○盧文弨

任章曰：「無故索地，鄰國必恐；彼重欲無厭，天下必懼。君予之地，智

曰：「伯」，張、凌本作「氏」。先慎曰：策亦作「氏」。周書曰：『將欲敗之，必姑輔之；將欲取之，必

姑予之。』○先慎曰：王應麟疑此爲蘇秦所讀周書，陰符之類。君不如予之，以驕智伯。且君何釋以天下

圖智氏，而獨以吾國爲智氏質乎？」○先慎曰：「質」，的也。存韓篇「則秦必爲天下兵質矣」義正同。君

曰：「善。」乃與之萬戶之邑。智伯大悦，因索地於趙，弗與，因圍晉陽。韓、魏反之外，趙氏

應之内，智氏自亡。○先慎曰：策「自」作「遂」，説苑亦作「遂」。

秦康公築臺三年，荊人起兵，將欲以兵攻齊。任妄曰：「饑召兵，疾召兵，勞召兵，亂召

兵。君築臺三年，今荊人起兵，將攻齊，臣恐其攻齊爲聲，而以襲秦爲實也，不如備之。」戍東

邊，荊人輟行。○先慎曰：「輟」，一本作「輟」非。

齊攻宋，宋使臧孫子南求救於荊。○顧廣圻曰：宋衛策無「孫」字。荊大説，許救之甚歡。○顧

廣圻曰：「歡」，當從策作「勸」。高注：「勸，力也。」臧孫子憂而反。其御曰：「索救而得，今子有憂

色，何也？」臧孫子曰：「宋小而齊大。夫救小宋而惡於大齊，此人之所以憂也，而荊王説，

○先慎曰：「策」下有「甚」字。必以堅我也。我堅而齊敝，荊之所利也。」臧孫子乃歸。齊人拔五

城於宋，而荊救不至。

魏文侯借道於趙而攻中山，趙肅侯將不許，趙刻曰：○顧廣圻曰：「刻」，趙策作「利」。「君過

矣。魏攻中山而弗能取，則魏必罷，罷則魏輕，魏輕則趙重。魏拔中山，必不能越趙而有中

山也，是用兵者魏也，而得地者趙也。君必許之。而大歡，○顧廣圻曰：藏本、今本重「許之」策有。

「歡」，當從策作「勸」。彼將知君利之也，必將輟行。君不如借之道，示以不得已也。」

鴟夷子皮事田成子，○顧廣圻曰：墨子非儒篇「乃樹鴟夷子皮於田常之門」，即其事也。說苑臣術篇：「陳成

子謂鴟夷子皮。」田成子去齊，走而之燕，鴟夷子皮負傳而從。至望邑，子皮曰：「子獨不聞涸

澤之蛇乎？澤涸，○先慎曰：各本作「涸澤」，誤倒。藝文類聚九十六、御覽九百三十三、事類賦二十八引作「澤涸」，

今據乙。蛇將徙，有小蛇謂大蛇曰：『子行而我隨之，人以為蛇之行者耳，必有殺子者。子不

如相銜負我以行，○先慎曰：各本脫「子者」二字。藝文類聚、御覽引有「子」字，無「者」字，亦誤。今依事

類賦引補「子者」二字。人必以我為神君也。』○先慎曰：乾道本無「必」字。盧文弨云：「人」下脫「必」字。先慎

案：藝文類聚、御覽、事類賦引有「必」字，今據補。乃相銜負以越公道而行，○先慎曰：乾道本無「而行」二字。

顧廣圻云：藏本、今本「道」下有「而行」二字，按不當有。先慎案：「而行」二字不當省，藝文類聚、御覽、事類賦引亦有，

今據補。人皆避之，曰：『神君也。』今子美而我惡，以子為我上客，千乘之君也；以子為我

使者，萬乘之卿也。子不如爲我舍人。」田成子因負傳而隨之，至逆旅，逆旅之君待之甚敬，因獻酒肉。

温人之周，周不納客，○顧廣圻曰：句絕。問之曰：「客耶？」對曰：「主人。」○顧廣圻曰：周策無「問之曰客」四字，「耶」作「即」，非。姚校「一本同此」者是。問其巷而不知也，○先慎曰：各本「巷」下衍「人」字，周策作「問其巷而不知也」，無「人」字，此涉上文而誤。御覽六百四十二引此無「人」字，今據刪。吏因囚之。

君使人問之曰：「子非周人也，而自謂非客，何也？」對曰：「臣少也誦詩，曰：『普天之下，莫非王土，率土之濱，莫非王臣。』○先慎曰：詩小雅北山之篇。今君天子，則我天子之臣也，豈有爲人之臣而又爲之客哉？故曰主人也。」君使出之。

韓宣王謂樛留曰：○顧廣圻曰：「樛」，韓策作「摎」。案「摎」「樛」同字，本書難一篇作「樛」。先慎曰：難一篇「犀首、張儀」作「犀首、張儀」。「吾欲兩用公仲、公叔，其可乎？」對曰：「不可。晉用六卿而國分，簡公兩用田成、闞止而簡公殺，魏兩用犀首、張儀而西河之外亡。○先慎曰：難一篇「犀首、張儀」作「犀首、張儀」。今王兩用之，其多力者樹其黨，○顧廣圻曰：此「樹」上脫「內」字，策有。寡力者借外權。羣臣有內樹黨○顧廣圻曰：「有」，策作「或」。按「或」「有」同字。以驕主，內○顧廣圻曰：此衍「內」「樓、翟」，餘亦不同。

乾道本連上，今從趙本提行。

字，策無。先慎曰：此「内」字即上文「樹」上〔二〕「内」字，錯移在此。有外爲交以削地，○王念孫曰：「削地」當爲

「列地」。「列」，古「裂」字。（艮九三曰：「艮其限，列其夤。」）大戴禮曾子天圓篇曰：「割列攘瘱。」管子五輔篇曰：

「博帶棃大袂列。」荀子哀公篇曰：「兩驂列兩服入厩。」「裂」，分也。言借外權以分地也。韓策作「或外爲交以裂其地」，

是其明證。「列」字本作「削」，形與「削」相似，因誤爲「削」。説文：「削，分解也。從刀，肖聲。」「裂，繒餘也。從衣，削

聲。」今九經中「分列」之字多作「裂」，未必非後人所改，此「列」字若不誤爲「削」，則後人亦必改爲「裂」矣。

危矣。」紹績昧醉寐而亡其裘，○先慎曰：御覽四百九十七引「績」作「緝」，無「寐」字。宋君曰：○先慎

曰：御覽引「宋」作「梁」。「醉足以亡裘乎？」對曰：「桀以醉亡天下，而康誥曰：『毋彝酒。』○先慎

盧文弨曰：「而」字，孫云衍。先慎曰：今在酒誥中。楊子法言問神篇云：「昔之説書者序以百，而酒誥之篇俄空焉，

今亡夫。」是漢時已無酒誥，而康誥亦有佚文，後人纂輯酒誥，並康誥佚句亦併錯入，當據此訂正。彝酒者，常酒也。

○盧文弨曰：「者」字舊誤在上「彝酒」下，孫移正。先慎曰：孫移是，今從之。「常酒」，謂常飲酒也。常酒者，天子

失天下，匹夫失其身。」

管仲、隰朋從桓公伐孤竹，○先慎曰：各本「桓」上有「於」字，「伐」上有「而」字。意林及御覽四百九十、事

〔二〕「上」原本作「下」，據正文「内樹」改。

老馬而隨之，遂得道。　行山中無水，隰朋曰：「蟻冬居山之陽，夏居山之陰，蟻壤寸而有水。」○先慎曰：　各本「寸」上有「一」字，「而」下有「仞」字。意林及御覽卷三十七又九百四十七、事類賦引無「一」字、「仞」字，今據刪。　乃掘地，遂得水。　以管仲之聖而隰朋之智，至其所不知，不難師於老馬與蟻。　今人不知以其愚心而師聖人之智，不亦過乎！○先慎曰：　乾道本「聖人」上無「師」字。顧廣圻云：藏本、今本有。　先慎案：　此謂管仲、隰朋之聖智，尚師老馬與蟻之所知，而今人不知己之愚以師聖人之智，是謂過矣。「師老馬與蟻」與「師聖人之智」相比成文，「聖人」上不當無「師」字，今據藏本、今本補。

有獻不死之藥於荊王者，謁者操之以入。中射之士問曰：「可食乎？」曰：「可。」因奪而食之。　王大怒，使人殺中射之士。中射之士使人說王曰：「臣問謁者，○先慎曰：　楚策三重「謁者」二字，是也，此脫。　曰『可食』，臣故食之，是臣無罪而罪在謁者也。○先慎曰：　謁者漫云「可食」，故食者不任罪。　且客獻不死之藥，臣食之而王殺臣，是死藥也，是客欺王也。　夫殺無罪之臣而明人之欺王也，不如釋臣。」王乃不殺。

田駟欺鄒君，鄒君將使人殺之。　田駟恐，告惠子。　惠子見鄒君曰：「今有人見君則睨其一目，奚如？」○先慎曰：　「睨」，御覽三百六十六引作「睞」，下同。注云：「大叶切，閉目也。」蓋即韓子舊注。玉

篇「睽，閉一目也」，本此爲訓。「映」爲目旁毛，義稍隔。君曰：「我必殺之。」惠子曰：「瞽兩目映，君奚爲不殺？」○先愼曰：藝文類聚十七引作「瞽映兩目，君奚弗殺」。君曰：「不能勿映。」惠子曰：「田駟東欺齊侯。○先愼曰：各本「欺」作「慢」。顧廣圻云：「慢」，讀爲謾。先愼案：藝文類聚、御覽引「慢」並作「欺」，是也。下「馴之欺人」，正承此「欺」字言，明不當作「慢」，今據改。南欺荊王，馴之於欺人，瞽也，君奚怨焉？」○先愼曰：瞽以閉目爲常，馴以欺人爲常，習與性成，又何尤焉。鄒君乃不殺。

魯穆公使眾公子或宦於晉，或宦於荊。○先愼曰：欲結援晉、楚，故使公子宦焉。乾道本上「宦」〔二〕字作「官」，據趙本改。犁鉏曰：「假人於越而救溺子，越人雖善遊，子必不生矣。失火而取水於海，海水雖多，火必不滅矣，遠水不救近火也。今晉與荊雖強，而齊近，魯患其不救乎？

嚴遂不善周君，○盧文弨曰：「周君」二字當重。患之。馮沮曰：○顧廣圻曰：即周策之「馮且」也。「沮」、「且」同字。嚴遂相，而韓傀貴於君，○顧廣圻曰：與本書六微篇及韓策不同。不如行賊於韓傀，則君必以爲嚴氏也。」

張譴相韓，病將死，公乘無正懷三十金而問其疾。居一月，公自問張譴曰：○先愼曰：

〔二〕「宦」原本作「官」，據正文改。

各本無「公」字，拾補「自」改「君」。顧廣圻云：「居」當作「君」，「月」當作「日」。先慎案：「居」「月」與下「孟孫」條及六

微篇「居三月」文法正同。盧、顧二家不知「自」上脫「公」字，故改上下文以就其義，皆非也。御覽八百十引有「公」字，今據

補。「若子死，將誰使代子？」答曰：「無正重法而畏上，○先慎曰：御覽引無「重」字。雖然，不如

公子食我之得民也。」張譴死，因相公乘無正。

樂羊爲魏將而攻中山。○先慎曰：治要、御覽六百四十五、初學記十七引無「而」字，中山策亦無。說苑貴德

篇「而」作「以」。其子在中山，中山之君烹其子而遺之羹。樂羊坐於幕下而啜之，盡一杯。○先

慎曰：藝文類聚七十三、御覽、初學記引「啜」並作「饗」。淮南人間訓作「啜三杯」。○顧廣圻

曰：「堵」，魏策作「覩」，姚校云：「後語作堵。」「樂羊以我故，而食其子之肉。」文侯謂堵師贊曰：「其子而食之，

且誰不食？」樂羊罷中山，○先慎曰：吳語韋注：「罷，歸也。」謂樂羊歸自中山也。文侯賞其功而疑其

心。孟孫獵得麑，○先慎曰：各本下提行。治要連上，自「樂羊爲將」至「秦西巴以有罪益信」爲一條，是也。今

據改。使秦西巴持之歸，○先慎曰：各本「持之歸」作「載之持歸」。案：「載之持歸」語重複，蓋一本作「載之

歸」，一本作「持之歸」，校者誤合爲一，又誤乙「持」字於「之」字下耳。治要、藝文類聚六十六、御覽八百二十二引無「載」

字，說苑亦無，今據改。淮南子作「持歸烹之」。其母隨之而啼，秦西巴弗忍而與之。○先慎曰：藝文類聚、御

覽引「之」字作「其母」二字。孟孫適至而求麑，○先慎曰：各本「適」作「歸」。案：「歸至」二字複，今據藝文類

聚、御覽引改。淮南子作「孟孫歸求麑安在」。答曰：「余弗忍而與其母。」孟孫大怒，逐之；居三月，復召以爲其子傅。○先慎曰：淮南子、說苑「居三月」作「居一年」。其御曰：「曩將罪之，今召以爲子傅，何也？」孟孫曰：「夫不忍麑，又且忍吾子乎？」故曰：「巧詐不如拙誠。」樂羊以有功見疑，秦西巴以有罪益信。○先慎曰：各本「西巴」作「巴西」。案：上兩云「西巴」，此誤。治要正作「西巴」，今據改。藝文類聚引並上亦誤作「巴西」。

曾從子，善相劍者也。衛君怨吳王，曾從子曰：「吳王好劍，臣相劍者也，臣請爲吳王相劍，拔而示之，因爲君刺之。」衛君曰：「子爲之是也，非緣義也，爲利也。吳強而富，衛弱而貧，子必往，吾恐子爲吳王用之於我也。」乃逐之。○先慎曰：乾道本無「之」字，顧廣圻云：「藏本、今本『逐』下有『之』字。」今據補。

紂爲象箸而箕子怖。○先慎曰：乾道本無「而」字。盧文弨云：「脫，凌本有。」先慎案：御覽七百六十引有「而」字，喻老亦有，今據補。以爲象箸必不盛羹於土鉶，○先慎曰：乾道本「不」上無「必」字，「鉶」作「簋」。盧文弨云：「凌本有『必』字，『簋』作『鉶』。」御覽七百五十九引同，今據改。喻老亦有「必」字，先慎案：喻老亦有「必」字，「簋」作「鉶」。則必犀玉之杯；玉杯象箸必不盛菽藿，則必旄象豹胎；旄象豹胎必不衣短褐而舍茅茨之下，○先慎曰：喻老篇作「而食於茅屋之下」。則必錦衣九重，高臺廣室也。稱此以求，則天下不足矣。聖人見微以知

萌，○顧廣圻曰：「萌」當作「明」。見端以知末。故見象箸而怖，知天下不足也。○先慎曰：知不滿其

欲也。

周公旦已勝殷，將攻商蓋，○江聲曰：「商蓋」，商奄也。辛公甲曰：○先慎曰：即辛甲，周太史，見

左襄四年傳。一曰「辛尹」，晉語所謂文王訪於辛尹者也。「大難攻，小易服，不如服眾小以劫大。」乃攻九

夷而商蓋服矣。

紂爲長夜之飲，懼以失日，○顧廣圻曰：「懼」當作「懽」。問其左右，盡不知也。乃使人問箕

子。箕子謂其徒曰：○先慎曰：御覽四百九十七引「徒」作「從」。「爲天下主而一國皆失日，天下其

危矣。一國皆不知而我獨知之，吾其危矣。」辭以醉而不知。

魯人身善織屨，妻善織縞，○先慎曰：禮王制正義云：「生絹曰縞。」而欲徙於越。或謂之曰：

「子必窮矣。」魯人曰：「何也？」曰：「屨爲履之也，○先慎曰：說文：「屨，履也。」「履，足所依也。」

是「屨」爲足踐之通稱。而越人跣行；縞爲冠之也，○先慎曰：禮王制鄭注「殷尚白而縞衣裳」是周以前衣裳

皆用縞。玉藻「縞冠素紕，既祥之冠也」，則周人惟冠用縞耳。而越人被髮。以子之所長，游於不用之國，欲

使無窮，其可得乎！」

陳軫貴於魏王。○顧廣圻曰：魏策云「田需」。按「田」、「陳」同字，「軫」當依策作〔二〕「需」。惠子曰：

「必善事左右。夫楊橫樹之即生，倒樹之即生，○先慎曰：策「即」作「則」，二字通。折而樹之又生。

然使十人樹之而一人拔之，則毋生楊矣。○先慎曰：乾道本無「矣」字。盧文弨云：凌本「則」作「即」，「楊」

下有「矣」字。先慎案：策亦有，今據補。至以十人之眾，○盧文弨曰：凌本「至」作「夫」。先慎曰：策作「故」。樹

易生之物而不勝一人者，何也？樹之難而去之易也。子雖工自樹於王，而欲去子者眾，子必

危矣。」

魯季孫新弒其君，吳起仕焉。或謂起曰：「夫死者，始死而血，已血而衉，○先慎曰：乾道

本「衉」上無「而」字。顧廣圻云：藏本、今本有。先慎案：依上下文當有「而」字，今據補。「衉」乃「衈」之俗字，廣雅釋

言：「衈，縮也。」又「朒」，顧廣圻云：說文「朒」下云：「朔而月見東方謂之縮朒。」「衉」「朒」並音女六反，義相近，故通用。

此言人血盡則皮肉皆縮。已衉而灰，已灰而土，及其土也，無可爲者矣。○先慎曰：言不能爲祟也。趙本

〔及〕作〔反〕，誤。今季孫乃始血，其毋乃未可知也。」吳起因去之晉。

隰斯彌○先慎曰：見人表第五。見田成子，田成子與登臺四望，三面皆暢，南望隰子家之樹

〔二〕「作」原本作「所」，據顧氏韓非子識誤改。

蔽之。○王先謙曰：「家之」二字誤倒。田成子亦不言。隰子歸，使人伐之，，斧離數創，○先慎曰：「離」，割也，見儀禮士冠禮注。「數」音所矩反，言斧割其樹創未多也。也？」○先慎曰：「數」，急也。隰子止之。其相室曰：「何變之數事，○盧文弨曰：「大事」二字，張作「事事大」三字。而我示之知微，我必危矣。不伐樹，未有罪也；知人之所不言，其罪大矣。」乃不伐也。

楊子過於宋東之逆旅，○先慎曰：莊子山木篇「楊」作「陽」，釋文：「司馬云：『陽朱也。』」案「楊」、「陽」二字古通，本書自作「楊」，下「楊朱之弟」及此皆作「楊」。「東之」，當依莊子作「宿於」。下重「逆旅」字。有妾二人，其惡者貴，美者賤。楊子問其故，逆旅之父答曰：○先慎曰：莊子作「逆旅小子對曰」。「美者自美，吾不知其美也；惡者自惡，吾不知其惡也。」楊子謂弟子曰：「行賢而去自賢之心，焉往而不美。」○先慎曰：「行」音下孟反。「去」音起呂反。

衛人嫁其子而教之曰：「必私積聚，爲人婦而出，常也；其成居，幸也。」○先慎曰：書益稷鄭注：「成，猶終也。」國語周語：「成，德之終也。」終與同室未可必也。其子因私積聚，其姑以爲多私而出之，其子所以反者倍其所以嫁。○盧文弨曰：「反」上脱「自」字。張、凌本有。先慎曰：御覽五百四十一引此正同。張、凌本涉下文而衍「自」字耳。其父不自罪於教子非也，而自知其益富。○顧廣圻曰：「知」

讀爲「智」。令人臣之處官者，皆是類也。○先慎曰：

人主令臣聚斂附益，傷損國體，與教其嫁子無異也。

魯丹三説中山之君而不受也，因散五十金事其左右。復見，未語而君與之食。魯丹出，

不反舍，○先慎曰：各本「不」上有「而」字。御覽八百十引無，今據删。遂去中山。其御曰：「及見，乃始

善我，○先慎曰：乾道本「及」作「反」。顧廣圻云：藏本、今本「反」作「及」。先慎案：「及」、「反」形相近，又涉上文而

誤，今據改。御覽引「及見」二字作「交」。何故去之？」魯丹曰：「夫以人言善我，○先慎曰：意林有「者」

字。必以人言罪我。」○先慎曰：意林有「也」字。未出境，而公子惡之曰：「爲趙來間中山。」君因

索而罪之。

田伯鼎好士而存其君，白公好士而亂荆，其好士則同，其所以爲則異。○先慎曰：「以」下

當有「好士之」三字。此謂其好士則同，其所以好士之爲則異。下文「其自刑則同，其所以自刑之爲則異」、「其東走則同，

其所以東走之爲則異」與此語句一律，明此脱「好士之」三字。淮南時則訓注：「爲，故也。」公孫友自刖而尊

百里，○盧文弨曰：「友」當作「支」。先慎曰：盧説是，左傳作「枝」，「枝」、「支」同字。豎刁自宫而諂桓公，其

自刑則同，其所以自刑之爲則異。○先慎曰：乾道本無「以」字。盧文弨云：「所」下脱「以」字，張、凌本有。先慎

案：此與上下文法一律，今據補。慧子曰：○盧文弨曰：「慧」、「惠」同。狂者東走，○先慎曰：趙本「狂」作

「往」。逐者亦東走，其東走則同，其所以東走之爲則異。故曰：『同事之人，不可不審察也。』」

韓非子集解卷第八

說林下第二十三○顧廣圻曰：藏本連前爲卷，非。

伯樂教二人相踶馬，相與之簡子厩觀馬。一人舉踶馬，其一人舉踶馬其一人。顧廣圻曰：

藏本連前爲卷，非。　先慎曰：此六字當在下文「自以爲失相」上，上衍「此」字。「其」猶「之」也，古人「其」、

「之」通用，呂氏春秋音初篇注云：「之，其也。」「之」可訓爲「其」，「其」亦可訓爲「之」。「舉踶馬其一人」，即謂「舉踶馬

之一人」。因傳寫誤衍「此」字，又不知「其」、「之」同義，故移於上以爲疊句。趙本知其誤而不知其所以誤，遂刪此六字

「之」通用，呂氏春秋音初篇注云：

今本無此六字。按有者，衍也。

耳。蓋一人舉踶馬,一人自後循撫而馬不踶;故舉踶馬之一人自以爲失相,而自後循撫之一人解之曰:「子非失相也。」文字極爲從順,一經譌誤,遂不可讀。

從後而循之,三撫其尻而馬不踶,此自以爲失相。其一人曰:「子非失相也,○先慎曰:乾道本無「曰」字,顧廣圻云「今本人下有曰字」,今據補。此其爲馬也,踶肩而腫膝。夫踶馬也者,舉後而任前,腫膝不可任也,故後不舉。子巧於相踶馬而拙於任腫膝。」○顧廣圻曰:乾道本「任」下有「在腫膝而不任拙於」八字。按有者衍也。

俞樾曰:乾道本錯誤不可讀,各本皆作「子巧於相踶馬而拙於任腫膝」,顧氏識誤從之。然上文云「夫踶馬也者,舉後而任前,腫膝不可任也」,非相馬者也,安得云「巧於相踶馬,拙於任腫膝」乎?疑韓子原文本作「子巧於相踶馬而拙於在腫膝」,「在」者,察也。蓋徒知其爲踶馬,而不能察知其腫膝之不可任,是「巧於相踶馬而拙於在腫膝」也。乾道本「在腫膝」三字不誤,但「在」上又有「任」字,則是因「任」與「在」形似,又涉上下文諸「任」字而誤衍耳。其下又有「而不任拙於腫膝」七字,全無意義,則即上句之複文,傳寫又錯誤,當刪去無疑。乃各本皆作「而拙於任腫膝」,則徒知乾道本之誤,而以意刪改之,仍無當也。先慎曰:趙本「任」下無「在」字,是誤以「在」字爲衍文,而不知衍「任」字也。又無「而不任拙於腫膝」七字,與俞説合,今據刪。

腫膝而不任,智者之所獨知也。惠子曰:「置猿於柙中,則與豚同。」○先慎曰:意林「柙中」二字作「檻」。故勢不便,非所以逞能也。

夫事有所必歸,而以有所。○先慎曰:語意不完,疑有脱文。

衞將軍文子見曾子,曾子不起而延於坐席,正身見於奧。○先慎曰:各本無「見」字。御覽一百八十八引「身」下有「見」字,今據補。説文:「奧,宛也,室之西南隅。」謂藏室之尊處也。己處於尊,客坐於旁,故文子以爲

侮而不敬也。

文子謂其御曰：「曾子，愚人也哉！以我爲君子也，君子安可毋敬也！以我爲暴人也，暴人安可侮也！曾子不僇，命也。」鳥有翢翢者，○盧文弨曰：文選阮嗣宗詠懷詩「周周尚銜羽」，李善注引此亦作「周周」。顧廣圻曰：「翢」、「周」同字。集韻又云：「翢，弱羽者」，即此。○趙用賢曰：疑有脫文。

河，則必顛，乃銜其羽而飲之。人之所有飲不足者，不可不索其羽也。重首而屈尾，將欲飲於河，則必顛，乃銜其羽而飲之。

鱣似蛇，○先慎曰：「鱣」即「鱓」段字。蠶似蠋，人見蛇則驚駭，見蠋則毛起。漁者持鱣，○先慎曰：事類賦二十九引「持」作「取」，下七術篇作「握」。婦人拾蠶，利之所在，皆爲賁、諸。○先慎曰：事類賦「賁、諸」作「賁、育」。

伯樂教其所憎者相千里之馬，教其所愛者相駑馬。以千里之馬時一有，○先慎曰：各本無「以」字，「有」字。藝文類聚九十三、御覽八百九十六引並有「以」字，「有」字，今據增。其利緩，駑馬日售，其利急。此周書所謂「下言而上用者，惑也」。○孫詒讓曰：此所引蓋逸周書佚文，淮南子氾論訓云：「昔者周書有言曰：『上言者下用也，下言者上用也。』上言者常也，下言者權也。」高注：「用，可否相濟也。常，謂君常也。權，謀也。謀度事宜，不失其道。」兩文同出一原，而意恉皆不甚明晰。以高説推之，似謂上言而下用之者爲事之常，下言而上用之者則爲權時暫用。「權」與「常」相對爲文。故文子道德篇亦云「上言者常也，下言者權用也」，即隱襲淮南書語，蓋尚得其恉。此云「下言而上用者，惑也」，「惑」古字與「或」通用，「或」亦不常用之言，與淮南子、文子言「權」畧同。韓子引之者，以況「千里馬時一有，其利緩」，猶下言上用之不可爲常耳。

桓赫曰：〇顧廣圻曰：「桓赫」未詳，或「桓」當是「杜」也。「刻削之道，鼻莫如大，目莫如小。鼻大可小，小不可大也；目小可大，大不可小也。」舉事亦然，爲其後可復者也，則事寡敗矣。〇先慎曰：乾道本「後」作「不」。盧文弨云：「不」字衍。先慎案：張榜本「不」作「後」，今從之。崇侯、惡來知不適紂之誅也。〇先慎曰：書大傳一注：「適，得也。」而不見武王之滅之也。比干、子胥知其君之必亡也，而不知身之死也。故曰：「崇侯、惡來知心而不知事，〇先慎曰：二人窺見紂心之喜怒，而不明國事廢興。比干、子胥知事而不知心。」〇先慎曰：二人能料國事之成敗，而不知己之生死。聖人其備矣。

宋太宰貴而主斷。季子將見宋君，梁子聞之曰：「語必可與太宰三坐乎，〇顧廣圻曰：[三]，讀爲參。高誘注戰國策云：「參，三人並坐也。」宋君貴重其生，輕賤其國，則太宰長擅宋，故參坐而無惡於太宰矣。[主]當作「生」，呂氏春秋有貴生，即其義。不然，將不免。」季子因説以貴主而輕國。〇顧廣圻曰：

楊朱之弟楊布衣素衣而出，天雨，解素衣，衣緇衣而反。其狗不知而吠之，楊布怒，將擊之。楊朱曰：「子毋擊也，子亦猶是。曩者使女狗白而往，黑而來，子豈能毋怪哉！」

惠子曰：「羿執鞅持扜，〇王引之曰：「鞅」爲馬頸靼，非射所用。「鞅」當爲「決」。「決」誤爲「決」，後人因改爲「鞅」耳。「決」，謂韘也，箸於右手大指，所以鉤弦也。「扜」，謂「鞲」也，或謂之「拾」，或謂之「遂」，箸於左臂，所以扜弦也。故曰：「執決持扜，操弓關機。」衛風芄蘭篇「童子佩韘」，毛傳曰：「韘，玦也。」小雅車攻篇「決拾既佽」，毛傳

曰：「決，鉤弦也。拾，遂也。」周官：「繕人掌王之用弓弩矢箙，贈弋〔二〕抉拾。」鄭注引鄭司農云：「抉，謂引弦彄也。拾，謂韝扞也。」鄉射禮「祖決遂」，鄭注曰：「決，猶闓也，以象骨爲之，箸右大擘指以鉤弦。闓，體也。遂，射韝也。以韋爲之，箸左臂，所以遂弦也。」內則曰「右佩玦捍」，賈子春秋篇曰「丈夫釋玦軒」，「玦」、「決」同，「玦」竝與「決」竝與

「玦」同。 **操弓關機，越人爭爲持的。弱子扞弓，慈母入室閉戶。**○王引之曰：「扞弓」當作「扞弓」。

「扞」字從「于」，不從「干」。「扞弓」引弓也。說文：「引，滿弓有所嚮也。」字或作「扜」，大荒南經「有人方扜弓射黃蛇」，郭注曰：「扜，挽也，音紆。」呂氏春秋雍塞篇「扜弓而射之」，高注曰：「扜，引也。淮南原道篇」射者扜烏號之弓」，高注

曰：「扜，張也。」弱子扜弓」則矢必妄發，故「慈母入室閉戶」。若作扞禦之「扞」，則義不可通。（今本呂覽、淮南「扜」字皆誤

「扞」，惟山海經不誤，則賴有郭音也。） 故曰：『可必，則越人不疑羿；不可必，則慈母逃弱子。』」

桓公問管仲：「富有涯乎？」○先慎曰：說文「厓」下云「山邊也」，又「崖，高邊也」，皆有「邊」義。新附

云：「涯，水邊也。」水至於邊，則無水矣，是「涯」爲水之止境。許書收韓子而無「涯」字，疑脫文。 **答曰：「水之以**

涯，其無水者也。富之以涯，○先慎曰：乾道本「富」上有「以」字，顧廣圻云：「今本無上『以』字。」今據刪。 **其**

富已足者也。人不能自止於足，而亡其富之涯乎。」○先慎曰：「亡」讀爲「忘」，謂欲富無厭，故忘其涯也。

宋之富賈有監止子者，與人爭買百金之璞玉，○先慎曰：御覽八百二十八引無「玉」字。因佯失

〔三〕　「弋」，原本作「戈」，據周禮改。

而毁之，負其百金，○孫詒讓曰：「負其百金」者，謂償其值百金也。（韓詩外傳：「子産之治鄭，一年，而負罰之過省。」）魏書刑法志云：「盜官物一備五，私物一備十。」通鑑宋紀胡三省注云：「備，陪償」今人多云「陪」。「備」、「負」、「陪」聲近字通。「陪」今俗作「賠」，古無此字。事有舉之而有敗，而賢其毋舉之者，負之時也。而理其毀瑕，得千溢焉。○顧廣圻曰：今本「溢」作「鎰」，誤。先慎曰：御覽引作「得十鎰焉」。

有欲以御見荆王者，衆驂妒之，因曰：「臣能撽鹿。」○盧文弨曰：「撽」，音竅，旁擊也。見王，王爲御，不及鹿，自御，及之。王善其御也，乃言衆驂妒之。

荆令公子將伐陳。○先慎曰：左哀十六年傳「楚公孫朝帥師伐陳」，杜注：「子西子。」此言公子，當即公孫朝。丈人送之曰：「晉强，不可不慎也。」公子曰：「丈人奚憂，吾爲丈人破晉。」丈人曰：「可。吾方廬陳南門之外。」○先慎曰：公子方伐陳，丈人即爲廬於南門之外，較公子所説爲更易矣。公子曰：「是何也？」曰：「我笑句踐也，爲人之如是其易也，己獨何爲密十年難乎！」

堯以天下讓許由，許由逃之，舍於家人，家人藏其皮冠。夫棄天下而家人藏其皮冠，是不知許由者也。

三蝨食彘，相與訟，○先慎曰：各本無「食彘」二字。御覽九百五十一引有，今據補。曰：「訟者奚説？」三蝨曰：「爭肥饒之地。」一蝨曰：「若亦不患臘一蝨過之，○先慎曰：御覽引「過」作「遇」。

之至而茅之燥耳，○先慎曰：説文：「臘，冬至後三戌臘祭百神。」詩汝墳釋文：「楚人名火曰『燥』。」「耳」，讀爲

耶。言若不患臘祭之日至，而人之燥以茅耶。○先慎曰：各

本「身」作「母」，御覽引作「身」，是，今據改。

若又奚患？於是乃相與聚嗽其身而食之。○先慎曰：

蟲有蜮者，或作「蚑」。蟣蝨，人乃弗殺。○顧廣圻曰：卷首至此，藏本脱。

一身兩口，爭食相齕，遂相殺也。○先慎曰：乾道本「蜮」作「就」，「爭」下無

食字。盧文弨云：「蚘」、「蚔」皆非，據顏氏家訓勉學篇改正作「蜮」。○先慎

遂相」下「食因自」三字衍，俱依顏氏改，下「就」字當並改。顧廣圻云：古今字詁「蜮，亦古之

『蚔』」，藏本、今本皆作「蚔」。王渭云：「洪興祖楚辭注引及柳子厚天對亦作『蜮』也。」藏本「爭」下有「食」字。先慎

案：御覽九五一引正作「蜮」字，「爭」下有「食」〔二〕二字，是也，今據改。人臣之爭事而亡其國者，皆蜮類

也。○先慎曰：乾道本「蜮」作「就」，説見上。

宮有堊，器有滌，則潔矣。行身亦然，無滌堊之地則寡非矣。

公子糾將爲亂，○先慎曰：乾道本連上，今依趙本提行。桓公使使者視之。使者報曰：「笑不

〔二〕「食」，原本作「也」，據太平御覽「爭食相嚙也」改。

樂，視不見，必爲亂。」乃使魯人殺之。

公孫弘斷髮而爲越王騎，公孫喜使人絶之曰：「吾不與子爲昆弟矣。」公孫弘曰：「我斷髮，子斷頸而爲人用兵，我將謂子何？」周南之戰，公孫喜死焉。

有與悍者鄰，欲賣宅而避之。人曰：「是其貫將滿矣，○先慎曰：乾道本「也遂去之故曰勿之」八字，盧文弨云：下「遂去之或曰勿之矣」八字，從凌本刪。先慎案：八字涉下文而複衍。「矣」是也。御覽一百八十引無「也遂去之故曰勿之」八字，今據刪。子姑待之。」答曰：「吾恐其以我滿貫也。」遂去之。○先慎曰：乾道本脱「之」字。盧文弨云：「之」字，張、凌本有。先慎案：御覽引有「之」字，今據補。故曰：「物之幾者，非所靡也。」

孔子謂弟子曰：「孰能導子西之釣名也？」子貢曰：「賜也能。」乃導之，不復疑也。

孔子曰：「寬哉！不被於利。絜哉！民性有恒。曲爲曲，直爲直。」○先慎曰：數句當是子西對子貢言，「孔子」二字疑「子西」之誤。子貢導其釣名，子西曰：「寬哉不被於利」，何必釣名，「絜哉民性有恒」，謂我有恒性，無庸導也。恒性若何？曲者則爲曲，直者則爲直，此其恒性也。皆子西對子貢之言。下「直於行者曲於欲」即指子西「曲爲曲，直爲直」之語，此孔子聞之，而知其不免也。今誤「子西」爲「孔子」，義不可通。孔子曰：○先慎曰：各本同。孫星衍孔子集語引此云「宋本提行」，誤。「子西不免。」白公之難，子西死焉。故曰：「直於行

者曲於欲。」

晉中行文子出亡，過於縣邑，從者曰：「此嗇夫，公之故人，公奚不休舍？且待後車。」

文子曰：「吾嘗好音，此人遺我鳴琴；吾好珮，此人遺我玉環。是振我過者也。○先慎曰：孟子趙注：「振，揚也。」以求容於我者，吾恐其以我求容於人也。」乃去之。果收文子後車二乘而獻之其君矣。

周趮○顧廣圻曰：「趮」，魏策作「肖」。按又作「霄」，皆同字。謂宮他曰：「爲我謂齊王曰：『以齊資我於魏，請以魏事王。』」宮他曰：「不可，是示之無魏也，齊王必不資於無魏者而以怨有魏者。公不如曰：『以王之所欲，臣請以魏聽王。』齊王必以公爲有魏也，必因公。○先慎曰：策作「必資公矣」。是公有齊也，因以有齊、魏矣。○顧廣圻曰：「有齊」當作「齊有」。策云「以齊有魏也」，可證。

白圭謂宋令尹曰：「君長，自知政，公無事矣。今君少主也，而務名，不如令荆賀君之孝也，則君不奪公位而大敬重公，則公常用宋矣。」○先慎曰：

管仲、鮑叔相謂曰：「君亂甚矣，必失國。齊國之諸公子其可輔者，非公子糾則小白也。與子人事一人焉，先達者相收。」○先慎曰：乾道本「先」作「相」。顧廣圻云：藏本、今本上「相」字作

「先」。先慎案：作「先」者是，今據改。管仲乃從公子糾，鮑叔從小白。國人果弑君。小白先入爲君，魯人拘管仲而效之，鮑叔言而相之。故諺曰：「巫咸雖善祝，不能自祓也；秦醫雖善除。○先慎曰：乾道本「秦」上有「養」字。顧廣圻云：藏本、今本無「養」字，按未詳。先慎案：「養」字涉上下文「善」字而誤衍。此與上「巫咸雖善祝」對文，不當有「養」字，今據各本刪。不能自彈也。」以管仲之聖而待鮑叔之助，此鄙諺所謂「虞自賣裘而不售，士自譽辯而不信」者也。○先慎曰：御覽八百二十八引「虞」作「傭」，「裘」作「衣」。荊王伐吳，吳使沮衛、蹷融犒於荊師，○顧廣圻曰：未詳，左傳云「蹷由」，餘多不同。先慎曰：御覽三百三十八引作「吳使沮衛獻蟲蠱於荊師」。荊將軍曰：○先慎曰：乾道本「荊」作「而」，顧廣圻云：「今本「而」作「荊」。」今據改。「縛之，殺以釁鼓。」問之曰：「汝來卜乎？」答曰：「卜。」卜吉乎？」曰：「吉。」○先慎曰：乾道本無「乎曰吉」三字，顧廣圻云：「藏本、今本有「乎曰吉」三字。」今據補。荊人曰：「今荊將以女釁鼓，其何也？」○先慎曰：乾道本「以」作「欲」，盧文弨云：「欲」，張、凌本作「以」。今據改。答曰：「是故其所以吉也。」吳使人來也，固視將軍怒，○盧文弨云：「人」，凌本作「臣」。「怒」字衍。將軍怒，將深溝高壘；將軍不怒，將懈怠。今也將軍殺臣，則吳必警守矣。且國之卜，非爲一臣卜。夫殺一臣而存一國，其不言『吉』何也？且死者無知，則以臣釁鼓無益也；死者有知也，臣將當戰之時，臣使鼓不鳴。」荊人因不殺也。

知伯將伐仇由○顧廣圻曰：戰國策作「夗由」，注：「或作『仇首』。」史記樗里子傳作「仇猶」。「首」者，「酋」之誤。本書說林上篇作「仇由」，同此。吳師道引此「由」作「繇」，呂氏春秋權勳篇作「夗繇」，高誘注：「或作『仇酋』。」「夗」「夗」之誤也，當互正。說文云：「臨淮有夗猶縣。」漢書地理志同。而道難不通。○先慎曰：呂氏春秋作「而無道也」。此「難不」二字，疑衍其一。乃鑄大鐘遺仇由之君，仇由之君大說，除道將內之。赤章曼枝曰：○顧廣圻曰：「曼」呂氏春秋作「蔓」。先慎曰：「枝」御覽五百七十五引作「之」，下同。「不可。此小之所以事大也，而今也大以來，卒必隨之，○先慎曰：乾道本「必」作「以」。顧廣圻云：藏本、今本「以」作「必」，呂氏春秋作「必」。今據改。不可內也。」仇由之君不聽，遂內之。赤章曼枝因斷轂而驅，至於齊七月，而仇由亡矣。○顧廣圻曰：「月」當作「日」。呂氏春秋云「至衛七日」。先慎曰：○御覽引作「十月」。越已勝吳，又索卒於荊而攻晉。左史倚相謂荊王曰：「夫越破吳，豪士死，銳卒盡，大甲傷。今又索卒以攻晉，示我不病也。不如起師而分吳。」○顧廣圻曰：藏本同。今本「與」作「以」，誤。盧文弨曰：「以」張、凌本作「與」。荊王曰：「善。」因起師而從越。越王怒，將擊之。大夫種曰：「不可。吾豪士盡，大甲傷，我與戰必不剋，不如賂之。」乃割露山之陰五百里○顧廣圻曰：說苑權謀篇云：「遂取東國。」以賂之。

荊伐陳，○先慎曰：說苑指武篇云「楚莊王」，案倚相子期與莊王不同時。吳救之，軍間三十里，雨十

日，夜星。○顧廣圻曰：說苑指武篇云：「雨十日十夜，晴。」按「星」正字作「姓」，説文：「雨而夜除星見也。」集韻

有「姓」、「晴」、「暒」三文。先慎曰：「姓」、「星」疊韻，古文本通用「星」。毛詩：「星言夙駕」，韓詩云：「星者，精也。」

「精」，今「晴」字。漢書天文志孟康注「暒，精明也」，韋昭注「精，清朗也」，郭璞爾雅釋天注「暒，雨止無雲也」，是「暒」、

「姓」、「精」皆今之「晴」字，而詩作「星」，與本書同，明古文通用「星」字。左史倚相謂子期曰：「雨十日，甲

輯而兵聚，吳人必至，不如備之。」乃為陳，陳未成也而吳人至，見荊陳而反。○先慎曰：御覽十

引「陳」作「有戒」。左史曰：「吳反覆六十里，其君子必休，小人必食，我行三十里擊之，必可敗

也。」乃從之，遂破吳軍。

韓、趙相與為難，韓子索兵於魏○王渭曰：「子」字衍，策無。孫詒讓曰：存韓篇亦云：「書言韓子之未

可舉」，則「子」字似非衍。先慎曰：「子」字不當有，存韓篇亦誤，孫説非。曰：「願借師以伐趙。」魏文侯

曰：「寡人與趙兄弟，不可以從。」趙又索兵攻韓，文侯曰：「寡人與韓兄弟，不敢從。」二國不

得兵，怒而反。已乃知文侯以搆於己，乃皆朝魏。○顧廣圻曰：「搆」，「策作「講」。按「搆」、「講」同字。

齊伐魯，索讒鼎，○顧廣圻曰：呂氏春秋審己篇、新序節士篇云「岑鼎」。魯以其鴈往。齊人曰：

「鴈也。」魯人曰：「真也。」齊曰：「使樂正子春來，○顧廣圻曰：呂氏春秋、新序云「柳下季」。吾將

聽子。」魯君請樂正子春，樂正子春曰：「胡不以其真往也？」君曰：「我愛之。」○先慎曰：

各本「之」下有「信」字。俞樾云：「信」字衍文。「君曰：『我愛之』」「之」者指鼎而言，君固愛鼎不愛信也。涉下句而

衍「信」字，則義不可通。先慎案：俞說是，御覽四百三十引正無「信」字，今據刪。

韓咎立爲君，未定也。弟在周，周欲重之，而恐韓咎不立也。答曰：「臣亦愛臣之信。」

綦毋恢曰：「不若以車百

乘送之。得立，因曰『爲戒』；不立，則曰『來效賊』也。」○先慎曰：「效」，致也。咎爲韓君，以兵車

爲其弟之戒。否則咎爲韓賊，則以兵車致賊於韓也。

靖郭君將城薛，○先慎曰：乾道本「君」下有「曰」字。顧廣圻云：今本無「曰」字，齊策無。新序雜事同，「將」

作「欲」。先慎案：無「曰」字是，御覽一百九十二引正無「曰」字，今據刪。客多以諫者。靖郭君謂謁者曰：

「毋爲客通。」齊人有請見者曰：「臣請三言而已，過三言，臣請烹。」靖郭君因見之。客趨

進曰：「海大魚。」因反走。靖郭君曰：「請聞其說。」客曰：「臣不敢以死爲戲。」靖郭君

曰：「願爲寡人言之。」答曰：「君聞大魚乎？網不能止，繳不能絓也，蕩而失水，螻蟻得

意焉。今夫齊亦君之海也，君長有齊，奚以薛爲？君失齊，雖隆薛城至於天，猶無益也。」靖

郭君曰：「善。」乃輟，不城薛。○盧文弨曰：「城」上「不」字衍，御覽一百九十二引「乃不城薛」，蓋不審「輟」

也」。先慎曰：此當各依本書。「輟」乃「輒」之譌，本書「輟」、「輒」多互亂，御覽一百九十二引「乃不城薛」，蓋不審「輟」

爲「輒」之誤而誤刪之也。

荊王弟在秦，○先慎曰：説苑權謀篇云：「楚公子午。」秦不出也。中射之士曰：○先慎曰：御覽

八百十引「射」作「尉」。

資臣百金，臣能出之。」因載百金之晉，見叔向曰：「荊王弟在秦，秦不出也。請以百金委叔向。」叔向受金，而以見之晉平公曰：「可以城壺丘矣。」〇先慎曰：乾道本「壺」作「壼」，今據趙本改，下同，說苑正作「壺」。左傳：「彭城降晉，晉人以宋五大夫在彭城者歸寘諸瓠丘」，注：「瓠丘，晉地，河東東垣東南有壺丘。」平公曰：「何也？」對曰：「荊王弟在秦，秦不出也。〇先慎曰：御覽無「也」字。是秦惡荊也，必不敢禁我城壺丘。若禁之，我曰：『為我出荊王弟，吾不城也。』彼如出之，可以得荊；彼不出，是卒惡也，必不敢禁我城壺丘矣。」公曰：「善。」乃城壺丘，謂秦公曰：「為我出荊王之弟，吾不城也。」秦因出之，荊王大說，以鍊金百鎰遺晉。〇顧廣圻曰：藏本「鍊」作「諫」，「鎰」作「溢」。按「溢」是也，「諫」當作「練」，「練」、「鍊」同字也。不可從。淮南子云：「秦以一鎰為一金而重一斤，漢以一斤為一金。」「以百鎰鍊金遺晉」語自可通，毋庸改字。

闔廬攻郢，戰三勝，問子胥曰：「可以退乎？」子胥對曰：「溺人者，一飲而止則無逆者，〇顧廣圻曰：藏本、今本「逆」作「溺」。按所改誤也，「逆」當作「遂」，形近之誤。十過篇云「不可遂」，又云「子其使遂之。」以其不休也，不如乘之以沈之。」

鄭人有一子，將宜，〇先慎曰：說難篇「鄭」作「宋」。謂其家曰：「必築壞牆，是不善人將竊。」其巷人亦云。不時築，而人果竊之。以其子為智，〇先慎曰：「以」上當有「其家」二字，說難篇作「其家甚智其子」。以巷人告者為盜。

觀行第二十四 ○盧文弨曰：藏本卷八起。

古之人目短於自見，故以鏡觀面；智短於自知，故以道正己。鏡無見疵之罪，○先慎曰：各本「鏡」上有「故」字，涉上文而衍。藝文類聚七十、御覽七百十七、初學記二十五引並無「故」字，今據刪。道無明過之惡。○先慎曰：各本「惡」作「怨」。藝文類聚、御覽、初學記引作「惡」，今據改。

身失道則無以知迷惑。西門豹之性急，故佩韋以自緩；○先慎曰：各本「自緩」作「自緩己」。藝文類聚二十三、御覽三百七十六引「緩己」作「自緩己」。案「自」字是，「佩韋以自緩」與「佩絃以自急」文法正同，「己」字誤衍。御覽四百五十九、意林引並作「自緩」，無「己」字，今據改。董安于之心緩，故佩弦以自急。○先慎曰：治要「安」作「閼」，說見難言篇。意林「心」作「性」，是。目失鏡則無以正鬚眉，

故以有餘補不足，○先慎曰：張榜本無「有」字。盧文弨云：「張、凌本有。○顧廣圻云：藏本同。今本無「有」字，誤。先慎案：藝文類聚二十三、御覽四百五十九引「以」上有「能」字，是。類聚、御覽並有「有」字。 以長續短之謂明主。

天下有信數三：一曰智有所不能立，二曰力有所不能舉，三曰彊有所不能勝。故雖有堯之智而無眾人之助，大功不立；有烏獲之勁而不得人助，不能自舉；有賁育之彊而無法術，不得長生。故勢有不可得，○先慎曰：乾道本「勢」作「世」。盧文弨云：「世」凌本作「勢」。先慎案：

治要正作「勢」,今據改。事有不可成。故烏獲輕千鈞而重其身,非其身重於千鈞也,勢不便也。

離朱易百步而難眉睫,○先慎曰:治要「朱」作「婁」,下同。非百步近而眉睫遠也,道不可也。故明主不窮烏獲,以其不能自舉;不困離朱,以其不能自見。因可勢,求易道,○先慎曰:此言因其可得之勢,求其易行之道也,即承上「勢不便」、「道不可」而言。故用力寡而功名立。時有滿虛,事有利害,物有生死,人主為三者發喜怒之色,則金石之士離心焉。故明主觀人不使人觀己。明於堯不能獨成,烏獲之不能自舉,○舊倒,今從張、凌本。「撲」作「樸」。賁育之不能自勝,以法術則觀行之道畢矣。

先慎曰:乾道本無「之」字,盧文弨云:「獲下脫之字,張、凌本有。」今據補。

安危第二十五

安術有七,危道有六。安術:一曰賞罰隨是非,二曰禍福隨善惡,三曰死生隨法度,四曰有賢不肖而無愛惡,五曰有愚智而無非譽,○先慎曰:「非」讀為「誹」。六曰有尺寸而無意度,七曰有信而無詐。

聖賢之撲淺深矣。○盧文弨曰:賢聖

危道：　一曰斲削於繩之内，二曰斲割於法之外，○顧廣圻曰：藏本同。今本「斲」作「斷」。按此有

誤，未詳。先慎曰：「法」疑作「繩」，大體篇「不引繩之外，不推繩之内」孤憤篇「必在繩之外矣」，是其證。三曰利人

之所害，四曰樂人之所禍，五曰危人之所安，○先慎曰：乾道本「之」作「於」，顧廣圻云：「藏本、今本『於』

作『之』」。今據改。六曰所愛不親所惡不疏。如此，則人失其所以樂生而忘其所以重死，人不樂

生則人主不尊，不重死則令不行也。○盧文弨曰：凌本無「不重死則令不行也」八字。

使天下皆極能於儀表，盡力於權衡，以動則勝，以靜則安。治世使人樂生於爲是，愛

身於爲非，小人少而君子多，故社稷常立，○盧文弨曰：「常」，張、凌本作「長」。國家久安。奔車之

上無仲尼，覆舟之下無伯夷。故號令者，國之舟車也。安則智廉生，危則爭鄙起。故安國之

法若饑而食，○盧文弨曰：「饑」當作「飢」。下同。寒而衣，不令而自然也。先王寄理於竹帛，○盧文

弨曰：凌本「寄」下有「治」字。先慎曰：「治」字衍文。「理」治也。其道順故後世服。○先慎曰：句絕。今使

人饑寒去衣食，○先慎曰：乾道本作「令使人去饑寒」。盧文弨云：從凌本增改作「今使人饑寒去衣食」。先慎案：

盧校是，今依改。顧廣圻謂作「今」者誤，以「令」字屬上讀，非。雖貫育〔二〕不能行；廢自然，雖順道而不

〔二〕「育」原本作「欲」，據四部叢刊影宋乾道本改。

立。强勇之所不能行，則上不能安，○顧廣圻曰：藏本同。今本「則」作「雖」，誤。先慎曰：盧文弨云：張、凌本亦作「則」。上以無厭責已盡，則下對「無有」，○先慎曰：既盡而猶索之，故下以實對。無有則輕法。○先慎曰：乾道本無「無有」二字。顧廣圻云：藏本、今本有。按當重「下對無有」四字。先慎案：顧說是也，今據藏本、今本補二字。法所以為國也而輕之，則功不立，名不成。聞古扁鵲之治其病也，以刀刺骨；○先慎曰：「其」字當為「甚」之殘闕字。「甚病」與「危國」相對為文，「明」「其」為「甚」之誤，下云「甚病之人，利在忍痛」作「甚」字，即其證。聖人之救危國也，以忠拂耳。○先慎曰：忠言也。刺骨，故小痛在體，而長利在身。拂耳，故小逆在心，而久福在國。故甚病之人利在忍痛，猛毅之君以福拂耳。○先慎曰：謂以拂耳之言為福也。忍痛，故扁鵲盡巧；拂耳，則子胥不失；○顧廣圻曰：七字為一句。壽安之術也。病而不忍痛，則失扁鵲之巧；危而不拂耳，則失聖人之意。如此長利不遠垂，功名不久立。

人主不自刻以堯，而責人臣以子胥，是幸殷人之盡如比干。盡如比干則上不失，下不亡。不權其力而有田成，而幸其身盡如比干，○先慎曰：盧文弨拾補改「身」為「臣」。顧廣圻云：此二句以「其力」與「其身」相對。言人主當權其臣之力，使不得為田成，不當責其臣之身，使為比干也。或謂此有誤字，非。先慎案：顧說是。故國不得一安。廢堯、舜而立桀、紂，則人不得樂所長而憂所短。失所長，則國

家無功，守所短，則民不樂生。以無功御不樂生，脫「故」字，張、凌本有。○顧廣圻曰：乾道本此下重「以無功御不樂生」七字，藏本，今本無。先慎曰：道藏本、今本是，今據刪。不可行於齊民。如此則上無以使下，下無以事上。

安危在是非，不在於强弱；存亡在虛實，不在於衆寡。故齊萬乘也，○先慎曰：「齊」下不當有「故」字，張、凌本誤。○盧文弨曰：「齊」下脫「故」字，張、凌本有。而名實不稱，上空虛於國，內不充滿於名實，故臣得奪主。○先慎曰：「故臣得奪主」句絕。「殺」當作「桀」，形近之誤。「桀」字逗，「天子也」句，與上文「故齊萬乘也」句例同。戰國策、新序皆言宋康王「剖傴之背」，史記云：「於是諸侯皆曰桀宋。」下文「使傴以天性剖背」，是其證矣。先慎曰：顧說是。凌本不得其義而改之耳。殺天子也，○盧文弨曰：此指田成而言。而無是非。賞於無功，使讒諛以詐偽為貴；誅於無罪，使傴以天性剖背。○先慎曰：乾道本無「爲」字。顧廣圻云：藏本、今本「偽」下有「爲」字者是，今據補。天性為非，小得勝大。○顧廣圻曰：藏本同。今本「大」下有「矣」字，誤。以詐偽為是，○先慎曰：乾道本無「爲」字，顧廣圻云：藏本、今本「偽」下有「爲」字者是，今據補。先慎案：「詐偽爲是」「天性爲非」相對成文，有「爲」字者是，今據補。

明主堅內，故不外失。失之近而不亡於遠者無有。○先慎曰：乾道本「而」作「正」。顧廣圻云：「正」字當衍。先慎案：顧說是，今依凌本改。趙用賢云：「近失正國之理也」，是據誤本而爲之辭，不可從。故周之奪殷也，拾遺於庭。使殷不遺於朝，則周不敢望秋毫於境，而況敢易位乎。

明主之道忠法，其法忠心，故臨之而法，去之而思。堯無膠漆之約於當世而道行，○先慎曰：「乾道本「道」作「遺」。顧廣圻云：藏本、今本「遺」作「道」。先慎案：下「能立道於往古」即指「道行」而言，明「遺」字形近而誤，今據改。舜無置錐之地於後世而德結。○先慎曰：「乾道本「往」下有「名」字，顧廣圻云「今本無名字」，今據刪。能立道於往古○先慎曰：御覽七百六十四引有「民心」二字。而垂德於萬世者之謂明主。

守道第二十六

聖王之立法也，其賞足以勸善，其威足以勝暴，其備足以必完。法○盧文弨曰：「其備足以必完」句，凌本無「必」字，非。「法」字疑衍。治世之臣功多者位尊，力極者賞厚，情盡者名立。善之生如春，惡之死如秋。故民勸極力而樂盡情，此之謂上下相得。上下相得，故能使用力者自極於權衡，而務至於任鄙；戰士出死，○先慎曰：此當有脫字。而願為賁育；守道者皆懷金石之心，○先慎曰：趙本「皆」作「出」，是。以死子胥之節。用力者為任鄙，戰如賁育，中為金石，○顧廣圻曰：藏本、今本「中」作「守」。先慎曰：「中」字是。「中為金石」即心懷金石也，此指上「守道者皆懷金石之心」而言。則君人者高枕而守己完矣。

古之善守者，以其所重禁其所輕，以其所難止其所易。故君子與小人俱正，盜跖與曾史俱廉，何以知之？夫貪盜不赴谿而掇金，赴谿而掇金○先慎曰：乾道本不重「赴谿而掇金」五字，據道藏本、趙本補。　則身不全，賁育不量敵則無勇名，盜跖不計可則利不成。明主之守禁也，賁育見侵於其所不能勝，盜跖見害於其所不能取。○先慎曰：「賁育得而勝之」己不能守，「盜跖得而取之」。　故能禁賁育之所不能犯，守盜跖之所不能取，則暴者守愿，○先慎曰：乾道本「禍」作「耳」。顧廣圻云：今本「耳」作「禍」，誤。按「不」字衍。「耳」當作「身」，形相近也。與上句對。　邪者反正。大勇愿，巨盜貞，○先慎曰：乾道本「貞」下有「平」字，按「平」字涉下文而衍，今從趙本删。　則天下公平，而齊民之情正矣。人主離法失人，則危於伯夷不妄取，而不免於田成、盜跖之禍，○先慎案：説文：「危，在高而懼也。」故「危」有「高」義。文選七命注引論語鄭注，莊子盜跖篇釋文引李注並云：「危，高也。」此言人主雖於伯夷不妄取之高，離法失人，不能禁止臣下，終有田常、盜跖之禍。顧説謬甚。趙本「耳」作「禍」，是也。　何也？○先慎曰：乾道本「何」作「可」，今據趙本改。　今天下無一伯夷，而姦人不絕世，故立法度量。度量信則伯夷不失是，而盜跖不得非；法分明則賢不得奪不肖，強不得侵弱，眾不得暴寡。託天下於堯之法，則貞士不失分，姦人不徼幸；寄千金於羿之矢，則伯夷不得亡，而盜跖不敢取。堯明於不失姦，故天下無邪；羿巧於不失發，○先慎曰：「不失發」乾道本作「失廢」。

顧廣圻云：「藏本、今本『於』下有『不』字。乾道本『發』作『廢』，譌。」今據改。 故千金不亡。 邪人不壽○顧廣圻曰：藏本同。今本「壽」作「售」，誤。按上文云「惡之死如秋」，此其義也。而盜跖止，○王先謙曰：句絶。如此，故圖不載宰予，不舉六卿；書不著子胥，不明夫差。○王先謙曰：此宰予謂齊簡公臣，與田成爭權而死者。蓋周世有二說，或云闞止，或即以爲孔子弟子宰我也。「六卿」，晉臣。言無爭奪亡滅之禍，故圖書不得而載著。孫吳之略廢，盜跖之心伏。人主甘服於玉堂之中，而無瞋目切齒傾取之患；○先慎曰：拾補「瞋」作「瞑」。盧文弨云：「瞑」，張、凌本作「瞑」。先慎案：作「瞑」者是。莊子說劍篇「瞑目而語[二]難」。人臣垂拱於金城之内，○先慎曰：乾道本無「於」字。顧廣圻云：「今本『拱』下有『於』字。按依上文當有。」今據補。而無扼腕聚脣嗟喀之禍。○盧文弨曰：「挽」「腕」同。服虎而不以柙，禁姦而不以法，塞僞而不以符，此賁育之所患，堯舜之所難也。故設柙非所以備鼠也，所以使怯弱能服虎也；立法非所以避曾史也，○顧廣圻曰：藏本、今本「避」作「備」，按「備」字涉上句誤。所以使庸主能止盜跖也；○先慎曰：乾道本無「使」字。顧廣圻云：藏本、今本「以」下有「使」字。先慎案：依上下文當有，今據補。爲符非所以豫尾生也，所以使衆人不相謾也。 不恃比干之死節，○先慎曰：乾道本「不」下有「獨」字，盧文弨云「凌本無

〔二〕「語」，原本作「誤」，據莊子改。

『獨』字，今據刪。 不幸亂臣之無詐也；，恃怯之所能服，○盧文弨曰：「恃」凌本作「持」。顧廣圻曰：藏

本同。今本「怯」下有「士」字，誤。按依上文當有「弱」。握庸主之所易守。當今之世，爲人主忠計，爲

天下結德者，利莫長於如此。○先慎曰：「如」字衍。故君人者無亡國之圖，而忠臣無失身之畫。

明於尊位必賞，○盧文弨曰：「賞」，凌本作「法」。故能使人盡力於權衡，死節於官職。通責、育之

情，○顧廣圻曰：藏本同。今本「通」下有「於」字，誤。 不以死易生，惑於盜跖之貪，○王渭曰：「惑」字有誤。

不以財易身，則守國之道畢備矣。

用人第二十七

聞古之善用人者，必循天順人而明賞罰。循天則用力寡而功立，順人則刑罰省而令行，

明賞罰則伯夷、盜跖不亂。如此則白黑分矣。治國之臣效功於國以履位，見能於官以受職，

盡力於權衡以任事。人臣皆宜其能，勝其官，輕其任，○先慎曰： 不兼官也。而莫懷餘力於心，

莫負兼官之責於君。故內無伏怨之亂，外無馬服之患。○盧文弨曰：「馬」凌本作「矯」。王先謙

曰：凌本非也，「馬服」謂趙括。 明君使事不相干，故莫訟；使士不兼官，故技長；使人不同功，

故莫争。○先慎曰：乾道本「争」下有「訟」字。盧文弨云：「訟」字，秦本無。顧廣圻云：「訟」字衍，此涉下句而誤。

先慎案：飭令篇亦無「訟」字，今據秦本刪。争訟止，技長立，則彊弱不觳力，冰炭不合形，天下莫得相

傷，治之至也。

釋法術而任心治，○先慎曰：各本無「任」字。御覽八百三十引「心」上有「任」字，是。下「去規矩而妄意度」，

「妄意度」與「任心治」相對爲文，明此脫「任」字，今據補。堯不能正一國；去規矩而妄意度，○先慎曰：御

覽引「妄」作「委」，「治要」無「度」字，均誤。解老篇「妄」作「忘」，説詳彼。奚仲不能成一輪；廢尺寸而差短長，

王爾不能半中。○王先謙曰：「王爾」，巧工。淮南子：「王爾無所錯其剞劂」。先慎曰：「中」，音丁仲反。使中

失矣。○先慎曰：藝文類聚引「矣」作「一」。君人者能去賢巧之所不能，守中拙之所萬不失。○先慎

主守法術，拙匠執規矩尺寸，○先慎曰：各本「執」作「守」，治要、藝文類聚五十四、御覽引並作「執」。則萬不

曰：「治要」「守」上有「而」字。則人力盡而功名立。

明主立可爲之賞，設可避之罰。故賢者勸賞而不見子胥之禍，不肖者少罪而不見偏剖

背，○先慎曰：此宋康王事，安危篇云「誅於無罪，使偏以天性剖背」，是也。盲者處平而不遇深谿，愚者守静

而不陷險危。如此則上下之恩結矣。古之人曰：「其心難知，喜怒難中也。」故以表示目，

以鼓語耳，○顧廣圻曰：「鼓」當作「教」，下文「其教易知故言用」承此。以法教心。○顧廣圻曰：此「教」字誤，

未詳所當作。

君人者釋三易之數，而行一難知之心，○先愼曰：乾道本「行」下有「之」字，「知之」下無「心」

字，○顧廣圻云：「今本無上『之』字，下『之』字下有『心』字，按依上文當删補。」今據改。　如此則怒積於上而怨積

於下，以積怒而御積怨，則兩危矣。

明主之表易見，故約立；其教易知，故言用；其法易爲，故令行。三者立而上無私

心，則下得循法而治，望表而動，隨繩而斲，○先愼曰：安危篇云「一曰斲削於繩之內，二曰斲削於繩之外」，

是也。因攢而縫。○俞樾曰：「攢」字無義，當作「簪」。荀子賦篇「簪以爲父」，楊倞注：「簪形似箴而大。」是「簪」

亦「箴」類，故曰「因簪而縫」也。説文金部：「鐕，可以綴著物者。」「簪」即「鐕」之叚字。亦或作「撍」，周易豫九四「朋盍

簪」，京作「撍」，是也。古本韓子當亦作「撍」，傳寫因誤爲「攢」矣。　如此則上無私威之毒，而下無愚拙之誅。

故上君明而少怒，○顧廣圻曰：藏本同。今本「君」作「居」。　按「君」字誤。　下盡忠而少罪。

聞之曰：「舉事無患者，堯不得也。」而世未嘗無事也。君人者不輕爵禄，不易富貴，

不可與救危國。故明主厲廉恥，招仁義。昔者介子推無爵禄而義隨文公，不忍口腹而仁割

其肌，故人主結其德，書圖著其名。人主樂乎使人以公盡力，而苦乎以私奪威；人臣安乎

以能受職，而苦乎以一負二。謂一身兩役也。　故明主除人臣之所苦，而立人主之所樂。上下之

利莫長於此。不察私門之內，輕慮重事，厚誅薄罪，久怨細過，長侮偷快，長輕侮人，偷取一時之快

也。

數以德追禍，禍賊當誅，而反以德報之也。是斷手而續以玉也，故世有易身之患。

按『立』字譌。今據改。人主立難爲而罪不及，則私怨生；○先慎曰：乾道本「生」作「立」。顧廣圻云：「今本『立』作『生』。」

人臣失所長而奉難給，則伏怨結。勞苦不撫循，憂悲不哀憐。喜則譽小

人，賢不肖俱賞；怒則毀君子，使伯夷與盜跖俱辱。故臣有叛主。

命而親他主。如此則人臣爲隙穴，而人主獨立。以隙穴之臣而事獨立之主，此之謂危殆。

不能盡力而務功；○顧廣圻曰：藏本同。今本「見」上有「民」字。按當脫「燕」字。魯見說，而不能離死

使燕王內憎其民而外愛魯人，○先慎曰：乾道本不提行，今依趙本。則燕不用而魯不附。見憎，

釋儀的而妄發，雖中小不巧；○顧廣圻曰：藏本同。今本「小」作「而」，誤。釋法制而妄怒，雖殺

戮而姦人不恐。罪生甲，禍歸乙，伏怨乃結。故至治之國，有賞罰而無喜怒。故聖人極有刑

法，而死無蝥毒，故姦人服。發矢中的，賞罰當符，故堯復生，羿復立。如此則上無殷夏之

患，下無比干之禍，君高枕而臣樂業，道蔽天地，○先慎曰：「蔽」當作「被」。德極萬世矣。

夫人主○先慎曰：乾道本連上，今依趙本提行。不塞隙穴，而勞力於赭堊，暴雨疾風必壞。不去

眉睫之禍，而慕賁育之死；不謹蕭牆之患，而固金城於遠境；不用近賢之謀，而外結萬乘

之交於千里。飄風一旦起，則賁育不及救，而外交不及至，禍莫大於此。當今之世爲人主忠

計者，必無使燕王説魯人，無使近世慕賢於古，無思越人以救中國溺者。○先慎曰：見説林上

「魯穆公」條。

如此則上下親，内功立，外名成。

功名第二十八

明君之所以立功成名者四：一曰天時，二曰人心，三曰技能，四曰勢位。非天時，雖十

堯不能冬生一穗；逆人心，雖賁育不能盡人力。故得天時則不務而自生，○先慎曰：乾道本無

「不」字。盧文弨云：「則」下脱「不」字，凌本有。先慎案：治要有「不」字，今據補。得人心則不趣而自勸，因技

能則不急而自疾，得勢位則不進而名成。○先慎曰：各本「進」上有「推」字，案「推」即「進」字誤而衍者，治

要無，今據刪。若水之流，若船之浮。守自然之道，行毋窮之令，故曰明主。

夫有材而無勢，雖賢不能制不肖。故立尺材於高山之上，下臨千仞之谿，○先慎曰：乾道本

「下」作「則」。「千」作「十」。盧文弨云：「則」字，凌本作「而下」二字。「十」，張，凌本作「千」。先慎案：意林「則」作

「下」，「十」作「千」，今據改。材非長也，位高也。桀爲天子，能制天下，非賢也，勢重也。堯爲匹

夫，不能正三家，非不肖也，位卑也。千鈞得船則浮，錙銖失船則沈。○先慎曰：白孔六帖十一引

兩「船」字並作「舟」。

非千鈞輕而錙銖重也，○先慎曰：乾道本「鈞」作「金」，無「而」字。盧文弨云：「金」，藏本

作「鈞」。先慎案：上文作「鈞」，明「鈞」者是，「而」字脫，據藝文類聚七十一、白孔六帖、御覽七百六十八引改補。有勢

之與無勢也。故短之臨高也以位，不肖之制賢也以勢。人主者，天下一力以共載之，故安；

眾同心以共立之，故尊。人臣守所長，盡所能，故忠。以尊主主御忠臣，則長樂生而功名

成。名實相持而成，○盧文弨曰：「尊主」下馮校添「以尊」二字。「持」，張本作「待」。王渭曰：當衍一「主」字。

先慎曰：王說是。「持」字，御覽三百七十引作「須」。形影相應而立，故臣主同欲而異使。人主之患在莫

之應，故曰：一手獨拍，雖疾無聲。人臣之憂在不得一，故曰：右手畫圓，左手畫方，不能

兩成。○先慎曰：御覽三百七十引「右」「左」互易。故曰：至治之國，君若桴，臣若鼓，技若車，事若

馬。故人有餘力易於應，而技有餘巧便於事。○先慎曰：乾道本無「便」字。顧廣圻云：「易」字當衍。

今本「巧」下有「便」字，誤，藏本無。先慎案：有「便」字是，此二文相對。顧氏以上「易」字爲衍，故下不應有「便」字。改

從今本。立功者不足於力，親近者不足於信，成名者不足於勢。近者已親，而遠者不結，則名

不稱實者也。○盧文弨曰：張、凌本無「者」字。聖人德若堯舜，行若伯夷，而位不載於世，則功不立

名不遂。故古之能致功名者，眾人助之以力，近者結之以成，遠者譽之以名，尊者載之以勢。

如此，故太山之功長立於國家，而日月之名久著於天地。○先慎曰：乾道本「名」作「明」。顧廣圻云：

「藏本『明』作『名』。」王渭云：「文選解嘲注引此作『名』。『名』字是，此皆以『功』、『名』對言。」今據改。　此堯之所

以南面而守名，○顧廣圻曰：藏本同。　今本「名」作「功」誤。　舜之所以北面而效功也。

大體第二十九

古之全大體者，○盧文弨曰：孫詒穀云：文選四子講德論注引作「古之人君大體者」。先慎曰：治要、御覽四

百二十九引與本書同，選注誤，不可從。　望天地，觀江海，因山谷，日月所照，四時所行，雲布風動；

不以智累心，○先慎曰：御覽引「智」作「欲」。　不以私累己；○先慎曰：治要「私」作「心」。　寄治亂於法

術，託是非於賞罰，屬輕重於權衡；不逆天理，不傷情性；不吹毛而求小疵，不洗垢而察

難知；不引繩之外，不推繩之內；○先慎曰：用人篇云「隨繩而斲」，是也。　不急法之外，不緩法之

內；守成理，因自然；禍福生乎道法而不出乎愛惡，榮辱之責在乎己而不在乎人。故至

安之世，○先慎曰：乾道本「至」上有「致」字。顧廣圻云：今本無「致」字。先慎案：「致」即「至」字誤而複者，改從

今本。　法如朝露，純樸不散；○先慎曰：乾道本「樸」作「撲」，今從趙本改。　心無結怨，口無煩言。故車

馬不疲弊於遠路，旌旗不亂於大澤，萬民不失命於寇戎，雄駿不創壽於旗幢；豪傑不著名

於圖書，不錄功於盤盂，記年之牒空虛。故曰：利莫長於簡，福莫久於安。使匠石以千歲

之壽操鉤，○顧廣圻曰：藏本同。今本「鉤」作「鈞」，誤。視規矩，舉繩墨而正太山；使賁育帶干將而

齊萬民；雖盡力於巧，極盛於壽，太山不正，民不能齊。故曰：古之牧天下者，不使匠石

極巧以敗太山之體，不使賁育盡威以傷萬民之性。因道全法，君子樂而大姦止，澹然閒

靜，因天命，持大體。故使人無離法之罪，魚無失水之禍。如此，故天下少不可。○盧文弨曰：

「少」凌本作「無」。○顧廣圻曰：藏本同。今本「可」作「治」，誤。

上不天則下不偏覆，心不地則物不畢載。○先慎曰：乾道本「畢」作「必」，今據治要改作「畢」。太

山不立好惡，故能成其高；江海不擇小助，故能成其富。故大人寄形於天地而萬物備，歷

心於山海而國家富。○先慎曰：治要注：「歷」作「措」。上無忿怒之毒，○先慎曰：治要「毒」作「志」，注云：

「志」作「毒」。○下無伏怨之患，○先慎曰：「怨」舊作「您」，改之。上下交順，○先慎曰：乾道本「順」

作「撲」，○盧文弨云：「撲」凌本作「順」。今據改。以道為舍。故長利積，大功立，名成於前，德垂於後，

治之至也。

韓非子集解卷第九

内儲說上七術第三十

「儲」，聚也。謂聚其所說，皆君之内謀，故曰内儲說。

主之所用也七術，所察也六微。○先慎曰：即内儲說下。 七術：一曰眾端參觀，「端」，直也。

欲求眾直，必參驗而聽觀也。○先慎曰：注誤。方言十：「緤，未紀緒也，南楚或曰『端』。」引申之，則凡未紀緒皆謂之「端」。禮記中庸：「執其兩端。」詩載驅序箋：「故，猶端也。」疏立云：「端，謂頭緒也。」此謂頭緒眾多，則必參觀，否則誠不得聞而爲臣壅塞矣。若訓爲「直」，則與下文不合。 二曰必罰明威，三曰信賞盡能，四曰一聽責下，專聽一理，必有失，責下不一，能則不明。○先慎曰：「責下」，謂責臣下專司之事，下云「責下則人臣不參」是也。注未明晰。 五曰疑詔詭使，疑危而制之，譎詭而使之，則下不敢隱情。○先慎曰：乾道本注「詭而」下衍「同」字，今從趙本刪。 六曰挾知而問，○先慎曰：下文「知」作「智」字同。 七曰倒言反事。 或倒其言，或反其事，則姦情可得而盡。 此七者，主之所用也。

觀聽不參則誠不聞，「不參」，謂偏聽一人，則誠者莫告。○先慎曰：乾道本連上，盧文弨云：「本提行。」今據改。

聽有門戶則臣雍塞。其聽有所從，若門戶然，則為臣所塞。○先慎曰：拾補「雍」改「壅」。盧文弨云：後凡「擁」字，皆本作「壅」。○先慎按：趙本注「其」作「各」。

其說在侏儒之夢見竈，侏儒夢竈，言竈有一人煬，則後人不見，此譏靈公偏聽子瑕。○先慎曰：乾道本無「在」字，顧廣圻云：「今本『說』下有『在』字，按依句例當補。」改從今本。

哀公之稱「莫衆而迷」。公言謀事，無衆故迷。孔子對舉國盡黨季孫，與之同亂，是一國為一人，公之迷宜矣。○先慎曰：乾道本「乙」作「乞」，下同。顧廣圻云：藏本「乞」作「乙」，是也。先慎案：策正作「乙」，今據改。

故齊人見河伯，齊王專信一人，故被誑以大魚為河伯。**與惠子之言「亡其半」也。**惠子言君之謀事，有半疑，有半今皆稱不疑，則雷同朋黨，故曰「亡其半」。此上五說皆不參門戶之聽。○盧文弨曰：注「半疑」下衍「有半」二字。

其患在豎牛之餓叔孫，叔孫專聽豎牛，故身餓死，而二子戮亡也。

而江乙之說荊俗也。荊俗不言人惡，故白公得以為亂。

嗣公欲治不知，謂不知治之術也。**故使有敵。**恐其所貴臣妾擁己，故更貴臣妾以敵之，彼得敵，適足以成其朋黨，為擁更甚也。

是以明主推積鐵之類，積鐵為室，盡以備矢，則體不傷。積疑為心，盡以備臣，則姦不生。**而察一市之患。**雖一市之人言市有虎，猶未可信，況三人乎。○先慎曰：乾道本注「虎」上衍「之」字，今從趙本刪。

市之患。

參觀一

愛多者則法不立，威寡者則下侵上。是以刑罰不必，則禁令不行。其說在董子之行

石邑，董子至石邑，象深澗以立法，故趙國治也。與子產之教游吉也。子產教游吉，令法火以嚴斷。○先慎曰：趙本注「火」誤作「吏」。故仲尼説隕霜，仲尼對哀公言隕霜不殺草，則以宜殺而不殺故也。○盧文弨曰：注「將行」，一本有「官名」二字。而殷法刑棄灰；○先慎曰：將行去樂池，將行以樂池不專任以刑賞之柄，故去之。○而公孫鞅重輕罪。公孫鞅謂輕罪尚不能犯，則無由犯重罪，故先重輕罪。○先慎曰：是以麗水之金不守，竊麗水之金其罪辜磔，猶竊而不止，則有竊而獲免者，故雖重罪不止也。○先慎曰：「守」當作「止」，註不誤。而積澤之火不救。魯之積澤成歡後作火焚而人不救，則以不行法故也。成歡以太仁弱齊國，成歡以齊王太仁，知其必弱齊國。○盧文弨曰：

「讙」荀子解蔽篇作「戴讙」。顧廣圻曰：「説」作「讙」、「驩」、「讙」同字。先慎曰：「歡」、「驩」、「讙」三字古通用。禮記樂記「鼓鼙之聲讙」注：「或為『驩』。」「驩」為馬名本字。孟子「驩如」，荀子大略篇「夫婦不得不驩」，皆以「驩」為歡樂字。「驩」、「歡」、「讙」音義並同，故通用。春秋文公六年「晉侯驩」，公羊作「讙」，史記作「歡」，是其證。荀子楊注引「成」作「戴」，誤，説見下。卜皮以慈惠亡魏王。卜皮以魏王慈惠，知其必亡其身也。○盧文弨曰：注上「其」字一本無。先慎曰：乾道本注脱「知」字，今從趙本。管仲知之，故斷死人；管仲知國當〔二〕嚴，禁人之厚葬，不用命者戮其尸。嗣公知之，故買胥靡。嗣公亦知國當必罰，有胥靡逃之，以一都買而誅之。

必罰二

〔二〕「當」，原本作「常」，形近而誤，今改。

賞譽薄而謾者下不用，「謾」，欺也。○先慎曰：乾道本「用」下有「也」字。顧廣圻云：藏本、今本無「也」字。

先慎案：無「也」字是也。「下不用」與「下輕死」句法一律，不當有「也」字，今據刪。

賞譽厚而信者下輕死。其說在文子稱「若獸鹿」。獸鹿唯就薦草，猶人臣之歸恩厚也。故越王焚宮室，焚其室者，欲行賞罰於救火，以驗人之用命。而吳起倚車轅，賞移轅者，欲示其信而不欺也。

宋崇門以毀死。崇門之人居喪而癠，君與之官，故多毀死者。李悝斷訟以射，欲人之善射，故其斷訟與善射者理也。

句踐知之，故式怒鼃，句踐知勸賞可以詔人，故式怒鼃以求勇。注趙本「詔」作「招」。○先慎曰：乾道本無「之」字。顧廣圻云：藏本、今本無「之」字。今據補。

昭侯知之，故藏弊袴。○先慎曰：「弊」，今本作「蔽」，誤。先慎案：有者是也，

厚賞之使人爲賁、諸也，婦人之拾蠶，漁者之握鱣，是以效之。「拾蠶」、「握鱣」而不惱者，利在故也。謂厚賞之下，可使人人爲賁、諸，然而婦人拾蠶，漁者握鱣，利之所在則忘其所惡，皆爲孟賁、專諸」，是其義也。此得利忘難之效也。

○俞樾曰：「是以效之」當作「以是效之」。「效」者，明也。「是」即指「婦人」、「漁者」而言。謂厚賞之下，可使人人爲賁、諸，以「婦人之拾蠶，漁者之握鱣」明之也。下文云「鱣似蛇，蠶似蠋，人見蛇則驚駭，見蠋則毛起，然而婦人拾蠶，漁者握鱣，利之所在則忘其所惡，皆爲孟賁」，是其義也。荀子正論篇「故桀、紂無天下，而湯、武不弒君，由此效之也」楊注曰：「效，明也。」與此文句法正同，今誤作「是以效之」。舊注謂「此得利忘難之效也」失其解矣。

賞譽三

一聽則愚智不分，直聽一理，不反覆參之，則愚智不分。責下則人臣不參。下之材能一一責之，則人臣

不得參褦。其説在索鄭魏王以鄭本梁地，故索鄭而合之；不思梁本鄭地，鄭人亦索梁而合之。此一聽之過也。與吹竽。混商吹竽，是不責下也，故令得參褦。○盧文弨曰：注「混商」當是「混同」。其患在申子之以趙紹、韓沓爲嘗試。申子爲請兵，先令趙紹、韓沓嘗韓君，知其意然後説，終成其私也。○盧文弨曰：注「申子爲」下脱「趙」字。先慎曰：「趙紹」「韓沓」，國策作「趙卓、韓晁」。故公子氾議割河東，韓王欲河東以搆三國，此非計也，公子氾激君行令。○盧文弨曰：注「韓王欲」下脱「割」字。而應侯謀弛上黨。應侯謀上黨亦非計也，秦王從之。此上二事皆一聽之患也。○先慎曰：注「謀」下脱「弛」字。

一聽四

數見久待而不任，姦則鹿散；謂人數見於君，或復久待，雖不任用，外人則謂此得主之意，終不敢爲姦，如鹿之散。○顧廣圻曰：「姦則鹿散」四字爲一句。使人問他則不鬻私。謂使此雖知其所爲，陽若不知，更試以他事，或問之他人，不敢鬻其私矣。「鬻」，猶售。是以龐敬還公大夫，龐敬使市者不爲姦，故還大夫而警之。而戴讙詔視輼車；戴讙欲知奉笴者，更使視輼車。周主亡玉簪，周主故亡玉簪，以求神明之譽也。商太宰論牛矢。

詭使五

太宰詭論牛矢，以求聽察之名也。

挾智而問，則不智者至，挾己所智而有所問，則雖不智者莫不皆智也。○趙用賢曰：言挾己之智而問，則自多其智，故不智者反得以用其欺。是不若深知一物，則智有所積，而眾隱皆變爲顯也。乃與下事相合，注非。顧廣圻曰：「智」讀爲知，下同。深智一物，眾隱皆變。於一物智之能深，則眾隱伏之物莫不變而露見。○先慎曰：乾道本注「於」下有「伏」字，今從趙本刪。其説在昭侯之握一爪也。握爪佯亡，以驗左右之誠。故必南門而三鄉得。必審南門之牛犯苗，而三鄉之犯者皆得其情實。○顧廣圻曰：藏本同。今本「必」下有「審」字，誤。○盧文弨曰：注「陰情」誤作「陰懼」。先慎曰：「事」當作「使」。下文「卜皮爲縣令，其御史汙穢，而有愛妾，卜皮乃使少庶子佯愛之，以知御史陰情」，正作「使」字。注作「使庶子」是也，謂「愛御史」亦誤。曲杖而羣臣懼，私得曲杖，羣臣聳懼。卜皮事庶子，使庶子愛御史，卜皮使庶子佯愛御史之愛妾，非愛御史也。下説注同誤。西門豹詳遺轊。謀遺其轊，欲取清明之稱也。○盧文弨曰：注「詳」譌作「謀」。顧廣圻曰：「説」「詳」「佯」同字。

挾智六

倒言反事，以嘗所疑，則姦情得。倒錯其言，反爲其事，以試其所疑也。故陽山謾樛豎，偽謾樛豎知君疑也。○先慎曰：乾道本「樛」作「摎」。顧廣圻云：「陽山」當倒，詳後。藏本、今本「摎」作「樛」。先慎案：「樛」字是，下文亦作「樛」。此誤，今據改。淖齒爲秦使，詐爲秦使知君惡己。齊人欲爲亂，佯逐所愛，令君知而不疑。

子之以白馬，謬言白馬，以驗左右之誠。子產離訟者，分離訟者，便得兩訟之情。嗣公過關市。知過者之輸金，便得聽察之稱。○先慎曰：注「聽」字當作「明」，下文「而以嗣公為明察」，是其證。

倒言七　右經

〔一〕○盧文弨曰：凌本作「傳一」，下倣此。

衛靈公之時，彌子瑕有寵，專於衛國。○先慎曰：難四篇無「專」字。侏儒有見公者曰：「臣之夢踐矣。」○先慎曰：乾道本「踐」作「賤」。盧文弨云：「賤」，凌本作「踐」。先慎案：作「踐」是，今據改。難四篇作「淺」，亦誤。公曰：「何夢？」對曰：「夢見竈，為見公也。」公怒曰：「吾聞見人主者夢見日，奚為見寡人而夢見竈？」對曰：「夫日兼燭天下，一物不能當也；言一物不能蔽日之光也。人君兼燭一國，○先慎曰：乾道本「國」下有「人」字。盧文弨云：凌本無下「人」字。先慎案：「人」字涉下文而衍，難四篇無「人」字，是其證，今據刪。一人不能擁也。一人不能擁君之明。○顧廣圻曰：「擁」當作「壅」。故將見人主者夢見日。夫竈一人煬焉，則後人無從見矣。人煬，則蔽竈之光，故後人不見之。「煬」，然也。○先慎曰：注「之煬」當作「煬之」。今或者一人有煬君者乎？此譏彌子瑕專擁蔽君之明也。○先慎曰：乾道本注「也」作「乎」。盧文弨云：「一本無上『者』字。注『乎』字誣，本作『也』。」今據改。則臣雖夢見竈，不亦可乎！」

魯哀公問於孔子曰：「鄙諺曰：『莫眾而迷。』今寡人舉事與羣臣慮之，而國愈亂，其故何也？」○先慎曰：乾道本無「何」字，顧廣圻云：「藏本、今本『故』下有『何』字，今據補。 孔子對曰：「明主之問臣，一人知之，一人不知也。」「一人知之，一人不知」，則得再三詳議。如是者，明主在上，羣臣直議於下。今羣臣無不一辭同軌乎季孫者，舉魯國盡化爲一，舉國既化爲一，則不得論其是非也。○先慎曰：趙本注「不」作「安」。君雖問境內之人，猶不免於亂也。」境內之人，亦與季孫爲一，故問之無益。○先慎曰：乾道本「猶」下有「之人」二字。顧廣圻云：「藏本無「人」字，今本無『之人』二字。先慎案：「之人」二字涉上文而衍，今據刪。 一曰：○顧廣圻曰：按「一曰」者，劉向叙錄時所下校語也。謂「一」見於晏子春秋，其所「曰」者如此。凡本書「一曰」皆同例。 晏嬰子聘魯，○盧文弨曰：凌本無「嬰」字。 哀公問曰：○王渭曰：晏子春秋「哀」作「昭」。 「語曰：『莫三人而迷。』」○先慎曰：注「知」字衍。 今寡人與一國慮之，魯不免於亂，何也？」晏子曰：「古之所謂『莫三人而迷』者，一人失之，二人得之，三人足以爲眾矣，故曰『莫三人而迷』。今魯國之羣臣以千百數，一言於季氏之私，○先慎曰：謂眾口同聲也。人數非不眾，所言者一人也，安得三哉！」齊人有謂齊王曰：「河伯，大神也，○先慎曰：御覽八百八十二引「大」作「水」。王何不試與之遇乎？臣請使王遇之。」乃爲壇場大水之上，○先慎曰：乾道本「乃」作「遇」，拾補作「乃」。盧文弨云：

「乃」字脫，張本有。顧廣圻云：藏本「遇」作「乃」，今本無。俞樾云：上「遇」字當作「與」，上文云「王何不試與之遇乎」，故此云「臣請使王與之遇」。乾道本作「遇之遇」，傳寫誤耳。道藏本改下「遇」字爲「乃」字，屬下讀，趙本並删「乃」字，均非其舊。先慎案：下「遇」字爲「乃」之譌。「乃」與「迺」同，爾雅：「迺，乃也。」俗作「迺」，「迺」與「遇」字形相近，乾道本因譌作「遇」，趙本從而删之，惟道藏本、張本不誤。讀當於「之」絕句，「迺」字屬下讀。「請使王遇之」，「使」字即有「與」之意，既言「使」，不得復言「與」。且下文「爲壇場大水之上」上無「迺」字，則文氣不接。俞說非也。御覽引正作「乃」，今據改。

而與王立之焉。有間，大魚動，因曰：「此河伯。」直信一人言，故有斯弊。

張儀欲以秦、韓與魏之勢伐齊、荆，而惠施欲以齊、荆偃兵。以齊、荆爲援，則秦、韓不敢加兵，故兵可偃也。二人爭之。羣臣左右皆爲張子言，而以攻齊、荆爲利，而莫爲惠子言。王果聽張子，而以惠子言爲不可。攻齊、荆事已定，惠子入見。王言曰：○先慎曰：「言」字不當有，涉下文而衍。「先生毋言矣！攻齊、荆之事果利矣，一國盡以爲利，是何智者之衆也？攻齊、荆之事誠不利，○先慎曰：乾道本「不」下有「可」字，顧廣圻云：藏本、今本無「可」字。今據删。一國盡以爲利，何愚者之衆也？凡謀者，齊、荆之事也誠利，一國盡以爲然。」惠子因說：「不可不察也。夫疑也。有疑然後謀。疑也者，誠疑以爲可者半，以爲不可者半。若誠有疑，則可半不可半。今一國盡以爲可，是王亡半也。無致疑之人，故亡其半。劫主者，固亡其半者也。」無人致疑，則大盜得恣其謀。田成趙高成其篡殺者，無人疑故也。○先慎曰：乾道本「篡」上有「言」字，今依趙本删。

叔孫相魯，貴而主斷。其所愛者曰豎牛，亦擅用叔孫之令。叔孫有子曰壬，豎牛妒而欲殺之。因與壬游於魯君所，魯君賜之玉環，壬拜受之而不敢佩，使豎牛請之叔孫，豎牛欺之

曰：「吾已爲爾請之矣，使爾佩之。」壬因佩之。豎牛因謂叔孫：「何不見壬於君乎？」叔孫曰：「孺子何足見也？」豎牛曰：「壬固已數見於君矣，○先慎曰：乾道本「壬」上無「豎牛曰」三

字，顧廣圻云：「今本有『豎牛曰』三字。」今依補。君賜之玉環，壬已佩之矣。」叔孫召壬見之，而果佩之，叔孫怒而殺壬。壬兄曰丙，豎牛又妒而欲殺之。叔孫爲丙鑄鐘，鐘成，丙不敢擊，使豎

請之叔孫。豎牛不爲請，又欺之曰：「吾已爲爾請之矣，○先慎曰：乾道本「已爲」二字作「以」字，顧

廣圻云：藏本「以」上有「爲」字，今本有「豎牛曰」三字。○先慎案：此與上文「吾已爲爾請之矣」句法一律，作「已爲」者是也。御

覽五百七十五引正作「已爲」，今據改。使爾擊之。」丙因擊之。叔孫聞之曰：「丙不請而擅擊鐘。」

怒而逐之。丙出走齊，居一年，豎牛爲謝叔孫，叔孫使豎牛召之，又不召而報之曰：「吾已

召之矣，丙怒甚，不肯來。」叔孫大怒，使人殺之。二子已死，叔孫有病，豎牛因獨養之，而去

左右，不内人，曰：「叔孫不欲聞人聲。」因不食而餓死。○先慎曰：乾道本無「因」字，「死」作「殺」。

盧文弨云：「『殺』，一本作『死』。」顧廣圻云：「藏本、今本『不』上有『因』字。」今據增改。叔孫已死，豎牛因不

發喪也，徙其府庫重寶空之而奔齊。○先慎曰：事見左昭四年傳。彼言仲壬奔齊，此謂孟丙。左氏記當時

事，韓子傳聞，故不相符。夫聽所信之言而子父爲人僇，此不參之患也。

江乙爲魏王使荊。○先慎曰：乾道本連上，今從趙本提行。謂荊王曰：「臣入王之境內，聞王之國俗曰：『君子不蔽人之美，不言人之惡。』誠有之乎？」王曰：「有之。」「然則若白公之亂，得庶無危乎！」不言人惡，則白公得成其姦謀，故危也。○顧廣圻曰：藏本、今本無「庶」字。楚策云：「得遂乎！」誠得如此，臣免死罪矣。」有惡不言，何罪之有。

衛嗣君○先慎曰：「君」當作「公」。嗣公，衛平侯之子，秦貶其號爲君，非此書未入秦作，必不從秦所貶爲稱。且上經「嗣公欲治不知」，不作「君」，是「君」當爲「公」之誤。荀子王道篇注引此正作「公」。重如耳，愛世姬，○顧廣圻曰：荀子注引「世」作「泄」，按「世」、「泄」同字。而恐其皆因其愛重以壅己也，○先慎曰：荀子注引「壅」作「雍」，古字通。乃貴薄疑以敵如耳，○先慎曰：乾道本「敵」下有「之」字。盧文弨云：案：張榜本無，荀子注引亦無「之」字，今據刪。尊魏姬以耦世姬，○先慎曰：荀子注引「魏姬」作「魏妃」。曰：「以是相參也。」嗣君知欲無壅，而未得其術也。夫不使賤議貴，賤不得與貴議也。○先慎曰：賤不得訾議貴者也，舊注誤。下必坐上，下得罪，必坐於與上議也。○盧文弨曰：凌本作「下偪上」，但注不如此。先慎曰：「必」字衍文，「賤議貴」、「下坐上」均承上「夫不使」來。「坐」，即商君告坐之法。不使下坐上者，不使下與上告坐也。八說篇：「明君之道，賤得議貴，下必坐上，不待勢重之鈞也。」此與八說相反，故云「不使賤議貴，下坐上」凌本不知

「必」字之誤，而改「必坐」爲「偪」，得其意而失其真矣。注不可讀，盧氏據之，亦非。而必待勢重之鈞也，而後敢

相議，今兩受，勢重既鈞，正可相與議。則是益樹雍塞之臣也，兩受共謀，爲雍更甚，此嗣君不得術。〇盧文弨

曰：注「兩愛共謀」「愛」讞「受」。嗣君之雍乃始。〇先慎曰：言乃自此始。

夫矢來有鄉，「鄉」方也。有來從之方。則積鐵以備一鄉，謂聚鐵於身以備一處，即甲之不全者也。

矢來無鄉，則爲鐵室以盡備之。謂甲之全者，自首至足無不有鐵，故曰「鐵室」。備之則體不傷。故彼以

盡備之不傷，此以盡敵之無姦也。言君亦當盡敵於臣，皆所防疑，則姦絕也。〇先慎曰：趙本注「所」下有

「以」字。盧文弨云：注「以」字衍。

龐恭與太子質於邯鄲，〇顧廣圻曰：魏策「恭」作「葱」，姚校云：「孫作『恭』」。按「恭」字是，新序亦作

「恭」。下文有「龐敬縣令也」，當是一人。先慎曰：事類賦二十引「恭」作「共」，古字通用。謂魏王曰：「今一人

言市有虎，王信之乎？」曰：「不信。」〇先慎曰：御覽一百九十一又八百二十七、八百九十一、事類賦二十

引「不信」二字並作「不」，下同。「二人言市有虎，王信之乎？」曰：「不信。」「三人言市有虎，王信

之乎？」王曰：「寡人信之。」龐恭曰：「夫市之無虎也明矣，然而三人言而成虎。今邯鄲

之去魏也遠於市，議臣者過於三人，願王察之。」龐恭從邯鄲反，竟不得見。〇先慎曰：事類賦引

「見」作「入」。

〔二〕董閼于爲趙上地守，○先慎曰：藝文類聚九又五十四、御覽卷六十九又六百三十八引「閼」作「安」，案

二字古通，說見難言篇。　行石邑山中，見深澗峭如牆，○先慎曰：各本「見深澗」作「澗深」，今據藝文類聚、御覽

引改。　深百仞，因問其旁鄉左右○先慎曰：藝文類聚、御覽引無「旁」字。曰：「人嘗有入此者乎？」

對曰：「無有。」曰：「嬰兒盲聾狂悖之人嘗有入此者乎？」○先慎曰：藝文

選永明九年策秀才文注引改。藝文類聚、御覽引「盲」作「狂」，亦誤。　對曰：「無有。」「牛馬犬彘嘗有入此者

乎？」○先慎曰：藝文類聚引「牛」上重「有」字。案「有」當爲「曰」之譌，此脫，上文正有「曰」字，即其證。藝文類聚上

「曰」字亦作「有」。　對曰：「無有。」董閼于喟然太息曰：○先慎曰：拾補「太」作「大」。「吾能治矣，

使吾法之無赦，○先慎曰：乾道本「法」作「治」，盧文弨云「治」，張凌本作「法」。顧廣圻云：藏本「治」作「法」。

王渭云：文選注引作「吾法無赦也」。先慎案：藝文類聚、御覽引並作「法」，今據改。　猶入澗之必死也，則人莫

之敢犯也，何爲不治！」○先慎曰：各本句末有「之」字。盧文弨云：文選注引句上有「又」字，無「之」字。先慎

案：藝文類聚引亦無「之」字，今據刪。

子產相鄭，○先慎曰：乾道本連上，今從趙本提行。病將死，謂游吉曰：「我死後，子必用鄭，必

以嚴蒞人。夫火形嚴，故人鮮灼；水形懦，故人多溺。○先慎曰：乾道本無「故」字。盧文弨云：

「故」字脫，藏本有。先慎案：此與上文句法一例，有「故」字是，今據增。子必嚴子之刑，○先慎曰：乾道本「刑」作

「形」，顧廣圻云：「今本『形』作『刑』，案當作『刑』，下同。」今據改。無令溺子之懦。」故子産死。○盧文弨曰：

「故」字衍。游吉不忍行嚴刑。○先慎曰：乾道本作「游吉不肯嚴形」。盧文弨云：「張、凌本作『游吉不忍行嚴

刑』。」今據改。鄭少年相率爲盜，處於藋澤。○盧文弨曰：「詩小弁『萑葦淠淠』，韓詩外傳作『萑苻之澤』，唐石經初刻「萑」作「藋」，李

義山詩：「直是滅萑蒲」，「萑」乃「藋」之省文。先慎曰：詩「萑葦淠淠」，「是」「藋」爲今文，「萑」爲

古文也。將遂以爲鄭禍。游吉率車騎與戰，一日一夜，僅能剋之。游吉喟然歎曰：「吾蚤行

夫子之教，必不悔至於此矣！」

魯哀公問於仲尼曰：「春秋之記曰：『冬十二月霣霜不

殺菽。』○顧廣圻曰：春秋經僖公三十三年「菽」作「草」。先慎曰：「菽」當作「草」，下云「草木猶犯干之」，承此而言，

明「菽」爲「草」之譌。周之十二月，即今之十月，不應有菽，且菽亦不得言可以殺也。前經注引正作「草」，明注所據之本尚

未誤。何爲記此？」仲尼對曰：「此言可以殺而不殺也。夫宜殺而不殺，桃李冬實。○顧廣圻

曰：藏本「桃」作「梅」。按春秋經云「李梅實」，天失道，草木猶犯干之，而況於人君乎！」人君失道，人臣凌

之者宜。○盧文弨曰：藏本「人君」作「君人」倒。

殷之法刑棄灰於街者。○先慎曰：初學記二十引「刑」字在「者」字下。子貢以爲重，問之仲尼。○先慎曰：初學記引「掩」作「燔」。

仲尼曰：「知治之道也。夫棄灰於街必掩人，灰塵播揚，善掩翳人也。

掩人，人必怒，怒則鬬，鬬必三族相殘也。〔因鬬相殘傷。〕此殘三族之道也，雖刑之可也。且夫重罰者，人之所惡也；而無棄灰，人之所易也。使人行之所易而無離所惡，此治之道。○先慎曰：行之所易，即去其所易也。「行」猶去也。下「公孫鞅」章正作「去其所易」。「之」猶其也。「離」，讀爲罹。

一曰：殷之法棄灰于公道者斷其手。子貢曰：「棄灰之罪輕，斷手之罰重，古人何太毅也？」〔毅，酷也。〕曰：「無棄灰，所易也；斷手，所惡也。行所易，不關所惡，古人以爲易，故行之。」○先慎曰：不關所惡，謂不入斷手之法也。書大傳「雖禽獸之聲猶悉關於律」注：「關，猶入也。」

中山之相樂池以車百乘使趙，選其客之有智能者以爲將行，〔將主行道之人，以爲行位。〕○先慎曰：「能」下有「有」字。顧廣圻云：「藏本、今本無下『有』字。」今據刪。中道而亂。樂池曰：「吾以公爲有智，而使公爲將行，○先慎曰：依上文，「智」下脱「能」字。今中道而亂，何也？」客因辭而去，曰：「公不知治。有威足以服之人，○顧廣圻曰：藏本同。今本「之」誤「人」。而利足以勸之，○顧廣圻曰：藏本同。今本無「之」字，誤。依下句此當衍「人」字。故能治之。今臣，君之少客也。〔言在客之少也。〕夫從少正長，從賤治貴，而不得操其利害之柄以制之，此所以亂也。嘗試使臣，彼之善者我能以爲卿相，彼不善者我得以斬其首，○顧廣圻曰：藏本同。今本「得」作「能」，誤。何故而不治！」

公孫鞅之法也重輕罪。重罪者，人之所難犯也；○先慎曰：乾道本無「重罪」二字。顧廣圻云：

今本「者」上有「重罪」二字。先愼案:「重罪」二字,與下「小過」相對,今本有是也,今依增。

去也。　使人去其所易,無離其所難,此治之道。夫小過不生,大罪不至,是人無罪而亂不生也。今重輕罪〔二〕,輕罪避,故能無罪而不生亂也。不犯輕,自然無重罪也。○俞樾曰:「不至」當作「不生」,言犯輕罪者不得生也。商子說民篇曰「輕者不生」,「重者不來」,言犯重罪者不得生也。是其證。　一曰:公孫鞅曰:「行刑重其輕者。輕者不至,重者不來。是謂以刑去刑。」以輕刑去重刑。

荆南之地,麗水之中生金,人多竊采金。采金之禁,得而輒辜磔於市,甚衆,壅離其水也,又設防禁遮擁,令人離其水也。○顧廣圻曰:「離」讀爲籬。俞樾曰:此言辜磔其人而棄尸於水之中,流爲積尸壅過,遂至分流,是謂「壅離其水」,極言辜磔者之多也。據下文云「夫罪莫重辜磔於市,猶不止者,不必得也。」且設禁遮擁令人離水而猶竊金不止,則是設禁之未善,與下文「不必得」及「知必死」之意不相應矣。顧氏讀「離」爲「籬」,此亦不得其解而強爲之辭。先愼曰:俞說是。「采金之禁」句。「得」,謂獲其人也。「而輒辜磔於市」「而」猶則也。而人竊金不止。夫罪莫重辜磔於市,猶不止者,不必得也。言犯罪者不必〔一〕皆得而有免脱者,則人幸其免脱而輕犯重罪。故今有於

〔二〕　「今重輕罪」原本作「今重罪輕」,據上文「公孫鞅之法也重輕罪」乙。

此，曰：「予汝天下而殺汝身。」庸人不爲也。夫有天下，大利也，猶不爲者，知必死。故不必得也，則雖辜磔，竊金不止；知必死，則天下不爲也。○盧文弨曰：凌本「則」字作「雖予之」三字，疑以意改。王先謙曰：「不必得」三字，當在「也」字下，文誤倒耳。「天下」上奪「有」字，以文義繹之如此。

魯人燒積澤，天北風，火南倚，（火勢南靡，故曰「倚」也。恐燒國，哀公懼，自將衆趣救火。○先慎曰：乾道本「趣」作「輒」，「火」下有「者」字。俞樾云：「輒」當作「趣」。「者」字衍文。上文云「魯人燒積澤」所謂火田也，哀公實親在其間。及火南倚，將燒國，故哀公懼，自將衆趣救火也。「趣」誤作「輒」，蓋以形似之故。又因下文三言「救火者」而亦衍「者」字，於是其義愈晦，並「輒」字之誤莫之能正矣。先慎案：趙本「輒」作「趣」，藝文類聚八十、御覽八百六十九、初學記二十引並作「趣」，無「者」字，今據改。左右無人，盡逐獸而火不救。乃召問仲尼，仲尼：「夫逐獸者樂而無罰，救火者苦而無賞，此火之所以無救也。」哀公曰：「善。」仲尼曰：「事急，不及以賞，○先慎曰：事急不及與賞也。詩江有汜，擊鼓，桑柔，儀禮鄉射禮，大射儀，箋、注並云：「以，猶與也。」藝文類聚、御覽引「賞」作「罰」，是不知「以」有「與」義而妄改。下云「請徒行罰」，則此何得謂「事急不及以罰」乎？救火者盡賞之，則國不足以賞於人，請徒行罰。」○先慎曰：乾道本「罰」作「賞」。顧廣圻云：「賞」當依馮氏舒校改作「罰」。先慎案：藝文類聚、御覽引並作「請徒行罰」，今據改。哀公曰：「善。」於是仲尼乃下令曰：「不救火者比降北之罪，逐獸者比入禁之罪。」令下未遍而火已救矣。○先慎曰：趙本「令下未遍」作「令未下遍」，藝文類聚、初學記引正作「令下未遍」。

成驩謂齊王曰：〇顧廣圻曰：荀子解蔽篇楊注引此「成」作「戴」，云：「蓋爲唐鞅所逐，奔之齊也。」今按此非一人，楊說附會，失之也。「王太仁，太不忍人。」王曰：「太仁、太不忍人，非善名邪？」對曰：「此人臣之善也，非人主之所行也。夫人臣必仁而後可與謀，不忍人而後可近也；不仁則不可與謀，忍人則不可近也。」

王曰：「然則寡人安所太仁、安不忍人？」〇王渭曰：「安」下當有「所」字。對曰：「王太仁於薛公，而太不忍於諸田。太仁薛公，則大臣無重，太仁則縱之驕奢，不修德義，衆必輕之，故威不得重也。〇先慎曰：此謂齊王不裁抑薛公，則大臣得無重乎？「無」，猶得無也。古書多如是，士喪禮筮宅辭曰「無有後艱」；又卜葬日辭曰「無有近於咎悔乎」？鄭注「得無近於咎悔乎」，是其證。韓子一書，皆不欲大臣重於君，故孤慎篇〔三〕「人主愈弊，大臣愈重」，再則曰「人主雍蔽，大臣專權」，「權」即「重」也。〔說見說難篇。〕又曰「萬乘之患，大臣太重」，此即其義。注謂「威不得重」，失其旨矣。下文云「大臣無重則兵弱於外」者，即八姦篇所謂「爲人臣者，虛其國以事大國而用其威，求誘其君，甚則舉兵以聚邊境而制斂於內，薄者數內大使以震其君，使之恐懼」之意。太不忍諸田，則父兄犯法。〇先慎曰：趙本「内」作「外」，誤。大臣無重，則兵弱於外，父兄犯法，則政亂於內。兵弱於外，政亂於內，此亡國之本也。」

魏惠王謂卜皮曰：「子聞寡人之聲聞亦何如焉？」〇盧文弨曰：藏本作「問」。對曰：「臣

〔二〕「故孤慎篇一則曰」，原本作「故孤慎一篇則曰」，「一篇」二字誤倒，據下文「再則曰」乙。

聞王之慈惠也。王欣然喜曰…「然則功且安至?」對曰…「王之功至於亡。」王曰…「慈

惠,行善也。行之而亡,何也?」卜皮對曰…「夫慈者不忍,而惠者好與也。不忍則不誅有

過,好予則不待有功而賞。有過不罪,無功受賞,雖亡不亦可乎!」○先慎曰…上兩「卜」字,今局

本均作「十」誤。

齊國好厚葬,布帛盡於衣衾,材木盡於棺椁。桓公患之,以告管仲曰…「布帛盡則無以

爲幣,○先慎曰…各本「幣」作「蔽」,御覽五百五十五又六百四十一、八百二十引並作「幣」,今據改。材木盡則無

以爲守備,而人厚葬之不休,禁之奈何?」管仲對曰…「凡人之有爲也,非名之則利之也。」

於是乃下令曰…「棺椁過度者戮其尸,罪夫當喪者。」夫戮死無名,罪當喪者無利,人何故爲

之也。

衛嗣君之時,○先慎曰…「君」當從經作「公」,說見上。有胥靡逃之魏,因爲襄王之后治病。魏襄

王之后也。○顧廣圻曰…未詳,宋衛策無此句,餘亦多不同。衛嗣君聞之,使人請以五十金買之,五反而

魏王不予,乃以左氏易之。「左氏」,都邑名也。羣臣左右諫曰…「夫以一都買一胥靡,可乎?」王

○先慎曰…乾道本「胥靡」上無「一」字,盧文弨云…藏本有。先慎案…策作「贖一胥靡」是有「一」字,今據增。王

曰…○顧廣圻曰…「王」當從宋衛策作「君」。「非子之所知也。夫治無小而亂無大,若不治小者,則大亂

起也。法不立而誅不必，當誅而不誅，故曰「不必」也。雖有十<u>左氏</u>無益也，法立而誅必，雖失十<u>左氏</u>無害也。」<u>魏王</u>聞之曰：「主欲治而不聽之，不祥。」因載而往，徒獻之。徒獻胥靡，不取都金。○先慎曰：乾道本注「獻」下有「雖」字，今據<u>趙</u>本刪。

〔三〕<u>齊王</u>問於<u>文子</u>曰：「治國何如？」對曰：「夫賞罰之為道，利器也。君固握之，不可以示人。若如臣者，○先慎曰：「若」「如」同義，「如」字涉上文而衍。猶獸鹿也，唯薦草而就。」獸鹿就薦草，人臣歸厚賞。故賞罰之利器，不可示於人也。

<u>越王</u>問於大夫<u>種</u>曰：○先慎曰：乾道本「種」上有「文」字。<u>盧文弨</u>云：<u>凌</u>本無「文」字。先慎案：藝文類聚五十四又八十、御覽六百三十八引無「文」字，今據刪。「吾欲伐<u>吳</u>，可乎？」對曰：「可矣。吾賞厚而信，罰嚴而必。君欲知之，○先慎曰：乾道本無「知」字。<u>顧廣圻</u>云：藏本、今本「欲」下有「知」字。先慎案：藝文類聚、御覽引有「知」字，今據補。何不試焚宮室。」於是遂焚宮室，人莫救之。○先慎曰：藝文類聚、御覽引「人」作「民」，下同，「之」作「火」。乃下令曰：「人之救火者死，比死敵之賞，○先慎曰：「者死」當作「死者」。救火而不死者，比勝敵之賞，不救火者，比降北之罪。」○先慎曰：<u>趙</u>本「降北」作「北降」，誤倒。人之塗其體、被濡衣而走火者，○先慎曰：各本無「之」字，據藝文類聚引增。<u>盧文弨</u>云：「走」，<u>張</u>、<u>凌</u>本作「赴」。○先慎案：御覽引亦作「赴」。藝文類聚仍作「走」。左三千人，右三千人。此知必勝之勢也。

吳起爲魏武侯西河之守，秦有小亭臨境，吳起欲攻之。不去則甚害田者，言小亭能爲田者害，政當去之。○盧文弨曰：注「政」或是「故」。去之則不足以徵甲兵。亭小故也。○盧文弨曰：「甲兵」，藏本倒。於是乃倚一車轅於北門之外○先慎曰：事類賦十六引「倚」作「徙」。而令之曰：「有能徙此南門之外者，賜之上田上宅。」人莫之徙也。及有徙之者，遂賜之如令。○先慎曰：各本「遂」作「還」。御覽二百九十六、六百三十八引「還」作「遂」，今據改。俄又置一石赤菽於東門之外○先慎曰：各本無「於」字。案與上文「倚一車轅於北門之外」文法一律，此脱「於」字，今據補。而令之曰：「有能徙此於西門之外者，賜之如初。」人爭徙之。乃下令曰：○先慎曰：各本「令」下有「大夫」二字。案此涉下文而衍，御覽二百九十六及七百七十五、八百四十二、初學記二十七引並無此二字，今據刪。「明日且攻亭，有能先登者，仕之國大夫，賜之上田上宅。○先慎曰：各本「宅」上無「上」字。案上文「有能徙此南門之外者，賜之上田上宅」句法一律，此不當省，御覽、事類賦引並有「上」字，今據補。」人爭趨之，於是攻亭，一朝而拔之。

李悝爲魏文侯上地之守，而欲人之善射也，乃下令曰：「人之有狐疑之訟者，○先慎曰：藝文類聚五十引「人」作「民」，下同。令之射的，○先慎曰：「的」，所射質。○先慎曰：藝文類聚引「的」作「狗」。中之者勝，不中者負。」令下而人皆疾習射，○先慎曰：「疾」讀爲呮。日夜不休。及與秦人戰，大敗之，

以人之善射也。○先慎曰：各本「射」上有「戰」字。顧廣圻云：「戰射」當作「射戰」。先慎案：「戰」字涉上文而誤衍，藝文類聚引無「戰」字，今據刪。

宋崇門之巷人，服喪而毀，甚瘠，上以爲慈愛於親，舉以爲官師。明年，人之所以毀死者歲十餘人。子之服親喪者，爲愛之也，而尚可以賞勸也，況君上之於民乎！君而無賞，則功不立。

越王慮伐吳，「慮」，謀也。○先慎曰：乾道本連上，今依趙本提行。欲人之輕死也，出見怒鼃，乃爲之式。從者曰：「奚敬於此？」王曰：「爲其有氣故也。」○先慎曰：御覽九百四十九引「氣」作「勇」，誤；下文正作「氣」。明年之請以頭獻王者歲十餘人。○先慎曰：趙本「明年」下無「之」字。由此觀之，譽之足以殺人矣。○先慎曰：乾道本「譽」作「毀」。顧廣圻云：藏本、今本「毀」作「譽」。按當作「敬」，形近之誤。上文云「奚敬於此」。先慎案：顧說非也。「毀」乃「譽」字之譌，注不誤，御覽四百三十七引正作「譽」。

越王句踐見怒鼃而式之，御者曰：「何爲式？」王曰：「鼃有氣如此，可無爲式乎？」士人聞之曰：「鼃有氣，王猶爲式，況士人之有勇者乎！」○先慎曰：乾道本無「之」字，盧文弨云：「脫；藏本有。」今據補。是歲人有自到死，以其頭獻者。○先慎曰：「到」，割也。○先慎曰：此謂人有以自到之頭獻者。故越王將復吳而試其教，○先慎曰：乾道本「越」作「曰」，「吳」作「吾」，今依張榜本、趙本改。燔臺而鼓之，使民赴火者，賞在火也；火雖殺人，赴之必得賞，故

赴之不懼也。○先慎曰：「民」當作「人」，注不誤。臨江而鼓之，使人赴水者，賞在水也；臨戰而使人

絕頭刳腹而無顧心者，賞在兵也。○盧文弨曰：「頭」，一本作「頸」。又況據法而進賢，其助甚此

矣。進賢可以得賞，又無水火之難，則人豈不爲哉！其所不進賢者，但不賞故也。○顧廣圻曰：「助」當作「勸」。盧文

弨曰：注「但」下脫「君」字。先慎曰：注「所」下脫「以」字。

韓昭侯使人藏弊袴，侍者曰：「君亦不仁矣，弊袴不以賜左右而藏之。」昭侯曰：「非

子之所知也。吾聞明主之愛，一嚬一笑，嚬必憂其不善，勸其能善，不妄爲也。嚬有爲嚬，而笑有爲笑。

今夫袴豈特嚬笑哉！嚬笑尚不妄爲，況弊袴可以無功而與也。袴之與嚬笑相去遠矣，○先慎曰：各本

無「相去」二字，今據御覽三百九十二、六百三十三引補。吾必待有功者，故藏之未有予也。」○先慎曰：

「故」下有「收」字，御覽無，今據刪。

鱣似蛇，○盧文弨曰：已見前說林下篇，此重出。先慎曰：此條見之於經，說林誤重。蠶似蠋。人見蛇

則驚駭，見蠋則毛起。然而婦人拾蠶，漁者握鱣，○先慎曰：說林「握」作「持」。利之所在，則忘其

所惡，皆爲賁諸。鱣蠶有利，故人握拾，皆有賁諸之勇。○先慎曰：乾道本「賁諸」作「孟賁」，注同。案經及說林下

篇並作「賁諸」，明「孟賁」爲「賁諸」之誤，今依張榜本改，御覽八百二十五、九百三十三引正作「賁諸」。又案：張榜本依

說林刪「則忘其所惡」五字，不可從。

〔四〕魏王謂鄭王曰：○先慎曰：鄭，即韓也，說見說林上。「始鄭、梁一國也，已而別，今願復得鄭而合之梁。」鄭君患之，召羣臣而與之謀所以對魏。鄭公子謂鄭君曰：○先慎曰：乾道本〔公〕上無「鄭」字，顧廣圻云：「藏本、今本『公』上有『鄭』字。」今據補。「此甚易應也。君對魏曰：『以鄭爲故魏○先慎曰：張榜本「魏」作「梁」。而可合也，則弊邑亦願得梁而合之鄭。』」魏王乃止。

〔潛〕作「文」，誤。北堂書鈔引與此同。齊宣王使人吹竽，必三百人。南郭處士請爲王吹竽，宣王說之，廩食以數百人。〔廩〕給。宣王死，湣王立，○先慎曰：御覽引○先慎曰：御覽五百八十一引「粟食與三百人等」，北堂書鈔一百十引與此同。好一一聽之，處士逃。一曰：韓昭侯曰：「吹竽者衆，吾無以知其善者。」田嚴對曰：○先慎曰：御覽引「嚴」作「巖」。「一一而聽之。」

趙令人因申子於韓請兵，將以攻魏。申子欲言之君，而恐君之疑己外市也，爲外請兵、取其於趙，乃令趙紹、韓沓嘗試君之動貌而後言之。許不之貌，必有變動，可得而知，故曰「動貌」。不則恐惡內則知昭侯之意，外則有得趙之功。既爲之請，若許，其恩固以成，不許，終以爲之請矣，亦不敢許其恩，固趙之功也。三國至韓，王謂樓緩曰：○盧文弨：此見秦策「三國攻秦，入函谷，秦王謂樓緩曰」云云。下「公子氾」作「公子池」。顧廣圻曰：藏本、今本「國」下有「兵」字，此「韓」即「函」之譌，又脫「谷」字耳。下文亦當云「三國人函谷」。〔王〕上當依策有「秦」字。先慎曰：顧說是。張本自「三國」以下，均脫。「三國之兵深矣，寡人欲割河東而

「講，何如？」「講」，謂有急且與之，後寧將復取，事疑存，終反復，若講論，故曰「講」。○先慎曰：策高注：「講，成也。」案春秋時人謂之「成」，戰國時人謂之「講」，其義一也。春秋時多背成，與戰國時多反復，皆事後變計，不可謂「講」字本有是義。說文：「講，和解也。」注說非。

對曰：「夫割河東，大費也；免國於患，大功也。此父兄之任也，王何不召公子氾而問焉？」王召公子氾而告之，對曰：「王講亦悔，不講亦悔。顧廣圻曰：策作「之」。「王」當作「之」。○盧文弨曰：下説則所見之本尚無「王」字。王今割河東而講，三國歸，王必曰：『三國固且去矣，吾特以三城送之。』三國自去，又與之城，是徒以三城爲送，此悔之辭。○顧廣圻曰：策云：「三國入函谷，咸陽必危。」○盧文弨曰：「三國入函谷，咸陽必危也。」講亦悔，不講亦悔。王今不講，三國也入韓，則國必大舉矣，若不講之，三國入而韓必大舉，○顧廣圻曰：策云：「三國入函谷，咸陽必危。」○盧文弨曰：下注「入」字，趙本亦脱。王必大悔。王曰：『不獻三城也。』「不獻三城之故也。」○盧文弨曰：下「王」字衍。注「三國」下脱「人」字，「悔曰」下脱「吾」字，趙本亦脱。寧亡三城而悔，無危乃悔，寡人斷講矣。」先慎曰：策作「鈞吾悔也」。○盧文弨曰：策作「無危咸陽而悔也」〔二〕。「無危」，舊倒誤。言講事斷定。臣故曰：『王講亦悔，不講亦悔。』」王曰：「爲我

悔也。○盧文弨曰：策作「無危咸陽而悔也」。

應侯謂秦王曰：「王得宛、葉、藍田、陽夏，斷河內，因梁、鄭，○先慎曰：梁、鄭即魏、韓。所以未王者，趙未服也。弱上黨在一而已，廢上黨，棄一郡而已。以臨東陽，則邯鄲口中虱也。以守上黨

〔一〕「無危咸陽而悔也」原本作「無爲成陽而悔也」，據戰國策秦策改。

之兵臨東陽，則邯鄲危如口中虱也。○先慎曰：「口」即「圍」之古文。王拱而朝天下，○先慎曰：「拱」拱手。

後者以兵中之。「中」，傷也。然上黨之安樂，其處甚劇，臣恐弛之而不聽，奈何？」今上黨既安樂，

而其處又煩劇，雖欲弛之，恐王不聽。王曰：「必弛易之矣。」謂移易其兵，以臨東陽，吾斷定矣。○顧廣圻曰：

「易」字當衍，「弛」即易也，不容複出。謂以地易上黨，舊注全誤。

〔五〕龐敬，縣令也，遣市者行，而召公大夫而還之，公大夫亦遣爲市。立有間，○先慎曰：乾道

本「有」作「以」。顧廣圻云：今本「以」作「有」。先慎案：御覽八百二十七引亦作「有」，今據改。無以詔之，卒遣

行。不命，卒遣去，俱不測其由也。市者以爲令與公大夫有言，不相信，以至無姦。大夫雖告以不命，復

亦不信，故不敢爲姦。○盧文弨曰：注「復」字，藏本作「反」，凌本作「返」。先慎曰：御覽引注「復」作「彼」，是也。

戴驩，宋太宰，夜使人曰：「吾聞數夜有乘輼車至李史門者，謹爲我伺之。」○盧文弨曰：荀注「人」作「者」。○盧文弨曰：

荀子解蔽篇注引「輼」作「輴」，下同。「伺」作「司」，古字。使人報曰：「不見

輼車，見有奉笥而與李史語者，有間，李史受笥。」遣伺輼車，故實奉笥，本令伺奉笥，彼當易其辭。

周主亡玉簪，令吏求之，三日不能得也。○先慎曰：乾道本「知」作「之」。顧廣圻曰：今本上「之」字作「知」，按

「吾知吏之不事事也」，不事於臣之事也。周主令人求，而得之家人之屋間。周主曰：

依下文當作「知」。先慎案：北堂書鈔一百二十七引正作「知」，今據改。求簪三日不得之，吾令人求之，不

移日而得之。」於是吏皆聳懼，以爲君神明也。

商太宰○顧廣圻曰：上文云「戴驩宋太宰」，六微篇同，說林下篇「宋太宰貴而主斷」，與此皆一人。「商」，宋也。

使少庶子之市，顧反而問之曰：「何見於市？」對曰：「無見也。」太宰曰：「雖然，何見

也？」對曰：「市南門之外甚眾牛車，僅可以行耳。」因召市吏而誚之曰：「市門之外何多牛屎！」○先慎曰：「屎」，經作「矢」[二]，是也，御覽八百二

十七引正作「矢」。市吏甚怪太宰知之疾也，乃悚懼其所也。○先慎曰：「悚懼其所」，即悚懼其知也，下文

「吏以昭侯爲明察，皆悚懼其所」，即悚懼其明察也。「所」字即承上爲義。禮記哀公問：「今之君子，午其眾以伐有道，求

得當欲不以其所。」鄭注：「所，道也。」孔疏：「言不以道而侵民，求其所得，必須稱己所欲，不用其養民之道。」是句末

「所」字承上文爲義之證。

〔六〕韓昭侯握爪而佯亡一爪，○先慎曰：御覽三百七十引「握」作「除」，「佯」作「陽」。求之甚急。

左右因割其爪而效之。○先慎曰：意林作「左右而取備之」，原注與此同，是馬氏所見本已有異者。昭侯以此

察左右之不誠。 割爪不誠。○先慎曰：乾道本「以」下無「此」字，「之」下有「臣」字，「誠」作「割」。盧文弨云：

〔二〕「矢」，原本作「失」，形近而誤，今改。

「以」下脱「此」字，張本有。「臣」，藏本作「誠」。「不」下「誠」字衍。顧廣圻云：藏本「臣」作「誠」，是也。今本「割」作「誠」。按「誠不」句絕，「不」、「否」同字也。「割」字當衍。俞樾云：「割」字涉注文而衍，顧氏已訂正矣。下文云「子之以此知左右之不誠信」，顧以「誠不」句絕，非也。「誠不」當作「不誠」，注云「割爪不誠」，則所見本未倒也。下文云「子之以此知左右之不誠信」，注云「僞報有白馬者，是不誠信」正與此一律。先慎案：「割」，張榜本作「誠」，是也。上「臣」字，藏本誤作「誠」耳。「臣」字當衍。盧、顧誤從藏本，故於下「不誠」二字未誤之張本而反訾之。俞氏止知顧氏讀「誠不」之非，而不審張本作「不誠」之是，亦未見其能擇善而從也。御覽引作「以此察左右之不誠」，是其證，今據刪改。意林作「以此察左右之虛實」，亦有此字，「虛實」即「不誠」也，明爲馬氏所改。

韓昭侯使騎於縣。○先慎曰：乾道本連上，趙本提行。「昭」下無「侯」字。顧廣圻云：「藏本、今本『昭』下有『侯』字。」今據改。　使者報，昭侯問○盧文弨曰：藏本有「之」字。「昭」下無「侯」字。顧廣圻云：「藏本、今本『昭』下有『侯』字。」今據改。　曰：「何見也？」對曰：「無所見也。」昭侯曰：「雖然，何見？」曰：「南門之外，有黃犢食苗道左者。」昭侯謂使者：「毋敢洩吾所問於女。」乃下令曰：「當苗時禁牛馬入人田中，固有令，○先慎曰：乾道本令下有「人」字。顧廣圻云：今本無「人」字。先慎案：「人」字涉上文而衍，今據刪。「固」字，藏本作「同」，趙本作「國」，並誤。而吏不以爲事，牛馬甚多入人田中。亟舉其數上之，不得，將重其罪。」於是三鄉舉而上之。而昭侯曰：「未盡也。」復往審之，乃得南門之外黃犢，吏以昭侯爲明察，皆悚懼其所而不敢爲非。

周主下令索曲杖，○先慎曰：「白孔六帖十四引『主』作『王』。」吏求之數日不能得。周主私使人求之，不移日而得之。乃謂吏曰：「吾知吏不事事也。曲杖甚易也，而吏不能得，我令人求之，不移日而得之。豈可謂忠哉！」吏乃皆悚懼其所，以君爲神明。○先慎曰：此當作「吏乃以君爲神明，皆悚懼其所」，文義乃順。後人不明「所」字之義，因移「以君爲神明」於「所」字下，失之。上文「吏其怪太宰知之疾也，乃悚懼其所」，又「以韓昭侯爲明察，皆悚懼其所」，句法一例，是其證。

卜皮爲縣令。其御史汙穢，而有愛妾。○顧廣圻曰：藏本、今本「史」作「吏」，下文同。按「吏」字誤也，韓策云：「安邑之御史死。」卜皮乃使少庶子佯愛之，佯愛御史。○盧文弨曰：注下似當有「之妾」二字。先慎曰：上經注云「使庶子愛御史」，亦無「之妾」二字，是注本作「愛御史」也，其誤已詳上經注下。

西門豹爲鄴令，佯亡其車轄，令吏求之不能得，使人求之而得之家人屋間。以知御史陰情。○先慎曰：此下疑有脫文，上經注云「欲取清明之稱也」，當本此下說。

〔七〕陽山君相謂，聞王之疑己也，乃僞謗樛豎以知之。樛豎，王之所愛，令僞謗之，必慎而言王之疑己也。○盧文弨曰：注「令」當作「今」。顧廣圻曰：藏本同。今本「謂」作「衛」。按「謂」當作「韓」，「陽山」當作「山陽」，戰國韓策有「或謂山陽君曰『秦封君以山陽』」云云，可爲證。樛豎亦韓人，本書說林上及難一篇皆云「韓宣王謂樛留」也。今本輒改爲「衛」，謬甚。

淖齒聞齊王之惡己也，乃矯爲秦使以知之。王既不疑秦使，必以情告。○盧文弨曰：藏本「齊」下有

「文」字，或「潘」作「汶」而脱其旁。先慎曰：乾道本重「也」字。顧廣圻云：藏本、今本不重「也」字。先慎案：「也」字不當重，今據刪。張榜本此接前下不提行，誤。

齊人有欲爲亂者，恐王知之，因詐逐所愛者，令走王知之。王知逐所愛，則不疑其爲亂也。○俞樾曰：此本作「令王知之」，「走」字衍文也。舊注於上經云「佯逐[二]所愛，令君知而不疑」，「令君知」即令王知也，可證舊本之無「走」字。先慎曰：乾道本連上，今從趙本提行。

子之相燕，坐而佯言曰：「走出門者何，白馬也？」左右皆言不見。有一人追之，報曰：「有。」子之以此知左右之不誠信。僞報有白馬者，是不誠信。○顧廣圻曰：藏本作「誠信不」。按此當作「誠不」，舊注誤。先慎曰：「以此知左右之不誠信」，語極明顯，不當倒「不」字，顧說非。

有相與訟者，子產離之而無使得通辭，倒其言以告而知之。謂得以此言以告彼，彼言以告此，則知訟者之情實。○盧文弨曰：「倒」字，後十一卷中作「到」，乃古字，此亦當同。

衛嗣公使人爲客過關市，關市苛難之，○先慎曰：意林作「關吏乃呵之」。因事關市，以金與關吏，乃舍之。○盧文弨曰：「與」字衍，意林作「因以金與關吏」，乃翦截成文。「吏」，荀子王制注引作「市」，後亦同。顧廣圻曰：「因事關市以金與」句絶，「關吏乃舍之」五字爲一句。王先謙曰：「因事關市」句，「以金與關吏」句。關市

[二]「逐」，原本作「遂」，據前注文及俞氏諸子平議改。

蓋關吏之從者，與吏有別。以情事論，苟難之事，吏不便自爲之，故知有別也。此人僞事關市，因緣得通關吏而與以金，文自明顯，後人失其讀耳。　先慎曰：荀子注作「賂之以金」，亦非原文。

嗣公爲關吏曰：○先慎曰：拾補「爲」改爲「謂」。　顧廣圻云：荀子注引「爲」作「召」。　先慎案：「爲」、「謂」古通，作「爲」不誤。御覽八百二十七引「爲」作「謂」。

吏作「市」。○王渭曰：句絕。**與汝金，而汝因遣之。**○盧文弨曰：荀注引「因」作**「回」。關市乃大恐，**○顧廣圻曰：藏本同。今本「市」作「吏」，誤，楊注引作「市」。

坼曰：　此下今本有「右傳」二字，誤。乾道本、藏本皆無，後各卷同。此説也，非傳。

某時有客過而所，○王渭曰：句絕。**而以嗣公爲明察。**○顧廣

韓非子集解卷第十

內儲說下六微第三十一

　　六微：一曰權借在下，二曰利異外借，三曰託於似類，四曰利害有反，五曰參疑內爭，

六曰敵國廢置。此六者，主之所察也。

　　權勢不可以借人，上失其一，臣以爲百。故臣得借則力多，力多則內外爲用，內外爲用

則人主壅。○先慎曰：乾道本不重「內外爲用」四字，顧廣圻云：「藏本、今本重。」今據增。其說在老聃之言

失魚也。是以人主久語，而左右鬻懷刷。○先慎曰：張榜本、趙本「刷」作「尉」。盧文弨云：藏本作「刷」，

凌本同。北齊書顏之推傳觀我生賦云：「祇夜語之見疑，寧懷尉之足恃。」「夜語」當亦本此，今此作「久語」，未定孰是。

「刷」本作「尉」，則「尉」字爲誤明矣。顧廣圻云：「以」下當有「故」字，「主」當作「富」，見下文。「刷」，今本作「尉」，誤。

說文「刷」本作「㕞」。「㕞」云：「拭也。」蓋巾帨之屬，可用以拭者。俞樾云：按顏賦疑古本韓子「久語」作「夕語」，古人朝見

謂之朝，夕見謂之夕。其患在胥僮之諫厲公，○先慎曰：乾道本「諫」作「權」。顧廣圻云：今本「權」作「諫」。按

此有誤，未詳。　先慎按：下文「胥僮長魚矯諫曰」、「又諫曰」、「諫」字兩見，作「諫」者是，改從今本。　與州侯之一言，

而燕人浴矢也。

權借一

君臣之利異，故人臣莫忠，故臣利立而主利滅。○先慎曰：「臣」上「故」字衍。　是以姦臣者，召敵兵以內除，舉外事以眩主，苟成其私利，不顧國患。其說在衛人之夫妻禱祝也。○先慎曰：「夫妻」舊倒，今從張本，與後文同。　先慎按：張榜本亦作「夫妻」，今據改。　故戴歇議子弟，而三桓攻昭公；○先慎曰：「攻」，張榜本誤作「公」。　公叔內齊軍，而翟黃召韓兵；○顧廣圻曰：說「黃」作「璜」。　按「黃」「璜」同字。　太宰嚭說大夫種，大成牛教申不害；○盧文弨曰：韓策、史記趙世家、漢書古今人表俱作「大成午」，此「牛」字譌，後同。　先慎曰：「成」，史作「戌」，通志氏族略四謂「大戌氏」，晉公子大戌之後，或謂殷大戌後。案徐廣史注云「戌，一作『成』」，與韓策及本書合，則作「戌」者，形近而誤也。　路史後紀十注又作「郕」，古字通。　司馬喜告趙王，○先慎曰：「喜」作「憙」。　呂倉規秦、楚；○先慎曰：「乾道本「夫妻」作「妻夫」。　盧文弨云：「夫妻」舊倒，今從張本，與後文同。

利異二

宋石遺衛君書，白圭教暴譴。○先慎曰：「秦荆」本書「荆」「楚」並用。　下作「秦荆」，「本書「荆」「楚」並用。

似類之事，人主之所以失誅，而大臣之所以成私也。是以門人捐水而夷射誅，○先慎曰：

「門人」當作「門者」。濟陽自矯而二人罪，司馬喜殺爰騫而季辛誅，○先慎曰：乾道本無「誅」字。顧廣圻

云：藏本同。今本此下有「誅」字。按脫一字，未詳。「爰」、「袁」同字也。先慎按：下文「司馬喜與季辛惡，因令人殺爰

騫，中山之君以爲季辛也，因誅之」，明此脫「誅」字，今依補。鄭袖言惡臭而新人劓，費無忌教郤宛而令尹

誅，○先慎曰：「忌」下說作「忌之」，史記侯表楚世家、子胥傳、呂覽慎行篇、淮南人間訓、吳越春

秋作「忌」。「極」、「忌」聲近通用。陳需殺張壽而犀首走。故燒芻廥而中山罪，○先慎曰：下「廥」作

「廄」。殺老儒而濟陽賞也。

似類三

事起而有所利，其尸主之；○先慎曰：乾道本「尸」作「市」。顧廣圻云：藏本、今本「市」作「尸」。按句

有誤。先慎案：「尸」字不誤。「尸」，主也。「其尸主之」，謂其君主之也。下云「國害則省其利者」，即指君言。今從藏

本、今本改。有所害，必反察之。是以明主之論也，國害則省其利者，臣害則察其反者。其說在

楚兵至而陳需相，黍種貴而廩吏覆。是以昭奚恤執販茅，而不僖侯譙其次；○顧廣圻曰：藏

本，今本無「不」字。按依說當作「昭」。文公髮繞炙，而穰侯請立帝。

有反四

參疑之勢，亂之所由生也，故明主慎之。是以晉驪姬殺太子申生而鄭夫人用毒藥；衛州吁殺其君完，公子根取東周，，王子職甚有寵而商臣作亂，嚴遂、韓廆爭而哀公果遇賊；田常、闞止、戴驩、皇喜敵而宋君、簡公殺。○先慎曰：「田常」下説作「田恒」，後人避諱改也。其説在狐突之稱二好，與鄭昭之對未生也。

參疑五

廢置六

敵之所務在淫察而就靡，○先慎曰：此言人主不明敵之所務，則敵得以廢置我之人才矣。○先慎曰：「淫」，「亂也」；「靡」，非也。人主之察既亂，則舉事皆非。人主不察，則敵廢置矣。故文王資費仲，而秦王患楚使；黎且去仲尼，而干象沮甘茂。是以子胥宣言而子常用，內美人而虞、虢亡，○先慎曰：乾道本「宣」下有「王」字，無「人」字。顧廣圻云：「藏本、今本無『王』字，『美』下有『人』字」今據刪補。佯遺書而萇宏死，○先慎曰：趙本無「宏」字。盧文弨云：「宏」字脱，張本有。用雞猳而鄶桀盡。○先慎曰：「桀」一本作「傑」。盧文弨云：「傑」，張本作「桀」，後同。

參疑、廢置之事，明主絕之於內而施之於外。資其輕者，輔其弱者，此謂廟攻。參伍既用於內，觀聽又行於外，則敵僞得。其說在秦俳儒之告惠文君也。故襄疵言襲鄴，而嗣公賜令蓆。○先慎曰：說作「席」。

二字。　右經

　廟攻○先慎曰：趙本作「廟攻七」。盧文弨云：此承上「參疑」「廢置」爲言，故不在六微中。顧廣圻云：藏本同。今本此下有「七」字，誤。先慎案：經既明言六微，則不應有「七」字。此接上文而來，並不應另標「廟攻」。

〔一〕勢重者，人主之淵也。，臣者，勢重之魚也。魚失於淵而不可復得也，人主失其勢重於臣而不可復收也。古之人難正言，故託之於魚。○先慎曰：老子云：「魚不可脫於淵。」利器也。君操之以制臣，臣得之以擁主。故君先見所賞，則臣鬻之以爲德。，君先見所罰，則臣鬻之以爲威。故曰：「國之利器不可以示人。」○先慎曰：喻老篇「國」作「邦」，此作「國」漢人改也。者，○先慎曰：乾道本「賞」下提行，盧文弨云：「凌本連上，是。」今據改。重於臣而不可復收也。○先慎曰：此承上「參疑」「廢置」爲言，故不在六微中。

靖郭君相齊，與故人久語，則故人富，○顧廣圻曰：藏本同。今本「與故」作「故與」，誤。先慎曰：

「久」當作「夕」，下同，說見上。

懷左右刷，則左右重。○先慎曰：張榜本、趙本「刷」作「尉」，誤，下同，說見上。

久語、懷刷，小資也，猶以成富，○顧廣圻曰：此下當有「取重」二字。況於吏勢乎。

晉厲公之時，六卿貴。○先慎曰：一本不提行。○盧文弨云：本提行。胥僮長魚矯諫曰：「大臣

貴重，敵主爭事，外市樹黨，下亂國法，上以劫主，而國不危者，未嘗有也。」公曰：「善。」乃

誅三卿。胥僮長魚矯又諫曰：「夫同罪之人偏誅而不盡，是懷怨而借之間也。」公曰：

「吾一朝而夷三卿，予不忍盡也。」長魚矯對曰：「公不忍之，彼將忍公。」公不聽，居三月，

諸卿作難，遂殺厲公而分其地。○先慎曰：事見左成十八年傳。

州侯相荊，貴而主斷。荊王疑之，因問左右，左右對曰「無有」，如出一口也。

燕人惑易，故浴狗矢。○先慎曰：乾道本「惑易」作「無惑」。案「無惑」則不浴矣。下文「公惑易也」，明「無

惑」乃「惑易」之譌，今據張榜本改。此條舊連上，今提行。燕人其妻有私通於士，其夫早自外而來，士適

出，夫曰：「何客也？」其妻曰：「無客。」問左右，左右言「無有」，如出一口。其妻曰：

「公惑易也。」○顧廣圻曰：四字為一句。因浴之以狗矢。一曰：燕人李季好遠出，○先慎曰：乾道本

重「好」字。顧廣圻云：藏本、今本不重「好」字。先慎案：藝文類聚十七、御覽三百九十五及四百九十九引不重「好」字，

今據刪。其妻私有通於士，季突至，○先慎曰：乾道本「至」作「之」。顧廣圻云：今本「之」作「至」。按句有誤。

先慎按：「季好遠遊，今不期而返，出家室意計之外也。作「至」字是，改從今本。御覽四百九十九引作「李季至」，三百九十五引作「季忽歸」，藝文類聚作「季至」，皆非原文，不足據。

土在内中，妻患之。其室婦曰：○先慎曰：藝文類聚引無「中」字，「其室婦曰」作「妾曰」。「令公子裸而解髮，直出門，吾屬佯不見也。」○先慎曰：御覽引「公子」作「士」，下同。「佯」作「陽」。於是公子從其計，疾走出門。季曰：「是何人也？」家室皆曰：「無有。」○先慎曰：乾道本無「曰」字。趙本「皆」下有「曰」字，藝文類聚、御覽引並有「曰」字，今據補。季曰：「吾見鬼乎？」婦人曰：「然。」「為之奈何？」曰：「取五牲之矢一云「屎」。○先慎曰：乾道本「牲」作「姓」。盧文弨云：「姓」一作「牲」，似「牲」之譌。先慎案：御覽引正作「牲」，今據改。左昭十一年傳杜注：「五牲：牛、羊、豕、犬、雞也。」浴之。」季曰：「諾。」乃浴以矢。一曰浴以蘭湯。○顧廣圻曰：此亦劉向校語，本卷上文云「矢」一云「屎」，下文「共立」，一云「公子赫」，皆同例。與舊注相混，而實非舊注也。今山海經、晏子春秋皆多如此云者，韓子當不止三條，殆經後人刪去之耳。

〔二〕衛人有夫妻禱者而祝曰：「使我無故，○顧廣圻曰：句絕。「故」與下文「布」韻。得百束布。」○先慎曰：乾道本「束」上有「來」字。顧廣圻云：藏本、今本無，此不當有。先慎案：「來」即「束」字形近誤衍。藝文類聚八十五、御覽五百二十九、八百二十引並無「來」字，今據刪。其夫曰：「何少也？」對曰：「益是，子將以買妾。」○先慎曰：藝文類聚引句末有「矣」字。

荊王欲宦諸公子於四鄰，戴歇曰：「不可。」「宦公子於四鄰，四鄰必重之。」○顧廣圻曰：

二句荊王之言也，上無「曰」字，古書多此例。　曰：「子出者重，重則必爲所重之國黨，則是教子於外市也，不便。」

魯孟孫、叔孫、季孫相戮力劫昭公，遂奪其國而擅其制。○顧廣圻曰：此下當有「一曰」二字。

魯三桓偪，○顧廣圻曰：藏本同。今本無「公」字，按此不當有。先慎曰：「魯三桓偪」四字不成句。「公偪」當作「偪公」。「公」謂公室也。乾道本、藏本誤倒，今本不審而刪之，不可從。昭公攻季孫氏，而孟孫氏、叔孫氏相與謀曰：「救之乎？」叔孫氏之御者○盧文弨曰：張、凌本皆無「者」字。先慎曰：「御者」，左昭二十五年傳作「司馬鬷戾」。曰：「我，家臣也，安知公家？凡有季孫與無季孫於我孰利？」○先慎曰：乾道本脫上「季」字，趙本移「季」字於「與」下，誤。顧廣圻云：「藏本、今本『有』下有『季』字。」今據補。皆曰：「無季孫必無叔孫。」「然則救之。」於是撞西北隅而入。○先慎曰：撞公圍也。孟孫見叔孫之旗入，亦救之。三桓爲一，昭公不勝。逐之，死於乾侯。○先慎曰：「逐」當爲「遂」之誤。「之」下當有「齊」字，事見左傳。

公叔相韓而有攻齊，○顧廣圻曰：藏本、今本「攻」作「功」。按「攻」、「功」皆當衍，讀以「有齊」句絕。俞樾曰：「爾雅釋詁：『攻，善也。』『有』讀爲又。『相韓而有攻齊』，謂相韓而又善齊也。下文云『翟璜，魏王之臣也，而善於韓」，其義相同。藏本、趙本改「攻」爲「功」，失之。公仲甚重於王，公叔恐王之相公仲也，使齊、韓約而攻

魏，○顧廣圻曰：藏本同。今本「魏」作「衛」誤。

劫其君，以固其位，而信兩國之約。公叔因內齊軍於鄭，○先慎曰：鄭即韓也，說見說林上。以

翟璜，○盧文弨曰：「璜」藏本作「黃」，與前同。先慎曰：乾道本連上，今從趙本提行。魏王之臣也，而善

於韓，乃召韓兵令之攻魏，因請爲魏王搆之以自重也。○先慎曰：「搆」，講也。

越王攻吳王，吳王謝而告服。越王欲許之，范蠡、大夫種曰：「不可。昔天以越與吳，

吳不受。今天反夫差，亦天禍也。○先慎曰：「今天」當作「今若」。以吳予越，再拜受之，不可許

也。」太宰嚭遺大夫種書曰：「狡兔盡則良犬烹，敵國滅則謀臣亡。大夫何不釋吳而患越

乎？」大夫種受書讀之，太息而歎曰：「殺之，越與吳同命。」○先慎曰：「殺」謂殺其使也。「吳」

當作「吾」，文種自謂，故後嚭之譖種，種之見殺，實基如此。

大成牛○先慎曰：「牛」乃「午」之誤，說見前。從趙謂申不害於韓：「以韓重我於趙，○先慎

曰：「以」上當有「子」字。下「白圭相魏王」條「子以韓輔我於魏」，語意正同。此脫「子」字。請以趙重子於韓，是

子有兩韓，我有兩趙。」

司馬喜，中山君之臣也，而善於趙。嘗以中山之謀微告趙王。○先慎曰：拾補「嘗」改「常」，

是也。

呂倉，○先慎曰：乾道本連上，盧文弨云：「凌本別爲條。」今據改。魏王之臣也，而善於秦、荆，微諷秦、荆令之攻魏，因請行和以自重也。

宋石，○魏將也。○顧廣圻曰：藏本同。今本「魏」作「衛」，誤。衛君，荆將也。兩國搆難，二子皆將。宋石遺衛君書曰：「二軍相當，○先慎曰：乾道本「軍」作「君」，顧廣圻云：今本「君」作「軍」，誤。按：依此，上文「宋石」、「石」當作「君」〔二〕也。○先慎案：顧說謬。「君」與「軍」音近，又涉上文而譌，當作「軍」，今據改。兩旗相望，唯毋一戰，戰必不兩存。此乃兩主之事也，與子無有私怨，善者相避也。

白圭相魏，○先慎曰：乾道本「魏」下有「王」字，顧廣圻云：「藏本、今本無『王』字。」今據刪。暴譴相韓。白圭謂暴譴曰：「子以韓輔我於魏，我以魏待子於韓，臣長用魏，子長用韓。」

〔三〕齊中大夫有夷射者，○盧文弨曰：此即左定二年郳莊公夷射姑事而傳譌耳。御飲於王，醉甚而出，倚於郎門。門者刖跪請曰：○先慎曰：「跪」與「危」通，足也，說詳外儲說左下篇。「足下無意賜之餘隸乎？」○顧廣圻曰：藏本同。今本「隸」作「瀝」。夷射叱曰：「去！○先慎曰：乾道本「叱曰」二字誤倒，從張榜本改。刑餘之人，何事乃敢乞飲長者！」刖跪走退。及夷射去，刖跪因捐水郎門霤下，類

〔二〕「君」原本作「軍」，據顧氏韓非子識誤改。

溺者之狀。明日，王出而訶之曰：「誰溺於是？」刖跪對曰：「臣不見也，雖然，昨日中大夫夷射立於此。」王因誅夷射而殺之。○王先謙曰：「誅」責也。與下「乃誅萇弘而殺之」文句一例。

魏王臣二人不善濟陽君，濟陽君因偽令人矯王命而謀攻己。王使人問濟陽君曰：○先慎曰：乾道本重「濟陽君」三字，顧廣圻云：「今本不重『濟陽君』」，按此當衍。今據刪。「誰與恨？」對曰：「無敢與也。雖然，嘗與二人不善，不足以至於此。」○王先謙曰：言不足至此，故設爲疑詞。王問左右，左右曰：「固然。」王因誅二人者。

季辛與爰騫相怨。司馬喜新與季辛惡，因微令人殺爰騫。中山之君以爲季辛也，因誅之。

荊王○先慎曰：張榜本「荊王」以下至「一曰」並脫。趙用賢云：此以下近本俱脫失，今從宋板校定。所愛妾有鄭袖者，荊王新得美女，鄭袖因教之曰：「王○顧廣圻曰：「王」字下至「乃誅萇弘而殺之」藏本脫。甚喜人之掩口也，爲近王，必掩口。」○先慎曰：「爲」當作「若」。美女入見，近王，因掩口。王問其故，鄭袖曰：「此固言惡王之臭。」及王與鄭袖、美女三人坐，袖因誡御者曰：「王適有言，必亟聽從。○先慎曰：「亟」、「急」同字。王言。」美女前，○王先謙曰：此當再有「美女」二字。近王甚，數掩口。王悖然怒曰：○顧廣圻曰：今本「悖」作「勃」，誤。按「悖」、「怫」同字，後又多作「怫」。「刖之！」御因揄刀而劓美人。○先慎曰：「御」下當有「者」字。一曰：魏王遺荊王美人，荊王甚悅

之。○先慎曰：藝文類聚十八引「荊」作「楚」，「美人」作「美女」。夫人鄭袖知王悦愛之也，亦悦愛之，甚於王，衣服玩好擇其所欲爲之。王曰：「夫人知我愛新人也，其悦愛之甚於寡人，此孝子所以養親，○先慎曰：「子」下當有「之」字，此與下句文法一例，戰國楚策正有「之」字，明此脱。忠臣之所以事君也。」夫人知王之不以己爲妒也，因爲新人曰：○先慎曰：「爲」與「謂」古本通，趙本及御覽三百六十七引作「謂」，後人所改。「王甚悦愛子，然惡子之鼻，子見王常掩鼻，則王長幸子矣。」於是新人從之，每見王，常掩鼻。王謂夫人曰：「新人見寡人常掩鼻何也？」對曰：「不已知也。」○盧文弨曰：「己」字疑衍。顧廣圻曰：戰國策云：「妾知也。」先慎曰：「己」即「人己」之「己」，「不己知」，言我不知也。故王強問之，正女子進讒常態，無「不」字則與下文「王強問之」句不合。策下作「王：雖惡必言之」，與此不同。兩書不能强合，當各依本書爲是。王强問之，對曰：「頃嘗言惡聞王[二]臭。」○先慎曰：張榜本「惡聞王臭」下用上「及王與鄭袖（美女三人坐」[三]但「掩口」作「掩鼻」，「悖然」作「勃然」，末句「御」作「御者」。王怒曰：「劓之！」夫人先誡御者曰：「王適有言，必可從命。」○先慎曰：「可」當作「毆」。御者因揄刀而劓

[二]「王」，原本作「玉」，據四部叢刊影宋乾道本改。

[三]「坐」下原本衍二「坐」字，據正文删。

美人。

費無極，荊令尹之近者也。○先愼曰：左傳邇無及也。（「及」即「極」之誤。）杜注：「邇，近也。」陸氏釋文云：「近，附近之『近』。」郤宛新事令尹，令尹甚愛之。無極因謂令尹曰：「君愛宛甚，何不一爲酒其家？」令尹曰：「善。」因令之爲具於郤宛之家。無極教宛曰：「令尹甚傲而好兵，子必謹敬，先敺陳兵堂下及門庭。」宛因爲之。令尹往而大驚曰：「此何也？」無極曰：「君殆去之！」○盧文弨曰：「殆」當作「急」，吳越春秋作「王急去之」「王」謂平王。先愼曰：事見左昭二十七年傳，時平王已死，吳越春秋誤作「王」。「殆」，猶必也。「君殆去之也」，謂君必去之也。呂覽自知云：「座殆尚在於門」，注：「殆，猶必也。」盧説非。令尹大怒，舉兵而誅郤宛，遂殺之。

犀首與張壽爲怨。○先愼曰：「爲」，猶相也。上文「季辛與爰騫相怨」，句法正同。陳需新入，不善犀首。○俞樾曰：「入」字衍文。上文云：「司馬喜新與季辛惡」，與此條情事相同，文法亦一律。此云「陳需新不善犀首」，猶彼云「司馬喜新與季辛惡」也。○顧廣圻曰：「張壽」，張旄也。「陳需」，田需也。大致與戰國楚策所云「張旄果令人要靳尚刺之」爲一事，傳之不同也。王先謙曰：上言「犀首走」，此「誅之」疑「逐之」之誤。因使人微殺張壽。魏王以爲犀首也，乃誅之。

中山有賤公子，馬甚瘦，車甚弊。左右有私不善者，乃爲之請王曰：○先愼曰：「請」下當

有「於」字。「公子甚貧，馬甚瘦，王何不益之馬食。」王不許。左右因微令夜燒芻厩，○顧廣圻曰：「厩」，當依上文作「廄」。王以爲賤公子也，乃誅之。

魏有老儒而不善濟陽君，○顧廣圻曰：今本無「而」字，誤也。客有與老儒私怨者，因攻老儒殺之，以德於濟陽君。「臣爲其不善君也，故爲君殺之。」濟陽君因不察而賞之，○先慎曰：謂不察客固有私怨也。一曰：濟陽君有少庶子者，○先慎曰：乾道本「者」作「有」，今據趙本改。顧廣圻云「少」上「有」字當作「之」，非。不見知，欲入愛於君者。齊使老儒掘藥於馬棃之山，濟陽少庶子欲以爲功，入見於君曰：「齊使老儒掘藥於馬棃之山，名掘藥也，實間君之國，君殺之，○王先謙曰：「殺之」上當有「不」字，無則義不可通。是將以濟陽君抵罪於齊矣。臣請刺之。」君曰：「可。」於是明日得之城陰而刺之，濟陽君還，益親之。○先慎曰：「益」字疑衍。上文「少庶子不見知，欲入愛於君」，是濟陽君初不親少庶子也。刺老儒，君還親之，「則」上不當有「益」字。「還」音「旋」。

〔四〕陳需，魏王之臣也，善於荆王，而令荆攻魏。荆攻魏，陳需因請爲魏王行解之，因以荆勢相魏。○先慎曰：「解」，和也。本書多用「搆」字。

韓昭侯之時，黍種常貴甚有。○先慎曰：各本「甚有」三字作「甚」，據藝文類聚八十五引改。謂民間黍昭侯令人覆廩，廩吏果竊黍種而糶之甚多。○先慎曰：各本不重「廩」字，據藝文類聚引補。有黍種也。

昭奚恤之用荊也，有燒倉廥窌者，○顧廣圻曰：「窌」當作「窨」。而不知其人。昭奚恤令吏執

販茅者而問之，果燒也。○王先謙曰：「果燒」下疑有「者」字。

昭僖侯之時，宰人上食而羹中有生肝焉。昭侯召宰人之次而誚之曰：「若何爲置生肝

寡人羹中？」宰人頓首服死罪，曰：「竊欲去尚宰人也。」一曰：僖侯浴，湯中有礫。僖侯

曰：「尚浴免，則有當代者乎？」左右對曰：「有。」僖侯：「召而來。」誚之：「何爲

置礫湯中？」對曰：「尚浴免，則臣得代之，是以置礫湯中。」

文公之時，宰臣上炙而髮繞之。○先慎曰：意林「而」下有「有」字。文公召宰人而誚之○先慎

曰：藝文類聚十七引「誚」作「誚」，下同。曰：「女欲寡人之哽邪？奚爲以髮繞炙？」宰人頓首再拜

請曰：「臣有死罪三：○先慎曰：各本無「臣」字，今據藝文類聚、意林補。援礪砥刀，利猶干將也，切

肉肉斷而髮不斷，臣之罪一也。○先慎曰：各本「礪」字作「木而」二字，今據藝文類聚、意林改。援錐貫臠○先慎曰：各本「錐」字作「木而」二字，今據藝文類聚、意林改。

而不見髮，臣之罪二也。奉熾爐炭，肉盡赤紅，○先慎曰：各本「肉」作「火」，今據藝文類聚、意林引

炙熟而髮不焦，臣之罪三也。堂下○先慎曰：各本「炙」上有「而」字，「焦」作「燒」，今據藝文類聚刪改。

得微有疾臣者乎？」○先慎曰：乾道本「得」下有「財無」兩字。顧廣圻云：今本無「財」字。按句有誤。王引之

云：「無」字後人所加。「得微」即「得無」也。邶風式微傳云：「微，無也。」晏子春秋襍篇云：「諸侯得微有故乎，國家得微

有事乎」，莊子盜跖篇「得微往見跖耶」，皆其證也。後人加「無」字於「微」字之上，而其義遂不可通矣。先慎案：王説是。

藝文類聚引作「堂下得微有嫉臣者乎」，今據删。「疾」、「嫉」古通。公曰：「善。」乃召其下而誰之。○先慎

曰：各本「下」上有「堂」字。按「堂」字衍，「召其下」謂召其次也。藝文類聚引正無「堂」字，今據删。果然，乃誅之。

一曰：晉平公觴客，少庶子進炙而髮繞之，平公趣殺炮人，毋有反令。炮人呼天曰：「嗟

乎！臣有三罪，死而不自知乎！」○先慎曰：御覽八百六十三引「死而」作「而死」。平公曰：「何謂

也？」對曰：「臣刀之利，風靡骨斷而髮不斷，是臣之一死也。桑炭炙之，肉紅白而髮不焦，

是臣之二死也。炙熟，又重睫而視之，髮繞炙而目不見，是臣之三死也。意者堂下其有憎

臣者乎？殺臣不亦蚤乎！」○先慎曰：御覽引無「翳」字，「蚤」作「柱」。

穰侯相秦而齊强，穰侯欲立秦爲帝而齊不聽，因請立齊爲東帝而不能成也。○顧廣圻曰：

「不」當作「乃」。

〔五〕晉獻公之時，驪姬貴，擬於后妻；而欲以其子奚齊代太子申生，因患申生於君而

殺之，○先慎曰：「患」當作「惡」。遂立奚齊爲太子。

鄭君已立太子矣，而有所愛美女，欲以其子爲後。○先慎曰：句絶。夫人恐，因用毒藥賊

君殺之。

衛州吁重於衛，擬於君，羣臣百姓盡畏其勢重。州吁果殺其君而奪之政。

公子朝，周太子也。弟公子根甚有寵於君，君死，遂以東周叛，分爲兩國。○顧廣圻云：本書難三篇「朝」作「宰」。史記周本紀云「威公卒，子惠公代立，乃封其少子於鞏以奉王，號東周惠公」即其事。索隱云「名班」，與此不同。

楚成王以商臣爲太子，既而又欲置公子職。商臣作亂，遂攻殺成王。一曰：楚成王○先慎曰：此下當有「以」字。商臣爲太子，既欲置公子職。商臣聞之，○先慎曰：乾道本「臣」作「人」，今據趙本改。未察也，乃爲其傅潘崇曰：○先慎曰：「爲」「謂」字通。「柰何察之也？」潘崇曰：「饗江芈[三]而勿敬也。」太子聽之，江芈[三]曰：「呼，役夫！宜君王之欲廢女而立職也。」商臣曰：「信矣。」潘崇曰：「能事之乎？」曰：「不能。」「能爲之諸侯乎？」曰：「不能。」○俞樾曰：「爲」字衍文。「能之諸侯乎？」言能適諸侯乎。左傳作「能行乎」，是其證也。曰：「不能。」「能舉大事乎？」曰：「能。」於是乃起宿營之甲○顧廣圻曰：左傳云：「宮甲。」而攻成王。成王請食熊膰而死，不許，遂自殺。

韓庾相韓哀侯，嚴遂重於君，二人甚相害也。嚴遂乃令人刺韓庾於朝，○先慎曰：即聶政，

二七四

[二][三]「江芈」，原本作「江芊」，據左傳改。

見韓策。韓虔走君而抱之，○先慎曰：策作「韓虔走而抱哀公」。遂刺韓虔而兼哀侯。○顧廣圻曰：説林上篇及韓策「虔」作「傀」同字。「哀侯」[二]即世家之「烈侯」，世本謂之「武侯」，戰國策及此謂之「哀侯」，各不同。事在三年，與世家之「哀侯」非一人也。

田恒相齊，闞止重於簡公，二人相憎而欲相賊也。田恒因行私惠以取其國，遂殺簡公而奪之政。

戴驩為宋太宰，皇喜重於君，二人爭事而相害也。皇喜遂殺宋君而奪其政。

狐突曰：「國君好内則太子危，好外則相室危。」

鄭君問鄭昭曰：「太子亦何如？」對曰：「太子未生也。」君曰：「太子已置，而曰『未生』，何也？」對曰：「太子雖置，然而君之好色不已，所愛有子，君必愛之，愛之則必欲以爲後，臣故曰『太子未生也』。」

〔六〕文王資費仲而游於紂之旁，○先慎曰：喻老篇：「資費仲以玉版。」令之諫而亂其心。○盧文弨曰：「資費仲以游於紂之旁」當作「資費仲以玉版」。

〔一〕「哀侯」，原本作「哀公」，據正文及韓非子識誤改。

〔二〕「諫」，凌本作「間」。案顏氏家訓音辭篇：「穆天子傳音『諫』爲『間』。」蓋穆天子傳「道里悠遠山川諫之」下

郭璞注也。今本乃改正文作「閒」，注作「閒，音諫」，殊誤。此書亦是以「諫」爲「閒」，凌本遂改作「閒」，其誤亦同。

荆王使人之秦，秦王甚禮之。王曰：「敵國有賢者，國之憂也。今荆王之使者甚賢，寡人患之。」羣臣諫曰：「以王之賢聖與國之資厚，願荆王之賢人，王何不深知之而陰有之，○王先謙曰：「深知之」，猶言深結之。先慎曰：「陰」當作「陽」，字之誤也。「陽」與「佯」通。荆以爲外用也，則必誅之。」

仲尼爲政於魯，道不拾遺。齊景公患之。黎且謂景公曰：○盧文弨曰：孫云：「後漢書馮衍傳注引作『犂鉏』。」顧廣圻曰：上文作「黎」，下文作「犂」，「犂」是也。今本皆作「黎」，非。史記孔子世家作「犂鉏」。先慎曰：御覽四百七十八引作「黎且」，意林作「黎且」。「去仲尼猶吹毛耳，君何不迎之以重禄高位，遺哀公女樂以驕榮其意。○盧文弨曰：「哀」字譌，後漢書注引「君何不遺魯君以女樂」，此在定公時，云「哀公」皆誤。王渭曰：「榮」當作「煢」，下「以榮其意」同。先慎曰：「哀公」，後漢注引同。明此韓非子傳聞偶誤，非字譌也。後漢注上作「定」，下作「哀」，不足爲據。哀公新樂之，必怠於政，仲尼必諫，○盧文弨曰：後漢書注引有「而不聽」三字。必輕絕於魯。」景公曰：「善。」乃令犂且以女樂二八遺哀公，○先慎曰：各本「二八」字作「六」字。盧文弨云：意林亦作「六」，疑皆「二八」兩字之譌。太平御覽五百七十一引家語作「好女子二八」，今家語作「八十」，疑後人以史記之文改之。八十人太多，六人太少，即非「二八」，亦是八人方成舞列，下「晉遺虞」亦同。先慎案：「六」字乃「二八」二字之誤，御覽四百七十八引正作「二八」，今據改。哀公樂之，果怠於政。仲尼諫，不聽，去

而之楚。○先慎曰：後漢注作「遂去之」三字，御覽引作「去而之齊」。

楚王謂干象曰：○顧廣圻曰：史記甘茂傳作「范蜎」，徐廣云：「一作『蠉』。」索隱云：「戰國策一作『蜂』字。」今楚策作「環」。先慎曰：汲古閣文選過秦論李注引「干象」作「于象」，「干」、「于」字形相近而誤。吳鼐云：「宋槧一卷中前作『于』，後作『干』，查姓氏急就篇注，楚有干象，不誤。」「吾欲以楚扶甘茂而相之秦，可乎？」干象對曰：「不可也。」王曰：「何也？」曰：「甘茂少而事史舉先生，史舉，上蔡之監門也，大不事君，小不事家，以苛刻聞天下，茂事之順焉。惠王之明，張儀之辨也，茂事之，取十官而免於罪，是茂賢也。」王曰：「相人敵國而相賢，其不可何也？」○先慎曰：「賢」上「相」字衍。干象曰：「前時王使邵滑之越，○顧廣圻曰：徐廣云：「滑一作『涓』。」策無「邵」字。先慎曰：史記甘茂傳作「召」，賈誼新書亦作「召」，秦本紀作「昭」，楚策作「卓」，趙策作「淖」。「召」、「昭」、「卓」、「淖」皆一聲之轉。李善文選過秦論注引此亦作「召」。「召」、「邵」古通。五年而能亡越，○先慎曰：文選注引「亡越」作「盛之」。所以然者，越亂而楚治也。日者知用之越，○王先謙曰：「日」字疑「昔」脫其半。今忘之秦，不亦太亟忘乎！」○先慎曰：乾道本兩「忘」字作「亡」。顧廣圻云：當依策作「忘」。先慎按：張榜本作「忘」，今據改。王曰：「然則爲之奈何？」干象對曰：「不如相共立。」王曰：「共立可相何也？」對曰：「共立少見愛幸，長爲貴卿，被王衣，○俞樾曰：「王」當作「玉」，「玉衣」猶云「珍裘」。三國志魏文帝紀注云「舜承堯禪，被珍裘」，

矣。古人於美好之物皆曰「玉」，食言「玉食」，衣言「玉衣」，其義同也。此與下文之「握玉環」本同。作「王」，後人不解而

臆改耳。含杜若，握玉環，以聽於朝，且利以亂秦矣。」「共立」，一云「公子赫」。○顧廣圻曰：策作「公孫

赫」。史記云「向壽」不同也。

吳攻荊，○先慎曰：乾道本「攻」作「政」，今從趙本改。

之；子常用，將去之。」荊人聞之，因用子常而退子期也。子胥使人宣言於荊曰：「子期用，將擊

晉獻公○先慎曰：乾道本連上，今從趙本提行。欲伐虞、虢，○先慎曰：乾道本無「欲」字。盧文弨云：一

本作「欲伐虞、虢」。案經是虞、虢。先慎案：乾道本脫「欲」字，一本脫「虢」字耳。御覽三百五又四百七十八、五百六十八引作

「欲伐虞、虢」，今據補。乃遺之屈產之乘、垂棘之璧，女樂二八，以榮其意而亂其政。○先慎曰：各

本「二八」字作「六」字，今據御覽引改。「榮」當作「熒」。

叔向之讒萇弘也，○王渭曰：困學紀聞謂此時叔向死已久。先慎曰：説苑權謀篇記誅萇宏事與本書略同，蓋

古人相傳偶異也。爲萇弘書，○先慎曰：乾道本作「爲書曰萇弘」，拾補作「爲萇弘書」，盧文弨云：「爲書曰萇弘」

誤。」今從凌本删乙。謂叔向曰：「子爲我謂晉君，所與君期者，時可矣。何不亟以兵來？」因佯

遺其書周君之庭而急去行。○先慎曰：「行」字當衍。周以萇弘爲賣周也，乃誅萇弘而殺之。○

盧文弨曰：凌本無此三字。王先謙曰：「而殺之」三字句例見前，凌本妄删。先慎曰：難言篇云：「萇宏分胣。」

鄭桓公將欲襲鄶，○顧廣圻曰：他書「鄶」又作「檜會」。

先問鄶之豪傑、良臣、辯智、果敢之士，

盡與姓名，○盧文弨曰：「張本無「與」字，凌本作「盡與其名姓」。顧廣圻曰：「盡與」，説苑權謀篇作「書其」。俞樾曰：「與」當作「舉」。周官師氏「王舉則從」，注曰「故書「舉」為「與」」，是其例也。襄二十七年左傳「仲尼使舉是禮也」，釋文引沈云：「舉，謂紀錄之也。」然則「盡舉姓名」，為悉記錄其姓名矣。擇郰之良田賂之，為官爵之名而書之，因為設壇場郭門之外而埋之，○先慎曰：乾道本「埋」作「理」。顧廣圻云：「理」當作「埋」。先慎案：張榜本作「埋」，今據改。釁之以雞豭，若盟狀。郰君以為内難也，而盡殺其良臣。桓公襲郰，遂取之。

〔七〕○王先謙曰：「七」字不當有。秦俅儒善於荊王，而陰有善荊王左右而内重於惠文君。○先慎曰：「有」讀為「又」。荊適有謀，俅儒常先聞之，以告惠文君。郱令襄疵○顧廣圻曰：乾道本、藏本此條在「秦俅儒」前〔一〕。當誤倒也。○先慎曰：依經次不誤，顧説非。陰善趙王左右。趙王謀襲郱，襄疵常輒聞而先言之魏王。魏王備之。○先慎曰：乾道本不重「魏王」二字，盧文弨云：「不重」，張、凌本皆重。今據補。趙乃輒還。○王念孫曰：「輒還」當作「輒行」，言趙王知魏之有備而止其行也。「輒」字既譌作「輒」，後人不得其解，故改「輒行」為「輒還」。不知上言趙謀襲郱，則兵尚未出，不得言

〔一〕「前」，原本作「後」，據四部叢刊影宋乾道本改。

還也。

衛嗣君之時，有人於縣令之左右。○先慎曰：各本脫「縣」字，據御覽七百九引補。縣令發蓐而席弊甚，○先慎曰：各本「令」下衍「有」字，據御覽引刪。嗣公還令人遺之席，曰：「吾聞汝令者發蓐而席弊甚，賜汝席。」縣令大驚，以君爲神也。

韓非子集解卷第十一

外儲說左上第三十二

〇先慎曰：索隱云：「外儲，言明君觀聽臣下之言行以斷其賞罰，賞罰在彼，故曰『外』也。」

〔一〕明主之道，如有若之應密子也。〇顧廣圻曰：藏本同。今本「密」作「宓」，案說作「宓」，「宓」「密」同字。

明主之聽言也，美其辯，其觀行也，賢其遠。故羣臣士民之道言者迂弘，其行身也離世。〇王先謙曰：「弘」與「閎」同。「迂弘」與下「迂深閎大」同義。「離世」，謂遠於事情。其說在田鳩對荆王也。故墨子爲木鳶，謳癸築武宮。夫藥酒用言，明君聖主之以獨知也。〇顧廣圻曰：藏本同。今本「君」作「在」，誤。先慎曰：「用」，張榜本作「無」。案：「用」當作「忠」，「明君聖主」當作「知者明主」。謂「藥酒忠言，知者明主之所以獨知也」。下說「良藥苦於口，知者勸而飲之」，「忠言拂於耳，而明主聽之」，是其證。

〔二〕人主之聽言也，不以功用爲的，〇先慎曰：「用爲」，張榜本作「爲用」，誤。此與下「不以儀的爲關」相對爲文。則說者多棘刺白馬之說；不以儀的爲關，則射者皆如羿也。〇先慎曰：「儀」，準

也,見國語周語注。 人主於說也,皆如燕王學道也;,而長說者,皆如鄭人爭年也。 是以言有纖

察微難而非務也,○王先謙曰: 以下文例之,「而」字當衍。 故李、惠、宋、墨皆畫策也;,○顧廣圻曰:

「李」當作「季」。 季良、惠施、宋鈃、墨翟也。 論有迂深閎大非用也,○先慎曰: 乾道本無「迂」字,顧廣圻云: 「今

本有。」今據補。 故畏震瞻車狀皆鬼魅也;,○顧廣圻曰: 「畏」當作「魏」,魏牟也,聲近誤。 「震」當作「處」。

瞻何,莊子讓王篇釋文云: 「瞻子,賢人也。」淮南作「詹」。 「車」當作「陳」,陳駢也,形近誤。 「狀」當作「皆狀」。 言

而拂難堅確非功也,○顧廣圻曰: 「言而」當作「行有」。 故務、卜、鮑、介、墨翟皆堅瓠也。 ○顧廣圻

曰: 務光、卜隨、鮑焦、介之推也。 「墨翟」二字有誤,或當作「申徒狄」。 先慎曰: 「墨翟」即「田仲」之譌。 下說「田仲之

堅瓠於田仲」,即此。 且虞慶詘匠也而屋壞,○先慎曰: 「也」字衍文。 此與下句相對成文,不當有「也」字。 范

且窮工而弓折。 是故求其誠者,非歸餉也不可。 ○先慎曰: 「餉」下說作「饟」,字同。

〔三〕挾夫相為則責望,○顧廣圻曰: 藏本同。 今本「挾夫」作「夫挾」,誤。 自為則事行。 故父子或

怨譙,○顧廣圻曰: 「譙」當依說作「誰」。 取庸作者進美羹。 說在文公之先宣言,與句踐之稱如皇

也。 ○趙用賢曰: 「如皇」,臺名。 故桓公藏蔡怒而攻楚,吳起懷瘝實而吮傷。 ○先慎曰: 張榜本「挾

夫」至此脫,「下」「且」字作「夫」。 案: 「實」疑「士」之聲近而誤。 「懷瘝士」,謂欲士之病愈也。 且先王之賦頌,鍾鼎

之銘,皆播吾之迹,○顧廣圻曰: 「播」,藏本、今本作「潘」,他書又作「番」。 先慎曰: 張榜本作「潘」云: 「當作

『番』。案：『播』、『潘』、『番』古字通用。華山之博也。○王先謙曰：下『然』字當在『也』上，誤倒。然先王所

期者利也，○先慎曰：張榜本無『然』下二十二字。所用者力也。築社之諺，目辭說也。○王先謙曰：『目』

乃『自』之誤，言晉文自辭說。先慎曰：趙本『社』作『杜』，誤，下說正作『社』。請許學者而行宛曼於先王，或者

不宜今乎。如是，不能更也。○先慎曰：『如是』以下三十字，張榜本無。○顧廣

曰：藏本同。今本『厄』作『軛』，案說作『軛』。先慎曰：『厄』即『軛』之通借字。衛人佐弋也，○先慎曰：乾道本無

『也』字。顧廣圻云：『藏本、今本『弋』下有『也』字。』○先慎曰：乾道本『弋』作『寫』，

趙本作『爲』。盧文弨云：『爲』，凌本作『寫』，俱誤。後作『象』，今定爲『爲』。『爲』即『象』字，謂仿象也。顧廣圻云：

『卜』當依說作『乙』。先慎案：盧說是，今從拾補本改。『卜』字不誤，說見下。而其少者也。○王先謙曰：語意不

完，依說『者』下奪『侍長者飲』四字。先王之言，有其所爲小而世意之大者，有其所爲大而世意之小

者，未可必知也。○先慎曰：乾道本『小』上無『之』字。顧廣圻云：藏本、今本有。先慎案：依上文當有，今據補。

張榜本無下『說』至『記也』十四字。說在宋人之解書，與梁人之讀記也。故先王有郢書，而後世多燕

說。夫不適國事而謀先王，皆歸取度者也。

〔四〕利之所在民歸之，名之所彰士死之。是以功外於法而賞加焉，則上不信得所利於

下，○先慎曰：『信』，趙本作『能』。名外於法而譽加焉，則士勸名而下畜之於君。○顧廣圻曰：藏

本同。今本「下」作「不」。

故中章、胥己仕，而中牟之民棄田圃而隨文學者邑之半；平公腓痛足痺而不敢壞坐，晉國之辭仕託者國之錘。○先慎曰：乾道本「託」作「記」。顧廣圻云：藏本「記」作「託」，今本作「托慕」。案説作「託慕」。俞樾云：乾道本「託」誤作「記」，當從道藏本訂正。趙用賢本「託」下有「慕」字，則由誤讀下文而衍也。下文曰：「晉國之辭仕託慕叔向者，國之錘矣。」此於「託」字絕句。「仕」謂仕者，「託」謂託者，襄二十七年左傳：「衛子鮮出奔晉，託於木門，終身不仕。」然則古人自有仕與託之兩途。凡託於諸侯者，君必有以養之，觀孟子可見，故曰「託仕」。蓋仕可辭，託亦可辭也。「託慕」者自爲句，後人不達「託」字之義，誤以「託慕」連讀，遂於此文亦增人「慕」字耳。又「錘」字無義，疑古本止作「垂」。莊子逍遙遊篇「其翼若垂天之雲」崔譔曰：「垂，猶邊也，其大如天一面雲也。」然則「國之垂」猶云國之一面，與上文「中牟之民棄田圃而隨文學者邑之半」文義一律。「國之垂」猶邑之半，「垂」亦「半」也。今加金作「錘」，則不可通矣。先慎案：俞説是，今從藏本。

此三士者，○先慎曰：三士：中章、胥己、叔向。 言襲法則官府之籍也，行中事則如令之民也，○先慎曰：「中」，音竹仲反。 二君之禮太甚。 若言離法而行遠功，則繩外民也，○王先謙曰：「繩外」，繩墨之外。 二君又何禮之，禮之當亡。 ○先慎曰：乾道本不重「禮之」二字。顧廣圻云：「藏本、今本重」今據補。○盧文弨曰：「周」當是「害」之譌。 且居學之士，國無事不用力，有難不被甲，禮之則惰修耕戰之功，不禮則周主上之法。○王先謙曰：「威」即「畏」，「威」「畏」同字。 人主奚得於居學之士哉！○王先謙曰：滅則爲屈公之威，○王先謙曰：「威」當作「畏」。 故明王論李疵視中山也。 國安則尊顯，危儒之端已兆於此。 ○盧文弨曰：「王」當作「主」。

〔五〕詩曰：「不躬不親，庶民不信。」傅説之以無衣紫，緩之以鄭簡、宋襄，〇顧廣圻曰：藏本「緩」作「綏」，今本「綏之」作「子産」，皆誤。「宋襄」二字連上讀。先慎曰：此言鄭簡謂子産，宋襄與楚人戰二條，「緩」字未詳所當作。責之以尊厚耕戰。〇先慎曰：疑當作「責尊厚以耕戰」「之」字衍。「尊厚」猶貴富，謂人君。夫不明分，不責誠，而以躬親位下，〇顧廣圻曰：「親」字句絶。今本「位」作「莅」，誤，未詳所當作。先慎曰：顧讀非，「位」下連上爲句。「位」、「莅」古字通。周禮注：「故書『位』爲『莅』」「莅」亦爲『位』。」與下説「鄒君先戮以莅民」句例相同。「夫」字當衍。且爲下走睡臥。〇先慎曰：乾道本無「且爲下」三字。顧廣圻曰：藏本同。今本「走」上有「且爲下」三字。〇先慎案：張榜本「而以躬親莅下」下有「且爲下走，是則將令人主耕以爲食，服戰雁行也」，民乃肯耕戰，則人主不泰危乎！而人臣不泰安乎！三十八字，合下説而成，非定本也。「走」上當有「且爲下」三字，今本「下走」，即下説景公釋車下走事；「睡臥」，即昭王〔二〕讀法睡臥事。〔二〕讀法睡臥事。〔二〕藏本、今「去」作「夫」。按説不見此事。孔丘不知，故稱「猶盂」；鄒君不知，故先自僇。明主之道，如叔向賦獵，與昭侯之奚聽也。

〔六〕小信成則大信立，故明主積於信。賞罰不信，則禁令不行。説在文公之攻原與箕鄭，與去撥弊微服。

〔二〕「昭王」，原本作「昭侯」，據正文改。

鄭救餓也。是以吳起須故人而食，文侯會虞人而獵。故明主信，如曾子殺彘也。○顧廣圻曰：

藏本、今本「主」下有「表」字，按非也。此當有「尊」字。患在尊厲王擊警鼓與李悝謾兩和也。○顧廣圻曰：

「尊」字當衍，上文所錯入也。

有。」今據補。

右經○先慎曰：乾道本無此二字，顧廣圻云：「今本此下有『右經』二字，乾道本、藏本無，下卷同，按此當

〔一〕宓子賤治單父，有若見之曰：「子何臞也？」宓子曰：「君不知不肖，○先慎

曰：乾道本「不齊」二字作「賤」，誤。今據張榜本改。使治單父，官事急，心憂之，故臞也。」有若曰：

「昔者舜鼓五絃，歌南風之詩而天下治。今以單父之細也，治之而憂，治天下將奈何乎？故

有術而御之，身坐於廟堂之上，有處女子之色，無害於治；無術而御之，身雖瘁臞，猶未有

益。」

楚王謂田鳩曰：「墨子者，顯學也。其身體則可，○王先謙曰：「身體」當作「體身」，誤倒。先慎

言多不辯，何也？」○先慎曰：各本「多」下有「而」字。顧廣圻云：「而」字當衍。先慎案：御覽五百四十一引

無，今據刪。曰：「昔秦伯嫁其女於晉公子，令晉爲之飾裝，○先慎曰：御覽引無「令晉」二字。從文衣

之縢七十人，○先慎曰：　各本「文衣」作「衣文」，據御覽乙。　至晉，晉人愛其妾而賤公女。　此可謂善嫁

妾而未可謂善嫁女也。　楚人有賣其珠於鄭者，爲木蘭之櫃，薰以桂椒，○先慎曰：　各本作「薰桂椒

之櫃」，今據藝文類聚八十四、御覽七百十三又八百三、八百二十八、初學記二十七引改。　綴以珠玉，飾以玫瑰，輯

以羽翠，○先慎曰：　藝文類聚、御覽引均作「緝以翡翠」。　鄭人買其櫝而還其珠。　此可謂善賣櫝矣，未可

謂善鬻珠也。　今世之談也，皆道辯說文辭之言，人主覽其文而忘有用。墨子之說，傳先王之

道，論聖人之言以宣告人。　若辯其辭，則恐人懷其文忘其○顧廣圻曰：　此下當有「用」字。　直，以文

害用也。　此與楚人鬻珠，秦伯嫁女同類，故其言多不辯。」

墨子爲木鳶，三年而成，○顧廣圻曰：　句絶。　蜚一日而敗。　○顧廣圻曰：　五字爲一句，下同。　弟子

曰：「先生之巧，至能使木鳶飛。」墨子曰：　○盧文弨曰：　張本有「吾」字。「不如爲車輗者巧也，

用咫尺之木，不費一朝之事，而引三十石之任，致遠力多，久於歲數。　今我爲鳶三年成，蜚一

日而敗。」惠子聞之曰：　「墨子大巧，巧爲輗，拙爲鳶。」

宋王與齊仇也，築武宮。　○張榜曰：　蓋王偃時築以備齊。　謳癸倡，行者止觀，築者不倦。　王

聞，召而賜之，對曰：　「臣師射稽之謳又賢於癸。」○先慎曰：　「稽」御覽五百七十二引作「瞀」下同。　王

王召射稽使之謳，行者不止，築者不倦。　王曰：　「行者不止，築者知倦，其謳不勝如癸美，何

也？」○先慎曰：張榜本無「勝」字。 對曰：「王試度其功。」癸四板，射稽八板；摭其堅，癸五寸，

射稽二寸。

夫良藥苦於口，而智者勸而飲之，知其入而已已疾也。○盧文弨曰： 下當作「己」。 忠言拂於

耳，而明主聽之，知其可以致功也。

〔二〕宋人有請爲燕王以棘刺之端爲母猴者，必三月齋，然後能觀之。 燕王因以三乘養

之。○先慎曰： 「乘」下當有「之奉」二字。 右御、冶工○先慎曰：乾道本「冶」作「治」。 趙本作「冶工」，與下文合，

是也，今據改。 ○先慎曰： 「言」當作「謂」。 「臣聞人主無十日不燕之齋。 今知王不能久齋

以觀無用之器也，○先慎曰：乾道本「以」上有「今」字，顧廣圻云： 「藏本、今本『以』上無『今』字。」今據刪。 故以

三月爲期。 凡刻削者，以其所以削必小。 今臣冶人也，無以爲之削，此不然物也，王必察

之。」王因而問之，果妄，乃殺之。 冶又謂王曰： ○先慎曰： 各本「又」作「人」，據御覽九百五十七引

改。 「計無度量，言談之士多棘刺之説也。」一曰： 燕王徵巧術人，○先慎曰：乾道本作「一曰好微

巧」。 王渭云： 「〔曰〕下當脱「燕王」二字，選注有。 先慎案： 張榜本「一曰」作「燕王」，無「一曰」二字，亦非。 「微」即

「徵」字，形近而誤。 藝文類聚九十五、御覽九百十引正作「燕王徵巧術人」，是其證，今據改。 御覽五百三十引作「燕王欲攻

巧」。 白孔六帖八十三引作「燕王好徵巧」，九十七引作「燕王好微巧」，並誤。 然皆有「燕王」二字。 衛人請以棘刺之

端為母猴。○先慎曰：乾道本「請以」作「日能以」三字，藝文類聚、御覽引並作「請以」二字，今據改。張榜本「請以」二字作「有請為以」四字，亦誤。　燕王說之，養之以五乘之奉。王曰：「吾試觀客為棘刺之母猴。」客曰：「人主欲觀之，○先慎曰：乾道本無「客曰」二字。顧廣圻云：今本句上有「客曰」二字。先慎案：有者是也，據今本增。藝文類聚引有「曰」字。　必半歲不入宮，不飲酒食肉，雨霽日出，視之晏陰之間，而棘刺之母猴乃可見也。」燕王因養衛人，不能觀其母猴。鄭有臺下之冶者謂燕王曰：「臣為削者也，○先慎曰：乾道本無「為」字，盧文弨云：「臣」下張本有「為」字。顧廣圻云：「藏本有。」今據補。諸微物必以削削之，○先慎曰：乾道本不重「削」字，顧廣圻云：「藏本、今本重『削』字。」今據補。而所削必大於削。今棘刺之端不容削鋒，難以治棘刺之端。○盧文弨曰：凌本無此句。王試觀客之削，能與不能可知也。」王曰：「善。」謂衛人曰：「客為棘削之？」○盧文弨曰：此下多脫文。孫云：「文選魏都賦注引『王曰：「客為棘刺之端，何以理之」』，『理』必本是『治』字，今此接『削之』二字，誤，當刪。」顧廣圻曰：「削」當作「刺」，「之」下當有「母猴何以」四字。　曰：「以削。」王曰：　○先慎曰：「以」讀為「已」。王曰：　○先慎曰：各本無「王曰」三字，盧文弨云：「文選注有『王曰』二字。」今據補。「吾欲觀見之。」○盧文弨曰：選注引「吾欲觀客之削也」，顧廣圻云：「見」字衍。　客曰：「臣請之舍取之。」因逃。

兒說，○先慎曰：乾道本「兒」作「見」。顧廣圻云：今本「見」作「兒」，案「兒」是也。兒說見呂氏春秋君守篇、淮

南人閒訓。先慎案：顧說是，今據改。乾道本連上，今依張榜本、趙本提行。宋人，善辯者也。持「白馬非馬

也」服齊稷下之辯者。〇先慎曰：藝文類聚九十三引「白馬」下有「之」字。乘白馬而過關，則顧白馬之

賦。〇先慎曰：「顧」視也。古人馬稅當別毛色，故過關視馬而賦，不能辯也。故籍之虛辭〇先慎曰：「之」字

衍，藝文類聚引無「之」字。「虛」字作「空」。則能勝一國，考實按形不能謾於一人。

夫新砥礪殺矢，彀弩而射，雖冥而妄發，其端未嘗不中秋毫也，然而莫能復其處，不可謂

善射，無常儀的也。〇先慎曰：藝文類聚「常」作「嘗」，下仍作「常」。設五寸之的，引十步之遠，〇先慎

曰：「十步」當作「百步」。非羿、逢蒙不能必全者，〇先慎曰：問辯篇「全」作「中」。有常儀的也。有度難

而無度易也。有常儀的，則羿、逢蒙以五寸爲巧，〇先慎曰：乾道本無「逢」字，顧廣圻云：「今本

『羿』下有『逢』字，案依上文當補。問辯篇有『逢』字。」今據增。無常儀的，則以妄發而中秋毫爲拙。故無度

而應之，則辯士繁說，設度而持之，雖知者猶畏失也，不敢妄言。〇王先謙曰：「也」字當在「言」

下。今人主聽說不應之以度，〇顧廣圻曰：句絕。而說其辯，〇顧廣圻曰：「說」讀如悅。不度

以功，〇顧廣圻曰：句絕。譽其行，〇顧廣圻曰：句絕。而不入關。〇顧廣圻曰：逗。「說」藏本同。今本「不

度」下有「之」字，「譽」上有「而」字，無「而不入關」四字，皆誤。上文云「不以儀的爲關」，此其說也。此人主所以長

欺，而說者所以長養也。

客有教燕王爲不死之道者，王使人學之，所使學者未及學而客死。王大怒，誅之。王不

知客之欺己，而誅學者之晚也。夫信不然之物，而誅無罪之臣，不察之患也。且人所急無如

其身，不能自使其無死，安能使王長生哉！

鄭人有相與爭年者，一人曰：「吾與堯同年。」○先慎曰：乾道本無「一人曰吾與堯同年」八字，今據御覽四百九十六、意林引增。　其一人曰：「我與黃帝之兄同年。」○先慎曰：意林「兄」下有「弟」字，御覽引無。「我」並作「吾」。　訟此而不決，○盧文弨曰：藏本作「訣」。先慎曰：趙本作「訣」，誤。御覽作「決」。以後息者爲勝耳。○先慎曰：意林「息」作「罷」。案此謂皆無情理，故以辭長者爲勝。

客有爲周君畫莢者，○盧文弨曰：「莢」謌「下同。前作「策」。「策」、「筴」同。三年而成。君觀之與髹莢者同狀，○先慎曰：「髹」本作「髹」，玉篇：「髹」同『髹』。」史記貨殖傳「木器髹者千枚」，注：「徐廣云：『髹，漆也。』」漢書皇后傳「殿上髹漆」，師古云：「以漆漆物謂之『髹』，今關東俗器物一再著漆者，謂之『捎漆』，捎即『髹』聲之轉。」此謂所畫不辨黑白，與漆筴同也。　周君大怒。　畫莢者曰：「築十版之牆，鑿八尺之牖，而以日始出時加之其上而觀。」○先慎曰：加筴於牆牖之上以觀其畫也。案此即西人光學之權輿。周君爲之，望見其狀盡成龍蛇禽獸車馬，萬物之狀備具，周君大悅。　此莢之功非不微難也，然其用與素髹筴同。　○先慎曰：「素」，未畫也。此言畫筴之用，何異素髹。

客有爲齊王畫者，齊王問曰：「畫孰最難者？」曰：「犬馬最難。」○先慎曰：各本無下

「最」字，據藝文類聚七十四、御覽七百五十、意林引補。「犬」作「狗」，下同。「犬馬最難」

夫犬馬，人所知也，旦暮罄於前，○盧文弨曰：詩大明「倪天之妹」，韓詩作「磬」，是「磬」、「倪」同義。說文：

「倪」，訓「聞見」。蓋「倪」從見，是有「見」義。「磬」本以「倪」爲義，當爲朝夕見於前也。先慎曰：御覽引「磬」

作「覵」，下同。不可類之，故難。鬼魅無形者，○先慎曰：各本「魅」作「神」。案「神」當依上文作「魅」，藝文

類聚、意林、御覽引正作「魅」，今據改。意林「形」下有「像」字。不罄於前，故易之也。○先慎曰：藝文類聚、御覽

「不」上有「無形者」三字。

齊有居士田仲者，○盧文弨曰：即陳仲子。宋人屈穀見之，○盧文弨曰：文選七命注引「穀」作「穀」，

下有「往」字，「見之」下有「謂之」二字。曰：「穀聞先生之義，不恃人而食。○先慎曰：各本「恃」下有

「仰」字，盧文弨云：「『仰』字疑衍，下選注引無。」今據刪。今穀有樹瓠之道，○先慎曰：選注引作「穀有巨瓠」。

案「樹」「巨」聲近而誤，當作「巨」。「之道」二字衍。堅如石，厚而無竅，○盧文弨曰：選注此下不同，云：「而效

之先生，田仲曰：『堅如石不可剖而斷，厚而無竅不可以受水漿，吾無用此瓠以爲也。』屈穀曰：『然，其棄物乎？』曰：

『然。』『今先生雖不恃人之食，亦無益人之國矣，猶可棄之瓠也。』」田仲若有所失，惄而不對。獻之。」仲曰：「夫瓠

所貴者，謂其可以盛也。今厚而無竅，則不可剖以盛物，○顧廣圻曰：「剖」字當衍。而任重如

堅石，○顧廣圻曰：「任重」二字涉下節而衍。「如堅」當作「堅如」。則不可以剖而以斲。○顧廣圻曰：下「以」字當衍。吾無以瓠爲也。」曰：「然，穀將棄之。」○先慎曰：乾道本「棄」上有「以欲」二字，今據張榜本刪。今田仲不恃人而食，○先慎曰：各本「恃」下有「仰」字，說見上。張榜本無「田」字。亦無益人之國，亦堅瓠之類也。

虞慶爲屋，○盧文弨曰：下三條宜連。顧廣圻曰：虞卿也，「慶」、「卿」同字。呂氏春秋別類篇云「高陽應」，高誘注：「或作『魋』」。謂匠人曰：「屋太尊。」○盧文弨曰：嫌其太崇也。藏本「太」作「大」。「此新屋也，塗濡而椽生。夫濡塗重而生椽撓，以撓椽任重塗，此宜卑。」虞慶曰：「不然。○先慎曰：乾道本此五字在「夫濡塗重」上。顧廣圻云：藏本同。今本「虞慶曰不然」五字在「此宜卑」下，誤。先慎案：今本是也。「夫濡塗重而生椽撓」，正申「塗濡椽生」之義，以「撓椽任重此宜卑」辨虞慶屋太尊之說，皆匠人之詞。宋本誤以「虞慶曰不然」五字於「夫濡塗重」上，文義不可通，藏本沿其誤耳。今改從今本。更日久，則塗乾而椽燥。塗乾則輕，椽燥則直，以直椽任輕塗。○先慎曰：乾道本無「以直」二字，顧廣圻云：藏本「直」下有「以直」二字。今據補。今本無「以」字。此益尊。」匠人詘，爲之而屋壞。一曰：虞慶將爲屋，匠人曰：「材生而塗濡，夫材生則撓，塗濡則重，以撓任重，今雖成，久必壞。」虞慶曰：「材乾則直，塗乾則輕。今誠得乾，日以輕直，雖久必不壞。」匠人詘，作之，成，有間，屋果壞。

范且曰：○顧廣圻曰：范雖也，「且」「雖」同字。「弓之折，必於其盡也，不於其始也。夫工人張弓也，伏檠三旬而蹈弦，一日犯機，是節之其始而暴之其盡也，焉得無折！且張弓不然，○先慎曰：張榜本、趙本作「范且曰不然」，誤。此皆范且自謂，不應有「曰」字。伏檠一日而蹈弦，三旬而犯機，是暴之其始而節之其盡也。」工人窮也，爲之，○先慎曰：工窮於詞，依且爲之。弓折。

范且、虞慶之言，皆文辯辭勝而反事之情，人主說而不禁，此所以敗也。夫不謀治強之功，而醜乎辯說文麗之聲，是卻有術之士而任壞屋折弓也。故人主之於國事也，皆不達乎工匠之搆屋張弓也。○王先謙曰：儗之不能遠過。然而士窮乎范且、虞慶者，○顧廣圻曰：連上十〔一〕字爲一句。○乾道本以下皆誤以「范且」提行。爲虛辭，其無用而勝，實事，其無易而窮也。○顧廣圻曰：「爲虛辭」逗，「其無用而勝」句絕，「實事」逗，「其無易而窮也」句。以上今失其讀。先慎曰：「無易」者，其道不可易。「爲虛辭」逗，「其無用而勝」句。「實事」逗，「其無易而窮也」句。以上今失其讀。人主多無用之辯，而少無易之言，此所以亂也。今世之爲范且、虞慶者不輟，而人主說之不止，是貴敗折之類，而以知術之人爲工匠也。不得施其技巧，故屋壞弓折；知治之人不得行其方術，故國亂而主危。

〔一〕　「十」下原本衍「一」字，據正文字數刪。

夫嬰兒相與戲也，以塵爲飯，以塗爲羹，以木爲轂；然至日晚必歸饟者，塵飯塗羹可以

戲而不可食也。夫稱上古之傳頌，辯而不慤，道先王仁義而不能正國者，此亦可以戲而不可

以爲治也。夫慕仁義而弱亂者，三晉也；不慕而治強者，秦也。然而未帝者，治未畢也。

○先慎曰：趙本「然而」下有「秦強而」三字。張本從「夫慕」至此均無。

〔三〕人爲嬰兒也，父母養之簡，○先慎曰：句。子長而怨。○先慎曰：句。子盛壯成人，○先

慎曰：句。其供養薄，○先慎曰：句。父母怒而誚之。○先慎曰：以上今皆失讀。子父至親也，而或

譙或怨者，皆挾相爲而不周於爲己也。夫賣庸而播耕者，主人費家而美食，調布而求易錢

者。○顧廣圻曰：「調」當作「請」。「易錢」當作「錢易」。「易」，去聲，下同。非愛庸客也，曰：「如是，耕者

且深，耨者熟耘也。」○顧廣圻曰：「熟」上當有「且」字。「者」字衍「耕」句絕。此與下文「錢布且易云也」句對，不知者

改作「耘」字，誤甚。庸客致力而疾耘耕者，○顧廣圻曰：「耘」當作「耕」，句當衍二字，未詳。孫詒讓曰：「時」當作「埒」。一切經音

義引倉頡篇云「畦，埒也」，是其證。此「畦埒」二字蓋注文傳寫誤混入正文，遂複舛不可通耳。盡巧而正畦陌畦時者，○

顧廣圻曰：藏本同。今本下「畦」作「疇」。案「時」非此之用。句當衍二字，未詳。孫詒讓曰：「時」當作「埒」。非愛主人也，曰：

「如是，羹且美，錢布且易云也。」此其養功力，有父子之澤矣，而心調於用者，○盧文弨曰：「調」

疑「周」。先慎曰：盧說是，「調」即「周」之誤。上文「不周於爲己」，即其證。皆挾自爲心也。故人行事施予，

以利之爲心，則越人易和；以害之爲心，則父子離且怨。

文公伐宋，乃先宣言曰：「吾聞宋君無道，蔑侮長老，分財不中，教令不信，余來爲民誅之。」○顧廣圻曰：「公」當作「王」。「宋」當作「崇」，見説苑指武篇。先慎曰：經亦作「文公」，疑非文王伐崇事。

越伐吳，乃先宣言曰：「我聞吳王築如皇之臺，掘淵泉之池，○先慎曰：各本「淵」作「深」，無「泉」之三字，據御覽二百七十七引改增。「掘淵泉之池」與「築如皇之臺」二文相對，明「深」乃「淵」之誤，又脱「泉」之二字耳。

罷苦百姓，煎靡財貨，以盡民力，余來爲民誅之。」○先慎曰：乾道本無「來」字。盧文弨云：張本有。先慎案：依上文當有，今據補。

蔡女爲桓公妻，桓公與之乘舟。夫人蕩舟，桓公大懼，禁之不止，怒而出之。乃且復召之，因復更嫁之。○先慎曰：左傳作「蔡人嫁之」。

桓公大怒，將伐蔡。仲父諫曰：「夫以寢席之戲，不足以伐人之國，功業不可冀也，請無以此爲稽也。」○顧廣圻曰：藏本、今本「稽」作「規」，誤。俞樾曰：「稽」字無義，疑當作「指」。漢書河間獻王德傳「文約指明」，注云：「指，謂意之所趨若人以手指物也。」字亦作「旨」，孟子告子篇「願聞其旨」是也。齊桓公伐蔡，意在蔡姬，故管仲請無以此爲指也。「稽」從旨聲，故得通借。禮記王制篇「有旨無簡不聽」，即尚書吕刑篇「有稽無簡不聽」之異文，然則「稽」「旨」通用，古有徵矣。道藏本改「稽」爲「規」，非是。先慎曰：「稽」字不誤，史記樗里子甘茂傳正義、漢書賈誼傳應劭注、司馬遷傳顏注、荀子王制楊注並云：「稽，計也。」語極明顯，俞氏謂「稽」字無義，失之考耳。

桓公之計在伐蔡，故管仲請無以此爲計也。

桓公不聽。仲父曰：「必

不得已，楚之菁茅不貢於天子三年矣，君不如舉兵爲天子伐楚。楚服，因還襲蔡，曰『余爲天子伐楚，而蔡不以兵聽從』，因遂滅之。○先慎曰：乾道本無「因」字，盧文弨云「張本有」，今據補。此義於名而利於實，故必有爲天子誅之名，○先慎曰：乾道本無「爲」字，盧文弨云：「「有」下脱『爲』字，張、凌本有。」今據補。而有報讎之實。」

吳起爲魏將而攻中山，○先慎曰：乾道本連上，今據趙本提行。軍人有病疽者，吳起跪而自吮其膿，傷者母立而泣，○先慎曰：各本作「傷者之母立而泣」。盧文弨云：「立」疑衍。俞樾云：「立」字不當有，蓋即「泣」字之誤而衍者。先慎案：上「之」字衍，盧、俞説並誤，「立」下脱「而」字。今據藝文類聚五十九、御覽四百七十七引改。人問曰：「將軍於若子如是，尚何爲而泣？」對曰：「吳起吮其父之創而父死，今是子又將死也，今吾是以泣。」○先慎曰：下「今」字當衍，藝文類聚引作「吳子吮其父之傷而殺之涇水之上，今安知不殺是子乎」，御覽引與藝文類聚略同，蓋所見本與今異。説苑復恩篇作「吳子吮此子父之創而殺之於涇水之戰，戰不旋踵而死，今又吮之，安知是子何戰而死，是以哭之矣」。

趙主父令工施鉤梯而緣播吾，○王先謙曰：「播吾」即「番吾」，見史記趙世家、六國表，又作「鄱吾」。漢常山郡有蒲吾縣，「蒲」、「番」雙聲字變，在今正定府平山縣東南。漢地理志云「縣有鐵山」，一統志以爲即房山，當即主父刻疎人迹其上，○盧文弨曰：「疎」即「疋」之「令工施鉤梯」者也。先慎曰：「播」，張榜本、趙本作「潘」，説見上。刻疎人迹其上，○盧文弨曰：「疎」當作「疎」，「即」「迹」字也。「迹」，籀文作「速」，此變異文，「疋」，足也。下「人迹」二字當本是注誤入正文。俞樾曰：

作「疎」，亦猶「迹」之變作「跡」矣。古本韓子當作「刻人疎其上」，寫者依今字作「迹」，而「疎」字失不刪去，遂誤倒在「人」字之上，又誤其字作「疎」也。

秦昭王令工施鉤梯而上華山，以松柏之心爲博，箭長八尺，棊長八寸，○顧廣圻曰：「爲博」

廣三尺，長五尺，而勒之曰：「主父常遊於此。」

而勒之曰：「昭王嘗與天神博於此矣。」○先慎曰：張榜本無「矣」字，御覽三十九卷

句絕，「箭長八尺」句。

引亦無「矣」字。

文公反國，至河，令籩豆捐之，○盧文弨曰：孫云：「文選鮑明遠東武吟注引『令』下有『日』字，可省。」

「豆」，藏本作「笠」，下同。先慎曰：治要、御覽七百九又七百五十九引均無「日」字。席蓐捐之，手足胼胝、面目

黧黑者後之。○先慎曰：乾道本無「而君捐之」四字。盧文弨云：選注有。先慎案：治要、御覽引亦有「而君捐之」四字，今

據補。席蓐所以臥也，而君棄之；○先慎曰：乾道本「棄」作「捐」，今據選注、治要改。手足胼胝、面目黧

黑，勞有功者也，○盧文弨曰：「有功」選注倒。而君後之。今臣與在後，中不勝其哀，故哭。○先

慎曰：「乾道本「臣」下有「有」字。盧文弨云：選注無。先慎案：治要及御覽引並無，今據刪。且臣爲君行詐僞以反國者眾矣，臣尚自惡也，而況於君！」再拜而辭。文公止之曰：

「諺曰『築社者攈撅而置之，○顧廣圻曰：藏本同。今本「攈」作「攈」。王渭曰：「魏書古弼傳引此作『蹇歴』。今案此同字耳，字書無「攈」字。端冕而祀之。』今子與我取之，而不與我治之，與我置之，而不與我祀之焉。」乃解左驂而盟于河。○先慎曰：乾道本「乃」作「可」，誤。治要作「乃」，今據改。

鄭縣人卜子○王先謙曰：此條依經當在「衛人佐弋」後。先慎曰：乾道本「卜」作「乙」。顧廣圻云：今本「乙」作「卜」，誤，此猶言某乙也。姦劫弒臣云「春申君之正妻子曰甲」，亦猶言某甲。用人云「罪生甲，禍歸乙」〔二〕，亦可證。先慎案：顧說非。北堂書鈔一百二十九，御覽六百九十五引「乙」作「卜」，今據改。使其妻爲袴。其妻問曰：「今袴何如？」夫曰：「象吾故袴。」○先慎曰：乾道本無「故」字。顧廣圻云：藏本、今本「吾」下有「故」字，案此不當有。先慎案：御覽引作「似吾故袴」，明乾道本脫「故」字，顧說非。北堂書鈔引正作「象吾故袴」，今據補。妻因毀新令如故袴。○先慎曰：各本「妻」下有「子」字。北堂書鈔引無，今據刪。御覽引作「妻因鑿新袴爲孔」。

鄭縣人有得車軛者，而不知其名，問人曰：「此何種也？」對曰：「此車軛也。」俄又

〔二〕　「罪生甲，禍歸乙」，原本作「罪生某，禍生乙」，據顧氏韓非子識誤及用人篇改。

復得一，〇先慎曰：謂又得一車輗也。問人曰：「此是何種也？」對曰：「此車輗也。」問者大怒

曰：「曩者曰『車軏』，今又曰『車輗』，是何衆也？！此女欺我也！」遂與之鬥。

衛人有佐弋者，鳥至，因先以其裌麋之，鳥驚而不射也。〇先慎曰：方言「襜裯謂之襤」，郭注：

「即帊幞也。」

鄭縣人卜子〇先慎曰：各本「卜」作「乙」。御覽六十三又九百三十二引「乙」作「卜」，是以「卜」爲姓，今據改。

又九百三十二引「子」下有「毒」字。妻之市，買鼈以歸，過潁水，以爲渴也，因縱而飲之，遂亡其鼈。

〇顧廣圻曰：此條不見於上。先慎曰：御覽引「亡其」二字作「失」字。

夫少者侍長者飲，長者飲，亦自飲也。　一曰：魯人有自喜者，〇先慎曰：「自喜」二字，疑「效

善」之譌。見長年飲酒不能釂則唾之，亦效唾之。　一曰：宋人有少者欲效善，〇先慎曰：各本

「欲」上有「亦」字，御覽八百四十五引無，今據刪。

見長者飲無餘，非斟酒飲也，而欲盡之。〇先慎曰：

「非」下九字，御覽引作「亦自飲而盡之」六字。

書曰：「紳之束之。」宋人有治者，因重帶自紳束也。人曰：「是何也？」對曰：〇先

慎曰：乾道本「對」上有「書」字，顧廣圻云：「藏本、今本無『書』字。」今據刪。「書言之，固然。」

書曰：「既雕既琢，還歸其樸。」〇先慎曰：乾道本以下並連上，趙本於「梁」下提行，並誤。各本

改。上「書」字當作「記」，涉上文而誤。下「書言之固然」亦當作「記言之固然」。經言「宋人之讀書，與梁人之解記」，若下

不作「記」字，則經不分別言矣。

人質切。○顧失其實。人曰：「是何也？」對曰：「書言之，固然。」

梁人有治者，動作言學，舉事於文，曰難之，○顧廣圻曰：「日」當作「日」，

郢人有遺燕相國書者，○先慎曰：藝文類聚八十、白孔六帖十四、御覽五百九十五引「郢」作「鄭」。夜書，

火不明，因謂持燭者曰「舉燭」，而誤書「舉燭」。○先慎曰：各本「而」上有「云」字，「誤」作「過」。今據

藝文類聚、御覽八百七十引刪改。御覽五百九十五引作「而誤於書中云」，白孔六帖引作「而設書舉燭」，字並非。舉燭，

非書意也，燕相國受書而說之，○先慎曰：各本無「國」字，據白孔六帖、御覽引增。「說」，讀爲悅。曰：

「舉燭者，尚明也，○先慎曰：藝文類聚、御覽引「尚」作「高」。尚明也者，舉賢而任之。」燕相白王，王

大悅，○先慎曰：乾道本不重「王」字，盧文弨云：「舊脫其一」。今據拾補增。國以治。治則治矣，非書意也。

今世學者，多似此類。○先慎曰：乾道本「世」下有「舉」字，顧廣圻云：「藏本、今本無。」今據刪。

鄭人有欲買履者，○先慎曰：各本「欲買」作「且置」。御覽四百九十九、六百九十七、八百二十七引「置」均作

「買」，今據改。「欲」，御覽一作「身」。先自度其足而置之其坐，至之市○先慎曰：御覽八百二十七引「之」作

「入」。而忘操之。已得履，乃曰：「吾忘持度。」反歸取之。及反，市罷，遂不得履。人曰：

「何不試之以足？」曰：「寧信度，無自信也。」○先慎曰：御覽引「度」下有「數」字。

〔四〕○先慎曰：乾道本無「四」字，顧廣圻云：「今本有。」今據補。王登爲中牟令，○顧廣圻曰：「王」當

作「壬」，呂氏春秋知度篇作「任」。「壬」、「任」同字。上言於襄主曰：「中牟有士曰中章、胥己者，○盧文詔曰：「中章」二字，呂作「瞻」。「中章、胥己」二人名，下文「一日而見二中大夫」是其證。呂作「瞻」，則爲一人，誤。其身甚修，其學甚博，君何不舉之？」主曰：「子見之，我將爲中大夫。」○王先謙曰：「爲」上疑奪「以」字。相室諫曰：「中大夫，晉重列也。今無功而受，非晉臣之意。○盧文詔曰：呂作「非晉國之故」。顧廣圻曰：「臣」當作「國」，「意」當作「章」。君其耳而未之目邪？」襄主曰：「我取登，既耳而目之矣，登之所取又耳而目之，是其耳目人絕無已也。」○盧文詔曰：「絕」，呂作「終」。王登一日而見二中大夫，予之田宅。中牟之人棄其田耘，賣宅圃而隨文學者邑之半。○先慎曰：乾道本無「邑」字，顧廣圻云：「今本『者』下有『邑』字，案依上文當有。」據今本增。

叔向御坐平公請事，公腓痛足痺，轉筋而不敢壞坐。晉國聞之，皆曰：「叔向賢者，平公禮之，轉筋而不敢壞坐。」晉國之辭仕託、慕叔向者國之錘矣。○先慎曰：「錘」，張本作「錘」，與前同，語難解。顧廣圻云：「錘」、「錘」皆「垂」之誤。今本「錘」作「錘」，誤。案上文亦云「錘」，皆未詳。案八說篇云「死傷者軍之乘」，或此與彼同。先慎案：御覽三百七十二引韓子曰：「晉平公與唐彥坐而出，叔向入，公曳一足，叔向問之，公曰：『吾侍唐子，腓痛足痺而不敢伸。』叔向不悦，公曰：『子欲貴，吾爵子；欲富，吾祿子。夫唐先生無欲也，非正坐吾無以養之。』」（「腓脹」下「唐彥」一作「唐亥」。案即「亥唐」倒文。）當爲此條。作「乘」，亦誤。又案：「錘」、「錘」皆「垂」之誤。「國之錘」猶「國之半」也，說詳前。八說篇

因生」二句文當一律。

鄭縣人有屈公者，聞敵，恐因死，恐已因生。○先慎曰：上「恐」字下當有「已」字。「恐已因死，恐已因生」二句文當一律。

趙主父使李疵視中山可攻不也，還報曰：「中山可伐也，君不亟伐，將後齊燕。」主父曰：「何故可攻？」李疵對曰：「其君見好巖穴之士，○顧廣圻曰：「見好」，當依下文作「好顯」。所傾蓋與車以見窮閭隘巷之士○顧廣圻曰：中山策「以見」作「而朝」。以十數，亢禮下布衣之士以百數矣。」○先慎曰：御覽二百九十一引「十」作「六」。君曰：「以子言論，是賢君也，安可攻？」疵曰：「不然。夫好顯巖穴之士而朝之，則戰士怠於行陳；○先慎曰：乾道本無「陳」字。顧廣圻云：今本「行」下有「陳」字。先慎案：依上文當有，御覽引作「陳」。「陳」即「陣」字，今據補。上尊學者，下士居朝，○先慎曰：「下士居朝」，御覽引作「下居士而朝之」。則農夫惰於田。戰士怠於行陳者，○先慎曰：乾道本無「陳」字。顧廣圻云：今本「行」下有「陳」字。先慎案：依上文當有，御覽引作「陳」。「陳」即「陣」字，今據補。則兵弱也；農夫惰於田者，則國貧也。兵弱於敵，國貧於內，而不亡者，未之有也。伐之不亦可乎！」主父曰：「善。」舉兵而伐中山，遂滅也。

〔五〕齊桓公好服紫，一國盡服紫。當是時也，五素不得一紫。○先慎曰：顧廣圻云：藏本、今本「不」下有「得」字。先慎案：御覽三百八十九、八百十四兩引有「得」字，今據補。桓公患之，謂管仲曰：「寡人好服紫，紫貴甚，○先慎曰：乾道本不重「紫」字，顧廣圻云：「藏本、今本重『紫』字。」今據

補。

一國百姓好服紫不已，寡人奈何？」管仲曰：「君欲止之，何不試勿衣紫也，○先慎曰：乾道本無「止之」二字。顧廣圻云：藏本同。今本無「欲」字。案「欲」下有脫文。先慎案：御覽三百八十九引「欲」下有「止之」二字，是也，今據補。八百十四引無「欲何不試」四字，節文也。今本不審，並刪「欲」字，不可從。謂左右曰：『吾甚惡紫之臭。』於是左右適有衣紫而進者，公必曰『少卻，吾惡紫臭』」。公曰：「諾。」於是日，郎中莫衣紫；其明日，國中莫衣紫；三日，境內莫衣紫。一曰：齊王好衣紫，齊人皆好也。齊國五素不得一紫。齊王患紫貴，傅說王曰：「詩云：『不躬不親，庶民不信。』今王欲民無衣紫者，○先慎曰：乾道本「王」字作「欲」。顧廣圻云：藏本、今本上『欲』字作『王』。今據改。王請自解紫衣而朝，○先慎曰：乾道本「請」作「以」。顧廣圻云：藏本同。今本「以」作「請」。案「以」上有脫文。先慎案：「以」乃「請」之誤，依今本改。「王請自解紫衣而朝」，謂王朝時請先解己之紫衣也，此句並無脫文。紫衣進者，曰：『益遠！寡人惡臭。』」是日也，郎中莫衣紫，是月也，國中莫衣紫，是歲也，境內莫衣紫。

鄭簡公謂子產曰：「國小，迫於荊、晉之間。今城郭不完，兵甲不備，不可以待不虞。」子產曰：「臣閉其外也已遠矣，而守其內也已固矣，雖國小，○先慎曰：趙本「國小」二字誤倒。猶不危之也。君其勿憂。」是以沒簡公身無患。○先慎曰：「患」下當有「一曰」二字。子產相鄭，簡公

謂子產曰：「飲酒不樂也，○先慎曰：「也」字衍文。俎豆不大，鍾鼓竽瑟不鳴，寡人之○顧廣圻

之任。」○「之」下當有「罪」字，「事」上當有脫字，未詳。先慎曰：治要引尸子治天下篇作「寡人之任也」，下「子之罪」亦作「子

事不一，國家不定，百姓不治，耕戰不輯睦，亦子之罪。子有職，寡人亦有職，各守其

職。」子產退而爲政五年，國無盜賊，道不拾遺，桃棗之蔭於街者莫援也，○先慎曰：舊本無「之」

字，「莫」下有「有」字，今據御覽九百六十五、事類賦二十六引刪。錐刀遺道三日可反，三年不變，民無飢也。

○先慎曰：「變」字疑誤。

宋襄公與楚人戰於涿谷上，○顧廣圻曰：與三傳不合。宋人既成列矣，楚人未及濟。右司馬

購強○顧廣圻曰：未詳。趨而諫曰：「楚人衆而宋人寡，請使楚人半涉，未成列而擊之，必

敗。」襄公曰：「寡人聞君子曰：『不重傷，○盧文弨曰：下「日」字藏本無。不擒二毛，不推人於

險，不迫人於阨，不鼓不成列。』今楚未濟而擊之，害義。請使楚人畢涉成陳，而後鼓士進

之。」右司馬曰：「君不愛宋民，腹心不完，特爲義耳。」公曰：「不反列，且行法。」右司馬

反列，楚人已成列撰陳矣，公乃鼓之。宋人大敗，公傷股，三日而死。○盧文弨曰：春秋襄公之卒，

在次年五月。此乃慕自親仁義之禍。○先慎曰：「自親」二字，涉下文而衍。夫必恃人主之自躬親而後

民聽從，是則將令人主自耕以爲上，○先慎曰：「上」當作「食」。上經下張本有此數句，蓋誤以說入經。然作

「耕以爲食」，則張氏所見之本不作「上」，正可以訂正「上」爲「食」之誤。　服戰鴈行也民乃肯耕戰，則人主不泰

危乎！而人臣不泰安乎！

齊景公游少海，○先慎曰：「少海」即勃海。　傳騎從中來謁曰：「嬰疾甚，且死，恐公後之。」案：此同字

景公遽起，傳騎又至。　景公曰：「趨駕煩且之乘，○王渭曰：晏子春秋「煩且」作「繁駔」。　行

也。　使騶子韓樞御之。」○先慎曰：晏子春秋内篇諫上第二云「公使韓子休追之」，此「韓樞」疑即彼「韓子休」。

數百步，以騶爲不疾，奪轡代之御，可數百步，以馬爲不進，盡○俞樾曰：韓子古本當作「以馬爲不

盡」，「不盡」即「不進」也。列子天瑞篇〔三〕「終進乎不知也」，張湛注：「『進』當爲『盡』。是「進」與「盡」古通用。詩文王

篇毛傳訓「盡」爲「進」，師古注漢書高帝紀曰：「『進』字本作『賮』，又作『賮』。」皆其例也。寫者依本字作「進」，而失刪

「盡」字，遂並失其讀矣。　釋車而走。以煩且之良而騶子韓樞之巧，○先慎曰：乾道本無「樞」字，顧廣圻

云：「藏本、今本有。」今據補。　而以爲不如下走也。

魏昭王欲與官事，○王先謙曰：「與」，去聲。　謂孟嘗君曰：「寡人欲與官事。」君曰：「王

欲與官事，則何不試習讀法？」昭王讀法十餘簡而睡卧矣。　王曰：「寡人不能讀此法。」夫

〔一〕　「天瑞篇」原本作「天端篇」，據列子改。

不躬親其勢柄，而欲爲人臣所宜爲者也，○先慎曰：「宜」〔二〕字涉下文衍。睡不亦宜乎。

孔子曰：○先慎曰：乾道本連上，今從趙本提行。「爲人君者猶盂也，民猶水也」，盂方水方，

盂圜水圜。○先慎曰：治要引尸子處道篇「圜」作「圓」。案說文「圜，天體也，全也，周也」，是「圜」爲正字。御覽七百

六十引二句互易。

六、事類賦十二引並重，今據增。

鄒君好服長纓，左右皆服長纓，纓甚貴。○先慎曰：乾道本不重「纓」字。御覽三百八十九、六百八十

鄒君患之，問左右，左右曰：「君好服，百姓亦多服，是以貴。」君因

先自斷其纓而出，國中皆不服長纓。君不能下令爲百姓服度以禁之，乃斷纓出以示民，○先

慎曰：乾道本「乃斷」二字作「長」字，「民」上有「先」字。顧廣圻云：今本作「乃斷纓出以示民」，案句有誤。先慎案：

今本語極明顯，今據改。是先戮以蒞民也。

叔向賦獵，功多者受多，功少者受少。

韓昭侯謂申子曰：「法度甚不易行也。」○先慎曰：乾道本無「不」字，今依拾補增。申子曰：

「法者，見功而與賞，因能而受官。今君設法度而聽左右之請，此所以難行也。」昭侯曰：

「吾自今以來知行法矣，寡人奚聽矣。」一日，○先慎曰：趙本「曰」作「日」，誤。申子請仕其從兄官，

〔二〕「宜」，原本作「官」，形近而誤，據正文改。

昭侯曰：「非所學於子也，聽子之謁，敗子之道乎？亡其用子之謁
之術而廢子之謁其行乎」云云，此有脫文。申子辟舍請罪。〇顧廣圻曰：韓策云「又亡子

〔六〕晉文公攻原，裹十日糧。〇先慎曰：僖二十五年左傳：晉侯圍原，命三日之糧。國語亦作「三日」。

遂與大夫期十日。至原十日，而原不下，擊金而退，罷兵而去。士有從原中出者，曰：
「原三日即下矣。」羣臣左右諫曰：「夫原之食竭力盡矣，君姑待之。」公曰：「吾與士期
十日，不去，是亡吾信也。得原失信，吾不爲也。」遂罷兵而去。原人聞曰：「有君如彼其
信也，可無歸乎！」乃降公。衛人聞曰：「有君如彼其信也，可無從乎！」乃降公。孔子
聞而記之曰：「攻原得衛者，信也。」

文公問箕鄭曰：「救餓奈何？」對曰：「信。」公曰：「安信？」曰：「信名。〇俞樾
曰：「信名」之下當有「信義、信事」四字。蓋文公曰「安信」箕鄭告以「信名、信義、信事」下乃一一申之也。今奪之，則
文不備。信名，則羣臣守職，善惡不踰，百事不怠；信事，則不失天時，百姓不踰；信義，則
近親勸勉，而遠者歸之矣。」

吳起出，遇故人而止之食，故人曰：「諾。」期返而食。〇先慎曰：乾道本「期返而食」作「今返而

御。○顧廣圻云：藏本同。今本「今」作「令」，誤。先慎案：御覽八百四十九引作「期反而食」，今據改。吳子曰：「待公而食。」故人至暮不來，吳起至暮不食而待之。○先慎曰：各本作「起不食待之」，御覽四百七十五、八百四十九引並作「吳起至暮不食而待之」，今據改。明日，早令人求故人，故人來方與之食。○先慎曰：御覽引「方」作「乃」。

魏文侯與虞人期獵。明日，會天疾風，○顧廣圻曰：魏策云「天雨」，餘多不同。先慎曰：治要無「天」字，「風疾」作「疾風」。左右止文侯，不聽，曰：「不可以風疾之故而失信，吾不爲也。」○先慎曰：治要「可」上無「不」字。遂自驅車往，犯風而罷虞人。

曾子之妻之市，○顧廣圻曰：「之妻」二字當衍。先慎曰：「妻」上治要無「之」字。其子隨之而泣，○其母曰：「女還，顧反爲女殺彘。」妻適市來，○先慎曰：乾道本無「妻」字。治要曾子欲捕彘殺之，妻止之曰：「特與嬰兒戲耳。」曾子曰：「嬰兒非與戲也。○先慎曰：「非」下疑有「可」字。嬰兒非有知也，待父母而學者也，聽父母之教。今子欺之，○先慎曰：乾道本「今」作「令」。顧廣圻云：藏本同。今本「令」作「今」，先慎案：治要作「今」，今據改。是教子欺也。母欺子，子而不信其母，○先慎曰：各本上「母」字作「父」，不重「子」字，今據治要增改。非以

成教也。」遂烹彘也。

楚厲王有警鼓，與百姓為戒。○先慎曰： 各本「警」下有「為」字，「與」上有「以」字，「戒」作「戒」，今據御覽五百八十二、事類賦十一引刪改。 飲酒醉，過而擊，○先慎曰： 各本「擊」下有「之也」二字，據御覽、事類賦刪。

民大驚。 使人止之，○先慎曰： 各本無「之」字，拾補增。 盧文弨云： 脫。 先慎案：御覽、事類賦引有「之」字，今據補。

曰：「吾醉而與左右戲而擊之也。」○先慎曰： 各本下「而」字作「過」，御覽、事類賦引作「而」，是。「過」字涉上文而誤，今據改。 民皆罷。 居數月，有警，擊鼓而民不赴。 ○先慎曰：御覽、事類賦引「赴」下有「也」字。 乃更令明號而民信之。

李悝警其兩和，曰：「謹警敵人，且暮且至擊汝。」如是者再三而敵不至。 兩和懈怠，不信李悝。 居數月，秦人來襲之，至幾奪其軍。 此不信患也。 一曰： 李悝與秦人戰，謂左和曰：「速上，右和已上矣。」又馳而至右和曰：「左和已上矣。」左右和曰：「上矣。」○先慎曰：「日上矣」三字，涉上而衍。 此言左和聞李悝之言，於是皆爭上，明不應有「曰上矣」三字。 於是皆爭上。 其明年，與秦人戰，秦人襲之，至幾奪其軍。 此不信之患。

有相與訟者，○顧廣圻曰： 藏本同。 今本無自此至末。 案皆複出七術，不當有也。 子產離之，而毋使通

辭，到至其言以告而知也。○先慎曰：「至」字衍文。「到」即「倒」字。惠嗣公使人僞關市，○先慎曰：「惠」當作「衛」。「僞」當作「過」。關市呵難之；因事關市以金，關市乃舍之。嗣公謂關市曰：「某時有客過而予汝金，因譴[二]之。」關市大恐，以嗣公爲明察。

韓非子集解卷第十二

外儲說左下第三十○　先慎曰：乾道本無「下」字。顧廣圻云：藏本同。今本有。先慎案：治要引

有「下」字，今據補。

〔一〕以罪受誅，人不怨上，罪當，故不怨也。朔危坐子皋。皋雖刑之，有不忍之心，朔者懷恩報德。○

顧廣圻曰：藏本同。今本「坐」作「生」，按依說當作「逃」。王先謙曰：作「生」是也，與「坐」形近而誤。先慎曰：「危」

讀爲「跪」，足也，詳下說。以功受賞，臣不德君，功當，故不以爲德。翟璜操右契而乘軒。功當受寵，故乘軒

而無憝。○先慎曰：「璜」下作「黃」，古今字通。襄王不知，不知功當厚賞也。故昭卯五乘而履屬。卯西卻

秦，東止齊，大矣，而王唯養之五乘。功大賞薄，猶富人而履屬也。○先慎曰：張榜本、趙本「屬」作「屬」，注同。說文：

「屬，從履省，喬聲。」是「屬」爲正字，「屬」「屬」均別字。說作「蹻」，古通。上不過任，臣不誣能，即臣將爲失少

室周。周以勇力事襄主，貞信不誣人，有勇力多己者，即進之以自代。○顧廣圻曰：「失」當作「夫」，在「爲」字上，如

字讀之。先慎曰：「失」字衍，顧讀「即臣將夫爲少室周」，亦不成文。

〔二〕恃勢而不恃信，恃勢則信者不生心，恃信則有時不信。故東郭牙議管仲。 公欲專仲國柄，牙以仲

雖忠矣，儻不忠，必危矣。公因命仲理外，隰朋治内矣。○先慎曰：乾道本注「危必」互倒，今從趙本。恃術而不恃

信，故渾軒非文公。 晉文公以箕鄭信誠，以爲原令，曰：「必不叛我。」軒曰：「人主不以術御臣，而恃其不叛，其

若之何也。」○梁玉繩曰：「渾軒」即「渾罕」，非子産者。古「軒」、「罕」通，左傳「罕虎」、「罕達」，公羊並作「軒」。 故有

術之主，信賞以盡能，必罰以禁邪，雖有駮行，必得所利，「駮行」，不貞白而駮襍者也。簡主之相陽

虎，虎逐魯疑齊，是行駮也。 趙主以術御之，盡其用，而趙幾霸。 哀公問「一足」，問孔子曰：「夔一足若何？」

曰：「夔反戾惡心，然所以免禍者也。」公曰：「其信一足，故曰『一足』。」○盧文弨曰：注「然所以免禍者」下當有「信」

字。先慎曰：「反戾」下說作「忿戾」。

〔三〕失臣主之理，則文王自履而矜。 君雖有師，臣當亦謹，小臣當即充指顧之役。文王理解，左右無可

使者，是亦失士也。 託言君所與者皆其師，是矜過而飾非也。○盧文弨曰：注「文王理解」，當作「繫解」。王先謙曰：

「自履」文不成義，「履」上當有「繫」字。 不易朝燕之處，則季孫終身莊而遇賊。 朝當莊，燕當試，今季孫一之，

故終身莊而遇害也。○先慎曰：趙本注「朝」下有「堂」字，「燕」下無「當試今」三字。張本「試」作「舒」。

〔四〕利所禁，禁所利，雖神不行。 當禁而利，當利而禁，如此，雖神不行，況不神乎。 譽所罪，毀所

賞，雖堯不治。 當罪而譽，當賞而毀，如此，雖堯不治，況非堯乎。 夫爲門而不使入，門不入，不如無門也。 委

利而不使進，與利不進，不如止也。 亂之所以産也。 門不使入，利不使進，亂所由生也。 齊侯不聽左右，魏

主不聽譽者，而明察輩臣，則鉅不費金錢，鉅費金，以齊王用左右故也。○顧廣圻曰：説無「錢」字，此當衍，舊注未譌。屏不用璧。屏用玉，以魏主用毀故。○顧廣圻曰：藏本、今本「璧」上有「玉」字。按説無，舊注亦未譌，此所添，誤。先慎曰：注乾道本「玉」作「王」，改從趙本。西門豹請復治鄴，足以知之。初治鄴，不事左右，故君奪之。後治，事之，君乃迎而拜。據此是知左右能爲國之害。猶盜嬰兒之矜裘，與朗危子榮衣。盜者子，不恥其父盜，以父所盜衣矜人。朗者兒，不恥其父朗，以朗所著衣榮人。人所詔媚爲非猶是。○先慎曰：乾道本注「俱」下有「能」字，趙本無，今據刪。子綽左右畫，左畫圓，右畫方，必不得俱成。喻用左右言，亦不能得賢也。○先慎曰：乾道本注衍「不也」三字，改從趙本。去蟻驅蠅，以骨去蟻，蟻愈至。以魚去蠅，則蠅蟻愈至。喻温言訓左右，愈詔。與宣王之患曬馬也。王不察掌馬者竊芻，但患馬曬。安得無桓公之憂索官，公聽左右索官，無以與之，故憂也。○先慎曰：「宣」，張榜本作「先」。按下説作「韓宣子」，則作「宣」字是。「王」當作「主」，注亦誤。

〔五〕臣以卑儉爲行，則爵不足以勸賞，○先慎曰：乾道本「勸」作「觀」，盧文弨曰：「觀」，張本作「勸」。今據改。寵光無節，則臣下侵偪。説在苗賁皇非獻伯，孔子議晏嬰。獻伯爲相，妻不衣帛，晏嬰亦然，故非其太偪下。○先慎曰：孔子議晏嬰條今奪，北堂書鈔一百二十九、御覽六百八十九、事類賦十二引韓子曰：「晏嬰相齊，妾不衣帛，馬不食粟。」(御覽「妾」作「妻」。)當即此條佚文。故仲尼論管仲與孫叔敖〔二〕。仲有三歸，以其

〔一〕「孫叔敖」，原本作「叔孫敖」，據下文乙。

太奢。敖有糗餅，以其太儉。○先愼曰：「餅」當作「飯」，説見下。**而出入之容變，陽虎之言見其臣也；**○

先愼曰：「乾道本「變」作「變」。顧廣圻云：今本「變」作「變」」，句有誤，未詳。先愼案：「變」字是。陽虎入齊，其臣因

之見於君，及其出也，皆不爲虎。是入則因之見，出則背之，一出一入之間，其容遂變。「陽虎之言見其臣也」，此倒句而成

文，順之爲「陽虎之言見其臣而出入之容變也」。顧氏不知古書倒文成義之法，而讀「變」字句絶，所以疑句有誤也。改從

今本。**而簡主之應人臣也失主術。**虎言居齊已有三人，及其得罪，而三人爲君執逐。虎言明已無私，簡主相以私

臣之事，言其舉非之，譬樹枳棘者反得其刺也。○先愼曰：此謂簡子應虎樹枳棘則刺，樹相棃橘柚則甘之言，爲失術也。

下云「非所以教國也」，即承此失術言，注説非。又案乾道本注「及」作「反」，改從趙本。「非之」疑「之非」倒文。**朋黨相**

和，臣下得欲，則人主孤；羣臣公舉，下不相和，則人主明。陽虎將爲趙武之賢、解狐之公，而簡主以爲枳

此三人皆以公舉人，內不避親，外不避讐，虎言已舉亦同之也。○盧文弨曰：注「二人」譌「三人」。○先愼曰：乾道本脱「主」字，顧廣圻云：「藏

棘，非所以教國也。主云所舉害己，與枳棘者同，此反教人爲私也。○先愼曰：乾道本「簡」下有「主」字。今據補。

〔六〕公室卑則忌直言，私行勝則少公功。説在文子之直言，武子之用杖；武子，文子之子〔二〕，**子産忠諫，子國譙怒；**夫忠諫者必離羣臣，而又危難於父也。

好直言。武子曰：夫直言者必危身，而禍及父也。

〔一〕　文子係武子之子，注誤。

○先慎曰：乾道本自「子產」至「父也」二十三字均脫，張榜本有八大字，趙本大小字並有。盧文弨出「子國譙怨」云：

「注『必離羣臣』『離』字脫。」是盧所見本亦有此二十二字，惟注脫「離」字耳。顧廣圻云：「藏本、今本有『子產忠諫，子國

譙怨」，並注云云，此藏本所添，未必是也。先慎案：下說有此事，經必應有。張榜本、趙本及盧所見本不盡出於藏本，顧

氏謂藏本所添，非也。今據補。**梁車用法，而成侯收璽，**車爲鄴令，其姊犯法，踂之。趙侯以爲不慈，免其官也矣。○先慎曰：趙本注「姊」，下無「妹」，下無「矣」字。

怨謗也。

右經○先慎曰：　各本脫，今依例補。

〔一〕**孔子相衛，弟子子皋爲獄吏，刖人足，所跀者守門。人有惡孔子於衛君者，曰：**

「尼欲作亂。」○先慎曰：張榜本無「尼」字。**衛君欲執孔子，孔子走，弟子皆逃。子皋從出門，**○顧廣圻曰：「從」當作「後」。說苑至公篇：「子皋走郭門，郭門閉。」先慎曰：「從」字不誤。「出門」當作「後門」，呂氏春秋云：「戎夷違齊如魯，天大寒而後門。」「後門」與說苑「門閉」合，明「出」爲「後」之誤。**跀危引之而逃之門下室中，吏追不得。夜半，子皋問跀危曰：「吾不能虧主之法令而親跀子之足，是子報仇之時也，**○盧文弨曰：藏本「仇」下有「怨」字。**而子何故乃肯逃我？我何以得此於子？」跀危曰：「吾斷足也，固吾罪當之，不可奈何。然方公之欲治臣也，**○先慎曰：乾道本「欲」作「獄」，誤，今依張榜本、趙本

改。

公傾側法令，先後臣以言，欲臣之免也甚，而臣知之。及獄決罪定，公憱然不悦，形於顏色，臣見又知之。非私臣而然也，夫天性仁心固然也。此臣之所以悦而德公也。」朓者行步危，故曰「朓危」也。○俞樾曰：注說非，「危」乃「跪」之省文，古謂朓足者爲「朓跪」，内儲說下篇「門者朓跪請曰」是其證也。晏子春秋雜上篇「刖跪擊其馬而反之」，孫星衍云「跪，足也」，此說得之。先慎曰：荀子勸學篇「蟹六跪而二螯」楊倞注：「跪，足也」。韓子以刖足爲「朓跪」。據此，是楊所見韓子作「跪」也。「跪」訓爲「足」，又其一證。「悦而德公也」張榜本重「而」字。案此下當接「孔子曰：『善爲吏者樹德，不能爲吏者樹怨。曒者，平量者也；吏者，平法者也。治國者，不可失平也。』」今錯簡在後，另爲一條。說苑此下接「孔子聞之曰：『善爲吏者樹德，不善爲吏者樹怨』」云云，是也。

田子方從齊之魏，望翟黃乘軒騎駕出，既乘軒車，又有輕騎。○先慎曰：說苑臣術篇云：「翟黃乘軒車，載華蓋，黃金之勒，約鎮簟席，如此者其駟八十乘。」方以爲文侯也，移車異路而避之，則徒翟黃也。「徒」獨。○先慎曰：乾道本無「徒」字，顧廣圻云：「藏本、今本有『徒』字，按依注當有。」今據補。方問曰：「子奚乘是車也？」曰：「君謀欲伐中山，臣薦翟角而謀得。果且伐之，○先慎曰：乾道本無「且」字。盧文弨云：張本有。先慎案：「且」，將也，此字當有，今據補。臣薦樂羊而中山拔。得中山，憂欲治之，臣薦李克而中山治。是以君賜此車。」方曰：「寵之稱功尚薄。」稱服也。○先慎曰：乾道本無注三字，今據張榜本補。

秦、韓攻魏，昭卯西說而秦、韓罷。○顧廣圻曰：「昭卯」即「孟卯」也。顯學篇：「魏任孟卯之辯」難

三篇：「執與襄之孟嘗、芒卯。」俞樾曰：「昭」當作「明」。「明卯」即「孟卯」也，又作「芒卯」、「明」、「孟」、「芒」古音俱

同。「孟卯」之爲「明卯」，猶「孟津」之爲「盟津」；「芒卯」之爲「明卯」，猶「民甿」之爲「民萌」。今作「昭」者，蓋與「明」

形似義同，因而致誤。**齊、荊攻魏，卯東說而齊、荊罷。魏襄王養之以五乘將軍。**養之以五乘使爲將軍

也。○顧廣圻曰：「五乘」句絶。「將軍」二字當衍，涉下文而誤耳。舊注全譌。先慎曰：「將軍」疑爲「之奉」二字之

譌。「養之以五乘」文義未備，「乘」下脱「之奉」二字，寫者妄以「將軍」補之，注遂因譌字作解也。外儲説左上「燕王悅之，

養之以五乘之奉」，文法正同，是其證。御覽八百二十九引「乘」作「車」。**卯曰：**「伯夷以將軍葬於首陽山之

下，而天下曰：『夫以伯夷之賢與其稱仁，而以將軍葬，是手足不掩也。』今臣罷四國之兵，

而王乃與臣五乘，此其稱功猶嬴勝而履蹻。」「嬴」，利也。謂賈者嬴利倍勝，今以薄賞報大功，猶嬴勝之人履

草蹻也。○顧廣圻曰：「嬴勝」當作「嬴縢」，形相近也。先慎曰：御覽八百二十九引「嬴」作「贏」，注同。

「蹻」作「屩」，案「蹻」、「屩」二字古今文通用。説文：履，「從尸」，古文作「顡」，云「從足」。莊子天下篇「以跂蹻爲服」，釋

文：「李云：麻曰『屬』，木曰『屐』，『屐』與『跂』同，『屬』與『蹻』同」，是也。

孔子曰：「善爲吏者樹德，不能爲吏者樹怨。槩者，平量者也；吏者，平法者也。治

國者，不可失平也。」○先慎曰： 此乃錯簡，當在孔子相衛後。

少室周者，古之貞廉潔愨者也，爲趙襄主力士，與中牟徐子角力，不若也，入言之襄主以

自代也。○先慎曰：張榜本「代」誤「伐」。

襄主曰：「子之處，人之所欲也，何爲言徐子以自代？」○先慎曰：

曰：「臣以力事君者也，今徐子力多臣，臣不以自代，恐他人言之而爲罪也。」有蔽賢之罪也。

一曰：少室周爲襄主驂乘，至晉陽，有力士牛子耕與角力而不勝，周言於主曰：「主之所以使臣騎乘者，○顧廣圻曰：「騎」當作「驂」。以臣多力也，今有多力於臣者，願進之。」

〔二〕齊桓公將立管仲，令羣臣曰：「寡人將立管仲爲仲父，善者入門而左，不善者入門而右。」東郭牙中門而立。公曰：「寡人立管仲爲仲父，令曰：『善者左，不善者右。』今子何爲中門而立？」牙曰：「以管仲之智，爲能謀天下乎？」公曰：「能。」「以斷，爲敢行大事乎？」牙曰：「敢。」牙曰：「君知能謀天下，○顧廣圻曰：「君」當作「若」，「知」即「智」字。斷敢行大事，君因專屬之國柄焉，○盧文弨曰：張本「之」下有「以」字。「之」字，盧文弨云：「張、凌本有『之』字。」顧廣圻云：「藏本亦有。」今據補。以管仲之能，○先慎曰：乾道本無「智」字。乘公之勢以治齊國，得無危乎？」公曰：「善。」乃令隰朋治內，管仲治外，以相參。

晉文公出亡，箕鄭挈壺餐而從，○先慎曰：「餐」御覽八百五十引作「殀」,四百二十六、二百六十六引作飡、「箕鄭」作「趙衰」。迷而失道，與公相失，飢而道泣，寢餓而不敢食。及文公反國，舉兵攻原，克而拔之。○先慎曰：乾道本「原克」作「用兌」。顧廣圻云：今本「用兌」二字作「原」，按句有誤。孫詒讓云：「用」當爲「周」之誤。「兌」，讀爲「隧」，謂六遂也。「隧」、「兌」字通。（詳老子。）周語云：「晉文公既定襄王於郟，王勞之

以地，辭，請隧焉。」韋注云：「隧，六隧也。」（事亦見僖二十五年左傳，杜預注以「隧」

原」，即周襄王所賜之地，於王國爲都鄙，不在六遂。而云「攻周遂」者，戰國時已有文公請六遂之説，展轉傳譌，遂以文公

伐原爲攻周之遂地。先秦諸子解經，已不免沿譌，悉心推校，可略得其輓迹。今本作「原」，則明人不知而妄改，不足據也。

先慎按：孫説非。「用」乃「原」之誤，「兑」乃「克」之誤。御覽二百六十六引作「舉兵攻原，克而拔之」，是其證，今據改。

文公曰：「夫輕忍飢餒之患而必全壺餐，是將不以原叛。」乃舉以爲原令。大夫渾軒聞而

非之，曰：「以不動壺餐之故，怙其不以原叛也，不亦無術乎！」故明主者，不恃其不我叛

也，恃吾不可叛也。○先慎曰：乾道本「吾」上無「恃」字，顧廣圻云：「藏本、今本有。」今據補。　不恃其不我

欺也，恃吾不可欺也。

陽虎議曰：「主賢明則悉心以事之，不肖則飾姦而試之。」逐於魯，疑於齊，走而之趙。

趙簡主迎而相之，左右曰：「虎善竊人國政，何故相也？」簡主曰：「陽虎務取之，我務守

之。」我既守，則彼不能得利。　遂執術而御之。陽虎不敢爲非，以善事簡主，興主之强，幾至於

霸也。

魯哀公問於孔子曰：「吾聞古者有夔一足，其果信有一足乎？」孔子對曰：「不也，

夔非一足也。夔者忿戾惡心，人多不説喜也。雖然，其所以得免於人害者，以其信也。人皆

曰：『獨此一，足矣。』夔非一足也，一而足也。」哀公曰：「審而是，固足矣。」○先慎曰：

「而」，讀若如。

一曰：○先慎曰：乾道本提行，今從趙本。哀公問於孔子曰：「吾聞夔一足，信乎？」曰：○先慎曰：御覽三百七十二引「曰」上有「對」字。「夔，人也，何故一足？彼其無他異，而獨通於聲。堯曰：『夔一而足矣，使為樂正。』故君子曰：『夔有一足。』○先慎曰：乾道本「足」作「之」。顧廣圻云：「今本『之』作『足』。按『之』當作『而足』二字。呂氏春秋察傳篇作『故曰夔一足』。」王先謙云：「『之』作『足』，是也。『而』字不可有，有則不待釋而明矣。」改從今本。非一足也。」

【三】文王伐崇，○顧廣圻曰：呂氏春秋不苟篇云：「武王至殷郊。」先慎曰：帝王世紀亦云武王之事。至鳳黃虛，韄繫解，因自結。太公望曰：「何為也？」王曰：「君與處皆其師，○顧廣圻曰：「君」上當有「上」字。中皆其友，下盡其使也。今皆先王之臣，故無可使也。」○先慎曰：乾道本無「一曰」二字。在「魯哀公問」後另為一條，方與經次相合，據今本乙。「楚」下無「人」字。顧廣圻云：「今本『楚』作『皆』。」今據改。「文王伐崇」後，方與經次相合，據今本乙。「人」字，據初學記二十六引增。

一曰：晉文公與楚人戰，○先慎曰：乾道本「晉文公與楚人戰」倒，上有「一曰」二字。先慎案：以此條列至黃鳳之陵，○先慎曰：乾道本無「一曰」二字。今本「王」作「皇」。顧廣圻云：初學記引作「黃鳳」。履繫解，○顧廣圻曰：今本「係」作「繫」。先慎曰：乾道本亦作「繫」。「係」「繫」古通用。初學記引作「係履墮」。因自結之。左右曰：「不可以使人乎？」公曰：「吾聞：上，君所與居，皆其所畏也，○先慎曰：以下文例之，「所」上當有「之」字。言有德也。中，君之所與居，皆其所愛也，能敬順

君，故可愛也。下，君之所與居，皆其所侮也。材輕且侮。○盧文弨曰：注「且」疑「見」之誤。寡人雖不

肖，先君之人皆在，是以難之也。」○先慎曰：治要引韓子「文王伐崇，至黃鳳墟而韤繫解，左右顧無可令結

係，文王自結之。（以上初學記卷九引同。）太公曰：『君何爲自結係？』文王曰：『吾聞上君之所與處者皆其師也，

中君之所與處者盡其友也，下君之所與處者盡其使也。今寡人雖不肖，所與處者皆先君之人也，故無可令結之也。』（御

覽四百七十四引韓子曰：「文王伐崇，與大夫謀，韤係解，視左右而自結之。」六百九十七引「韤」作「履」，無「伐崇與大夫

謀」六字，「左右」下作「盡賢無可使係者，因俛而係之」。）當即「文王伐崇」條異文。

季孫好士，終身莊，居處衣服常如朝廷。而季孫適懈，有過失，暫廢其矜莊也。不能長爲

也。故客以爲厭易己」，○先慎曰：「易」，輕易也。相與怨之，遂殺季孫。故君子去泰去甚。南宮

敬子問顏涿聚曰：　○盧文弨曰：此條當連上。先慎曰：盧說是也。上當有「一曰」三字。趙用賢謂此不著經文

中，不知此即上之異文，脫「一曰」二字耳。「季孫養孔子之徒，所朝服與坐者以十數，而遇賊，何也？」

曰：「昔周成王近優侏儒以逞其意，而與君子斷事，是能成其欲於天下。今季孫養孔子之

徒，所朝服而與坐者以十數，而與優侏儒斷事，是以遇賊。故曰：不在所與居，在所與謀

也。」

孔子侍坐於魯哀公○顧廣圻曰：　自此至「寧使民諂上」不見於上文。　先慎曰：　各本「侍」作「御」。藝文類

聚八十五又八十六、御覽九百六十七引「御」作「侍」，今據改。　哀公賜之桃與黍。　哀公曰：　○先慎曰：　各本無

「曰」字。盧文弨云：家語子路初見篇有「曰」字。先慎案：藝文類聚八十五引亦有，今據補。「請用。」仲尼先飯黍而後啗桃，○先慎曰：御覽、事類賦二十六引「啗」作「食」。藝文類聚八十五又八十六引「啗」作「噉」。左右皆掩口而笑。○先慎曰：藝文類聚八十五引「而」作「失」。哀公曰：「黍者，非飯之也，以雪桃也。」○先慎曰：「雪」，洗也。仲尼對曰：「丘知之矣。夫黍者，五穀之長也，祭先王爲上盛。○先慎曰：藝文類聚八十五、白孔六帖八十一引「爲」上有「以」字。果蓏有六，而桃爲下，祭先王不得入廟。丘之聞也，君子以賤雪貴，不聞以貴雪賤。今以五穀之長雪菓蓏之下，是從上雪下也。○先慎曰：藝文類聚八十五引作「是侵上忽下也」。丘以爲妨義，故不敢以先於宗廟之盛也。」○先慎曰：「先」上當有「桃」字。

趙簡子謂左右曰：○先慎曰：各本無「趙」字、「曰」字，「子」作「主」。○先慎曰：今據藝文類聚六十九、御覽七百九引補。「車席泰美。夫冠雖賤，頭必戴之；履雖貴，足必履之。○先慎曰：趙本「履」作「屨」、「履」，下注同。藝文類聚引「賤」作「惡」，「貴」作「美」。今車席如此，大美，○先慎曰：藝文類聚「大美」作「其大美也」。吾將何屨以履之？」「屨」，所履。席大美則更無美屨以履之也。○先慎曰：依注「屨」當作「履」。夫美下而耗上，言席美則履又當美，履美衣又當美，累美不已，則居上彌有所費也。○先慎曰：藝文類聚引「夫」上有「且」字，注「累」字，「張」、趙本作「求」。妨義之本也。」○先慎曰：藝文類聚引「本」作「道」。

費仲説紂曰：「西伯昌賢，百姓悦之，諸侯附焉，不可不誅；不誅，必爲殷禍。」○先慎

曰：乾道本無「禍」字，拾補作「患」。盧文弨云：「張本『禍』。」顧廣圻云：「藏本有『禍』字，今本有『患』字。」今據藏本補。

紂曰：「子言，義主，何可誅？」費仲曰：「冠雖穿弊，必戴於頭，履雖五采，必踐之於地。今西伯昌，○先慎曰：乾道本「伯」作「戎」，今據趙本改。盧文弨云：張本作「戎」亦誤。人臣也，修義而人向之，卒為天下患，其必昌乎！人人不以其賢為其主，○盧文弨云：上「人」字，或改「夫」。顧廣圻云：藏本同。按下「人」字當作「臣」。今本「不」作「欲」，誤。非可不誅也。且主而誅臣，焉有過！」紂曰：「夫仁義者，上所以勸下也，今昌好仁義，誅之不可。」三說不用，故亡。

齊宣王問匡倩曰：「儒者博乎？」曰：「不也。」王曰：「何也？」匡倩對曰：「博者貴梟，○先慎曰：乾道本無「者」字，盧文弨云：「張本有。」今據補。勝者必殺梟，殺梟者，是殺所貴也；儒者以為害義，故不博也。」又問曰：「儒者弋乎？」曰：「不也。弋者從下害於上者也，○先慎曰：乾道本無「義」字，今據補。顧廣圻云：今本「害」下有「義」。是從下傷君也，儒者以為害義，故不弋。」又問「儒者鼓瑟乎？」曰：「不也。夫瑟以小絃為大聲，以大絃為小聲，是大小易序，貴賤易位；○先慎曰：意林「序位」二字互易。儒者以為害義，故不鼓也。」宣王曰：「善。」仲尼曰：「與其使民諂下也，寧使民諂上。」諂下則朋黨，諂上則尊敬。○盧文弨曰：注「尊敬」，張本作「卑敬」。

〔四〕鉅者，齊之居士：　○先慎曰：乾道本「鉅」作「詎」。盧文弨云：「詎」，張本作「鉅」。顧廣圻云：藏

本作「鉅」。王渭云：困學紀聞引作「距」。先慎案：「距」「詎」並「鉅」字之誤，呂氏春秋去私篇有「鉅子」，高注「鉅，

姓」，是也。今從藏本，上文正作「鉅」。　屢者，魏之居士。　齊、魏之君不明，不能親照境內，而聽左右之

言，故二子費金璧而求入仕也。

西門豹爲鄴令，清剋潔愨，秋毫之端無私利也，而甚簡左右，不事君左右也。　左右因相與

比周而惡之。　居期年，上計，君收其璽。　豹自請曰：　○先慎曰：乾道本無「請」字，顧廣圻云：「藏本、

今本有。」今據補。　「臣昔者不知所以治鄴，今臣得矣，願請璽復以治鄴，不當，請伏斧鑕之罪。」

文侯不忍而復與之。　豹因重斂百姓，急事左右。　期年，上計，文侯迎而拜之。　豹對曰：「往

年臣爲君治鄴，而君奪臣璽；今臣爲左右治鄴，而君拜臣。臣不能治矣。」遂納璽而去，不受豹所納之璽也。　○先

侯不受，曰：　○先慎曰：乾道本無「遂不受」及注十一字。　「寡人曩不知子，今知矣，願子勉爲寡人治之。」遂不受。

慎曰：張榜本無「遂不受」及注十一字。

齊有狗盜之子，與刖危子戲而相誇。　○先慎曰：「刖」，經作「跀」。案說文：「跀，斷足之刑也。」經典

通作「刖」。　盜子曰：「吾父之裘獨有尾。」言裘尚有所盜之狗尾。　○盧文弨曰：「狗盜」，象狗以入人家，故後

有尾。　舊注非。　危子曰：　○顧廣圻曰：「危」上當有「刖」字。　「吾父獨冬不失袴。」刖足者不衣袴，雖終其冬

夏無所損失也。○盧文弨曰：癡疾之人，上給其袴，故云然。注亦非。俞樾曰：疑注所據本作「終不失袴」，故云「雖終

其冬夏無所損失」。今涉注文有「冬」字，而誤「終」爲「冬」，則不可通矣。刖者既不衣袴，何有冬夏之別，安得獨於冬言不

失歟？當據注訂正。先慎曰：御覽六百九十四引作「吾父冬夏獨有一足袴」，與注所據之本不同，蓋相傳本異也。

子綽曰：「人莫能左畫方而右畫圓也。」○先慎曰：經注作「左畫圓右畫方」。

以肉去蟻蟻愈多，以魚驅蠅蠅愈至。○先慎曰：舊連上，今提行。御覽九百四十四引作「以火去蛾蛾愈

多，以魚敺蠅蠅愈至」，又九百四十七引作「以骨去蟻蟻愈多，以肉驅蠅蠅愈至」。意林「肉」作「骨」，藝文類聚九十七引亦

作「骨」。

桓公謂管仲曰：「官少而索者眾，寡人憂之。」○先慎曰：御覽六百二十四引注云：「索，求也。」

管仲曰：「君無聽左右之請，○先慎曰：乾道本「請」上有「謂」字。顧廣圻云：藏本、今本無

「謂」字。先慎案：「謂」字衍文。御覽引無「謂」字，意林作「君無聽人有請」，經注作「君勿聽左右之

請」，並無「謂」字，今據刪。因能而受祿，○先慎曰：意林「受」作「授」。錄功而與官，則莫敢索官，君何

患焉！」○先慎曰：乾道本無「君」字，趙本下「官」字作「君」。按「君」字脫，趙本改「官」爲「君」，非也，今據御覽

引增。

韓宣子○王渭曰：「子」字誤。曰：「吾馬菽粟多矣，甚臞何也？寡人患之。」周巿對曰：

「使騶盡粟以食，雖無肥，不可得也。名爲多與之，○先慎曰：「爲」字，一本作「與」。○盧文弨云：

「與」，張本作「爲」。
其實少，雖無朣，亦不可得也。主不審其情實，坐而患之，馬猶不肥也。」

桓公問置吏於管仲，○顧廣圻曰：此條上文未見。管仲曰：○先慎曰：乾道本無「管仲」二字。盧文弨云：「凌本有。」今據補。「辯察於辭，清潔於貨，習人情，夷吾不如弦商，○盧文弨曰：新序雜事四作「寧」，呂氏春秋勿躬篇誤作「章」。顧廣圻曰：管子云「賓須無」。請立以爲大理。登降肅讓，以明禮待賓，臣不如隰朋，請立以爲大行。墾草刱邑，「刱」，人也。所食之邑，能入其租税也。○俞樾曰：「刱」當作刜，謂刜造其邑也。作「刜」者，字之誤。○先慎曰：管子小匡篇「刱」作「入」，即舊注所本，俞氏失考耳。廣雅釋詁三：「入，得也。」辟地生粟，臣不如甯武，○盧文弨曰：「武」「戚」字之譌，新序作「戚」。顧廣圻云：呂氏春秋作「遫」。先慎曰：盧說是，管子亦作「戚」，「戚」有「宿」音，故通作「遫」。請立以爲大田。三軍既成陳，使士視死如歸，臣不如公子成父，○顧廣圻曰：呂氏春秋作「王子城父」。先慎曰：管子亦作「王子城父」，晏子春秋問上篇，新序四又作「成甫」。「城」、「成」、「父」、「甫」，古字並通。魏王基碑以爲王子比干之後，（見錢大昕金石文跋尾一）明「公」爲「王」之誤。請立以爲大司馬。犯顏極諫，臣不如東郭牙，請立以爲諫臣。治齊，此五子足矣〔五〕，○先慎曰：乾道本無「五」字，顧廣圻云：「今本有。」今據補。將欲霸王，夷吾在此。」

孟獻伯相魯，○顧廣圻曰：「孟」當作「盂」，「盂」者，晉邑。杜預注「太原盂縣」是也。「獻伯」，晉卿，孟其食邑，以配謚而稱之，猶言「隨武子」之比矣。「魯」當作「晉」。先慎曰：藝文類聚六十九引「獻」作「懿」。堂下生藋藜，門外長荊棘，食不二味，坐不重席，無

衣帛之妾，○先慎曰：乾道本「無」上有「晉」字，盧文弨云：「凌本無『晉』字。」顧廣圻云：「『晉』字，上文所錯入

也。」今據凌本刪。 居不粟馬，出不從車。 叔向聞之，以告苗賁皇，賁皇非之曰：「是出主之爵祿

以附下也。」一曰：晉孟獻伯拜上卿，○先慎曰： 各本無「晉」字。王渭云：晉卿無孟氏，此或即晉語叔向賀

韓宣子憂貧事而致誤。 先慎案：王說非是，顧氏已辨於上。御覽五百四十三引上有「晉」字，今據補。 叔向往賀，門有

御，○顧廣圻曰： 此下當有「車」字。 馬不食禾。 向曰：「子無二馬二輿，何也？」○顧廣圻曰：上

「二」字，當作「秣」。 先慎曰：御覽引作「子無二輿，馬不食禾，何也」與此異。 獻伯曰：「吾觀國人尚有飢

色，是以不秣馬，班白者多徒行，故不二輿。」○先慎曰：乾道本「多」作「不」，趙本作「多」，今據改。御覽

引「多」字作「多以」二字，亦非。 向曰：「吾始賀子之拜卿，今賀子之儉也。」向出，語苗賁皇曰：

「助吾賀獻伯之儉也。」苗子曰：「何賀焉！夫爵祿旂章，○盧文弨曰：「旂」，藏本作「旗」。御覽

異功伐、別賢不肖也。故晉國之法，上大夫二輿二乘，中大夫二輿一乘，下大夫專乘，此明等

級也。且夫卿必有軍事，是故循車馬，○王渭曰：「循」當作「脩」。 比卒乘，以備戎事。有難則以

備不虞，平夷則以給朝事。今亂晉國之政，乏不虞之備，以成節，○顧廣圻曰：藏本、今本「節」下有

「儉」字，誤。 按「節」上當有「私」字。以絜私名，獻伯之儉也可與？言辭制當誅之故可與也。○盧文弨曰：

亂謂「辭」、「故可與也」文有脫誤，當云：「可與，言不可也。」又何賀！」○先慎曰：此下當有孔子議晏嬰一事，說

見上。

管仲相齊，曰：「臣貴矣，然而臣貧。」桓公曰：「使子有三歸之家。」○先慎曰：「三歸」，臺名，古藏貨財之所，故能富。他書以「三歸」爲取三姓女，非。曰：「臣富矣，然而臣卑。」桓公使立於高、國之上。曰：「臣尊矣，然而臣疏。」乃立爲仲父。孔子聞而非之曰：「泰侈偪上。」孔子曰：「良大夫也，其侈偪上。」

曰：管仲父出，朱蓋青衣，置鼓而歸，自朝歸設鼓吹之樂。庭有陳鼎，家有三歸。

大夫也，其侈偪上。」○先慎曰：上文言仲尼論管仲與孫叔敖，則孫叔敖以下皆孔子之言，「偪上」「偪下」文又相對，當連上爲一條，不提行。

孫叔敖相楚，○王先謙曰：棧車柴車也。牝馬，糲飯菜羹，○先慎曰：各本「飯」作「餅」。王念孫云：「餅」當爲「飯」。「飯」與「餅」同，見玉篇、廣韻。「糲飯菜羹」，猶言疏食菜羹耳。「餅」與「飯」字形相似，傳寫往往譌溷。（廣雅云：「餅，食也。」方言注云：「餅，盛餅䈰也。」爾雅釋言釋文曰：「飤字又作餅。」「今本「餅」字立譌作「餅」。）初學記器物部引此正作「糲飯」。先慎案：御覽八百四十九又八百五十、北堂書鈔一百四十四引均作「糲飯」，今據改。枯魚之膳，冬羔裘，夏葛衣，面有飢色，則良大夫也。其儉偪下。

陽虎去齊走趙，簡主問曰：「吾聞子善樹人。」虎曰：「臣居魯，樹三人，皆爲令尹；及虎抵罪於魯，皆搜索於虎也。臣居齊，薦三人，一人得近王，一人爲

縣令，一人爲候吏，及臣得罪，近王者不見臣，縣令者迎臣執縛，候吏者追臣至境上，不及

而止。虎不善樹人。」主俛而笑曰：「夫樹枳棘橘柚者，食之則甘，○先愼曰：乾道本無「夫」字，各本無「枳棘」二字。盧文弨云：張本有「夫」字。先愼案：藝文類聚八十六、初學記二十八引有「夫」字及「枳棘」二字，御覽九百六十九引亦有「枳棘」二字，今據增。 樹枳棘者，成而刺人。故君子愼所樹。」

中牟無令，魯平公問趙武曰：「中牟，三國之股肱，趙、齊、燕也。邯鄲之肩髀，寡人欲得其良令也，誰使而可？」武曰：「邢伯子可。」○先愼曰：各本「邢」作「刑」，據御覽二百六十六引改。 公曰：「非子之讎也？」曰：「也」猶邪，古通。曰：「私讎不入公門。」公又問曰：「中府之令，誰使而可？」曰：「臣子可。」故曰：「外舉不避讎，內舉不避子。」趙武所薦四十六人於其君，○先愼曰：乾道本「趙」下另爲一條。盧文弨云：張、凌本俱連上。先愼案：當連，今從張、凌本。「於其君」三字各本無，據御覽六百三十二、初學記二十引補。 及武死，各就賓位，○先愼曰：御覽、初學記引作「及武之死也，四十六人皆就賓位」十四字，與御覽略有增省，皆此佚文。其無私德若此也。 ○先愼曰：御覽引此下更有「武薦白屋之士七十餘家」九字，初學記引有「又曰趙武以薦白屋之士管庫者六十家」十四字，御覽略有增省，皆此佚文。

平公問叔向曰：「羣臣孰賢？」曰：「趙武。」公曰：「子黨於師人。」向，武之屬大夫。

向曰：「武立如不勝衣，○先愼曰：乾道本無「向曰」二字，今依拾補補。盧文弨云：二字脱，當有。顧廣圻

云：新序襍事四云：「子黨於子之師也。」對曰：「臣敢言，趙武之爲人也，立若不勝衣」云云。言如不出口，然其
所舉士也數十人，○先慎曰：各本無「其」字，據御覽四百二引增。皆令得其意，稱叔向，故得意。○盧文弨
曰：令士得其意，皆可以盡其材也。注諺難曉。先慎曰：乾道本無「令」字，御覽引有，盧文弨云：「藏本有『令』字。」
今據補。而公家甚賴之。況武子之生也不利於家，○先慎曰：各本「況」作「及」，今據御覽改。死不託
於孤，臣敢以爲賢也。」

解狐薦其讎於簡主以爲相，○盧文弨曰：韓詩外傳九又云「魏文侯」，竝譌。先慎曰：説苑作「晉文侯問咎
犯」，蓋往事傳聞不同，要以韓非爲近古。其讎以爲且幸釋己也，乃因往拜謝。狐乃引弓迎而射之，○先
慎曰：各本「迎」作「送」，藝文類聚二十二、御覽四百二十九引竝作「迎」，今據改。曰：「夫薦汝公也，以汝能
當之也。夫讎汝吾私怨也，不以私怨汝之故擁汝於吾君。」○盧文弨曰：「擁」當作「壅」。故私怨
不入公門。」一曰：解狐〔二〕舉邢伯柳爲上黨守，○先慎曰：乾道本無「一曰」二字，「解」下提行，顧廣圻云：
「今本上有『一曰』三字，不提行。」今據增改。柳往謝之，曰：「子釋罪，敢不再拜。」曰：「舉子，公
也；怨子，私也。子往矣，怨子如初也。」○先慎曰：白孔六帖四十四引韓子曰：「趙簡王問解狐，孰可爲

〔一〕「解狐」原本作「解孤」，據四部叢刊影宋乾道本改。

上黨守，曰：『荊伯柳。』王曰：『非子之讐乎？』曰：『舉賢不避仇讐也。』

鄭縣人賣豚，人問其價，曰：『道遠日暮，安暇語汝。』○先愼曰：乾道本無『遠』字。顧廣圻云：

今本『道』下有『遠』字。先愼案：今本有『遠』字是，今據補。此條不見上經，疑南面篇文錯簡在此。

【六】范文子喜直言，武子擊之以杖：「夫直議者○先愼曰：「夫」當作「曰」。不爲人所容，

無所容則危身。非徒危身，又將危父。」

子產者，子國之子也。子產忠於鄭君，子國譙怒之曰：「夫介異於人臣，○趙用賢曰：

「介異」，言介然異於人臣也。而獨忠於主，○先愼曰：乾道本無『忠』字，顧廣圻云：「藏本、今本『獨』下有『忠』

字。」今據增。主賢明能聽汝，不明將不汝聽。聽與不聽未可必知，而汝已離於羣臣，離於羣

臣，則必危汝身矣。非徒危己也，又且危父矣。」○盧文弨曰：下「矣」字，張本無。

梁車爲鄴令，○先愼曰：各本「爲」上有「新」字，據白孔六帖十九引刪。盧文弨云：前後俱無「新」字，是也。

其姊往看之，暮而後至，閉門，○先愼曰：各本無「至」字，「閉門」作「門閉」，據白孔六帖增改。御覽四百九十

二，五百二十七引作「暮而門閉」。因踰郭而入。車遂刖其足。趙成侯以爲不慈，奪之璽而免之。

○先愼曰：白孔六帖引「免之令」作「逐之」。

管仲束縛，自魯之齊，道而飢渴，過綺烏封人而乞食。烏封人跪而食之，○顧廣圻曰：上文

云「綺烏」，皆未詳。先慎曰：御覽八百四十九引作「綺邑」。甚敬。封人因竊謂仲曰：「適幸，及齊不死而用齊，將何報我？」曰：「如子之言，我且賢之用，能之使，○先慎曰：乾道本「能」下無「之」字。顧廣圻云：今本有「之」字。先慎案：御覽引有，今據補。勞之論，我何以報子？」封人怨之。

韓非子集解卷第十三

外儲說右上第三十四

君所以治臣者有三：〔一〕勢不足以化則除之。師曠之對，晏子之說，皆合勢之易也，

而道行之難，○顧廣圻曰：「合」當作「舍」，形近誤。此「舍」與「道」、「勢」與「行」皆相對。「行」去聲讀之。難一篇

「釋庸主之所易，道堯舜之所難」，又難二篇「不出乎莫不然之數，而道乎百無一之行」，句例同。又用人篇「釋三易之數，而

行一難知之心」，五蠹篇「舍必不亡之術，而道必滅之事」，句例皆同。王先謙曰：「道」，由也。「行」，如字，義順，不必讀

去聲。是與獸逐走也，未知除患。患之可除，在子夏之說春秋也：「善持勢者，蚤絕其姦

萌。」故季孫讓仲尼以遇勢，○顧廣圻曰：「遇」當作「遏」。而況錯之於君乎！是以太公望殺狂矞，

而臧獲不乘驥。嗣公知之，故不駕鹿。○先慎曰：乾道本「不」作「而」。顧廣圻云：「而」當作「不」。先慎

案：張榜本作「不」，今據改。薛公知之，故與二欒博。○盧文弨曰：疑「欒」作「欒」，下同。俞樾曰：「欒子

即「蘭」子也。「樂」與「蘭」音近，說文門部「闌，安人宮掖也，讀若『闌』」，即其例也。列子説符篇「宋有蘭子者」，釋文云

凡人物不知生出者，謂之「蘭」也。是「蘭子」之「蘭」，即「闌」之引申義，故此書以「樂」爲之矣。○先慎曰：説文「欒」從

「䜌」聲，「變」從「䜌」聲，二字聲同。釋名釋宮室：「欒，攣也，其體上曲攣拳然也。」易中孚「有孚攣如」，一本作「欒」，是

「樂」、「孿」二字義通，故本書叚「樂」爲「孿」。蒼頡篇：「孿，一生兩子也。」説文：「孿，一乳兩子也。」其言「二樂」者，謂

昆弟皆來博也。則「樂」爲「孿」叚借，仍當以「雙生」訓之，俞以「樂」爲「蘭」，失其旨矣。此皆知同異之反也。故

明主之牧臣也，説在畜烏。○先慎曰：乾道本「烏」作「焉」，拾補作「馬」。案「焉」、「馬」二字，皆「烏」字形近而

譌，説作「烏」不誤，今從張榜本作「烏」。

【二】人主者，利害之軺轂也，○先慎曰：乾道本連上，今從張榜本、趙本提行。射者眾，故人主共

矣。是以好惡見則下有因，而人主惑矣；辭言通則臣難言，而主不神矣。説在申子之言六

慎，與唐易之言弋也。○顧廣圻曰：「易」下説有「鞠」字。患在國羊之請變，○先慎曰：乾道本「羊」作

「年」。顧廣圻云：今本「年」作「羊」，「説」作「羊」是，改從今本。與宣王之太息也。明之以

靖郭氏之獻十珥也，○先慎曰：「氏」當作「君」。與犀首、甘茂之道穴聞也。○先慎曰：乾道本「茂」作

「戊」。顧廣圻云：藏本、今本作「茂」。按「戊」當作「戊」，「戊」、「茂」同字也。古今人表作「戊」。先慎案：漢表用古文

「戊」，本書例用今文作「茂」，今從藏本，説正作「茂」。堂谿公知術，故問玉卮；昭侯能術，故以聽獨寢。

明主之道，在申子之勸獨

○先慎曰：「以」字當在「能」字下。「以」，用也。言昭侯能用術，故每聽必獨寢。

斷也。

〔三〕術之不行，有故。不殺其狗則酒酸。夫國亦有狗，且左右皆社鼠也。人主無堯之再誅，與莊王之應太子，而皆有薄媪之決蔡嫗也。知貴不能〇先慎曰：「知貴」疑「欲知」之誤。以教歌之法先撰之。吳起之出愛妻，文公之斬顛頡，皆違其情者也。故能使人彈疽者，必其忍痛者也。

右經

〔一〕賞之譽之不勸，罰之毀之不畏，四者加焉不變，則除之。〇先慎曰：乾道本「則」下有「其」字。盧文弨云：一本無「則」字。王渭云：「其」字衍。先慎案：張榜本無「其」字，今據刪。

齊景公之晉，從平公飲，師曠侍坐。始坐，〇先慎曰：乾道本無「始坐」二字。盧文弨云：「張本有。」顧廣圻云：「藏本有。」今據補。景公問政於師曠曰：「太師將奚以教寡人？」師曠曰：「君必惠民而已。」〇王先謙曰：以下文例之，句末當有「矣」字。中坐，酒酣，將出，又復問政於師曠曰：「太師奚以教寡人？」曰：「君必惠民而已矣。」景公出之舍，師曠送之，又問政於師曠。師曠曰：「君必惠民而已矣。」景公歸思，未醒，而得師曠之所謂：「君必惠民而已矣。」〇先慎曰：「歸」，謂歸其舍。「未

醒」承上酒酤言，寤寐思之，恍然有得，不待酒醒也。公子尾、公子夏者，景公之二弟也，甚得齊民，家富

貴而民說之，擬於公室，此危吾位者也。今謂我惠民者，使我與二弟爭民邪！於是反國，發

廩粟以賦眾貧，○先慎曰：乾道本「粟」作「栗」，誤。今據趙本改。散府餘財以賜孤寡，○俞樾曰：「餘」字衍

文。「散府財」與「發廩粟」相對為文，不當有「餘」字，涉下文「府無餘財」而衍。倉無陳粟，府無餘財；宮婦不

御者出嫁之，七十受祿米，鬻德惠施於民也。○先慎曰：「惠施」當作「施惠」。已與二弟爭民。○先

慎曰：乾道本無「民」字。顧廣圻云：今本「爭」下有「民」字。○先慎曰：「已」讀為以。盧文弨云：「已」字，張本作「不」。先慎

案：「已」、「以」古通，顧讀是。「爭」下無「民」字，則句義不完，今據今本補。居二年，二弟出走，公子夏逃楚，

公子尾走晉。○盧文弨曰：子尾無出亡事。其子高疆昭十年奔魯，遂奔晉。先慎曰：左傳「子夏」作「子雅」。古

「雅」、「夏」通用。

景公與晏子游於少海，登柏寢之臺而還望其國曰：「美哉！泱泱乎，堂堂乎，後世將孰

有此？」晏子對曰：「其田成氏乎！」景公曰：「寡人有此國也，而曰田成氏有之，何

也？」晏子對曰：「夫田成氏甚得齊民，其於民也，上之請爵祿行諸大臣，○先慎曰：二柄篇作

「行之群臣」。下之私大斗斛區釜以出貸，小斗斛區釜以收之。○先慎曰：左昭三年傳：「齊舊四量：

豆、區、釜、鐘。四升為豆，各自其四，以登於釜，釜十則鐘。陳氏三量，皆登一焉，鐘乃大矣。以家量貸，而以公量收之。」

殺一牛，取一豆肉，餘以食士。終歲，布帛取二制焉，餘以衣士。故市木之價不加貴於山、澤之魚鹽龜鼈蠃蚌不加貴於海。○先慎曰：乾道本「蚌」作「蜯」，無「加」字。今依拾補改增。成氏厚施。齊嘗大飢，道旁餓死者不可勝數也，父子相牽而趨田成氏者不聞不生。故周秦之民○顧廣圻曰：「秦」當作「齊」。「周」，遍也。謂遍齊國之人。相與歌之曰：『謳乎，其已乎！苞乎，其往歸田成子乎！』○盧文弨曰：孫詒穀云：史記田敬仲世家：齊人歌之曰：「嫗乎采芑，歸乎田成子。」此疑有誤。俞樾曰：「已」當作「芑」。昭十二年左傳「我有圃生之杞乎，從我者子乎」，與此文義相似。史記載此歌正作「芑」。惟此本以「謳」、「苞」爲韻，「芑」、「子」爲韻。史記作「歸乎田成子」「歸」與「謳」則非韻矣。當以此爲正。詩曰：『雖無德與女，式歌且舞。』○先慎曰：晏子春秋外篇「女」作「汝」，同字。今田成氏之德而民之歌舞，民德歸之矣。○先慎曰：「之歌舞」當作「歌舞之」。故曰：『其田成氏乎。』」公汎然出涕曰：「不亦悲乎！寡人有國而田成氏有之，今爲之奈何？」晏子對曰：「君何患焉！若君欲奪之，則近賢而遠不肖，治其煩亂，緩其刑罰，振貧窮而恤孤寡，行恩惠而給不足，民將歸君，則雖有十田成氏其如君何！」○先慎曰：「田成氏」，御覽一百六十及一百七十七引無「成」字。

或曰：景公不知用勢，而師曠、晏子不知除患。夫獵者，託車輿之安，用六馬之足，使王良佐轡，則身不勞而易及輕獸矣。今釋車輿之利，捐六馬之足與王良之御，而下走逐獸，則

雖樓季之足無時及獸矣。 託良馬固車，則臧獲有餘。 國者，君之車也；勢者，君之馬也。

夫不處勢以禁誅擅愛之臣，○先慎曰：「誅」字衍。「擅愛」，即上請爵祿行之大臣也。「禁擅愛之臣」，與下文「禁侵陵之臣」句例正同。 而必德厚以與天下齊行以爭民，○先慎曰：乾道本「民」作「名」。顧廣圻云：「天」字衍。藏本「名」作「民」，是也。 見本書難三篇。 先慎案：顧說是，拾補亦作「民」，今據改。 是皆不乘君之車，不因馬之利，○先慎曰：「君之車」當作「車之安」。顧廣圻云：「車」字當衍。 今本「車」上有「舍」字者，非是。 先慎案：「車之安」與「馬之利」相對為文，今據改。 上云「託車輿之安」，即其證。 釋車而下走者也。 ○先慎曰：乾道本無「釋」字。顧廣圻云：顧說非。御覽六百二十四引「車」上有「釋」字，是。 此與外儲說左上「釋車而走」句例正合，今據增。 或曰：景公不知用勢之主也，而師曠、晏子不知除患之臣也。 ○先慎曰：乾道本師曠下有「不知」二字。顧廣圻云：藏本、今本無「不知」二字。 先慎案：御覽引亦無「不知」二字，今據刪。

子夏曰：「春秋之記臣殺君、子殺父者，以十數矣，皆非一日之積也，有漸而以至矣。 凡姦者，行久而○先慎曰：拾補無「以」字。 盧文弨云：張本有「以」字。 顧廣圻云：藏本同。 今本無「以」字，誤。成積，積成而力多，力多而能殺，故明主蚤絕之。」今田常之為亂有漸見矣，而君不誅。 晏子不使其君禁侵陵之臣，而使其主行惠，故簡公受其禍。 故子夏曰：「善持勢者，蚤絕姦之萌。」

季孫相魯，子路爲郈令。○盧文弨曰：家語致思篇作「蒲宰」。○先慎曰：說苑臣術篇作「蒲令」，家語即本

說苑。魯以五月起衆爲長溝，當此之時，○先慎曰：各本「時」作「爲」，據御覽八百四十九引改。子路以其

私秩粟爲漿飯，○先慎曰：「漿飯」，粥也。要作溝者於五父之衢而飡之。○先慎曰：御覽二十二及一百

九十五、八百四十九引「飯」竝作「飲」，下「覆其飯」並作「覆其飲」。孔子聞之，使子貢往覆其飯，擊毀其器，

曰：「魯君有民，子奚爲乃飡[二]之？」子路怫然怒，攘肱而入，請曰：「夫子疾由之爲仁義

乎？所學於夫子者，仁義也。仁義者，與天下共其所有而同其利者也。今以由之秩粟而飡

民，其不可何也？」○先慎曰：各本無「其」字，據御覽引補。孔子曰：「由之野也！吾以女知之，女

徒未及也，女故如是之不知禮也？女之飡[三]之，爲愛之也。夫禮，天子愛天下，諸侯愛境内，

大夫愛官職，士愛其家，過其所愛曰侵。今魯君有民，而子擅愛之，是子侵也，不亦誣乎！」

言未卒，而季孫使者至，讓曰：「肥也起民而使之，先生使弟子止徒役而飡[三]之，○先慎曰：

各本「止」作「令」，據御覽引改。將奪肥之民耶？」孔子駕而去魯。以孔子之賢，而季孫非魯君也，

以人臣之資，假人主之術，蚤禁於未形，而子路不得行其私惠，而害不得生，況人主乎！以景

公之勢而禁田常之侵也，則必無劫弒之患矣。

太公望東封於齊，齊東海上有居士曰狂矞、華士昆弟二人者，○顧廣圻曰：論衡非韓篇「矞」作

「謫」。荀子宥坐篇楊倞注引此「士」作「仕」。　先慎曰：御覽六百四十五引「矞」作「獝」，無「者」字。　立議曰：「吾

不臣天子，不友諸侯，耕作而食之，掘井而飲之，吾無求於人也；無上之名，無君之祿，不事

仕而事力。」太公望至於營丘，使執而殺之，○先慎曰：乾道本作「使吏執殺之」。盧文弨云：「執」下脫

「而」字。荀子注引有。　先慎案：荀子注引無「吏」字。御覽引作「使執而殺之」，今據改。　周公旦從魯

聞之，發急傳而問之曰：「夫二子，賢者也，今日饗國而殺賢者，何也？」太公望曰：「是

昆弟二人立議曰：『吾不臣天子，不友諸侯，耕作而食之，掘井而飲之，吾無求於人也；無

上之名，無君之祿，不事仕而事力。』彼不臣天子者，是望不得而臣也；不友諸侯者，是望不

得而使也；耕作而食之，掘井而飲之，無求於人者，是望不得以賞罰勸禁也。且無上名，雖

知不為望用；不仰君祿，雖賢不為望功。不仕則不治，不任則不忠。且先王之所以使其臣

民者，非爵祿則刑罰也。今四者不足以使之，則望當誰為君乎？不服兵革而顯，不親耕耨而

名，又所以教於國也。○顧廣圻曰：藏本、今本「又」下有「非」字，誤。　今有馬於此，如驥之狀者，天下

之至良也，然而驅之不前，卻之不止，○先慎曰：御覽引「卻」作「引」，「止」作「至」。左之不左，右之不右，則臧獲雖賤，不託其足。臧獲之所願託其足於驥者，以驥之可以追利辟害也。今不為人用，臧獲雖賤，不託其足焉。已自謂以為世之賢士，而不為主用，行極賢而不用於君，此非明主之所臣也，亦驥之不可左右矣，是以誅之。」一曰：「太公望東封於齊，海上有賢者狂矞，○先慎曰：北堂書鈔四十五引「者」下有「名」字。太公望聞之，往請焉，三卻馬於門而狂矞不報見也，太公望誅之。當是時也，周公旦在魯，馳往止之，比至，已誅之矣。周公旦曰：「狂矞，天下賢者也，夫子何為誅之？」○先慎曰：北堂書鈔引無「夫子」二字。太公望曰：「狂矞也，○先慎曰：「也」字衍文。議不臣天子，不友諸侯，○先慎曰：「議」作「義」，二字古通。吾恐其亂法易教也，故以為首誅。今有馬於此，形容似驥也，然驅之不往，引之不前，雖臧獲不託足以旋其軫也。」○先慎曰：乾道本「託」上有「許」字，「以旋」二字作「於」字，顧廣圻云：「藏本、今本無「許」字，「於」作「以旋」。」今據改。

如耳說衛嗣公，衛嗣公說而太息。左右曰：「公何為不相也？」公曰：「夫馬似鹿者，而題之千金。○先慎曰：事類賦二十三引無「之」字。然而有百金之馬而無千金之鹿者，何也？○先慎曰：各本「千」字作「一」，無「何也」二字，據論衡、藝文類聚九十三、御覽八百九十三引補。馬為人用而鹿不為人用也。今如耳萬乘之相也，外有大國之意，其心不在衛，雖辯智，亦不為寡人用，吾是以

「不相也。」

薛公之相魏昭侯也，左右有欒子者曰陽胡、潘，其於王甚重，○先慎曰：御覽七百五十四引「潘」作「潘者」。而不爲薛公。薛公患之，於是乃召與之博，予之人百金，令之昆弟博，○先慎曰：「令之」，當作「令其」。而不爲薛公。俄又益之人二百金。方博有間，謁者言客張季之子在門，○先慎曰：張榜本無「之子」二字。公怫然怒，撫兵而授謁者曰：「殺之！吾聞季之不爲文也。」立有間，時季在側，○顧廣圻曰：「季羽」，未詳。先慎曰：「時」字疑衍。曰：「不然。竊聞季爲公甚，顧其人陰未聞耳。」乃輟不殺客而大禮之，○先慎曰：乾道本無「而」字，盧文弨云：「張本有。」今據補。曰：「曩者聞季之不爲文也，故欲殺之，今誠爲文也，豈忘季哉！」告廩獻千石之粟，告府獻五百金，告驂私厩獻良馬固車二乘，因令奄將宮人之美妾二十人并遺季也。○先慎曰：乾道本「私」作「斯」，案「私」、「斯」二字聲近而誤，張榜本、趙本作「私」，是。欒子兄弟見薛公遺季，因私相勸勉爲薛公。曰：「爲公者必利，不爲公者必害，吾曹何愛不爲公？」因私競勸而遂爲之。「斯」字誤，今據改。薛公以人臣之勢，假人主之術也，而害不得生，況錯之人主乎！夫馴烏者斷其下翎，○先慎曰：乾道本無「者」字，「翎」作「領」，下有「爲斷其下領」五字，今據御覽九百二十、事類賦十九引增刪。則必恃人而食，○先慎曰：事類賦「恃」作「待」。焉得不馴乎？夫明主畜臣亦然，令臣不得不利君之祿，不得無服上

之名。夫利君之禄，服上之名，焉得不服？

〔二〕申子曰：「上明見，人備之；其不明見，人惑之。○先慎曰：「惑」字失韻，疑誤。其知

見，人惑之；不知見，人匿之。其無欲見，人司之；其有欲見，人餌之。故曰：吾無從知

之，惟無爲可以規之。」一曰：申子曰：「慎而言也，人且知女，○俞樾曰：「知」當作「和」，字之

誤也。「和」與下「隨」字相爲韻，下文「匿」與「意」，「臧」與「行」皆相爲韻，若作「知」則首句失其韻矣。慎而行也，人

且隨女。而有知見也，人且匿女；而無知見也，人且意女。女有知也，人且臧女；女無知

也，人且行女。故曰：惟無爲可以規之。」

田子方問唐易鞠曰：「弋者何慎？」○先慎曰：乾道本「田」上有圈，今從趙本。田子方曰：「善。子加之弋，我加之國。」鄭長曰：「弋者

數百目視子，子以二目御之，子謹周子廩。」田子方曰：「善。子加之弋，我加之國。」鄭長

者聞之○先慎曰：漢藝文志道家有鄭長者一篇，云：「六國時，先韓子，韓子稱之。」師古注：「別録云：『鄭人，不知

其名。袁淑真隱傳：鄭長者，隱德無名，著書一篇，言道家事，韓非稱之，世傳是長者之辭，因以爲名。』」曰：「田子

方○先慎曰：乾道本無「曰」字，顧廣圻云：「今本有『曰』字。」今據補。知欲爲廩，而未得所以爲廩。夫虛

無無見者，廩也。」一曰：齊宣王問弋於唐易子○顧廣圻曰：漢書古今人表中上有唐易子，即此，上文云

「鞠」，或其名。曰：「弋者奚貴？」唐易子曰：「在於謹廩。」王曰：「何謂謹廩？」對曰：

「鳥以數十目視人，人以二目視鳥，奈何其不謹廩也？○先慎曰：乾道本無「其」字，盧文弨云：「其〔二〕字脱，張本有。」今據補。故曰『在於謹廩』也。」王曰：「然則爲天下何以異此廩？○先慎曰：乾道本「王」作「爲」，拾補「爲」作「異」，顧廣圻云：「今本『故』作『王』，下『爲』字作『異』。」今據改。○先慎曰「王」作「故」。「異」作「爲」，顧廣圻云：「今本『故』作『王』，下『爲』字作『異』。」今據改。○先慎曰　今人主以二目視一國，一國以萬目視人主，將何以自爲廩乎？」對曰：「鄭長者有言曰：『夫虛静無爲而無見也。』其可以爲此廩乎？」

國羊重於鄭君，○先慎曰：乾道本連上，今從趙本提行。聞君之惡己也，侍飲，因先謂君曰：

「臣適不幸而有過，願君幸而告之。臣請變更，則臣免死罪矣。」

客有説韓宣王，宣王説而太息，左右引王之説之曰先告客以爲德。○盧文弨曰：「曰」，秦本作「以」。○顧廣圻曰：句有誤。俞樾曰：「引」當作「曰」，「曰」當作「曰」，皆字之誤也。隸書「以」字或作「卧」，因誤爲「引」矣。蓋因客説宣王，宣王説而太息，故左右以王之説之曰先告客以爲德也。

靖郭君之相齊也，王后死，未知所置，乃獻玉珥以知之。　一曰：薛公相齊，齊威王夫人死，○顧廣圻曰：「齊策無「威」字。楚策云「楚王后死，未立后也，謂昭魚曰」云云，不同。　有十孺子，皆貴於王，○先

〔一〕　「其」原本作「二」，據盧氏群書拾補改。

慎曰：各本「有」上有「中」字，據御覽六百二十六、七百一十八引刪。又御覽注云「所窺者凡十人」當亦本書舊注。薛

公欲知王所欲立，而請置一人以爲夫人。王聽之，則是說行於王而重於置夫人也；王不聽，是說不行而輕於置夫人也。欲先知王之所欲置以勸王置之，○先慎曰：乾道本「勸」下有「之」字。顧廣圻云：藏本、今本無「之」字。先慎案：北堂書鈔三十一引亦無「之」字，今據刪。於是爲十玉珥而美其一〇先慎曰：張榜本「玉」誤「王」。而獻之。王以賦十孺子，明日坐，視美珥之所在而勸王以爲夫人。

甘茂相秦惠王，惠王愛公孫衍，與之間有所言，○顧廣圻曰：六字爲一句。「言」，秦策作「立」。曰：「寡人將相子。」甘茂之吏道穴聞之，○顧廣圻曰：藏本同。今本「道」作「通」，誤。策「穴」誤作「而」，當依此訂。先慎曰：吳師道策補云：韓非子「道而」作「道穴」。以告甘茂。○先慎曰：乾道本「以」上有「曰」字，顧廣圻云：「今本無曰字，策無。」今據刪。甘茂入見王曰：「王得賢相，臣敢再拜賀。」王曰：「寡人託國於子，安更得賢相？」對曰：「將相犀首。」王曰：「子安聞之？」對曰：「犀首告臣。」王怒犀首之泄，乃逐之。

一曰：犀首，天下之善將也，梁王之臣也。秦王欲得之與治天下，犀首曰：「衍人臣也，○先慎曰：乾道本「衍」下有「其」字，「臣」下有「者」字。盧文弨云：「『其』字、『者』字，一本無。」今據刪。不敢離主之國。」居期年，犀首抵罪於梁王，逃而入秦，秦王甚善之。樗里

疾，秦之將也，恐犀首之代之將也，鑿穴於王之所常隱語者。俄而王果與犀首計曰：「吾欲攻韓，奚如？」犀首曰：「秋可矣。」王曰：「吾欲以國累子，子必勿泄也。」犀首反走再拜曰：「受命。」於是樗里疾已道穴聽之矣。○先慎曰：乾道本「已」作「也」，據張榜本、趙本改。見郎中皆曰：「兵秋起攻韓，○先慎曰：乾道本無「見」字，盧文弨云：「一本有『見』字。」今據補。犀首為將。」於是日也，郎中盡知之，於是月也，境內盡知之。○先慎曰：乾道本「月」作「日」，拾補作「月」。盧文弨云：「『日』字譌。」顧廣圻云：「『日』當作『月』。」今依拾補改。王召樗里疾曰：「是何匈匈也，何道出？」○先慎曰：「道」，由也。言人匈匈，謂兵秋起攻韓，何由出此言也。樗里疾曰：「似犀首也。」王曰：「吾無與犀首言也，其犀首何哉？」樗里疾曰：「犀首也羈旅，新抵罪，其心孤，是言自嫁於眾。」王曰：「然。」使人召犀首，已逃諸侯矣。○先慎曰：張榜本、趙本「逃」下有「入」字。

堂谿公謂昭侯曰：「今有千金之玉卮而無當，○先慎曰：乾道本「而」上有「通」字。盧文弨云：「『通』字衍。」先慎案：御覽八百五引無「通」字，今據刪。張榜本「而」誤「有」。可以盛水乎？」昭侯曰：「不可。」○先慎曰：乾道本「有」下有「乎」字，「盛水」作「乘水」。「有瓦器而不漏，可以盛酒乎？」昭侯曰：「可。」對曰：「夫瓦器至賤也，不漏可以盛酒。雖有千金之玉卮，至貴而無當，漏不可盛水，○先慎曰：乾道本「有」下有「乎」字，「盛水」作「乘水」。盧文弨云：「『乎』字，凌本無；『乘』，藏本作『盛』。」今據刪改。則人孰注漿哉！今為人主而漏其群臣之

語，○先慎曰：乾道本「主」上有「之」字，盧文弨云：「『之』字衍，張本無。」今據刪。是猶無當之玉卮也，雖有聖智，莫盡其術，爲其漏也。昭侯曰：「然。」昭侯聞堂谿公之言，自此之後，欲發天下之大事，未嘗不獨寢，恐夢言而使人知其謀也。一曰：堂谿公見昭侯曰：○先慎曰：藝文類聚七十

三、御覽三百九十三、七百六十一引「公」作「空」，下同。

何以飲？」君曰：「以瓦卮。」堂谿公曰：「白玉之卮美，而君不以飲者，以其無當耶？」君曰：「然。」堂谿公曰：「爲人主而漏泄其羣臣之語，譬猶玉卮之無當也。」○先慎曰：各本無「也」字，據藝文類聚、御覽引補。

堂谿公每見而出，昭侯必獨臥，惟恐夢言泄於妻妾。

申子曰：○先慎曰：舊連上，今提行。獨視者謂明，獨聽者謂聰，能獨斷者故可以爲天下主。○顧廣圻曰：「主」當作「王」，與上文「明」、「聰」韻。

〔三〕宋人有酤酒者，升概甚平，遇客甚謹，爲酒甚美，縣幟甚高，然而不售，酒酸。○先慎曰：「然而」作「著然」。盧文弨云：「著然」孫云：「文選與滿公琰書注引作『然而』。」先慎案：藝文類聚九十四、御覽八百二十八引並作「然而」，今據改。

怪其故，問其所知間長者楊倩，○先慎曰：乾道本「間」作「問」，趙本脫，拾補作「間」。盧文弨云：「間」字脫，選注有，意林同。顧廣圻云：當作「間」。韓詩外傳云「間里人」，說苑、晏子春秋同。先慎案：盧、顧說是，藝文類聚、御覽引並作「間」，今據補。藝文類聚引「倩」作「青」，下同。倩曰：「汝狗猛

耶？」曰：「○盧文弨曰：下「曰」字，藏本、張本皆無。先慎曰：藝文類聚、御覽引並有。「狗猛則酒何故而不

售？」曰：「人畏焉。或令孺子懷錢挈壺甕而往酤，而狗迓而齕之，○先慎曰：拾補「齕」下旁注

「齕」字，案說文無「齕」字。「齕」，齧也。齧，噬也。明此作「齕」是。下文趙本亦誤作「齕」。藝文類聚引「迓」作「迎」。

此酒所以酸而不售也。」夫國亦有狗，○先慎曰：藝文類聚引「狗」上有「猛」字。有道之士懷其術而欲

以明萬乘之主，○先慎曰：拾補「明」作「輔」。盧文弨云：文選注引作「輔」。顧廣圻云：「明」字是。韓詩外傳七云

欲白萬乘之士」「白」，明也。荀子、外傳多言「白」，其義皆同。先慎案：顧說是，藝文類聚、御覽引正作「明」。御覽引

「而」下有「往」字。大臣為猛狗，迎而齕之，此人主之所以蔽脅，而有道之士所以不用也。故桓

公問管仲曰：○先慎曰：乾道本無「曰」字，顧廣圻云：「藏本、今本有『曰』字。」今據補。

對曰：「最患社鼠矣。」公曰：「何患社鼠哉？」對曰：「君亦見夫為社者乎？樹木而塗

之，鼠穿其間，掘穴託其中，燻之則恐焚木，灌之則恐塗阤，此社鼠之所以不得也。今人君之

左右，出則為勢重而收利於民，入則比周而蔽惡於君，內間主之情以告外，外內為重，諸臣百

吏以為富，○先慎曰：「富」當作「輔」，聲之誤。吏不誅則亂法，誅之則君不安。據而有之，○顧廣圻

曰：「不」當作「所」。晏子春秋云：「則為人主所案據腹而有之。」說苑云：「則為人主所察據腹而有之。」「案」、「安」

同字，「察」即「案」，形近譌。又按依二書，此「而」上當脫「腹」字。此亦國之社鼠也。」故人臣執柄而擅禁，○

先慎曰：「乾道本「禁」下有「禦」字。顧廣圻云：藏本、今本無「禦」字。先慎按：「禦」字不當有，下文無，即其證。今據

顧校刪。明爲己者必利，而不爲己者必害，此亦猛狗也。夫大臣爲猛狗而齕有道之士矣，左右又爲社鼠而間主之情，○顧廣圻曰：藏本、今本「情」下有「矣」字，誤。人主不覺，如此主焉得無壅，國焉得無亡乎！一曰：宋之酤酒者有莊氏者，其酒常美。或使僕往酤莊氏之酒，其狗齕人，使者不敢往，乃酤佗家之酒。問曰：「何爲不酤莊氏之酒？」對曰：「今日莊氏之酒酸。」故曰：「不殺其狗則酒酸。」一曰：「桓公問管仲曰：○先慎曰：乾道本無「一曰」二字。「桓」下提行。顧廣圻云：藏本、今本「桓」上有「一曰」三字，按有者是也。先慎案：今依趙本連上，補「一曰」二字。「治國何患？」對曰：「最苦社鼠。夫社，木而塗之，鼠因自託也。燻之則木焚，灌之則塗阤，此所以苦於社鼠也。今人君左右，出則爲勢重以收利於民，入則比周謾侮蔽惡以欺於君，不誅則亂法，誅之則人主危。○顧廣圻曰：「危」當作「安」，說見上。「安據」連文，失其讀者改之耳。據而有之，鼠也。」故人臣執柄擅禁，明爲己者必利，不爲己者必害，亦猛狗也。故左右爲社鼠，用事者爲猛狗，則術不行矣。○先慎曰：說本晏子春秋內篇問上「桓公」「管仲」作「景公」「晏子」。

堯欲傳天下於舜，鯀諫曰：「不祥哉！孰以天下而傳之於匹夫乎？」堯不聽，舉兵而誅殺鯀於羽山之郊。○顧廣圻曰：依下句，當衍「殺」字。先慎曰：下句「誅」字乃「流」字之誤，不得據以爲例。「誅殺」，謂罪而殺之也。「殺」字非衍文。共工又諫曰：「孰以天下而傳之於匹夫乎？」堯不聽，又舉

兵而流共工於幽州之都。○先慎曰：各本「流」作「誅」，據御覽六百四十五引改。尚書、孟子並作「流」。於是

天下莫敢言無傳天下於舜。仲尼聞之曰：「堯之知舜之賢，非其難者也。夫至乎誅諫者，

必傳之舜，乃其難也。」一曰：「不以其所疑敗其所察則難也。」

荊莊王有茅門之法。○孫詒讓曰：「茅門」下作「茆門」。說苑至公篇與此略同，亦作「茅」。案「茅門」即雉

門也。說文隹部「雉，古文作䳇」，或省爲「弟」，與「茅」形近而誤。史記魯世家「築茅闕門」，即春秋定二年經之「雉門兩觀」

也。諸侯三門，庫、雉、路。外朝在雉門外。茅門之法，廷理掌之，即周禮秋官「朝士掌建邦外朝之法也。」天子、諸侯三

朝皆有廷士。○「士」「理」二字通。先慎曰：孫說「茅」即「弟」之誤，是也。御覽六百三十八引正作「弟」，可證。曰：

「羣臣大夫諸公子入朝，馬蹏踐霤者，廷理斬其輈，戮其御。」於是太子入朝，馬蹏踐霤，廷理

斬其輈，戮其御。太子怒，○先慎曰：怒廷理之執法也。入爲王泣曰：「爲我誅戮廷理。」王曰：

「法者所以敬宗廟，尊社稷。故能立法從令，尊敬社稷之臣也，焉可誅也！夫犯法廢

令，不尊敬社稷者，是臣乘君而下尚校也。○盧文弨曰：「尚」、「上」同。「校」，疑當作「陵」。

作「下陵上」。先慎曰：此當作「下校尚」，傳寫誤倒耳。「下校尚」謂下六上也。國策秦策：「足以校於秦矣。」高誘

〔二〕「士理」，原本作「理」，涉上文「廷士」誤脫「士」字，今補。

注：『『校』猶『六』也』。『校』、『尚』誤倒。說苑「乘」作「棄」，「校」作「陵」，皆劉向所易，未可據。臣乘君則主失威，

下尚校則上位危。威失位危，社稷不守，吾將何以遺子孫」。於是太子乃還走，避舍露宿三

日，北面再拜請死罪。○孫詒讓曰：說苑……「楚莊王之時，太子車立於茅門之外」。廷理曰：○顧廣圻

潦，太子遂驅車至於茆門。一曰：楚王急召太子。楚國之法，車不得至於茆門。天雨，廷中有

曰：說苑云「少師慶」。「車不得至茆門，非法也。」○先慎曰：「至茆門」三字當重。太子曰：「王召急，

不得須無潦。」遂驅之。廷理舉殳而擊其馬，敗其駕。太子入為王泣曰：「廷中多潦，驅車

至茆門，廷理曰『非法也』，舉殳擊臣馬，敗臣駕。王必誅之。」王曰：「前有老主而不踰，○

先慎曰：北堂書鈔三十六引「老主」作「先王」。說苑作「老君」。後有儲主而不屬，矜矣。」廷理……○盧文弨曰：說苑作

「少君在後而不豫」。下「矜矣」二字衍，凌本無。先慎曰：北堂書鈔引「矜矣」二字。「矜矣」猶「賢矣」，此楚王贊美廷理也。書大禹謨傳「自賢曰矜」，朱駿聲說文通訓定聲「矜」下

上仁篇「矜」與「賢」韻。「矜矣」，猶「賢矣」。云「矜」借爲「賢」，亦通。是真吾守法之臣也。」乃益爵二級，○先慎曰：御覽六百三十六引「二」作「三」。

而開後門出太子，勿復過。

衛嗣君謂薄疑曰：「子小寡人之國以爲不足仕，則寡人力能仕子，請進爵以子爲上

卿。」乃進田萬頃。薄子曰：「疑之母親疑，以疑爲能相萬乘所不宜也。○先慎曰：「宜」與

「篠」同。荀子赋論「充盈大宇而不窕」楊注：「『窕』音『篠』」。然疑家巫有蔡嫗者，疑母甚愛信之，屬之家事焉。疑智足以信言家事，○顧廣圻曰：「信」字當衍。疑母盡以聽疑也。然疑家者，亦必復決之於蔡嫗也。故論疑之智能，以疑爲能相萬乘而不窕也；論其親，則子母之間也；然猶不免議之於蔡嫗也。今疑之於人主也，非子母之親也，而人主皆有蔡嫗。人主之蔡嫗，必其重人也。重人者，能行私者也。夫行私者，繩之外也；而疑之所言，法之內也。○先慎曰：乾道本無「所」字，顧廣圻云：「藏本、今本有『所』字。」今據補。繩之外與法之內，○先慎曰：「繩」謂繩墨。讐也，不相受也。」○先慎曰：張榜本此下有「如是則疑不得長爲臣矣」九字，

一曰：衛君之晉，謂薄疑曰：「吾欲與子皆行。」疑曰：「疑，君之臣也，君有意從之，甚善。」衛君曰：「吾以請之嫗。」○先慎曰：乾道本無「以」字，「以」當作「已」。「薄嫗」二字，藏本重「薄嫗」。衛君自請薄嫗。嫗曰：「嫗也在中，請歸與嫗計之。」衛君曰：「嫗許我矣。」薄疑歸言之嫗也，曰：「衛君之愛疑奚與嫗？」○先慎曰：乾道本無「愛」字，顧廣圻云：「藏本無『愛』字，今本有，依下文當補。」今據增。嫗曰：「不如吾愛子也。」「衛君之賢疑奚與嫗也？」曰：「不如吾賢子也。」「嫗與疑計家事已決矣，乃更請決之於卜者蔡嫗。○先慎曰：乾道本無「更」字，盧文弨云：「張本有。」今據補。今衛君從疑而行，雖與疑決計，必與他蔡嫗敗之，如是則疑不得長爲臣矣。」○先慎曰：

夫教歌者，使先呼而詘之，其聲反清徵者，乃教之。○顧廣圻曰：「反」當作「及」。一曰：教歌者先揆以法，疾呼中宮，徐呼中徵。疾不中宮，徐不中徵，不可謂教。○顧廣圻曰：「謂」當作「爲」。先慎曰：「爲」「謂」古通用，不必改作。

吳起，衛左氏中人也，使其妻織組，而幅狹於度。吳子使更之，其妻曰：「諾。」及成，復度之，果不中度，吳子大怒。其妻對曰：「吾始經之而不可更也。」○先慎曰：乾道本「吾」作「五」，據趙本改。北堂書鈔三十六引正作「吾」。吳子出之，其妻請其兄而索入，○先慎曰：乾道本無「人」字。顧廣圻云：藏本、今本「索」下有「入」字。先慎案：北堂書鈔引亦有，今據補。其兄曰：「吳子，爲法者也。其爲法也，且欲以與萬乘致功，必先踐之妻妾，然後行之，子毋幾索人矣。」○先慎曰：「毋幾索人」謂毋望索人也。史記晉世家「毋幾爲君」，呂不韋傳「則子無幾得與長子」，索隱云：「幾」猶「望」也。此文語意正與相同。其妻之弟又重於衛君，○先慎曰：「又」讀爲有。乃因以衛君之重請吳子，吳子不聽，遂去衛而入荊也。一曰：吳起示其妻以組曰：「子爲我織組，令之如是。」組已就而效之，○先慎曰：「效」當作「較」。其組異善。起曰：「使子爲組，令之如是，而今也異善何也？」其妻曰：「用財若一也，加務善之。」吳起曰：「非語也。」使之衣而歸。○先慎曰：乾道本無「而」字。顧廣圻云：「衣」當作「夜」。先慎案：顧說非。御覽四百三十又八百十九、八百二十六引並有「而」字，今據補。北堂書鈔三十六引無

「而」字，陳禹謨據誤本改之也。

其父往請之，吳起曰：「起家無虛言。」

晉文公問於狐偃曰：「寡人甘肥周於堂，厄酒豆肉集於宮，壺酒不清，○先慎曰：「壺」當作「壺」，形近而誤。「酒」，飲也。生肉不布，○先慎曰：左昭十六年傳注：「布，陳也。」殺一牛徧於國中，○先慎曰：言不獨食。一歲之功盡以衣士卒，○先慎曰：「功」，謂女功。其足以戰民乎？」狐子曰：「不足。」文公曰：「吾弛關市之征而緩刑罰，其足以戰民乎？」狐子曰：「不足。」文公曰：「吾民之有喪資者，寡人親使郎中視事，有罪者赦之，貧窮不足者與之，其足以戰民乎？」狐子對曰：「不足。此皆所以慎産也。」「慎」讀爲順。「産」與「生」義同字通。「迎殺」者，言戰爲逆而殺之之事。順逆、生殺文正相對也，公因而迎殺之，失所以爲從公矣。○「迎殺」「迎」當爲「逆」。「慎産」者，言文公所言皆是順其生之事。曰：「然則何如足以戰民乎？」狐子對曰：「令無得不戰。」公曰：「無得不戰奈何？」狐子對曰：「信賞必罰，其足以戰。」公曰：「刑罰之極安至？」對曰：「不辟親貴，法行所愛。」文公曰：「善。」明日，令田於圃陸，期以日中爲期，後期者行軍法焉。於是公有所愛者曰顚頡，後期，吏請其罪，文公隕涕而憂。○先慎曰：不行法則失信，行法則失貴重之臣，故憂而不決。吏曰：

「請用事焉。」遂斬顛頡之脊以徇百姓，以明法之信也。而後百姓皆懼曰：「君於顛頡之貴

重如彼甚也，而君猶行法焉，況於我則何有矣。」文公見民之可戰也，於是遂興兵伐原，克

之；○盧文弨曰：張本「兵」下有「東」字。伐衛，東其畝，○顧廣圻曰：與左傳不同。呂氏春秋簡選篇亦云「東衛

之畝」。先慎曰：商君書賞刑篇「反鄭之埤，東衛之畝」（「衛」譌作「徵」，說詳商子集校。）與呂覽合，蓋相傳有此事耳。

取五鹿，攻陽，勝虢，○顧廣圻曰：「陽」當即陽樊。「勝虢」未詳。伐曹，南圍鄭，反之陴，○

王渭曰：呂氏春秋「反鄭之埤」，高注：「反，覆。覆鄭之埤。」先慎曰：晉語「伐鄭，反其陴」，高注：「反，撥也。陴，城

上女垣。」與呂覽注異。國語此注上引賈侍中、唐尚書說，蓋此注亦本前儒，雖未明其人，較反覆之義為長。本書「之」字，亦

疑「其」之誤，商君書與呂氏春秋同。罷宋圍，還與荊人戰城濮，大敗荊人，返為踐土之盟，遂成

衡雍之義。○先慎曰：乾道本「成」作「城」，盧文弨云：「『城』字譌。」今據拾補改。一舉而八有功。所以然

者，無他故異物，從狐偃之謀，假顛頡之脊也。

夫痤疽之痛也，非刺骨髓，則煩心不可支也，非如是，○顧廣圻曰：「如」當作「知」，下同。不

能使人以半寸砥石彈之。今人主之於治亦然，非不知有苦則安，欲治其國，○先慎曰：乾道本

無「國」字，顧廣圻云：「今本『其』下有『國』字。」今據補。非如是不能聽聖知而誅亂臣。亂臣者○先慎

曰：乾道本不重「亂臣」，顧廣圻云：「今本重『亂臣』二字，案當重，下屬。」今據補。必重人，重人者必人主所甚

親愛也。人主所甚親愛也者，是同堅白也。夫以布衣之資，欲以離人主之堅白所愛，是以解左髀說右髀者，〇顧廣圻曰：藏本同。今本「以」作「猶」，誤。按此當重「以解左髀說右髀」七字。先慎曰：趙本作「以」，不誤。是身必死而說不行者也。

韓非子集解卷第十四

外儲説右下第三十五 〇先慎曰：乾道本無「下」字，顧廣圻云：「今本有『下』字。」今據補。

〔一〕賞罰共則禁令不行。令臣操之，故曰「共」也。

何以明之？以造父、於期，既善馭馬，又能忍渴，及至竢趨飲，遂不能制。〇盧文弨曰：注「渴」誤「得」。先慎曰：趙本「渴」作「竭」，亦誤。子罕爲出彘，罕行罰，一國畏之，因篡君。亦威分出彘之類也。

田恒爲圃池，擅行賞，人歸之，因弒簡公。

公弒。患在王良、造父之共車，田連、成竅之共琴也。王、造誠能御車，使共操轡則不進，田、成信善琴，令共操彈則曲不成。君臣共賞，亦出是也。

〔二〕治强生於法，弱亂生於阿，法曲則亂。君明於此，則正賞罰而非仁下也；〇先慎曰：乾道本無「而」字，顧廣圻云：「藏本、今本『非』上有『而』字。」今據增。今本「仁下」作「不仁」，誤。今本「仁下」作「不仁」，誤。爵禄生於功，功立則爵生。誅罰生於罪，罪著則罰生。臣明於此，則盡死力而非忠君也。〇先慎曰：乾道本無「非」字。顧

廣圻云：今本「而」下有「非」字，按依上文「而」當作「非」。○先慎按：上脫「而」字，此脫「非」字，並改從今本。

君通於不仁，臣通於不忠，則可以王矣。○先慎曰：上欲治強，則必正法，故不仁。下欲爵禄，乃盡死力，故非忠君。

昭襄知主情，但當自求理以誉責也。百姓但當仰君，亦不須曲爲愛，故君疾而禱者，責之以二甲，而不發五苑，應侯欲發蔬果以救飢人，昭王以爲無功受賞，因止之也。田鮪知臣情，鮪教子章曰：「富國，家自富；利君，身自利也。」故教田章，而公儀辭魚。以爲違法受魚則失魚，故不受。○盧文貂曰：注一本「爲」誤作「達」，脫「故」字。

〔三〕明主者，鑒於外也，而外事不得不成，故蘇代非齊王。以令燕王專任子之，故不專任，終不成霸。人主鑒於上也，○盧文貂曰：「上」，張本作「士」。顧廣圻曰：藏本「上」作「士」，按此當作「下」。先慎曰：「上」字不誤。「上」，謂上古也。「蘇代非齊」、「潘壽言禹」，是一橫說，一竪說，兩事比勘，語極明顯。張榜本亦誤作「士」。而居者不適不顯，故潘壽言禹情。欲媚子之，故謂燕王言禹傳位於益，終令啟取之。○顧廣圻：「衣於」當作「於衣」，舊注未譌。方吾知之，故恐同衣於族，而況借於權乎。同服者共車，同族者共家，恐其因同而擅己，況君權可借臣乎。吳章知之，故說以佯，而況借於誠乎。方吾知人皆知己，不與人主無所覺悟，○先慎曰：拾補「悟」作「寤」。趙王惡虎目而壅。王圃中虎目而惡之，左右或言平陽君之目，甚於虎目，遂殺言者。○王先謙曰：注「王」下奪「觀」字。○先慎曰：趙本注「平陽君之目」「目」譌「自」。明主之道，如周行人

之卻衛侯也。衛侯君名辟疆，行人以辟疆天子同號，故不令朝。改名，然後納之。○先慎曰：注「衛侯」，張榜本、趙本並作「君」。

〔四〕人主者，守法責成以立功者也。聞有吏雖亂而有獨善之民，吏雖亂，賢人不改操，殷之三仁、夏之龍逄是也。○先慎曰：乾道本注「仁」作「人」，誤，今據張榜本、趙本改。不聞有亂民而有獨治之吏，子率以正，孰敢不正。故明主治吏不治民。吏治則民治矣。說在搖木之本與引網之綱。搖木本則萬本動，引網綱則萬目張，吏正則國治也。○先慎曰：注「萬本」當作「萬葉」。故失火之嗇夫不可不論也。救火者，吏操壺走火，則一人之用也；操鞭使人，則役萬夫。明主執契亦然。○顧廣圻曰：此二十二字，舊注誤入正文。故所遇術者，如造父之遇驚馬，○先慎曰：張榜本、趙本「驚」作「駕」。牽馬推車則不能進，代御執轡持筴則馬咸驚矣。○顧廣圻曰：此十九字，舊注誤入正文。是以說在○顧廣圻曰：「是以」、「說在」例不複出，此當衍其一也。椎鍛平夷，榜檠矯直。不然，敗在淳齒用齊戮閔王，李兌用趙餓主父也。○先慎曰：「敗」當作「則」。

〔五〕因事之理則不勞而成，故茲鄭之踞轅而歌以上高梁也。其患在趙簡主稅，吏請輕重；主欲稅，吏問輕重，主不自定其輕重之節，曰「勿輕重」而已。吏因擅意因以富重，而府庫虛，百姓餓而姦吏富也。故桓公巡民，而管仲省腐財怨女。公巡人，見有飢人及老而無妻者，

以告仲，曰：「國有腐財則人飢，宮有怨女則人老而無妻也。」「不然，則在延陵乘馬不得進，造父過之而爲之泣也。前礛飾，後礛錯。既不得前卻，遂旁而佚。造父見之泣，猶賞罰失必致敗也。○先慎曰：注乾道本「得」上有「後」字，今從趙本刪。

右經

〔一〕造父御四馬，馳驟周旋而恣欲於馬。意所欲，馬必隨之也。恣欲於馬者，擅轡筴之制也。以轡筴專制之，故馬不違也。然馬驚於出彘，而造父不能禁制者，非轡筴之嚴不足也，威分於出彘也。彘亦令馬可畏，故曰「威分」。王子於期爲駙駕，轡筴不用而擇欲於馬，○先慎曰：此下當更有「擇欲於馬者」五字。擅芻水之利也。然馬過於圃池而駙馬敗者，○顧廣圻曰：「馬」當作「駕」。非芻水之利不足也，德分於圃池也。故王良、造父天下之善御者也，然而使王良操左革而叱咤之，使造父操右革而鞭笞之，馬不能行十里，共故也。○孫詒讓曰：「革」「勒」古字通。說文：「勒，馬頭絡銜也。」詩小雅蓼蕭「鞗革沖沖」，傳：「革，轡首也。」「革」即「勒」也。田連、成竅天下善鼓琴者也，○先慎曰：依上文，「善」上有「之」字。然而田連鼓上，成竅撇下，○先慎曰：各本「撇」作「概」，拾補引孫貽穀云：文選琴賦注引作「撇」。顧廣圻云：當依選注引作「撇」。先慎按：說文：「撇，一指按也。」今據改。而不能

成曲，亦共故也。○先慎曰：乾道本無「共」字，顧廣圻云：「藏本、今本亦下有『共』字。」今據增。夫以王良、造父之巧，共轡而御，不能使馬，人主安能與其臣共權以為治？以田連、成竅之巧，共琴而不能成曲，○先慎曰：依上文，「琴」上當脫「鼓」字。人主又安能與其臣共勢以成功乎？○先慎曰：乾道本無「其」字，拾補有，盧文弨云「脫」，今依補。

一曰：造父為齊王駙駕，渴馬服成，令馬忍渴百日，服習之，故成也。效駕圃中，渴馬見圃池，去車走池，駕敗。王子於期為趙簡主取道爭千里之表，其始發也，彘伏溝中，○先慎曰：乾道本無「彘」字，顧廣圻云：「藏本、今本有。」今據補。王子於期齊轡筴而進之，彘突出於溝中，馬驚駕敗。

司城子罕謂宋君曰：「慶賞賜與，○先慎曰：「與」當作「予」，說文：「與，黨與也。予，推予也。」義別。下文作「予」，二柄篇亦作「予」，不誤。民之所喜也，君自行之；殺戮誅罰，民之所惡也，臣請當之。」於是出威令，誅大臣，君曰：問子罕也。「諾。」於是大臣畏之，細民歸之。罕用刑服國，是由出彘用威懼馬。○注「用威懼馬」，「馬」讀「焉」。處期年，子罕殺宋君而奪政。故子罕為出彘以奪其君國。

簡公在上位，罰重而誅嚴，厚賦斂而殺戮民；田成恒設慈愛，明寬厚。○先慎曰：經無「成」字，「成」乃其謚，此作「成恒」，複。呂氏春秋慎勢篇、淮南子人閒訓同，並誤。簡公以齊民為渴馬，不以恩加

民，而田成恒以仁厚爲圃池也。以仁濟物，猶圃池也。○盧文弨曰：注「猶」張本作「由」，與上注同。

曰：「造父爲齊王駙駕，以渴服馬，百日而服成。服成，請效駕齊王，○王先謙曰：下「服成」二字當衍。王曰：「效駕於圃中。」造父驅車入圃，馬見圃池而走，造父不能禁。造父以渴服馬久矣，今馬見池，駔而走，○先慎曰：説文：「駔，馬突也。」字亦作「駓」。雖造父不能治。今簡公之法禁其衆久矣，而田成恒利之，是田成恒傾圃池而示渴民也。

一曰：王子於期爲宋君爲千里之逐。已駕，察手吻文，○顧廣圻曰：未詳。先慎曰：「手」當爲「毛」之誤。説文：「吻，口邊也。」此言毛色動則吻不至於傷，馬欲馳，其毛先豎，至今猶然。「察毛吻文」，謂察馬之毛與吻文也。漢書王襃傳：「傷吻敝策而不進於行。」説文：「吻，口邊也。」是其所駕之馬本欲馳也。故下云「且發矣」，「於期」因「拊而發之」。已駕，察手吻文。馬掩迹，拊而發之，○先慎曰：「逸」當作「突」。「竇」溝竇也。彘逸出於竇中。且發矣，驅而前之，輪中繩；馬退而卻，筴不能進○先慎曰：乾道本「止」作「正」。盧文弨云：「正」秦本作「止」。今據改。前也；馬斯而走，彎不能止也。

一曰：司城子罕謂宋君曰：「慶賞賜予者，民之所好也，君自行之；誅罰殺戮者，民之所惡也，臣請當之。」○先慎曰：乾道本「賞」作「賀」，張榜本作「賞」，御覽四百九十四、六百三十三引並作「賞」，今據改。於是戮細民而誅大臣，君曰：「與子罕議之。」居期年，民知殺生之命制於子罕也，○先慎曰：御覽引「殺」作「死」。故一國歸焉。故子罕劫宋君而奪其政，法不能禁也。故曰：「子罕

爲出彘，而田成常爲圃池也。」〇先愼曰：「常」，拾補作「恒」，按「常」字漢人避諱改。趙本「池」作「地」，誤。

令王良、造父共車，〇先愼曰：趙本「令」上衍「令」字。人操一邊轡而入門閭，駕必敗而道不至也。

〇先愼曰：「人」當作「出」。令田連、成竅共琴，人撫一絃而揮，則音必敗曲不遂矣。

〔二二〕秦昭王有病，百姓里買牛而家爲王禱。〇先愼曰：下文無「家」字。公孫述出見之，入

賀王曰：「百姓乃皆里買牛爲王禱。」王使人問之，果有之。王曰：「訾之人二甲。」「訾」，毀

也，罰之也。〇先愼曰：注意謂毀其人而罰以甲也，是「訾」字而用兩義以申其說矣。案訾之人二甲者，謂量其人二

甲也。國語齊語「訾相其質」高注，列子說符「財貨無訾」張湛注並云：「訾，量也。」量財貨曰「訾」，量民之貧富亦曰「訾」。

「之」，猶其也。「人」，謂里人。計里買牛之力量之可以出二甲，非里中人人二甲也。下文「屯二甲」，即其義。夫非令

而擅禱者，〇先愼曰：乾道本無「者」字，盧文弨云：「張本有。」今據補。是愛寡人也。夫愛寡人，寡人亦

且改法而心與之相徇者，是法不立；法不立，亂亡之道也。不如人罰二甲，而復與爲治。」

一曰：秦襄王病，百姓爲之禱；病愈，殺牛塞禱。〇先愼曰：「塞」、「賽」義同。史記封禪書「冬賽」索

隱：「賽，謂報神福也。」漢書「賽」並作「塞」。郎中閻遏、公孫衍出見之，曰：「非社臘之時也，奚自殺

牛而祠社？」怪而問之。百姓曰：「人主病，爲之禱；今病愈，殺牛塞禱。」閻遏、公孫衍

說，見王拜賀曰：「過堯、舜矣。」王驚曰：「何謂也？」對曰：「堯、舜其民未至爲之禱

也，今王病而民以牛禱，病愈殺牛塞禱，故臣竊以王爲過堯、舜也。」王因使人問之，何里爲

之，訾其里正與伍老屯二甲。屯，亦罰也。○先慎曰：「屯」無罰義，一切經音義一引字書云：「屯，亦『邨』

也。」一邨之中，或里正或伍老量出二甲。閻遏、公孫衍媿不敢言。居數月，王飲酒酣樂，閻遏、公孫衍

謂王曰：「前時臣竊以王爲過堯、舜，非直敢諛也；堯、舜病且其民未至爲之禱也。今王病

而民以牛禱，病愈殺牛塞禱，今乃訾其里正與伍老屯二甲，臣竊怪之。」王曰：「子何故不知

於此？彼民之所以爲我用者，非以吾愛之爲我用者也，以吾勢之爲我用者也。吾釋勢與民

相收，若是，吾適不愛而民因不爲我用也。故遂絕愛道也。」○先慎曰：乾道本「釋勢」作「適勢」。顧

廣圻云：「吾適勢」句絕，「與民相收若是」句絕。「吾適不愛」、「而民因不爲我用也」，「因」當作「固」。此

以「適勢」、「適愛」相對。藏本、今本「勢」上「適」字作「釋」，非。俞樾云：藏本作「吾釋勢與民相收」，當從之。上文云：

「彼民所以爲我用者，非以吾愛之爲我用者也，以吾勢之爲我用者也。」是言君民之間，本是以勢相制，若釋勢而用愛，則吾

適有不愛，民遂不爲我用矣，故不如絕愛道爲得也。文義本甚分明，因「釋」、「適」聲近，又涉下句有「適」字，故乾道本誤爲

「適勢」，顧氏謂「適勢」、「適愛」相對，非是。先慎按：俞說是，改從藏本。

秦大饑，應侯請曰：「五苑之草著謂草木著地而生也。○俞樾曰：「著」字衍文，蓋涉下文「今發五苑

之蔬草者」，而於「草」下衍「者」字，又因「草」字及下「蔬菜」字皆從艸，遂又誤「者」爲「著」耳。注「謂草木著地而生」，殊

爲曲說。先慎曰：俞說是，藝文類聚八十七、御覽四百八十六、九百六十四、九百六十五、事類賦二十六、初學記二十八並

引無「著」字，「草」作「果」，無下「果」字，因誤衍已久，姑存之。

蔬菜橡果棗栗，足以活民，請發之。」昭襄王曰：「吾秦法使民有功而受賞，有罪而受誅。今發五苑之蔬果者，○先慎曰：乾道本「果」作「草」，拾補作「果」。盧文弨云：張本作「草」。顧廣圻云：今本「草」作「果」。按下文云「不如棄棗蔬而治」，互異，未詳。先慎按：作「果」者是也。下文「蔬蔬棗栗」，「蔬蔬」「草屬」，「棗栗」「果屬」，故此互文云「蔬果」。若作「草」字，則偏而不備，下云「棄棗蔬而治」，即其例。經注云「應侯欲發蔬果以救人」，「蔬果」二字本此，是注所見之本尚不誤，顧氏未之審耳，改從今本。御覽引作「果蔬」。使民有功與無功俱賞也。夫使民有功與無功俱賞者，此亂之道也。夫發五苑而亂，不如棄棗蔬而治。」一曰：「令發五苑之蔬蔬棗栗○先慎曰：乾道本連上，今從張榜本、趙本提行。足以活民，是使民有功與無功互爭取也。○先慎曰：各本「使」作「用」，「功」下無「互」字，據藝文類聚改。夫生而亂，不如死而治，大夫其釋之。」○先慎曰：白孔六帖卷九十九引韓子：「秦飢，應侯曰：『秦王五苑之棗栗足以活人，請王[一]發與之。』惠王依之。」疑「一曰」以下脱文。「惠」當爲「昭」之誤。

田鮪教其子田章曰：○先慎曰：乾道本連上，今從張榜本、趙本提行。「欲利而身，先利而君；欲富而家，先富而國。」一曰：田鮪○先慎曰：御覽八百二十八引「鮪」作「修」。教其子田章曰：「主

〔一〕「王」原本作「主」，據白孔六帖改。

賣官爵，臣賣智力。故曰：「自恃無恃人。」○先慎曰：各本無「曰」字，據御覽引補。

公儀休相魯○顧廣圻曰：藏本同。今本「儀休」作「孫儀」，誤。韓詩外傳三有。先慎曰：白孔六帖九十八、御覽三百八十九、九百三十五、事類賦二十九引並作「公儀休」。淮南子道應訓作「公儀子」，高注：「公儀休，故魯博士也。」而嗜魚，一國盡爭買魚而獻之，○先慎曰：御覽、事類賦引「國」作「邦」。公儀子不受。其弟諫○先慎曰：韓詩外傳與此同。淮南子作「弟子」，誤。曰：「夫子嗜魚而不受者何也？」對曰：「夫唯嗜魚，故不受也。夫即受魚，必有下人之色，有下人之色，將枉於法，枉於法則免於相，雖嗜魚，此不必能自給致我魚，○盧文弨曰：「自給」二字，張本無。顧廣圻曰：「自」當作「日」。先慎曰：韓詩外傳、淮南子無「致我」三字。蓋本書一本作「自給」，一本作「致我」，校者識於其下，刊時失刪，遂致兩有。顧氏不考，而改「自」為「日」，終不可讀。張榜本無「能自給」三字，亦非。我又不能自給魚。即無受魚而不免於相，雖嗜魚，我能長自給魚。」此明夫恃人不如自恃也，明於人之為己者，不如己之自為也。

〔三〕○先慎曰：乾道本連上，今從趙本提行。子之相燕，貴而主斷。蘇代為齊使燕，王問之曰：「齊王亦何如主也？」對曰：「必不霸矣。」燕王曰：「何也？」對曰：「昔桓公之霸也，內事屬鮑叔，外事屬管仲，○先慎曰：乾道本無「管」字，顧廣圻云：「藏本、今本有管字。」今據補。桓公被髮而御婦人，日遊於市。今齊王不信其大臣。」於是燕王因益大信子之。子之聞之，使人遺蘇代

金百鎰，而聽其所使之。○王渭曰：「之」字衍，戰國策無。一曰：蘇代爲秦使燕，見無益子之，則必不得事而還，貢賜又不出，於是見燕王乃譽齊王。燕王曰：「齊王何若是之賢也，則將必王乎？」蘇代曰：「救亡不暇，安得王哉？」燕王曰：「何也？」曰：「其任所愛不均。」燕王曰：「其亡何也？」○顧廣圻曰：藏本同。今本「亡」作「任」，誤。曰：「昔者齊桓公愛管仲，置以爲仲父，内事理焉，外事斷焉，舉國而歸之，故一匡天下，九合諸侯。今齊任所愛不均，是以知其亡也。」燕王曰：「今吾任子之，天下未之聞也。」於是明日張朝而聽子之。潘壽謂燕王曰：○顧廣圻曰：燕策作「鹿毛壽」，燕世家同。集解[二]云：「一作『厝毛』。甘陵縣名厝。」索隱云「春秋後語亦作『厝毛壽』」又引此。「王不如以國讓子之。人所以謂堯賢者，以其讓天下於許由，許由必不受也，則是堯有讓許由之名，而實不失天下也。今王以國讓子之，子之必不受，則是王有讓子之之名，而與堯同行也。」於是燕王因舉國而屬之，○先慎曰：乾道本無「是」字。顧廣圻云：今本「於」下有「是」字，誤。按此當依策衍「於」字，「屬」下補「子」字。先慎按：乾道本脱「是」字，此當各依本書，今據今本增。　子之大重。一曰：潘壽，閭者。○先慎曰：拾補「閭」作「隱」。盧文弨云：藏本、張本作「閭」。顧廣圻

〔二〕　「集解」，原本作「正義」，據史記燕世家改。

云：「今本『闞』作『隱』。」燕使人聘之。潘壽見燕王曰：「臣恐子之之如益也。」王曰：「何益

哉？」○先慎曰：　問何以如益。　對曰：「古者禹死，將傳天下於益，啟之人因相與攻益而立啟。

今王信愛子之，將傳國子之，太子之人盡懷印，爲子之之人無一人在朝廷者。○顧廣圻曰：藏本

同。　今本『爲』作『壐』，誤。按『爲』下當有『吏』字。先慎曰：顧說非，『爲』字下屬，讀于媽反。王不幸棄羣臣，則

子之亦益也。」王因收吏壐，自三百石以上皆效之子之，子之大重。夫人主之所以鏡照者，諸

侯之士徒也，今諸侯之士徒皆私門之黨也。人主之所以自羽翼者，巖穴之士徒也。○先慎曰：

乾道本「羽翼」作「淺娟」，拾補作「羽翼」。盧文弨云：張本作「淺娟」。顧廣圻云：「今本作『羽翼』。先慎按：漢書張

良傳：「太子相四皓，高帝曰：『羽翼已成。』」則「巖穴之士」真人主之羽翼。「淺娟」二字不辭，改從今本。今巖穴

之士徒皆私門之舍人也。　是何也？奪襦之資在子之也。○先慎曰：乾道本「襦」作「號」。顧廣圻云：

「號」，藏本作「跳」，今本作「襦」，按此未詳。　先慎按：作「襦」是也。說文：「襦，奪衣也。」易訟卦：「或錫之鞶帶，終朝

三襦之。」侯果云：「襦，解也。」「襦」字從衣旁，乾道本譌作「号」旁，藏本又譌爲「足」旁，因去「虎」上「厂」以成字耳。改

從今本。　故吳章曰：「人主不佯憎愛人。佯愛人不得復憎也，佯憎人不得復愛也。」一曰：

燕王欲傳國於子之也，問之潘壽，對曰：「禹愛益而任天下於益。已而以啟人爲吏。及老，

而以啟爲不足任天下，故傳天下於益，而勢重盡在啟也。已而啟與友黨攻益而奪之天下，是

禹名傳天下於益而實令啟自取之也。此禹之不及堯、舜明矣。今王欲傳之子之，而吏無非太子之人者也，是名傳之而實令太子自取之也。燕王乃收璽，自三百石以上皆效之子之，子之遂重。○先慎曰：乾道本不重「子之」二字。盧文弨云：「舊不重，張本有。」顧廣圻云：「藏本重『子之』，是也，策有。」今據補。

方吾子曰：「吾聞之，古禮行不與同服者同車，○先慎曰：據經，服，衣也。不與同族者共家，○顧廣圻曰：「不」上當有「居」字。先慎曰：張榜本脫「不」字。而況君人者乃借其權而外其勢乎！

吳章謂韓宣王曰：「人主不可佯愛人，一日不可復憎，不可以佯憎人，一日不可復愛也。○先慎曰：乾道本連上，今依張榜本，趙提行。「人主不可佯愛人，一日不可復憎」「佯愛人」「佯憎人」皆當重。故佯憎佯愛之徵見，則諛者因資而毀譽之，雖有明主不能復收，而況於以誠借人也！」

趙王遊於圃中，左右以菟與虎而輟之，虎○先慎曰：乾道本無「之虎」二字，張榜本、趙本「之虎」二字作「觀之」。趙無注文。顧廣圻云：「觀之」二字，此舊注誤入正文。先慎按：御覽九百七、事類賦二十三引「輟」下有「之虎」二字，「虎」字屬下讀，今據增。　盼然環其眼。　環轉其眼以作怒也。○王渭曰：「盼」當作「眄」。先慎曰：事類賦二十三引「盼」作「眄」，亦非。說文：「眄，恨視貌。」「盼」「眄」二字，形與「眄」近而誤。王曰：「可惡哉，虎目也！」左右曰：「平陽君之目可惡過此。○先慎曰：事類賦注引本書注云：「平陽君，王弟

也。○今本脱。見此未有害也，見平陽君之目如此者，則必死矣。」其明日，平陽君聞之，使人殺言

者，而王不誅也。

衛君入朝於周，周行人問其號，對曰：「諸侯辟疆。」周行人卻之曰：「諸侯不得與天

子同號。」開辟疆土者，天子之號。衛君乃自更曰：「諸侯燬。」而後内之。仲尼聞之曰：「遠哉

禁偪，虚名不以借人，況實事乎！名「辟疆」未必能「辟疆」，故曰「虚」也。○先慎曰：「諸侯辟疆」「諸侯

燬」兩「諸」字，皆涉「諸侯不得與天子同號」句而誤，「諸」當作「衛」。

〔四〕搖木者一一攝其葉則勞而不徧，左右拊其本而葉徧搖矣。「拊」，擊動也。臨淵而搖

木，鳥驚而高，魚恐而下。善張網者引其綱，不一一攝萬目而後得，一一攝萬目而後得，

先慎曰：乾道本不重「一一攝萬目而後得」八字，據御覽八百三十四引增。張榜本上句「不」字作「若」，據誤本而改也。

則是勞而難。引其綱而魚已囊矣。故吏者，民之本綱者也，故聖人治吏不治民。治吏猶引綱，

理人猶張目。

救火者，○先慎曰：乾道本連上，今從趙本提行。令吏挈壺甕而走火，則一人之用也，操鞭箠

指麾而趣使人，則制萬夫。是以聖人不親細民，明主不躬小事。

造父方耨，○先慎曰：舊連上，今提行。得有子父乘車過者，○顧廣圻曰：藏本同。今本「得」作「時」，

誤。按「得」上有脱文。俞樾曰：「得」當作「見」。因古「得」字作「旻」，故「得」與「見」三字往往相混。史記趙世家「踰年

歷歲未得一城」，趙策「得」作「見」，，留侯世家「果見穀城山下黃石」，漢書「見」作「得」，竝其證也。趙本改「得」爲「時」，

非是。顧氏疑「得」上有脫文，亦失之。**馬驚而不行，其子下車牽馬，父子推車，**○先愼曰：「父」下衍「子」

字倒。**請造父助我推車。**○顧廣圻曰：「推車」二字當衍。**造父因收器轍而寄載之，**○先愼曰：「轍而」二

字。○顧廣圻曰：藏本同。今本「轍」作「輟」。**援其子之乘，乃始檢轡持筴，未之用也，而馬變驚矣。**○顧廣圻曰：藏本同。今本「驚」作「鷙」。○先愼曰：「驚」

字不誤。「變」當作「又」。**使造父而不能御，雖盡力勞身，助之推車，馬猶不肯行也。**

今使身佚，○先愼曰：乾道本「使身」二字倒，顧廣圻云：「藏本、今本『身使』作『使身』。」今據乙。**且寄載有德**

於人者，有術而御之也。故國者，君之車也；勢者，君之馬也。無術以御之，身雖勞猶不免

亂；「術」，則國之轡策也。○先愼曰：拾補「雖」下有「使」字。盧文弨云：張本有。**有術以御之，身處佚樂之**

地，又致帝王之功也。○盧文弨曰：「致」，藏本作「制」。

椎鍛者，所以平不夷也；榜檠者，所以矯不直也。聖人之爲法也，所以平不夷矯不

直也。

淖齒之用齊也，擢閔王之筋；李兌之用趙也，餓殺主父。此二君者，皆不能用其椎鍛榜

檠，故身死爲戮，而爲天下笑。一曰：入齊則獨聞淖齒而不聞齊王，入趙則獨聞李兌而不

聞趙王。故曰：人主者不操術，則威勢輕而臣擅名。一曰：田嬰相齊，人有說王者曰：

「終歲之計,王不一以數日之間自聽之,則無以知吏之姦邪得失也。」王曰:「善。」田嬰聞之,即遽請於王而聽其計。王將聽之矣,田嬰令官具押券斗石參升之計。○顧廣圻曰:下文無「斗」「參」。「作」「升石」,按此未詳。孫詒讓曰:商子定分篇:「主法令之吏,謹其右券木押,以室藏之,封以法令之長印。」此「押券」即「右券」。「木押」「押」與「柙」通。說文木部:「檢,柙也。」「參升」二字疑衍。王自聽計,計不勝聽,罷食,後復坐,○顧廣圻曰:「罷食」句絕。「後」字當衍。不復暮食矣。○田嬰復謂曰:「羣臣所終歲日夜不敢偷怠之事也,王以一夕聽之,則羣臣有為勸勉矣。」王曰:「諾。」俄而王已睡矣,吏盡揄刀削其押券升石之計。○孫詒讓曰:「升石」,當依上作「斗石」。「斗」、「升」隸書形近而誤。王自聽之,亂乃始生。一曰:武靈王使惠文王蒞政,李兌為相,武靈王不以身躬親殺生之柄,故劫於李兌。

〔五〕茲鄭子引輦上高梁而不能支;,茲鄭踞轅而歌,前者止,後者趨,輦乃上。○先慎曰:拾補「至」作「致」。盧文弨云:張本作「至」。顧廣圻云:藏本同。無術以致人,則身雖絕力至死,○先慎曰:拾補「至」作「致」。輦猶不上也。今身不至勞苦而輦以上者,有術以致人之故也。今本「至」作「致」,誤。

趙簡主出稅,○先慎曰:乾道本「稅」下有「者」字,今據御覽六百二十七引刪。吏請輕重,簡主曰:「勿輕勿重。重則利入於上,若輕則利歸於民,吏無私利而正矣。」○先慎曰:辭意未完,當有脫文。

薄疑謂趙簡主曰：○先慎曰：乾道本連上，今從趙本提行。「君之國中飽。」簡主欣然而喜曰：

「何如焉？」對曰：「府庫空虛於上，百姓貧餓於下，然而姦吏富矣。」

齊桓公微服以巡民家，人有年老而自養者，桓公問其故，對曰：「臣有子三人，家貧無

以妻之，傭未及反。」○先慎曰：乾道本不重「管仲」二字。顧廣圻云：今本重。先慎按：御覽引亦重「管仲」二字，今據

仲，管仲曰：○先慎曰：乾道本無「及」字。趙本有，御覽五百四十一引亦有，今據補。桓公歸，以告管

補。「畜積有腐棄之財，則人飢餓，宮中有怨女，則民無妻。」桓公曰：「善。」乃諭宮中有

婦人而嫁之，○先慎曰：乾道本「諭」作「論」，據御覽引改。下令於民曰：○盧文弨曰：○先慎曰：御覽引亦作「曰」。

顧廣圻曰：藏本同。今本「曰」作「也」，誤。先慎曰：御覽引亦作「曰」。「丈夫二十而室，「日」張本作「也」。

十」作「三十」。婦人十五而嫁。」一曰：桓公微服而行於民間，有鹿門稷者，有鹿門稷者，行年七十而無妻。

桓公問管仲曰：「有民老而無妻者乎？」管仲曰：「有鹿門稷者，行年七十矣而無妻。」桓

公曰：「何以令之有妻？」管仲曰：「臣聞之，上有積財，則民臣必匱乏於下；宮中有怨

女，則有老而無妻者。」桓公曰：「善。」令於宮中女子未嘗御出嫁之。乃令男子年二十而

室，女年十五而嫁，則內無怨女，外無曠夫。

延陵卓子乘蒼龍挑文之乘，言雕飾之。○俞樾曰：「挑」當讀爲翟。下文「一曰延陵卓子乘蒼龍與翟文之乘」，注云「馬有翟之文」是也。「挑」從兆聲，與「翟」聲相近，故「翟」通作「挑」。尚書顧命篇「王乃洮頮水」，鄭讀「洮」爲「濯」。詩大東篇「佻佻公子」，韓詩「佻」作「嬥」。爾雅釋魚「蜃小者珧」，衆家本「珧」作「濯」。並其例也。舊注不知「挑」即「翟」之假字，而訓爲「雕飾」，誤矣。　先慎曰：俞說是。御覽七百四十六、八百九十六引「挑」作「桃」。　盧文弨以「挑」字爲譌，非也。「桃」並「翟」之假借。　鉤飾在前，約鉤使奮也。　錯鏠在後。「鏠」，鍫也，以金飾之。○先慎曰：事類賦二十一引「鏠」作「綴」。　馬欲進則鉤飾禁之，欲退則錯鏠貫之，馬因旁出。造父過而爲之泣涕曰：「古之治人亦然矣。夫賞所以勸之，而毀存焉，罰所以禁之，而譽加焉。造父見之而民中立而不知所由，言賞則有毀，罰即有譽，故不知其所由。○先慎曰：事類賦引「民中立」作「猶人處急世」。注「即」字趙本作「則」。　此亦聖人之所爲泣也。」一曰：延陵卓子乘蒼龍與翟文之乘，馬有翟之文。前則有錯飾，後則有利鏠。○先慎曰：乾道本脫下「有」字，顧廣圻云：「藏本、今本『則』下有『有』字，依上文當補。」今據增。　進則引之，○先慎曰：乾道本「進」上有「筴」字。顧廣圻曰：「筴」字衍。藏本、今本「則」下有「有」字，此誤刪。　先慎按：顧說是，「筴」字不當有，今據張榜本、趙本刪。（又按：顧云：「今本多與張、趙本合，惟此條不同，故出之。」）退則筴之。　馬前不得進，後不得退，遂避而逸，因下抽刀而刎其脚。造父見之而泣，○先慎曰：乾道本無「而」字，拾補有，盧文弨云：「脫，張本有。」今據補。　終日不食，因仰天而歎曰：

「筴所以進之也，錯飾在前；引所以退之也，利錣在後。今人主以其清潔也進之，以其不適左右也退之；以其公正也譽之，以其不聽從也廢之。民懼，中立而不知所由，此聖人之所爲泣也。」

難一第三十六　　難二第三十七○先慎曰：乾道本下行有「難三第三十八」六

字，顧廣圻云：「子目衍，當刪。」今依顧校。

難一第三十六古人行事，或有不合理，韓子立義以難之。

晉文公將與楚人戰，召舅犯問之，曰：「吾將與楚人戰，彼眾我寡，爲之奈何？」舅犯

曰：「臣聞之，繁禮君子不厭忠信，禮繁縟，故曰「繁禮」。唯忠信可以學禮，故曰「不厭忠信」。

不厭詐僞。非誦詐不能制勝，故曰「不厭詐僞」也。君其詐之而已矣。」文公辭舅犯，因召雍季而問之，

曰：「我將與楚人戰，彼眾我寡，爲之奈何？」雍季對曰：「焚林而田，偷苟且也。取多獸，

後必無獸；○先慎曰：乾道本無「取」字，「必」上有「不」字。顧廣圻云：今本「偷」下有「取」字，無「不」字。先慎

按：此皆四字句，有「取」字，無「不」字是也，改從今本。吕氏春秋孝行覽義賞作「焚藪而田，豈不獲得，而明年無獸」。以

詐遇民，偷取一時，後必無復。」因詐得利，必以詐爲俗，故無復有忠信。○先慎曰：乾道本注「爲」作「僞」，「無」

作「言」，據趙本改。文公曰：「善。」辭雍季，以舅犯之謀與楚人戰以敗之。○先慎曰：吕氏春秋云：

「文公用咎犯之言而敗楚人於城濮。」歸而行爵，先雍季而後舅犯。羣臣曰：「城濮之事，舅犯謀也。

夫用其言而後其身，可乎？」文公曰：「此非君所知也。○顧廣圻曰：「君」當作「若」。夫舅犯

言，一時之權也；雍季言，萬世之利也。」仲尼聞之，曰：「文公之霸也宜哉！既知一時之

權，又知萬世之利。」

或曰：雍季之對，不當文公之問。凡對問者有因，因小大緩急而對也。○先慎曰：乾道本

下「因」字作「問」。顧廣圻云：藏本同。今本「問」作「因」，誤。按「有」當作「在」，十字爲一句。先慎按：顧説非。「問」

字涉上文而誤。「因大小緩急而對」謂因其問之大小緩急而對也，正承上「凡對問者有因」而言。若作「問」字，則文氣不

屬。改從今本。所問高大而對以卑狹，則明主弗受也。今文公問以少遇衆，而對曰「後必無

復」，此非所以應也。且文公不知一時之權，又不知萬世之利。戰而勝，則國安而身定，兵強

而威立，雖有後復，莫大於此，萬世之利，奚患不至？戰而不勝，則國亡兵弱，身死名息，拔拂

今日之死不及，○顧廣圻曰：「拔」「拂」同字，或當衍其一也。先慎曰：「拔今日之死不及」與孟子「救死猶恐不

暇」語意正同，「拂」即「拔」之複字。或一本作「拔」，校者旁注於下，而失刪耳。安暇待萬世之利？待

萬世之利在今日之勝，今日之勝在詐於敵，○先慎曰：「詐於」當作「於詐」。詐敵，萬世之利也。

○先慎曰：「也」字作「而已」二字，拾補無「而」字。盧文弨云：「『而』字，藏本、張本無。「已」字，張本作「也」。」

今據刪改。故曰：「雍季之對不當文公之問。」且文公又不知舅犯之言，舅犯所謂「不厭詐偽」

○先慎曰：乾道本下「謂」字作「請」。顧廣圻云：今本「請」作「謂」。先慎按：

者，不謂詐其民，謂詐其敵也。○先慎曰：「請」乃「謂」字形近而譌，改從今本。

言舅犯謂詐其敵，非謂詐其民也。「請」作「謂」是。

敵者，所伐之國也，後雖無

復，何傷哉！文公之所以先雍季者，以其功耶？則所以勝楚破軍者，舅犯之謀也；以其善

言耶？則雍季乃道其後之無復也，此未有善言也。舅犯則以兼之矣。舅犯曰：「繁禮君子

不厭忠信」者，忠所以愛其下也，信所以不欺其民也。夫既以愛而不欺矣，言孰善於此！然

必出於詐偽者，軍旅之計也。舅犯前有善言，後有戰勝，故舅犯有二功而後論，雍季無一

焉而先賞。「文公之霸也，不亦宜乎」，○先慎曰：乾道本無「也」字，盧文弨云：「此二句乃述仲尼之語，

仲尼不知善賞也。仲尼不知善賞，妄歎宜哉乎。

「也」字脫，藏本有。今據補。

歷山之農者侵畔，舜往耕焉，暮年，甽畝正。相謙，故正也。○先慎曰：藝文類聚十一引作「暮年而耕

者讓畔」。河濱之漁者爭坻，「坻」，水中高地，釣者依之。舜往漁焉，碁年而讓長。○先慎曰：藝文類聚引

而下有「漁者」二字。東夷之陶者器苦窳，苦窳，惡也。舜往陶焉，碁年而器牢。○先慎曰：藝文類聚引

器下有「以」字。仲尼歎曰：「耕漁與陶，非舜官也，非大人之事。○先慎曰：趙本無注。盧文弨曰：張本

有。而舜往爲之者，所以救敗也。舜其信仁乎！乃躬藉處苦而民從之，○顧廣圻曰：藏本、今本

藉」作「耕」。按「藉」、「借」同字。○顧說是。上文「耕」、「漁」、「陶」三項，此不當僅言「耕」也。「躬藉處苦」，即

下文「以身爲苦而後化民」之義。故曰：『聖人之德化乎？』」

或問儒者曰：「方此時也，堯安在？」其人曰：「堯爲天子。」「然則仲尼之聖堯奈

何？堯在上，容人爲惡，仲尼謂堯爲聖者奈何？○先慎曰：乾道本「容」作「三」，改從趙本。聖人明察在上位，將

使天下無姦也。今耕漁不爭，陶器不窳，○王渭曰：「今」當作「令」〔三〕。

在上，則自有禮讓，何須舜以化之。○盧文弨曰：「而」，張本作「之」。舜又何德而化？若堯以聖〔二〕

去堯之明察，聖堯則去舜之德化，不可兩得也。舜之救敗也，則是堯有失也。賢舜則

楚人有鬻楯與矛者，譽之曰：『吾楯之堅，

〔二〕「聖」，原本作「舜」，據藏本改。

物莫能陷也」。○先慎曰：乾道本無「吾」、「物」字。顧廣圻云：藏本、今本「曰」下有「吾」字。按依難勢篇此無

「吾」字。先慎按：下文「吾矛之利」與此「吾楯之堅」語正相對，下「以子之矛陷子之楯」，兩「子」字與兩「吾」字文又相

照，乾道本脱「吾」字耳。難勢篇作「譽其楯之堅」，文法不同，不得緣以爲比。北堂書鈔一百二十三、御覽三百五十三引並有

「吾」字、「物」字，今據補。難勢篇亦有「物」字。

「以子之矛陷子之楯，何如？」其人弗能應也。夫不可陷之楯與無不陷之矛，不可同世而立。

今堯、舜之不可兩譽，矛楯之説也。且舜救敗，朞年已一過，三年已三過，舜有盡，壽有盡，○

顧廣圻曰：上「有盡」二字當衍，四字爲一句。天下過無已者，以有盡逐無已，所止者寡矣。○先慎曰：乾

道本「以」字在「已者」上，拾補無「者」字。盧文弨云：「已者」，張榜本、趙本作「有已」，藏本作「以已」，當

作「已以」。「已」字句絕，「以」下屬。「者」字當衍。先慎按：張榜本、趙本「以」字在「有」上，是也。顧廣圻云：「以已」

漁、陶三者，以舜壽之有盡，而治無已之過，則所止者寡矣。因「以」字誤移於上，而盧、顧並去「者」字，非也。今依張、趙本

改。賞罰使天下必行之，令曰：『中程者賞，弗中程者誅。』令朝至暮變，暮至朝變，十日而海

内畢矣，奚待朞年？舜猶不以此説堯令從己，○先慎曰：言使民從己之令也。

乎！且夫以身爲苦而後化民者，堯、舜之所難也；處勢而驕下者，庸主之所易也。○顧廣圻

日：藏本同。今本「驕」作「令」。按此當作「矯」，外儲説右篇云：「榜檠矯直。」將治天下，釋庸主之所易，道

乃躬親，不亦無術

堯、舜之所難，未可與爲政也。」

管仲有病，○先慎曰：乾道本連上，今依趙本提行。桓公往問之，曰：「仲父病，不幸卒於大命，

將奚以告寡人？」管仲曰：「微君言，臣故將謁之。願君去豎刁，除易牙，遠衛公子開方。

易牙爲君主味，君惟人肉未嘗，○先慎曰：乾道本無「味君」二字。顧廣圻云：藏本「主」下有「味君主」三字，今

本有「味君」二字。先慎按：藏本衍「主」字，乾道本脫「味君」二字，今依今本增。十過篇作「爲君主味，君之所未嘗食，唯

人肉耳」。易牙烝其子首而進之，○先慎曰：「子首」趙本作「首子」。說見十過及二柄兩篇。夫人情莫不

愛其子，○先慎曰：乾道本「情」上有「惟」字，顧廣圻云：「藏本、今本無『惟』字。」今據刪。今弗愛其子，安能

愛君？君妒而好內，豎刁自宮以治內，人情莫不愛其身，身且不愛，安能愛君？開方事君

十五年，○先慎曰：乾道本「開」上有「聞」字。顧廣圻云：藏本、今本無「聞」字。先慎按：「聞」即「開」字之誤而衍，

今據刪。齊、衛之閒不容數日行，棄其母，久宦不歸，○先慎曰：趙本「宦」作「官」。其母不愛，安能

愛君？」臣聞之：『矜僞不長，蓋虛不久。』言蓋詐事不可久也。○俞樾曰：「矜」字無義，乃「務」字之誤。

言務爲詐僞不可以長也。管子小稱篇作「務僞不久，蓋虛不長」，是其證。願君去此三子者也。」管仲卒死，○先

慎曰：「卒」字衍。而桓公弗行。○先慎曰：乾道本無「而」字，盧文弨云：「張本有。」今據補。及桓公死，蟲○先

出尸不葬。○顧廣圻曰：「尸」當作「户」，下同。

或曰：管仲所以見告桓公者，非有度者之言也。○先慎曰：「度」謂法度也。所以去豎刁、易牙者，○先慎曰：乾道本無「去」字。顧廣圻云：藏本、今本有「去」字。先慎按：有者是也。下「管仲非明此於桓公也，使去三子」即承此而言，明此脱「去」字，今據補。以不愛其身，適君之欲也。曰：「不愛其身，安能愛君？」然則臣有盡死力以爲其主者，盡死力亦不愛身也。管仲將弗用也。○盧文弨曰：「弗」，張本作「不」。○盧文弨云：「欲」字脱。今據補。曰：「不愛其死力，安能愛君？」是欲君去忠臣也。○先慎曰：乾道本無「欲」字，拾補有，且以不愛其身度其不愛其君，是將以管仲之不能死公子糾度其不死桓公也，是管仲亦在所去之域矣。明主之道不然，設民所欲以求其功，故爲爵禄以勸之。設民所惡以禁其姦，故爲刑罰以威之。慶賞信而刑罰必，故君舉功於臣，而姦不用於上，臣有功者舉用之，自然姦不見用也。雖有豎刁，其奈君何？且臣盡死力以與君市，○先慎曰：乾道本脱「君市」二字，顧廣圻云：「今本『與』下有『君市』二字，依下文當補。」今據增。君垂爵禄以與臣市，君臣之際，非父子之親也，計數之所出也。君計臣力，臣計君禄。君有道，則臣盡力而姦不生；無道，則臣上塞主明而下成私。管仲非明此度數於桓公也，○王先謙曰：「數」字疑衍。上云「非有度者之言」，

下云「管仲無度」，即謂「此度」也。「數」字淺人所增。

使去豎刁，○先慎曰：句。　一豎刁又至，○先慎曰：句。

非絕姦之道也。且桓公所以身死蟲流出尸不葬者，是臣重也；臣重之實，擅主也。有擅主

之臣，則君令不下究，臣情不上通，一人之力能隔君臣之間，使善敗不聞，禍福不通，故有不

葬之患也。　明主之道：　一人不兼官，一人不兼事。卑賤不待尊貴而進論，○顧廣圻曰：藏本同。

今本無「論」字。按「進」字當衍，上文云「舅犯有二功而後論」「和氏云「然猶兩足斬而寶乃論」此「論」字之義。

因左右而見。百官修通，羣臣輻湊。有賞者君見其功，有罰者君知其罪。見知不悖於前，賞

罰不弊於後，可賞賞，可罰罰，無所蔽塞也。○顧廣圻曰：「弊」讀爲「蔽」。安有不葬之患？管仲非明此言

於桓公也，使去三子，故曰：「管仲無度矣。」

襄子圍於晉陽中，出圍，賞有功者五人，○先慎曰：御覽六百三十三引「五人」作「四人」。高赫爲賞

首。○顧廣圻曰：「赫」，他書作「赦」。先慎曰：淮南氾論、人閒訓，説苑復恩篇，漢書古今人表並作「赦」。惟呂氏春

秋孝行覽作「赦」。　案「赦」即「赫」，聲近而譌，當依此訂正。史記趙世家作「高共」，徐廣云：「一作『赫』。」張孟談

曰：「晉陽之事，赫無大功，今爲賞首何也？」襄子曰：「晉陽之事，寡人國家危，社稷殆

矣。○顧廣圻曰：藏本同。　今本無「家」字，誤。　先慎曰：御覽引無「家」字，呂氏春秋亦無，不必有「家」字者是，無「家」

字者非也。顧說泥。吾羣臣無有不驕侮之意者，惟赫不失君臣之禮，是以先之。」○先慎曰：各本

赫下有「子」字。按「子」字不當〔一〕有，御覽引無，今據刪。呂覽作「而不失君臣之禮者惟赫」亦無「子」字，是其證。仲

尼聞之，曰：「善賞哉襄子！賞一人而天下爲人臣者莫敢失禮矣。」○王渭曰：此困學紀聞所謂

事在孔子後，孔鮒已辨其妄者也」。

　或曰：仲尼不知善賞矣。夫善賞罰者，百官不敢侵職，羣臣不敢失禮，上設其法，而下

無姦詐之心。如此，則可謂善賞罰矣。使襄子於晉陽也，令不行，禁不止，是襄子無國，晉陽

無君也，尚誰與守哉？今襄子於晉陽也，知氏灌之，臼竈生鼃，○先慎曰：乾道本作「臼竈生鼃」，拾補

作「六」。盧文弨云：「六」藏本作「黿」。○先慎曰：乾道本作「曰」「黿」，藏本作「黿」。按此

「曰」並形近而誤，據盧、顧校改。　説苑權謀篇同。太玄經窮上九亦云「臼竈生黿」，蓋本於彼也。先慎按：今本「曰」作「六」，「黿」與

「曰」作「六」。〔六〕藏本作「曰」，「黿」藏本作「黿」。顧廣圻云：今本「曰」作「六」，「黿」作「黿」。按此補

而民無反心，是君臣親也。襄子有君臣親之澤，操令行禁止之法，

而猶有驕侮之臣，是襄子失罰也。○先慎曰：乾道本無「失」字，顧廣圻云：「藏本、今本『子』下有『失』字。」

今據補。爲人臣者，乘事而有功則賞。今赫僅不驕侮，而襄子賞之，是失賞也。臣有不驕，僅合臣

〔一〕「不當」二字原本誤脫，據文義補。

禮，非有善可賞也。○先慎曰：乾道本注「可」作「不」，據趙本改。明主賞不加於無功，罰不加於無罪。今

襄子不誅驕侮之臣，而賞無功之赫，安在襄子之善賞也！故曰：「仲尼不知善賞。」

晉平公與羣臣飲，飲酣，乃喟然歎曰：「莫樂爲人君！惟其言而莫之違。」師曠侍坐於

前，援琴撞之，公披衽而避，琴壞於壁。公曰：「太師誰撞？」師曠曰：「今者有小人言於

側者，故撞之。」公曰：「寡人也。」師曠曰：「啞！歎息之聲 是非君人者之言也。」左右請

除之。○盧文弨曰：「除」當作「涂」，淮南齊俗訓作「欲塗」。公曰：「釋之，以爲寡人戒。」○先慎曰：淮南

子此下有「孔子聞之曰：『平公非不痛其體也，欲來諫者也。』韓子聞之曰：『羣臣失禮而弗誅，是縱過也，有以夫平公之

不霸也』」，疑此下脱文。

或曰：平公失君道，師曠失臣禮。夫非其行而誅其身，君之於臣也；非其行而陳其

言，善諫不聽則遠其身者，臣之於君也。今師曠非平公之行，不陳人臣之諫，而行人主之誅，

舉琴而親其體，是逆上下之位，而失人臣之禮也。夫爲人臣者，君有過則諫，諫不聽則輕爵

禄以待之，○先慎曰：「待」當作「去」。此人臣之禮義也。○先慎曰：「義」字衍。今師曠非平公之過，

舉琴而親其體，雖嚴父不加於子，而師曠行之於君，此大逆之術也。○顧廣圻曰：「夫爲人臣者」

至此六十一字當衍，乃舊注之錯入者耳。先慎曰：顧說非。此六十一字專指臣下言。「夫爲人臣者」至「此人臣之禮也」，

申上「人臣之禮」；「師曠非平公之過」至「此大逆之術也」，申上「逆上下之位」，又以「嚴父不加於子」反譬而喻之，尤足見周、秦間之文法，非舊注所能及。且注家亦無此例也。

臣行大逆，平公喜而聽之，是失君道也。故平公之迹，不可明也。○先慎曰：趙本此及下「不可明也」「兩」「明」字並作「行」。盧文弨云：藏本、張本作「明」，下同。馮云：「行」宜作「明」。

使人主過於聽而不悟其失。師曠之行亦不可明也，使姦臣襲極諫而飾弒君之道。不可謂兩明，○顧廣圻曰：「謂」字當衍。 此爲兩過。○顧廣圻曰：藏本同。今本「爲」作「謂」，誤。先慎曰：顧說非，「爲」「謂」同字。 故曰：「平公失君道，師曠亦失臣禮矣。」

齊桓公時，有處士曰小臣稷，桓公三往而弗得見。桓公曰：「吾聞布衣之士不輕爵祿，無以易萬乘之主；萬乘之主不好仁義，亦無以下布衣之士。」於是五往乃得見之。

或曰：桓公不知仁義。夫仁義者，憂天下之害，趨一國之患，不避卑辱，謂之仁義。故伊尹以中國爲亂，道爲宰于湯；○顧廣圻云：「以中國爲亂」句絕，下句同。兩「于」字當作「干」。「道爲虜于穆公」，難二篇「伊尹自爲宰于湯」，「百里奚自爲虜于穆公」，「于」即「干」之誤。〔自〕，亦由也。「道」，由也。）是其證。 百里奚以秦爲亂，道爲虜于穆公。○先慎曰：乾道本「虞」上無「爲」字。藏本、今本「虞」上有「爲」字，今本「爲」作「虞」。先慎按：有「爲」字是，今據補。 皆憂天下之害，趨一國之患，不辭卑辱，故謂之仁義。今桓公以萬乘之勢，下匹夫之士，將欲憂齊國，○顧廣圻曰：藏本「欲」作「與」，今本「欲」、「與」兩有，皆誤。

而小臣不行見，○先慎曰：「行」當作「得」。小臣之忘民也，○先慎曰：「小」上當脫「是」字。忘民不可謂仁義。仁義者，不失人臣之禮，不敗君臣之位者也。是故四封之內，執會而朝，名曰臣。臣吏分職受事，名曰萌。今小臣在民萌之眾，而逆君上之欲，故不可謂仁義。仁義不在焉，桓公又從而禮之。使小臣有智能而遁桓公，是隱也，宜刑；德修而隱，不爲臣用，故宜刑也。○先慎曰：乾道本脫「宜刑」二字，顧廣圻云：「今本有『宜刑』二字，依下文當補，舊注未誤。」今據增。若無智能而虛驕矜桓公，是誣也，宜戮。小臣之行，非刑則戮。桓公不能領臣主之理而禮刑戮之人，是桓公以輕上侮君之俗教於齊國也，非所以爲治也。故曰：「桓公不知仁義。」

靡笄之役，晉代齊也。「靡笄」，山名。○先慎曰：注「代」當作「伐」。韓獻子將斬人。郤獻子聞之，駕往救之。比至，則已斬之矣。郤子因曰：「胡不以徇？」其僕曰：「曩不將救之乎？」郤子曰：「吾敢不分謗乎？」

或曰：郤子言不可不察也，非分謗也。韓子之所斬也，若罪人則不可救，○先慎曰：乾道本無「則」字，顧廣圻云：「藏本、今本有『則』字。」今據補。救罪人，法之所以敗也，法敗則國亂；若非罪人則勸之以徇，○顧廣圻曰：藏本同。今本「則」作「而」。按當作「不可」二字，與上文「不可救」句相對。先慎曰：

「則」下脱「不可」二字耳，顧删「則」字亦非。乾道本「徇」作「殉」，據張榜本改。（注及下同。）勸之以徇是重不幸也，斬既不幸，徇又不幸，是重不幸也。重不幸民所以起怨者也，民怨則國危。邠子之言非危則亂，不可不察也。且韓子之所斬若罪人，邠子奚分焉？斬若非罪人，則已斬之矣，而邠子乃至，是韓子之謗已成，而邠子且後至也。○顧廣圻曰：藏本同。今本無「子」字，誤。夫邠子曰「以徇」，不足以分斬人之謗，而又生徇之謗，徇既不幸，益得一謗。是子言分謗也？○顧廣圻曰：藏本同。今本「子」作「何」。按句有誤。俞樾曰：此當作「是邠子之言非分謗也，益謗也」，今脱六字，則文義不明。下文云「故曰邠子之言非分謗也，益謗也」，正與此應，可以據補。先慎曰：俞說是。

昔者紂爲炮烙，崇侯、惡來又曰「斬涉者之脛」也，不得斬謂不幸也。奚分於紂之謗？此助爲虐，更益謗也。且民之望於上也甚矣，韓子弗得，君上同惡，更何所望也。望邠子之得之也；望邠子正韓子之過。今邠子俱弗得，則民絶望於上矣。○先慎曰：一本無注。盧文弨云：張本有。故曰：邠子之言非分謗也，益謗也。○先慎曰：一本無注。且邠子之往救罪也，以韓子爲非也，不道其所以爲非而勸之以徇，是使韓子不知其過也。夫下使民望絶於上，○先慎曰：「望絶」當依上文作「絶望」。又使韓子不知其失，吾未得邠子之所以分謗者也。

桓公解管仲之束縛而相之。管仲曰：「臣有寵矣，然而臣卑。」公曰：「使子立高、國

之上。」管仲曰…「臣貴矣，○先慎曰…外儲說左下「貴」作「尊」。然而臣貧。」公曰…「使子有三歸

之家。」管仲曰…「臣富矣，然而臣疏。」於是立以爲仲父。霄略曰…○顧廣圻曰…未詳。「管

仲以賤爲不可以治國，○王渭曰…「國」當作「貴」。故請三…以貧爲不可以治富，故請三

歸；以疏爲不可以治親，故處仲父。管仲非貪，以便治也。」

或曰…○先慎曰…乾道本連上，今從趙本提行。今使臧獲奉君令詔卿相，莫敢不聽…非卿相

卑而臧獲尊也，主令所加，莫敢不從也。今使管仲之治，不緣桓公，是無君也，謂擅出其令，故曰

「不緣」也。國無君不可以爲治。若負桓公之威，下桓公之令，是臧獲之所以信也，奚待高、國、

仲父之尊而後行哉！當世之行事都丞「都丞」宦官之卑者也。○先慎曰…注「宦」字，趙本無。 盧文弨云…

「脫。」之下徵令者，不辟尊貴，不就卑賤。二官雖卑，奉命徵令，亦不以尊即避，卑即就也。故行之而法

者，雖巷伯信乎卿相，行之而非法者，雖大吏詘乎民萌。今管仲不務尊主明法，而事增寵

益爵，是非管仲貪欲富貴，必闇而不知術也。故曰…「管仲有失行，霄略有過譽。」

韓宣王問於樛留…「吾欲兩用公仲、公叔，其可乎？」樛留對曰…「昔魏兩用樓、翟而

亡西河，樓緩、翟璜也。○顧廣圻曰…「樓、翟」樓鼻、翟強也。事見魏策，舊注誤甚。 先慎曰…説林上「樓、翟」作「犀

首、張儀」。

楚兩用昭、景而亡鄢、郢。昭、景，楚之二姓。今君兩用公仲、公叔，此必將爭事而外市，與鄰國交私以示己利，故曰「外市」也。則國必憂矣。」

或曰：　昔者齊桓公兩用管仲、鮑叔，成湯兩用伊尹、仲虺。夫兩用臣者國之憂，則是桓公不霸，成湯不王也。滑王一用淖齒而身死乎東廟，〇先慎曰：乾道本「身」作「手」。盧文弨云：「手」字誤。〇先慎按：盧說是。下「則必有身死減食之患」，「身死」即指滑王而言，明「手」為「身」之誤。拾補作「身」，今從之。主父一用李兌，減食而死。主有術，兩用不為患；〇顧廣圻曰：藏本同。今本「主」下有「誠」字，誤。無術，兩用則爭事而外市，〇先慎曰：乾道本重「爭」字，盧文弨云：「凌本不重。」今據刪。一則專制而劫弒。〇顧廣圻曰：「一」下當有「用」字。今留無術以規上，使其主去兩用一，是不有西河、鄢郢之憂，則必有身死減食之患，是樛留未有善以知言也。〇先慎曰：「有」當作「為」。

難二第三十七

景公過晏子曰：「子宮小近市，請徙子家豫章之圃。」〇顧廣圻曰：與左傳不合。晏子再拜

而辭曰：「且嬰家貧，○先慎曰：「且」當作「臣」。待市食而朝暮趨之，不可以遠。」景公笑曰：

「子家習市，識貴賤乎？」是時景公繁於刑，晏子對曰：「踊貴而屨賤。」○先慎曰：「踊」即「踊」

之俗字。 景公曰：「何故？」對曰：「刑多也。」景公造亡老反。○顧廣圻曰：「造」，讀為蹙。 然變

色曰：「寡人其暴乎！」於是損刑五。

或曰：晏子之貴踊，非其誠也，欲便辭以止多刑也。 卒問而對，非深思也。亂國重典，豈惡刑多！ 此不察治之患也。 夫刑當無多，不當無少， 苟不當，雖少，猶以為多也。 無以

在當與不當耳，不在多少。

不當聞，而以太多說，無術之患也。敗軍之誅以千百數，猶且不止；○顧廣圻曰：藏本「且」作

「北」，今本「且」、「北」兩有，皆誤。 即治亂之刑如恐不勝，而姦尚不盡。今晏子不察其當否，而以太

多為說，不亦妄乎！夫惜草茅者耗禾穗，惠盜賊者傷良民。今緩刑罰行寬惠，是利姦邪而害

善人也，此非所以為治也。

齊桓公飲酒醉，遺其冠，恥之，三日不朝。 管仲曰：「此非有國之恥也，○盧文弨曰：「非」

字意林無。 先慎曰：意林脫「非」字，御覽四百九十七、六百八十四、八百四十五、事類賦十七引並有「非」字。公胡不

雪之以政？」○先慎曰：乾道本「胡」下有「其」字，據御覽、事類賦引刪。意林亦無「其」字。 公曰：「善。」○先

慎曰：乾道本「善」上有「胡其」二字。張榜本無，藝文類聚十九、御覽、事類賦引並無「胡其」二字，今據刪。 因發倉囷

賜貧窮，論囹圄出薄罪。處三日而民歌之曰：「公乎，公乎，胡不復遺其冠乎！」○先慎曰：各本無「其」字及上「乎公乎」三字，據藝文類聚、御覽引補。意林「冠」上亦有「其」字。

或曰：○先慎曰：乾道本連上，今據張、趙本提行。使桓公發倉囷而賜貧窮，論囹圄而出薄罪，非義也，不可以雪恥使之而義也。桓公宿義，須遺冠而後行之，則是桓公行義，非爲遺冠也。○盧文弨曰：「非」字衍。顧廣圻曰：「行」當作「遺」。先慎曰：顧說是。張榜本無「非也」三字，不知上文「行」爲「遺」之誤而刪之也。是雖雪遺冠之恥於小人，而亦遺義之恥於君子矣。○顧廣圻曰：藏本同。今本「遺」下有「宿」字，誤。「亦」下當有「生」字。管仲雪桓公之恥於小人，而生桓公之恥於君子矣。○先慎曰：小人以遺冠爲恥，君子以遺義爲恥。且夫發困倉而賜貧窮者，是賞無功也；論囹圄而出薄罪者，是不誅過也。夫賞無功則民偷幸而望於上，遺冠得賜，常望遺冠。不誅過則民不懲而易爲非，此亂之本也，安可以雪恥哉！

昔者文王侵孟、克莒、舉豐，○先慎曰：各本「孟」作「盂」、「豐」作「鄷」。王引之云：「孟」爲「盂」字之誤也。竹書紀年：「帝辛三十四年，周師取耆及邘。」書大傳：「文王受命二年伐邘。」史記周本紀：「文王敗耆國，明年，伐邘。」作「盂」者借字。顧廣圻云：「克」今本作「堯」，誤。「鄷」他書又作「豐」。先慎按：「孟」爲「盂」之誤，「堯」爲「克」之誤。御覽八十四引正作「侵盂、克莒、舉豐」，今據改。三舉事而紂惡之。文王乃懼，請入洛西之地、赤壤之國，方千里，以解炮烙之刑，○先慎曰：各本「以」下有「請」字。案此承上「請入洛西之地」而言，不當

有「請」字，淺人以下文「請解炮烙之刑」，遂於此誤加「請」字，今據藝文類聚十二引刪。　天下皆説。　仲尼聞之

曰：「仁哉文王！輕千里之國而請解炮烙之刑。　智哉文王！出千里之地而得天下之心。」

或曰：仲尼以文王爲智也，不亦過乎！夫智者知禍難之地而辟之者也，是以身不及於

患也。　使文王所以見惡於紂者，以其不得人心耶？則雖索人心以解惡可也。　紂以其大得人

心而惡之，已又輕地以收人心，是重見疑也。　固其所以桎梏囚於羑里也。　鄭長者有言：

「體道，無爲，無見也。」此最宜於文王矣，不使人疑之也。　仲尼以文王爲智，未及此論也。

晉平公問叔向曰：「昔者齊桓公九合諸侯，一匡天下，不識臣之力也，君之力也？」○

先慎曰：乾道本無「君之力也」四字。　盧文弨云：孫貽穀云：「文選四子講德論注引作『臣之力邪君之力邪』，此脫四

字。　顧廣圻云：「識」下當有「君之力也」四字。「也」，讀爲邪，新序四作「乎」。　先慎案：張榜本有「君之力也」四字，今

據補。御覽六百二十引作「君之力臣之力」。　叔向對曰：「管仲善制割，賓胥無善削縫，言損益若女工翦削

彌縫。　言增飾若女工之純緣也。　○顧廣圻曰：新序二人事互易。　隰朋善純緣，衣成，君舉而服之，亦臣之力

也，君何力之有？」師曠伏琴而笑之。　公曰：「太師奚笑也？」師曠對曰：「臣笑叔向之

對君也。　凡爲人臣者，猶炮宰和五味而進之君，君弗食，孰敢強之也。　臣請譬之：　君者壤

地也，臣者草木也，必壤地美然後草木碩大，亦君之力也，○先慎曰：乾道本無「也」字。　盧文弨云：

「『也』字脱，張本有。」今據補。

臣何力之有？」

或曰：叔向、師曠之對，皆偏辭也。夫一匡天下，九合諸侯，美之大者也，非專君之力也，又非專臣之力也。昔者宮之奇在虞，僖負羈在曹，二臣之智，言中事，發中功，虞、曹俱亡者何也？此有其臣而無其君者也。且蹇叔處干而干亡，○先慎曰：拾補「干」作「盂」。盧文弨云：藏本、張本同。或改作「虞」。顧廣圻云：今本「干」作「于」，下同。按此未詳。俞樾云：「干」，即虞也。莊子刻意篇：「夫有干越之劍」，釋文引司馬云：「干，吳也。」荀子勸學篇「干、越、夷、貉之子」，楊倞注：「『干、越』猶言『吳、越』。」淮南子原道篇「干、越生葛絺」，高誘注亦云：「干，吳也。」是吳有「干」名，而「虞」與「吳」古同聲而通用。桓十年左傳正義云：「虞，姬姓也，武王克商，封虞仲之庶孫以爲虞仲之後，處中國爲西吳，後世謂之虞公。」然則虞之始封，本爲西吳，蓋以別於荆、蠻之吳，因春秋經傳皆作「虞」而西吳之名廢矣。漢書地理志：「河東郡大陽，吳山在西，上有吳城，周武王封太伯後於此，是爲虞公。」夫虞之故城謂之吳城，是虞即吳也。吳得稱干，則虞亦得稱干也。蹇叔處干，即處虞也。先慎按：俞説是。今本作「于」，形近而誤，或作「虞」者，不知「干」即「虞」而改爲「虞」也。○先慎曰：「乾道本脱『處』字，顧廣圻云：「今本有『處』字，依上文當有。」今據補。處秦而秦霸，○先慎非蹇叔愚於干而智於秦也，此有君與無臣也。○盧文弨曰：「與」，或改「而」。顧廣圻曰：「臣」當作「君」。向曰「臣之力也」，不然矣。昔者桓公宮中二市，婦閭，里門也。二百，○先慎曰：周策作「宮中七市，女閭七百」。被髮而御婦人，得管仲爲五百長，；失管仲得豎刁，而身死，蟲流出尸不葬。○先慎曰：「尸」當作「户」。以爲非臣之

力也，且不以管仲爲霸；以爲君之力也，且不以豎刁爲亂。昔者晉文公慕於齊女而忘歸，咎犯極諫，故使得反晉國。○先慎曰：乾道本「忘」作「亡」。盧文弨云：「『亡』張本作『忘』。」顧廣炘云：「藏本作『忘』，是也。」今據改。○先慎曰：乾道本無「得」字，盧文弨云：「『得』字脫，一本有。」今據補。故桓公以管仲合，文公以舅犯霸。○先慎曰：乾道本「文公」下無「以」字，顧廣炘云：「今本『公』下有『以』字，按依上文當有。」今據補。而師曠曰「君之力也」又不然矣。凡五霸所以能成功名於天下者，必君臣俱有力焉。故曰：「叔向、師曠之對，皆偏辭也。」

齊桓公之時，晉客至，有司請禮，桓公曰「告仲父」者三。有司三請，皆曰「告仲父」。而優笑曰：「易哉爲君，一曰『仲父』，二曰『仲父』。」「優」，俳優、樂者名。桓公曰：「吾聞君人者勞於索人，佚於使人。吾得仲父已難矣，得仲父之後，何爲不易乎哉！」

或曰：「桓公之所應優，非君人者之言也。桓公以君人爲勞於索人，何索人爲勞哉！伊尹自以爲宰干湯，百里奚自以爲虜干穆公。○俞樾曰：兩「以」字皆衍文。「自」，由也。言由爲宰以干湯，由爲虜以干穆公也。難一篇：「故伊尹以中國爲亂，道爲宰干湯，百里奚以秦爲亂，道爲虜干穆公。」「道」，亦由也，與此一律。虜，所辱也。宰，所羞也。蒙羞辱而接君上，賢者之憂世急也。然則君人者無逆賢而已矣。○先慎曰：乾道本「逆」作「道」。顧廣炘云：「藏本、今本『道』作『逆』，」誤。先慎按：作「逆」是，顧說非。改從藏本。

今本。

索賢不爲人主難。且官職所以任賢也，爵祿所以賞功也；設官職，陳爵祿，而士自

至，君人者奚其勞哉！使人又非所佚也：人主雖使人必以度量準之，○先慎曰：乾道本脫「以」字，顧廣圻云：「藏本、今本有『以』字。」今據補。 以刑名參之；以事遇於法則行，○顧廣圻曰：下「以」字當衍。 不遇於法則止；功當其言則賞，不當則誅。以刑名收臣，以度量準下，此不可釋也，君人者焉佚哉！索人不勞，使人不佚，而桓公曰「勞於索人，佚於使人」者，不然。且桓公得管仲又不難。○先慎曰：乾道本無「得」字，顧廣圻云：「今本有『得』字，依下文當有。」今據補。 管仲不死其君而歸桓公，鮑叔輕官讓能而任之，桓公得管仲又不難明矣。已得管仲之後，奚遽易哉！管仲非周公旦，周公旦假爲天子七年，成王壯，授之以政，非爲天下計也，爲其職也。夫不奪子而行天下者，○顧廣圻曰：藏本同。今本「不」下有「難」字，誤。 先慎曰：張榜本有「難」字，旁注云：「『難』作『肯』。」必不背死君而事其讎；背死君而事其讎者，必不難奪子而行天下；不難奪子而行天下者，必不難奪其君國矣。 管仲，公子糾之臣也，謀殺桓公而不能，其君死而臣桓公。管仲之取舍非周公旦，未可知也。○張榜曰： 當云「非周公旦」亦以明矣，然其賢與不賢未可知也」。 盧文弨曰：「未」字衍。 先慎曰：張說是。 「未」上當有脫文。 若使管仲大賢也，且爲湯、武。湯、武，桀、紂之臣也，○先慎曰：乾道本不重「湯武」二字，顧廣圻云：「今本重，按依下文當重。」今據補。 桀、紂作亂，湯、武奪之。今

桓公以易居其上，是以桀、紂之行居湯、武之上，桓公危矣。若使管仲不肖人也，且爲田常，田常，簡公之臣也，而弑其君。今桓公以易居居田常之上也，桓公又危矣。管仲非周公旦以明矣，○顧廣圻曰：藏本同。今本「曰」下有「亦」字，誤。先慎曰：「以」當作「已」。爲湯、武與田常未可知也。爲湯、武有桀、紂之危，爲田常有簡公之亂也。○先慎曰：下「之」字，張榜本無。已得仲父之後，桓公奚遽易哉！○先慎曰：「遽」作「處」，誤。知不欺己也，是知不欺主之臣也。然雖知不欺主之臣，○先慎曰：「雖」當爲「唯」之誤。「惟」、「唯」古通，此承上起下之詞。謂桓公任仲，知不欺己，則桓公能皆知不欺己之臣。乃惟管仲之不欺己，因謂豎刁、易牙亦不欺己，遂以任管仲者任二人，則桓公不知欺與不欺亦明矣。「唯」誤作「雖」，遂不可讀。易牙，○王先謙曰：「今」字無義，疑「令」之譌。蟲流出尸而不葬，○先慎曰：「尸」當作「戶」，乾道本「不」作「作」。盧文弨云：「而」字衍。顧廣圻云：今本「作」作「後」。先慎按：作「不」字是，上文「蟲流出尸不葬」即其證，今據改。今桓公以任管仲之專借豎刁、易牙，桓公不知臣欺主與不欺主已明矣；而任臣如彼其專也，故曰：「桓公闇主。」

李兌治中山，苦陘令上計而入多。李兌曰：「語言辨，聽之說，不度於義，謂之窕言。苟且也。○顧廣圻云：「語言辨」句絕。「說」讀爲悅。孫詒讓曰：蒲阪云：「「李兌」合作「李克」，其治中山已見外儲說左下。『語言』下文作『言語』；『辨』、『辯』通。『聽』『合作『聽』。魏都賦注引李克書曰：『言語辯聽之說而不度於

義者，謂之膠言。』（文選注。）案蒲阪圓據劉逵引李克書校正此文，郅塙。（御覽一百六十一引史記，亦以此爲李克事，今

史記無此文。又案：此難諸篇皆襃舉古書之文而難之，李克書即漢書藝文志儒家李克七篇之佚文，劉逵所引未全，此可

以補之。）惟「宛言」、「膠言」義兩通，（廣雅釋詁云「膠，欺也」，方言云「膠，詐也」，此李克書「膠」字之義。）當各從本書。

昭二十一年左傳云「小者不窕」，杜注云：「窕，細不滿。」（呂氏春秋適音篇高注義同。）蓋「窕」本爲空虛不充滿之言，引

申之，凡虛假不實者通謂之「窕」。「窕言」者，虛言不可信以爲實。下文「窕貨」者，虛貨不可恃以爲富也。舊注釋爲「苟

且」，蓋讀爲「佻愉」字，於義未切。 先慎曰：「聽」字不誤，選注作「聽」，形近而誤。玩下文自知。無山林澤谷之利

而入多者，謂之窕貨。君子不聽窕言，不受窕貨，子姑免矣！」○先慎曰：乾道本「子」作「之」，今據

張榜本、趙本改。

或曰：李子設辭曰：「夫言語辨，聽之說，不度於義者，謂之窕言。」「辯」在言者，「說」

在聽者，言非聽者也。所謂「不度於義」，○顧廣圻曰：藏本、今本「也」下有「則辨非說者也」六字，按此不當

有。非謂聽者，必謂所聽也。聽者，非小人則君子也。小人無義，必不能度之義也；君子度

之義，必不肯說也。夫曰「言語辨，聽之說，不度於義」者，必不誠之言也。入多之爲窕貨也，

未可遠行也。李子之姦弗蚤禁，使至於計，是遂過也。無術以知而入多，入多者穰也，「穰」，

豐多也。雖倍入將奈何！舉事慎陰陽之和，種樹節四時之適，無早晚之失，寒溫之災，則入多。

不以小功妨大務，不以私欲害人事，○先慎曰：乾道本「私」上有「和」字。顧廣圻云：藏本、今本無「和」字。

先慎案：「私」、「和」二字形近而誤衍，此與上「不以小功妨大務」句相對成文，不應此多一字，據藏本刪。丈夫盡於

耕農，婦人力於織紝，則入多。務於畜養之理，察於土地之宜，六畜遂，五穀殖，則入多。明

於權計，審於地形舟車機械之利，用力少，致功大，則入多。利商市關梁之行，能以所有致所

無，客商歸之，外貨留之，儉於財用，節於衣食，宮室器械，周於資用，不事玩好，則入多。入

多，皆人為也。若天事，風雨時，寒溫適，土地不加大，而有豐年之功，則入多。人事天功○盧

文弨曰：張本「功」作「工」。二物者皆入多，非山林澤谷之利也。夫「無山林澤谷之利入多」，因謂

之「窕貨」者，無術之言也。○先慎曰：「郭」、「郭」同義，「郭」當作「附」。顧廣圻曰：「藏本、今本「害」作『言』。今據改。

趙簡子圍衛之郛郭。○先慎曰：「郭」、「附」聲近而誤。

○先慎曰：乾道本無「不」字。盧文弨云：「犀楯犀櫓」呂氏春秋貴直篇作「犀蔽屏櫓」，「所」下脫「不」字。「犀」，堅也，說見姦劫弒臣篇。犀楯犀櫓，立於矢石之所不及，簡子以犀為脅櫓而自卧之。「櫓」，楯類也。

疑作「楯」，又「卧」字譌。先慎按：盧說是，今依拾補增「不」字。「犀」，堅也，說見姦劫弒臣篇。鼓之而士不起。簡

子投枹曰：「烏乎！○先慎曰：張榜本「烏」作「嗚」。吾之士數弊也。」行人燭過○先慎曰：偊子華子

去趙篇趙簡子有「燭過小人」之語。免胄而對曰：「臣聞之，亦有君之不能耳，士無弊者。但君[一]不能用之耳。○先慎曰：乾道本脱「士」字。顧廣圻云：藏本、今本「無」上有「士」字。先慎案：有「士」字是，今據補。御覽三百五十一引吕氏春秋「士何弊之有」，今吕書亦脱「士」字。昔者吾先君獻公并國十七，○先慎曰：吕氏春秋作「兼國十九」。服國三十八，戰十有二勝，是民之用也。獻公没，惠公即位，淫衍暴亂，身好玉女，○先慎曰：張榜本「玉」誤「王」。秦人恣侵，去絳十七里，○先慎曰：乾道本「受」作「授」。顧廣圻云：藏本「受」作「授」。「授」當作「受」。十。亦是人之用也。惠公没，文公受之，○先慎曰：吕氏春秋作「秦人襲我，遂去絳七十」。先慎按：張榜本作「受」，今據改。圍衛、取鄴，○顧廣圻曰：吕氏春秋「鄴」作「曹」。城濮之戰，五敗荆人，取尊名於天下，亦此人之用也。亦有君不能耳，○先慎曰：乾道本「能」下有「士」字。顧廣圻云：藏本、今本無「士」字。先慎按：吕氏春秋亦無「士」字，此涉下文而衍，今據删。士無弊也。」簡子乃去楯櫓，立矢石之所及，鼓之而士乘之，戰大勝。簡子曰：「與吾得革車千乘，不如聞行人燭過之一言也。」

或曰：行人未有以説也，乃道惠公以此人是敗，文公以此人是霸，未見所以用人也；

〔一〕「君」，原本作「者」，據文義改。

文能以賞信必罰，未必去楯櫓親立於矢石間。簡子未可以速去楯櫓也。○先慎曰：乾道本「楯」作「脅」。顧廣圻云：藏本、今本「脅」作「楯」。先慎按：上云「簡子乃去楯櫓，立矢石之所及」，此即承上而云，作「楯」字是，今據改。嚴**親在圍，輕犯矢石，孝子之所愛親也。**孝子所以輕犯矢石而救者，謂親愛。○王渭曰：「所」下當有「以」字。**孝子愛親，百數之一也。**犯難救親，百人無一人，言孝稀也。能孝於親者尚百無一，況於君百族而行孝哉！是誣也。○**子於上皆若孝子之愛親也，是行人之誣也。今以爲身處危而人尚可戰，是以百族之**顧廣圻曰：藏本同。今本「百族之子」下有「愛」字，誤。先慎曰：張榜本「若」作「有」，乾道本注「一」作「益」，據本改。○**好利惡害，夫人之所有也。賞厚而信，人輕敵矣；**○顧廣圻曰：「人」上當有「夫」字。先慎**刑重而必，失[一]人不比矣。**○顧廣圻曰：藏本同。今本無「失」字。按此當衍。○先慎曰：「比」趙本作「北」。**長行徇上，數百不一失。**○顧廣圻曰：藏本同。今本「失」作「人」。○先慎曰：乾道本「一」作「失」，拾補作「一」，盧文弨云：「『失』字譌。」今依改。**喜利畏罪，人莫不然。將衆者不出乎莫不然之數，而道乎百無一人之行，行人未知用衆之道也。**○先慎曰：乾道本無「行」字、「用」字，顧廣圻云：「今本有『行』字，藏本、今本有『用』字。今據補。

〔一〕「失」，原本作「矢」，據顧氏韓非子識誤改。

韓非子集解卷第十六

難三第三十八　　難四第三十九

難三第三十八

魯穆公問於子思曰：「吾聞龐糨氏之子不孝，其行奚如？」○顧廣圻曰：「糨氏」，論衡非韓篇作「捆是」。按「氏」、「是」同字。「糨」，當依論衡作「捆」，字書無「糨」字。史記酷吏傳云「濟南糨氏」，漢書音義云「音小兒癇病也」，即此姓。「龐」，當是其里也。子思對曰：「君子尊賢以崇德，舉善以觀民。○顧廣圻曰：藏本、今本「觀」作「勸」，論衡作「勸」。按此以「觀」爲是。「觀」示也。若夫過行，是細人之所識也，臣不知也。」子思出，子服厲伯入見，問龐糨氏子，○先慎曰：乾道本無「問」字。顧廣圻云：藏本、今本有「問」字。先慎按：論衡亦有「問」字，今據補。子服厲伯對曰：「其過三，皆君之所未嘗聞。」○顧廣圻曰：「之」當依

論衡作「子」。先慎曰：論衡「嘗」作「曾」。自是之後，君貴子思而賤子服厲伯也。

或曰：魯之公室，三世劫於季氏，不亦宜乎！明君求善而賞之，求姦而誅之，其得之一

也。故以善聞之者，以説善同於上者也；以姦聞之者，以惡姦同於上者也。此宜賞譽之所

及也。聞善聞姦俱當賞也。○先慎曰：乾道本「及」作「力」。顧廣圻云：藏本、今本「力」作「及」。先慎按：作「及」

是，今據改。下「此宜毀罰之所及也」正作「及」。不以姦聞，是異於上而下比周於姦者也，此宜毀罰之

所及也。今子思不以過聞，而穆公貴之；厲伯以姦聞，而穆公賤之。人情皆喜貴而惡賤，故

季氏之亂成而不上聞，此魯君之所以劫也。且此亡王之俗，○顧廣圻曰：「王」當作「主」。取魯之

民所以自美，而穆公獨貴之，不亦倒乎！

文公出亡，獻公使寺人披攻之蒲城，○先慎曰：「獻公」一本作「獻子」誤。披斬其袪，文公奔

翟。惠公即位，又使攻之惠竇，不得也。○顧廣圻曰：「惠竇」當依左傳作「渭濱」。及文公反國，披

求見，公曰：「蒲城之役，君令一宿，而汝即至；惠竇之難，君令三宿，而汝一宿，何其速

也？」披對曰：「君令不二。除君之惡，惟恐不堪。○先慎曰：乾道本無「惟」字。顧廣圻云：藏本、今

本有「惟」字。先慎按：左傳亦有，今據補。蒲人翟人，余何有焉！當時君爲蒲、翟之人，無臣之分，則何有焉？○

盧文弨曰：注「無臣之分」「之」馮改「主」。今公即位，其無蒲翟乎！且桓公置射鈎而相管仲。」君乃

見之。

或曰：齊、晉絕祀，不亦宜乎！桓公能用管仲之功，而忘射鉤之怨；文公能聽寺人之言，而棄斬袪之罪。桓公、文公能容二子者也。後世之君明不及二公，後世之臣賢不如二子。以不忠之臣事不明之君，〇先慎曰：乾道本「以」字在「臣」字下。顧廣圻云：今本「以」字在「不」字上。君不知則有燕操、子之也。子罕、田常之賊，知之則以管仲、寺人自解。君必不誅而自以為有桓、文之德，是臣讐而明不能燭，〇顧廣圻曰：藏本同。今本「讐」下有「君」字。君令而不貳者，則是貞於君也。

先慎按：此當乙，今據改。

多假之資，自以為賢而不戒，則雖無後嗣，不亦可乎！〇王先謙曰：韓子此言，殆爲楚、魏相張儀之類而

發。　且寺人之言也，直飾非誠言也。〇先慎曰：趙本注「誠」作「識」，誤。

死君後生臣不愧，而後爲貞。　不皆死而後爲貞。〇先慎曰：乾道本下「後」字作「復」，拾補上「後」字亦作「復」。

盧文弨云：「復」作「後」譌。注「不」字疑「必」。顧廣圻云：今本「復」作「後」。按「復」、「後」互誤。「生」字、先慎按：今本「復」作「後」是也。此言君死後臣生不愧，如荀息立奚齊立卓子之類，而後爲貞。若君朝卒而讐立，遂臣事之，非貞也。此與下文語意相承，極爲明顯。乾道、道藏本誤「後」爲「復」，其義遂晦耳。上「後」字不譌，盧、顧說並非，改從今本。今惠公朝卒，而暮事文公，寺人之「不貳」何如？曰：「一難，二難，三難，何也？」桓

人有設桓公隱者，〇先慎曰：乾道本連上，今從趙本提行。

公不能射，○先慎曰：乾道本「射」作「對」，盧文弨云：「對」藏本作「射」。」今據改。以告管仲。管仲對曰：

「一難也，近優而遠士。二難也，去其國而數之海。三難也，君老而晚置太子。」桓公曰：

「善。」不擇日而廟禮太子。

　或曰：管仲之射隱不得也。士之用不在近遠，而俳優侏儒固人主之所與燕也。則近優

而遠士而以爲治，非其難者也。夫處勢而不能用其有，○先慎曰：乾道本「勢」作「世」，盧文弨云：

「世」張本作「勢」。「藏本「世」作「勢」，是也。」今據改。而悖不去國，○顧廣圻云：藏本同。今本「悖」

作「徒」。按「悖」當作「恃」。是以一人之力禁一國。以一人之力禁一國者，少能勝之。明能照遠

姦而見隱微，必行之令，雖遠於海內必無變。然則去國之海而不劫殺，非其難者也。楚成王

置商臣以爲太子，又欲置公子職，商臣作難，遂弒成王。公子宰，周太子也，○先慎曰：六微篇

「宰」作「朝」。說見上。公子根有寵，遂以東州反，○顧廣圻曰：「州」讀爲周，見六微篇。分而爲兩國。此

皆非晚置太子之患也。夫分勢不二，庶孽卑，寵無藉，雖處耄老，○先慎曰：乾道本「耄老」作「大

臣」，誤，改從趙本。「庶孽卑」句。「寵無藉」，謂所寵之人無借以權勢也。晚置太子可也。然則晚置太子，庶

孽不亂，又非其難也。物之所謂難者，必借人成勢，而勿使侵害己，○先慎曰：乾道本無「使」字，盧

文弨云：「『使』字脫，張本有。」今據補。可謂一難也。貴妾不使二后，二難也。○先慎曰：「二后」猶並

后也。「二難」上，依上下文當有「可謂」二字。

愛孽不使危正適，專聽一臣而不敢隅君，○顧廣圻曰：藏本同。今本「隅」作「偶」。按「隅」當作「愚」。○先慎曰：「隅」、「偶」形近易譌。詩抑「維德之隅」，劉熊碑作「偶」，是二字古人已有誤者。此「隅」當作「偶」，顧說非。 此則可謂三難也。

葉公子高問政於仲尼，○先慎曰：乾道本連上，今從趙本提行。哀公問政於仲尼，仲尼曰：「政在選賢。」齊景公問政於仲尼，仲尼曰：「政在節財。」三公出，子貢問曰：「三公問夫子政一也，夫子對之不同，何也？」仲尼曰：「葉都大而國小，民有背心，故曰：『政在悦近而來遠。』魯哀公有大臣三人，外障距諸侯四鄰之士，内比周而以愚其君，○先慎曰：趙本「其」作「於」。 使宗廟不掃除，社稷不血食者，必是三臣也。故曰：『政在選賢。』齊景公築雍門，爲路寢，一朝而以三百乘之家賜者三，謂以大夫之業世賜與爲寢也。○先慎曰：注「世」，趙本作「也」。盧文弨云：「業也」當作「菜地」。「寢也」當作「寢者」。 故曰：『政在節財。』」

或曰：仲尼之對，亡國之言也。葉民有倍心，○先慎曰：乾道本「葉」作「恐」，盧文弨云：「『恐』，張本作「葉」。」今據改。 而説之「悦近而來遠」，○先慎曰：乾道本「説」上有「誠」字，顧廣圻云：「藏本、今本無『誠』字。」今據删。 則是教民懷惠。惠之爲政，無功者受賞，則有罪者免，此法之所以敗也。法敗而政亂，○先慎曰：乾道本無「政」字，顧廣圻云：「藏本、今本有。」今據增。 以亂政治敗民，未見其可也。

且民有倍心者，君上之明有所不及也。不紹葉公之明，○盧文弨曰：「紹」，凌本作「咎」。顧廣圻曰：句有誤。孫詒讓曰：「紹」當作「詔」〔一〕謂詔（一）告之以尚明之義。「紹」「詔」形聲並相近。而使之悅近而來遠，是舍吾勢之所能禁而使與不行惠以爭民，○顧廣圻曰：藏本同。今本「不」作「天下」二字。按「不」字當作「下」，形近誤。今本添「天」字，誤甚。非能持勢者也。夫堯之賢，六王之冠也，舜一從而咸包，而堯無天下矣。有人無術以禁下，恃爲舜而不失其民，不亦無術乎！明君見小姦於微，故民無大謀；行小誅於細，故民無大亂。此謂「圖難於其所易」也，○顧廣圻曰：藏本、今本「難」下有「者」字。「爲大者於其所細」也。今有功者必賞，賞者不得君，○顧廣圻曰：「得」當作「德」。力之所致也；有罪者必誅，誅者不怨上，罪之所生也。○顧廣圻曰：「罰」當作「賞」。民知誅罰之皆起於身也，○顧廣圻曰：故疾功利於業，○先慎曰：拾補「疾」作「習」。盧文弨云：張本作「疾」。顧廣圻云：藏本同。今本「疾」作「習」，誤。而不受賜於君。「太上，下智有之。」○顧廣圻曰：「智」，讀爲知。按此老子第十七章文。此言太上之下民無說也，○盧文弨曰：張本無「民」字。安取懷惠之民？上君之民無利害，說以「悅近來遠」，亦可舍已！哀公有臣外障距內比周以愚其君，而說之以「選賢」，此非功伐之論也，選其心之所謂

〔一〕「詔」，原本作「誥」，據孫氏札迻改。

賢者也。使哀公知三子外障距内比周也，則三子不一日立矣。哀公不知選賢，選其心之所謂賢，故三子得任事。燕子噲○顧廣圻曰：藏本同。今本「子」作「王」，誤。賢子之而非孫卿，○顧廣圻曰：「孫卿」，荀卿也。其事未詳。故身死爲僇；夫差智太宰嚭而愚子胥，故滅於越。魯君不必知賢，而説以「選賢」，是使哀公有夫差、燕噲之患也。明君不自舉臣，臣相進也。○顧廣圻曰：「臣」當作「功」。○顧廣圻曰：「賢」上當脱「選」字。不自賢，○顧廣圻曰：藏本同。今本重「功」字，誤。「自」作「相」。論之於任，試之於事，課之於功。功自徇也。○顧廣圻曰：「政」，今據趙本改。不隱賢，不進不肖。然則人主奚勞於選賢？景公以百乘之家賜，而説以「節財」，是使景公無術以享厚樂，○先慎曰：「以享厚樂」，乾道本作「使智（空一字）之侈」，藏本作「使智之侈」，改從今本。而獨儉於上，未免於貧也。有君以千里養其口腹，則雖桀、紂不侈焉。齊國方三千里，而桓公以其半自養，是侈於桀、紂也。然而能爲五霸冠者，知侈儉之地也。爲君不能禁下而自禁者，謂之劫；不能飾下而自飾者，謂之亂；不節下而自節者，謂之貧。○先慎曰：依上文，「不」下當有「能」字。明君使人無私，以詐而食者禁；力盡於事，歸利於上者必聞，聞者必賞；汙穢爲私者必知，知者必誅。然故忠臣盡忠於公，○先慎曰：乾道本「公」上有「方」字。顧廣圻云：藏本、今本無「方」字。按句有誤。先慎按：「方」字衍。「然故」即然則也。王引之經傳釋詞云：「故，猶則也。」

「忠臣盡忠於公」〔二〕與「民士竭力於家」、「百官精剋於上」一律，「公」上不當有「方」字，今據刪。民士竭力於家，百

官精剋於上，精廉剋己。侈倍景公，非國之患也。但如上，雖侈，非國之患也。○先慎曰：乾道本注「但」作

「伊」，據趙本改。然則説之以「節財」，非其急者也。夫對三公一言而三公可以無患，知下之謂

也。知下明。○顧廣圻曰：「也」下當有脱文。此「知下明則」云云，哀公之無患也。下文「知下明則」云云，景公之無

患也。所脱爲葉公之無患也，因「知下明則」複出而誤漏之耳。則禁於微，禁於微則姦無積，○先慎曰：乾道本

不重「禁於微」三字，顧廣圻云：「今本重『禁於微』，按此當更有。」今據補。姦無積則無比周，無比周則公私

分，公私分則朋黨散，朋黨散則無外障距内比周之患。知下明則見精沐，○王渭云：「精沐」二字

疑。孫詒讓曰：「精沐」疑當爲「精悉」。説文：「悉，詳盡也。」「悉」或變作「悉」，又譌作「�求」，與「沐」形近，因而致誤。

見精沐則誅賞明，誅賞明則國不貧。故曰：「一對而三公無患，知下之謂也。」韓子以齊桓侈於

桀、紂猶未虧德，形於翰墨，著以爲教，一何逆理之甚。其不得死秦獄，未必不由此也。○先慎曰：趙本無此注文。盧文弨

云：張本有。

鄭子産晨出，過東匠之間，○先慎曰：乾道本「東」作「束」。顧廣圻云：論衡「束」作「東」，「間」作「官」。

〔一〕「盡忠於公」，原本作「盡忠於上」，據正文改。

先慎按：張榜本、趙本並作「東」，今據改。

聞婦人之哭，撫其御之手而聽之。有間，遣吏執而問之，則手絞其夫者也。○顧廣圻曰：論衡「絞」作「殺」，下「異日」作「翼日」。異日，其御問曰：「夫子何以知之？」子產曰：「其聲懼。凡人於其親愛也，始病而憂，臨死而懼，已死而哀。今哭已死，不哀而懼，是以知其有姦也。」

或曰：子產之治，不亦多事乎！不以法度而用智，故曰「多事」也。姦必待耳目之所及而後知之，○先慎曰：乾道本「姦必」作「必姦」，據趙本改。論衡非韓篇正作「姦必」。則鄭國之得姦者寡矣。不任典成之吏，「典」，主也。謂因事而責成之。○先慎曰：論衡「成」作「城」。乾道本注「因」作「其」，據趙本改。不察參伍之政，○先慎曰：論衡「政」作「正」，二字古通。不明度量，恃盡聰明勞智慮○先慎曰：乾道本「盡」作「毒」。顧廣圻云：藏本、今本「毒」作「盡」。按此以「毒」與「勞」對文。先慎案：顧說非，論衡亦作「盡」，今據改。論衡「恃」作「待」，誤，當依此訂正。而以知姦，不亦無術乎！且夫物眾而智寡，寡不勝眾，智不足以徧知物，故因物以治物。謂若因龍以治鱗蟲，因鳳以治羽鳥也。○先慎曰：乾道本「故」下有「則」字。顧廣圻云：今本無「則」字。俞樾云：「故」、「則」二字無義，趙本刪「則」字，當從之。惟此文有從舊注羼入者，韓子原文當云：「且夫物眾而智寡，寡不勝眾，故因物以治物，下眾而上寡，寡不勝眾，故因人以知人。」舊注於上句「寡不勝眾」云「言智不足以徧知物也」，於下句「寡不勝眾」言君不足以徧知臣也」，傳寫誤入正文，而又有錯誤，遂參差而不可讀矣。先慎案：俞說是。「則」字依趙本刪。下眾而上寡，寡不勝眾者，言君不足以徧知臣也，故因人以知人。是以

形體不勞而事治，智慮不用而姦得。故宋人語曰：「一雀過羿，羿必得之，則羿誣矣。羿雖善射，見雀未必一一得之，故曰「誣」也。○先慎曰：乾道本不重「羿」字，盧文弨云：「凌本重『羿』字。」今據增〔二〕。以天下為之羅，則雀不失矣。」夫知姦亦有大羅，不失其一而已矣。不修其理，而以己之胷察為之弓矢，則子產誣矣。老子曰：「以智治國，國之賊也。」其子產之謂矣。

秦昭王問於左右曰：「今時韓、魏孰與始強？」左右對曰：「弱於始也。」「今之如耳、魏齊孰與曩之孟常、芒卯？」○盧文弨曰：「常」，張本作「嘗」，下同。對曰：「不及也。」王曰：「孟常、芒卯率強韓、魏猶無奈寡人何也！」○顧廣圻曰：策下有「今以無能之如耳、魏齊帥弱韓、魏以攻秦，其無奈寡人何亦明矣。」先慎曰：説苑敬慎篇亦與，疑此脱。左右對曰：「甚然。」中期伏瑟而對○先慎曰：各本「伏瑟」作「推瑟」。顧廣圻云：史記魏世家云「中旗憑琴」，索隱云：「按戰國策作『推琴』，春秋後語『中旗伏琴』，而韓子作『推瑟』，説苑作『伏瑟』，文各不同。」按索隱引此作「瑟」，是也。「推」當作「馮」。「馮」、「伏」同字。難二篇云：「師曠伏琴而笑之。」先慎案：御覽四百五十九引作「中旗伏瑟」，今據改。曰：「王之料天下過矣。夫六晉之時，知氏最強，滅范、中行，又率韓、魏之兵以伐趙，○先慎曰：各本「又率」作「而從」，今據御覽改。説苑

〔二〕 「增」原本作「刪」，據文義改。

亦作「又率」。

灌以晉水，城之未沈者三板。知伯出，魏宣子御，韓康子爲驂乘，知伯曰：『始吾

康子踐宣子之足，肘足接乎車上而知氏分於晉陽之下。

不知水可以滅人之國，吾乃今知之。汾水可以灌安邑，絳水可以灌平陽。』魏宣子肘韓康子，

今足下雖强，未若知氏，韓、魏雖弱，

未至如其晉陽之下也。　○先慎曰：「其」字疑衍。

或曰：　○先慎曰：乾道本連上，今從趙本提行。

昭王之問也有失，左右、中期之對也有過。凡

明主之治國也，任其勢。勢不可害，則雖强天下無奈何也，而況孟常、芒卯、韓、魏能奈我

何！其勢可害也，則不肖如耳、魏齊　○先慎曰：乾道本不重「如」字，盧文弨云：「脫，凌本重。」今據補。

此天下方用肘足之時，願王勿易之也。」

及韓、魏猶能害之。

然則害與不侵，在自恃而已矣，奚問乎？自恃其不可侵，　○先慎曰：下「自」字趙本作「曰」。

夫不能自恃。　○先慎曰：乾道本「夫不能」作「失在不」，今據趙本改。則强與弱奚其擇焉？　○先慎曰：乾道本無「則」字，顧廣圻云：「藏本、今本有『則』字。」今據補。

其不侵也幸矣！　○先慎曰：「其」拾補作「人」，盧文弨云：「其」字譌。先慎案：盧説非，「其」指韓、

申子曰：「失之數而求之信，則疑矣。」其昭王之謂也。知伯無度，從韓康、

魏宣而圖以水灌滅其國，　○先慎曰：「其」指韓、魏言，即上「汾水灌安邑，絳水灌平陽」也。

此知伯之所以國亡而身死，頭爲飲杯之故也。今昭王乃問

執與始强，其未有水人之患也，　○先慎曰：乾道本「未」作「畏」，「也」作「乎」。盧文弨云：凌本、秦本「畏」作

「未」，「乎」作「也」。顧廣圻云：「畏」字當有誤，未詳。先慎按：「畏」、「未」聲近而譌。「未有水人之患」與「安有肘足之事」文法一律，今據改。

雖有左右，非韓、魏之二子也，安有肘足之事？而中期曰「勿易」，此虛言也。且中期之所官，琴瑟也。絃不調，弄不明，中期之任也，此中期所以事昭王者也。中期善承其任，未慊昭王也，而爲所不知，豈不妄哉！左右對之曰「弱於始」與「不及」則可矣，其曰「甚然」。○盧文弨曰：四字句。則諛也。申子曰：「治不踰官，雖知不言。」今中期不知而尚言之，故曰：「昭王之問有失，左右、中期之對皆有過也。」

管子曰：「見其可，說之有證；見其不可，惡之有形。賞罰信於所見，雖所不見，其敢爲之乎？見其可，說之無證；○先慎曰：乾道本「證」上有「說」字。顧廣圻云：藏本、今本無下「說」字。先慎按：「說」字涉上文而衍，今據删。見其不可，惡之無形。賞罰不信於所見，而求所不見之外，不可得也。」

或曰：廣廷嚴居，眾人之所肅也；晏室獨處，曾、史之所僈也。○先慎曰：「僈」，趙本作「慢」，古字通用。觀人之所肅，非行情也。○顧廣圻曰：藏本同，今本「行」作「得」，誤。且君上者，臣下之所爲飾也。好惡在所見，臣下之飾姦物以愚其君必也。明不能燭遠姦、見隱微，而待之以觀飾行、定賞罰，不亦弊乎！

管子曰：「言於室滿於室，言於堂滿於堂，是謂天下王。」

或曰：管仲之所謂言室滿室、言堂滿堂者，非特謂遊戲飲食之言也，必謂大物也。人主之大物，非法則術也。法者，編著之圖籍，設之於官府，而布之於百姓者也。術者，藏之於胸中，以偶眾端，而潛御羣臣者也。○先慎曰：張榜本「眾」作「重」。故法莫如顯，而術不欲見。是以明主言法，則境內卑賤莫不聞知也，不獨滿於堂；用術，則親愛近習莫之得聞也，不得滿室。而管子猶曰「言於室滿室，言於堂滿堂」，非法術之言也。

難四第三十九

衛孫文子聘於魯，公登亦登。叔孫穆子趨進曰：「諸侯之會，寡君未嘗後衛君也。今子不後寡君一等，寡君未知所過也。子其少安。」孫子無辭，亦無悛容。穆子退而告人曰：「孫子必亡。亡臣而不後君。○顧廣圻曰：藏本、今本不重「亡」字。按當依左傳云「孫子必亡」，爲臣而君。衍「不後」二字。先慎曰：按此相傳當日之語不同，應各依本書爲是。「亡臣」，即下「其所以亡，其失所以得君也」。「孫子必亡」，爲臣而君。「亡臣」之「亡」，讀若忘。孫子自忘己尚爲臣，故與魯君並行而不違。下文「孫子君於衛而後不臣於魯」，正申「亡臣而不後

君｜之說。｜顧氏依左傳改本書，失本書恉矣。**過而不悛，亡之本也。**

或曰：　天子失道，諸侯伐之，○顧廣圻曰：「伐」當作「代」。「代之」代爲君也。下文盡同。　故有

湯、武。　諸侯失道，大夫伐之，故有齊、晉。　臣而伐君者必亡，則是湯、武不王，晉、齊不立也。

○先慎曰：　依上文，「晉、齊」當作「齊、晉」。　孫子君於衛，○顧廣圻曰：　句絕。　而後不臣於魯，臣之君也。

○王先謙曰：　臣之君，謂臣變而爲君也。　君有失也，故臣有得也。　不命亡於有失之君，而命亡於有得

之臣，不察。　○顧廣圻曰：　二字句絕。先慎曰：　「命」與「言」通。書大禹謨「咸聽朕命」，墨子兼愛篇下作「咸聽朕

言」。禹謨即本墨子改「言」爲「命」。「可見古人「命」、「言」二字〔二〕相通。此謂穆子不言衛君有失之當亡」，而言衛臣有得之

必亡」，是謂不明。　**魯不得誅衛大夫，而衛君之明不知不悛之臣，**孫子雖有是二也，臣以亡？○顧廣

圻曰：　藏本同。　今本無「臣」字，誤。按「臣」當爲「亡」。「詎」、「臣」同字。　**其所以亡，其失所以得君也。**○顧廣

圻曰：　藏本同。　今本無「亡其」二字，誤。「亡」句絕，下七字爲一句。　先慎曰：　「其所以亡」，謂亡其爲臣也。「其失所以

得君」，謂失其爲臣之禮，故得爲其君也。

或曰：　○先慎曰：　前三篇皆一難，此篇先立一義以難古人，又立一義以自難前說，其文皆出於韓子。**臣主之**

〔二〕「字」原本作「子」，今改。

韓非子集解

四一六

施，分也。臣能奪君者，以得相踦也。故非其分而取者，眾之所奪也；辭其分而取者，民之所予也。是以桀索崏山之女，紂求比干之心，而天下離，○先慎曰：乾道本「離」作「謂」，顧廣圻云：「今本『謂』作『離』。」今據改。湯身易名，○顧廣圻曰：未詳。先慎曰：路史：「桀殺關龍逢，湯聞而歎，使人哭之，桀怒，囚湯於夏臺，已而得釋。」以下文受晉例之，當即此事。武身受晉，○顧廣圻曰：見喻老篇。田外僕，○顧廣圻曰：藏本同。今本「田」下有「氏」字，誤。此當有「成」字。即田成子去齊，走而之燕，負傳隨鴟夷子皮事也。見說林上篇。而海內服；趙咺走山，○顧廣圻曰：「咺」當作「宣」。左傳「宣子未出山而復」是其事也。見說林上篇。而齊、晉從。○趙用賢曰：非必奪君之位，分所當得也。以分所當得而後自處於君位也。則湯、武之所以王，齊、晉之所以立，非必以其君也，彼得之而後以君處之也。今未有其所以得，而行其所以處，是倒義而逆德也。倒義，則事之所以敗也；逆德，則怨之所以聚也。敗亡之不察，何也？

魯陽虎欲攻三桓，不剋而奔齊，景公禮之。○顧廣圻曰：藏本、今本重「齊」字，誤。鮑文子諫曰：「不可。陽虎有寵於季氏而欲伐於季孫，○先慎曰：「伐」下衍「於」字。貪其富也。今君富於季孫，而齊大於魯，陽虎所以盡詐也。」景公乃囚陽虎。

或曰：「○先慎曰：乾道本連上，今從趙本提行。千金之家，其子不仁，人之急利甚也。桓公，五伯之上也，爭國而殺其兄，其利大也。臣主之間，非兄弟之親也，劫殺之功，制萬乘而享大

利，則羣臣執非陽虎也。事以微巧成，以疏拙敗。羣臣之未起難也，其備未具也。羣臣皆有

陽虎之心，而君上不知，是微而巧也。陽虎貪於天下以欲攻上，是疏而拙也。不使景公加誅

於拙虎，〇顧廣圻曰：「誅」下當有脫文，本云「不使景公加誅於齊之巧臣，而使加誅於拙虎」。下文云「不知齊之巧

臣」，其證也。是鮑文子之說反也。臣之忠詐，在君所行也。君明而嚴則羣臣忠，君懦而闇則羣

臣詐。知微之謂明，無赦之謂嚴。〇先慎曰：乾道本「赦」上有「救」字，拾補無，盧文弨云：「『救』字衍。」今

據刪。不知齊之巧臣，而誅魯之成亂，不亦妄乎！

或曰：仁貪不同心。故公子目夷辭宋，而楚商臣弑父；鄭去疾予弟，〇顧廣圻曰：與左

傳不同。鄭世家亦云：「堅者，靈公庶弟，而去疾之兄也。」而魯桓弑兄。五伯兼并，而以桓律人，〇先慎曰：

「桓」上當有「三」字。則是皆無貞廉也。且君明而嚴，則羣臣忠。陽虎爲亂於魯，不成而走，入齊

而不誅，是承爲亂也。君明則誅，知陽虎之可以濟亂也，〇先慎曰：「誅知」趙本作「知誅」，誤。「誅」

字句「知」下屬。此見微之情也。語曰：「諸侯以國爲親。」君嚴則陽虎之罪不可失，此無赦之

實也。〇先慎曰：乾道本「赦」上有「救」字，據拾補刪。則誅陽虎，所以使羣臣忠也。未知齊之巧臣而

廢明亂之罰，責於未然而不誅昭昭之罪，此則妄矣。今誅魯之罪亂，以威羣臣之有姦心者，

而可以得季、孟、叔孫之親，鮑文之說，何以爲反？

鄭伯將以高渠彌爲卿，昭公惡之，固諫不聽。及昭公即位，懼其殺己也，辛卯，弒昭公而立子亹也。○盧文弨曰：「亹」左傳桓十七年傳作「亶」，疑此因形近而譌。下「公子亹」傳作「達」，亦然。君子曰：「昭公知所惡矣。」公子圉曰：「高伯其爲戮乎，報惡已甚矣！」

或曰：公子圉之言也，不亦反乎！昭公之及於難者，報惡晚也。然則高伯之晚於死者，報惡甚也。明君不懸怒，有怒不行且舉之，故曰「懸怒」。懸怒則臣罪，輕舉以行計，○顧廣圻曰：藏本同。今本「臣」下有「懼」字。按「臣罪」當作「罪臣」。此下當重有「罪臣輕舉以行計」七字。則人主危。故靈臺之飲，○顧廣圻曰：與左傳不同。衛侯怒而不誅，故褚師作難。○先慎曰：乾道本「褚」作「楮」，據趙本改。食鼀之羹，鄭君怒而不誅，故子公殺君。君子之舉「知所惡」，非甚之也，曰知之若是其明也，而不行誅焉，以及於死，故曰「知所惡」，○先慎曰：乾道本無「曰」字，拾補有。盧文弨云：張本無。顧廣圻云：藏本同。今本「故」下有「曰」字。按當有「舉」字。先慎按：有「曰」字是，今據補。以見其無權也。人君非獨不足於見難而已，或不足於斷制。今昭公見惡稽罪而不誅，使渠彌含憎懼死以徼幸，故不免於殺，是昭公之報惡不甚也。○先慎曰：「昭公」當作「高伯」。昭公含怒未發，不得言「昭公之報惡」。此即難「公子圉」「高伯其爲戮乎，報惡已甚矣」之語。今本皆誤「高伯」爲「昭公」，文義不可通矣。

或曰：報惡甚者，大誅報小罪。大誅報小罪也者，獄之至也。○先慎曰：乾道本無下「報」

字，顧廣圻云：「藏本、今本有『報』字。」今據補。

「以」當作「已」。以讐之衆也。○顧廣圻曰：未詳。

獄之患，故非在所以誅也，○顧廣圻曰：「獄之患」句絕。

是以晉厲公滅三郤而欒、中行作難，鄭子都殺伯咺而食鼎起禍，吳王誅子胥而越句踐成霸。則衛侯之逐、鄭靈之弒，不以褚師之不死而子公之不誅也，○先慎曰：乾道本「子公」作「公父」。顧廣圻云：今本「公父」作「子公」，誤。先慎按：作「子公」是。上「子公弒君」與「褚師作難」對言，是其證，改從今本。事見左傳。

以未可以怒而有怒之色，未可誅而有誅之心。怒之當罪，○先慎曰：乾道本「之」作「其」，盧文弨云：「『其』，秦本作『之』。」今據改。

雖懸奚害？夫未立有罪，即位之後，宿罪而誅，齊胡之所以滅也。○先慎曰：藏本、今本無「故」字。國語「昔齊騶馬繻以胡公入於貝水」，即其事。」今據刪。

而誅不逆人心，君行之臣，○顧廣圻云：「藏本、今本無『故』字。」今據補。

猶有後患，況爲臣而行之君乎？誅既不當，而以盡爲心，是與天下爲讐也，則雖爲戮，不亦可乎！○先慎曰：拾補「乎」下有「哉」字。盧文弨云：「脫，張本有。」

衛靈公之時，○先慎曰：乾道本無「公」字。

彌子瑕有寵於衛國，侏儒有見公者曰：○先慎曰：藏本有「公」字，是也，七術篇有。」今據補。

「臣之夢踐矣。」○顧廣圻云：「藏本有『公』字，七術篇作『踐』。」「淺」，拾補作「踐」，今據改。七術篇作「賤」，亦誤。

公曰：「奚夢？」○先慎曰：此下當依七術篇有「對曰」二字。

「夢見竈者，爲見公也。」公怒曰：○先慎曰：乾道本「聞」下無「見」字。拾補

「吾聞見人主者夢見日，○先慎曰：乾道本「聞」下無「見」字。拾補

有，七術篇有，今據補。拾補「夢」下刪「見」字，非。奚爲見寡人而夢見竈乎？」侏儒曰：「夫日兼照天下，一物不能當也；人君兼照一國，一人不能雍也。故將見人主而夢日也。夫竈，一人煬焉，則後人無從見矣。或者一人煬君邪？則臣雖夢竈不亦可乎！」公曰：「善。」遂去雍鉏，退彌子瑕，而用司空狗。○顧廣圻曰：「雍鉏」，趙策作「雍疽」。先慎曰：孟子、衛策作「癰疽」，説苑至公篇作「雍雎」，皆音近通借。

或曰：侏儒善假於夢以見主道矣，然靈公不知侏儒之言也。「去雍鉏，退彌子瑕，而用司空狗」者，是去所愛而用所賢也。鄭子都賢慶建而雍焉，○顧廣圻曰：未詳。燕子噲賢子之而雍焉。夫去所愛而用所賢，未免使一人煬己也。不肖者煬主，不足以害明；今不知[二]而使賢者煬己，○先慎曰：乾道本「己」上有「主」字。顧廣圻云：「今本無『己』字，誤。按依下文當衍『主』字。」按：拾補有「己」字，無「主」字，盧文弨云：「『主』字非。」今據刪。則必危矣。○先慎曰：乾道本「必危」二字作「賢」，誤。○顧廣圻云：「藏本、今本『賢』作『必危』二字，按依下文是也。」今據改。

或曰屈到嗜芰，文王嗜菖蒲葅，非正味也，而二賢尚之，所味不必美。晉靈侯説參無恤，

〔二〕「知」，原本作「誅」，據乾道本及下文改。

○顧廣圻曰： 未詳。 燕噲賢子之，非正士也，○先慎曰：乾道本重「之」字，顧廣圻云：「藏本不更有『之』字，是也。」今據刪。 而二君尊之，所賢不必賢也。 非賢而賢用之，○顧廣圻曰： 六字爲一句。 與用所愛異狀。○顧廣圻曰： 「狀」字衍。 賢誠賢而舉之，○顧廣圻曰： 句絶。 與愛而用之同，○顧廣圻曰： 藏本同。 今本無下「賢」字，誤。 故楚莊舉叔孫而霸。 ○顧廣圻曰： 「叔孫」當作「孫叔」。 燕噲雖舉所賢，而同於用所愛，衛奚距然哉！○王渭曰： 讀爲「遽」。先慎按： 顧説是。○先慎曰： 拾補「奚」下有「獨」字，乾道本「距」作「詎」。 盧文弨云： 「距」字非。 顧廣圻云： 「距」讀爲「距」。 商辛用費仲而滅，此皆用所賢而事相反也。 君壅而不知○顧廣圻曰： 藏本同。 今本「見」上有「可」字。 則侏儒之未見也，○先慎曰： 乾道本「見」上有「可」字，盧文弨云： 「『可』字，凌、秦本無。」今據刪。 已見之後，而知其壅也，故退壅臣，是加知之也。 ○顧廣圻曰： 「之」字當衍。 曰「不加知○顧廣圻曰： 藏本同。 今本「曰」作「日」，「日」誤。 而使賢者煬己，則必危」，而今以加知矣，則雖煬己，必不危矣。

韓非子集解卷第十七

難勢第四十

慎子曰：「飛龍乘雲，騰蛇遊霧，雲罷霧霽，○先慎曰：初學記二、御覽十五、事類賦三引「霽」作「散」。而龍蛇與螾螘同矣，則失其所乘也。賢人而詘於不肖者，則權輕位卑也；○盧文弨曰：張本「賢」上有「故」字。不肖而能服於賢者，則權重位尊也。堯爲匹夫不能治三人，而桀爲天子能亂天下。吾以此知勢位之足恃，而賢智之不足慕也。夫弩弱而矢高者，激於風也；身不

肖而令行者，得助於眾也。堯教於隸屬而民不聽，至於南面而王天下，令則行，禁則止。由

此觀之，賢智未足以服眾，而勢位足以缶賢者也。○盧文弨曰：「缶」疑「正」之譌。「正」古「正」字。

墨子往往用此。顧廣圻曰：句有誤。俞樾曰：「缶」乃「詘」字之誤。「詘」闕壞而爲「出」字，又因誤爲「缶」也。上文云

「賢人乃詘於不肖者，則權輕位卑也」，此即勢位足以詘賢者之說。趙本作「任賢」者，乃不得其字而臆改，不可從也。先慎

曰：俞說是。張榜本亦改作「任」。

應慎子曰：飛龍乘雲，騰蛇遊霧，吾不以龍蛇爲不託於雲霧之勢也。雖然，夫釋賢而

專任勢，足以爲治乎？○先慎曰：乾道本「釋」作「擇」，拾補「擇」作「釋」，顧廣圻云：「當作『釋』。」今據改。則

吾未得見也。夫有雲霧之勢而能乘遊之者，龍蛇之材美之也。○盧文弨曰：下「之」字，凌本無。王

先謙曰：此與下「蚖螾之材薄也」對文，明下「之」字衍。

有盛雲醲霧之勢而不能乘遊者，蚖螾之材薄也。今雲盛而蚖螾弗能乘也，霧醲而螾不能遊也；夫

霧，而天下不免乎大亂者，桀、紂之材薄也。且其人以堯之勢以治天下也，其勢○顧廣圻曰：藏

本同。今本無「以也其勢」四字。先慎曰：張榜本無「以也」二字。按「其勢」二字屬下讀。何以異桀之勢也亂天

下者也。○盧文弨曰：一本無「者」字。顧廣圻曰：藏本、今本無上「也」字。按「也」當作「以」。夫勢者，非能

必使賢者用己，而不肖者不用己也。○顧廣圻曰：兩「已」字當有誤，未詳。俞樾曰：兩「已」字，當作「人

「己」之「己」，即以勢而言，勢者人人得而用之，不能使賢者用我，而不肖者不用我也。顧氏由不達古人語意耳。賢者用之則天下治，不肖者用之則天下亂。人之情性賢者寡而不肖者眾，而以威勢之利濟亂世之不肖人，則是以勢亂天下者多矣，○盧文弨曰：一本無「矣」字。以勢治天下者寡矣。夫勢者，便治而利亂者也。故周書曰：「毋爲虎傅翼，將飛入邑，擇人而食之。」○先慎曰：顧廣圻云：藏本、今本「飛」上有「將」字。按「之」字當衍。先慎按：逸周書寤儆篇正有「將」字，今據補。彼脫「爲」字，當依此訂。○先慎曰：乾道本無「將」字。夫乘不肖人於勢，是爲虎傅翼也。顧廣圻曰：句當有脫字。「高臺」一也，「深池」二也，「炮烙」三也。下文云「四行」，其一未見。先慎曰：此隨舉二人暴虐之事，非必有四行也，炮烙即非桀所爲，顧說太泥。桀、紂爲高臺深池以盡民力，爲炮烙以傷民性，○顧廣圻曰：「乘」當作「兼」，下文云「未始行一」，其證也。○先慎曰：「乘」下脫「勢」字，「四」當作「肆」。「肆行」即指盡民力傷民性言。顧說非。桀、紂得乘四行者，○顧廣圻曰：藏本「乘」作「成」，今本「四」作「肆」，皆誤。南面之威爲之翼也。使桀、紂爲匹夫，未始行一而身在刑戮矣。○先慎曰：言匹夫未一行桀、紂之暴亂，刑戮隨之也。顧氏以「一」對「四」言，非。勢者，養虎狼之心，而成暴亂之事者○先慎曰：乾道本「暴」下有「風」字。顧廣圻云：今本無「風」字。按句有誤。先慎按：無「風」字是，改從今本。也，○先慎曰：此謂桀、紂得有天下之勢以爲之傅翼，所以暴亂之事成也。此天下之大患也。勢之於治亂，本末有位也，○顧廣圻曰：「末」當作「未」。而語專言勢之足以治天下者，則其智之所至者淺矣。夫良馬固車，使

臧獲御之則爲人笑，王良御之而日取千里；　車馬非異也，或至乎千里，或爲人笑，則巧拙相去遠矣。○先慎曰：乾道本無「巧」字。顧廣圻云：藏本、今本有「巧」字。　先慎案：治要亦有，今據補。　今以國位爲車，○先慎曰：治要無「位」字。以勢爲馬，以號令爲轡，○先慎曰：治要「轡」下有「銜」字。以刑罰爲鞭筴，使堯、舜御之則天下治，桀、紂御之則天下亂，則賢不肖相去遠矣。夫欲追速致遠不知任王良，欲進利除害不知任賢能，此則不知類之患也。夫堯、舜亦治民之王良也。○復應之曰：其人以勢爲足恃以治官。客曰「必待賢乃治」，則不然矣。夫勢者，名一而變無數者也。○先慎曰：有自然之勢，有人設之勢。勢必於自然，則無爲言於勢矣；吾所爲言勢者，言人之所設也。○今曰「堯、舜得勢而治，桀、紂得勢而亂」，吾非以堯、舜爲不然也。雖然，非一人之所得設也。○先慎曰：乾道本無「今曰」至「設也」，據藏本、張榜本、趙本補三十三〔二〕字。夫堯、舜生而在上位，○先慎曰：乾道本〔三〕「堯」作「聖」。顧廣圻云：藏本、今本「聖」作「堯」，非也。「舜」上當有脫文。先慎按：顧氏不審上文有三十三字之本，故疑此下脫文。「堯」「舜」承上言，「堯」不當作「聖」。御覽六百二十四、初學記九引並作「堯」，與藏本、今本合，是其證，今據改。初學記引「夫」上有「今」字，藝文類聚五十二引無「舜」字，有「堯」字，蓋「堯」下脫「舜」字，然亦足

〔二〕原本作「二」，據實際字數改。

〔三〕「本」，原本作「字」，據文義改。

見「聖」爲「堯」之誤。雖有十桀、紂不能亂者,則勢治也;桀、紂亦生而在上位,雖有十堯、舜而亦不能治者,則勢亂也。故曰:「勢治者則不可亂,而勢亂者則不可治也。」此自然之勢也,非人之所得設也。若吾所言,謂人之所得設也;若吾所言,謂人之所得勢也而已矣。○先慎曰:「乾道本無「設也若吾所言謂人之所得」十一字。顧廣圻云:「謂人之所得」下有脱文。俞樾云:「勢」當作「設」,上文云「此自然之勢也」,非人之所得設也」,故此曰「若吾所言,謂人之所得設也」十一字,是,今據增。上「吾」字乃「客」之誤。顧氏因疑有脱文,非是。先慎案:張榜本「得」下有「設也若吾所言謂人之所得勢也而已矣」。「若客所言,謂人之所得設也」當作「若客所言,謂人之所得設也」;「若吾所言,謂人之所得設也」十一字耳。顧氏知有缺文設也」而來,語極明晰。「客」誤爲「吾」,遂不可讀,乾道本因刪去「若吾所言,謂人之所得勢也」十一字,正承上「非人之所得設也」而失於考校,俞氏又强爲之説而不加參訂,均非。

賢何事焉!何以明其然也?客曰:「人有鬻矛與楯者,○先慎曰:難一篇「矛」「楯」互易。白孔六帖五十八引無「與」字。譽其楯之堅:『物莫能陷也。』俄而又譽其矛曰:『吾矛之利,物無不陷也。』人應之曰:『以子之矛,陷子之楯,何如?』其人弗能應也。」○先慎曰:白孔六帖引「陷子之楯何如」作「擊子之楯如之何」。夫不可陷之楯與無不陷之矛,爲名不可兩立也。夫賢之爲勢不可禁,而勢之爲道也無不禁,以不可禁之勢,○顧廣圻曰:藏本同。今本「勢」下有「與無不禁之道」,誤。按當云「以不可禁之賢與無不禁之勢」。此矛楯之説也。夫賢勢之不相容亦明矣。且夫堯、舜、桀、紂千世而一出,是比肩隨踵而生也;○先慎曰:「是」上當有

「反」字。　世之治者不絕於中，吾所以爲言勢者中也。中者，上不及堯、舜而下亦不爲桀、紂，抱法處勢則治，背法去勢則亂。今廢勢背法而待堯、舜，堯、舜至乃治，是千世亂而一治也；抱法處勢而待桀、紂，桀、紂至乃亂，是千世治而一亂也。且夫治千而亂一，與治一而亂千也，是猶乘驥駬而分馳也，相去亦遠矣。○先慎曰：驥、駬並千里馬，乘而分馳，違背必速。夫棄隱栝之法，○先慎曰：張榜本、趙本「栝」作「括」。公羊何休序云「隱括使就繩墨」是也。字當作「栝」。說文：「栝，隱也；從木，昏聲。」今通用炊竈木之「栝」。又或從「括」，書太甲「往省括于度」，是也。去度量之數，使奚仲爲車，不能成一輪；無慶賞之勸，刑罰之威，釋勢委法，堯、舜戶說而人辯之，不能治三家。夫勢之足用亦明矣，而曰「必待賢」則亦不然矣。○先慎曰：乾道本無「不」字，顧廣圻云：「藏本、今本有『不』字。」今據增。　且夫百日不食以待粱肉，餓者不活，○先慎曰：御覽八百六十三引「活」作「育」。今待堯、舜之賢乃治當世之民，是猶待粱肉而救餓之說也。夫曰「良馬固車，臧獲御之則爲人笑，王良御之則日取乎千里」，吾不以爲然。　夫待越人之善海游者○盧文弨曰：「海」字疑衍。先慎曰：「海」即「游」字誤而複者。説林上篇「越人雖善游，子必不生矣」，語句正同。以救中國之溺人，越人善游矣，而溺者不濟矣。○先慎曰：上「矣」字當衍。「善」上當有「雖」字。　夫待古之王良以馭今之馬，亦猶越人救溺之說也，不可亦明矣。　夫良馬固車，○先慎曰：張榜本脱「馬」字。五十里而一置，使中手御之，追速

致遠，可以及也，而千里可日致也，何必待古之王良乎！且御非使王良也，則必使臧獲敗之﹔治非使堯、舜也，則必使桀、紂亂之。此味非飴蜜也，必苦菜亭歷也。○先慎曰：乾道本「菜」作「菜」。顧廣圻云：「今本『菜』作『菜』。」今據改。此則積辯累辭、離理失術、兩未之議也，○盧文弨曰：「未」，張、凌本作「末」。顧廣圻云：句有誤。奚可以難夫道理之言乎！客議未及此論也。○顧廣圻曰：句有誤。先慎曰：語意明顯，顧說謬。

問辯第四十一

或問曰：「辯安生乎？」對曰：「生於上之不明也。」問者曰：「上之不明，因生辯也，何哉？」對曰：「明主之國，令者，言最貴者也﹔法者，事最適者也。言無二貴，法不兩適，故言行而不軌於法令者必禁。若其無法令而可以接詐應變、生利揣事者，上必采其言而責其實，言當則有大利，不當則有重罪，是以愚者畏罪而不敢言，智者無以訟，○先慎曰：「訟」，讀爲誦。此所以無辯之故也。亂世則不然，主上有令○先慎曰：乾道本無「上」字，顧廣圻云：「藏本、今本有。」今據補。而民以文學非之，官府有法民以私行矯之，○先慎曰：依上文「民」上當有「而」字。人

主顧漸其法令而尊學者之智行，○趙用賢曰：「漸」，沒也，音「尖」。此世之所以多文學也。○先慎

曰：張榜本「所」下脫「以」字。夫言行者，以功用爲之的彀者也。夫砥礪殺矢而以妄發，其端未嘗

不中秋毫也；○先慎曰：「殺矢」，用諸田獵之矢，見周禮考工記冶氏注。然而不可謂善射者，無常儀的

也。設五寸之的，引十步之遠，○先慎曰：外儲說左上篇同。按「十步」當作「百步」。非羿、逢蒙不能必

中者，有常也。○先慎曰：「常」下脫「儀的」二字，外儲說有。故有常則羿、逢蒙以五寸的爲巧，○先慎

曰：張榜本、趙本「巧」作「功」誤。「巧」與下文「拙」正相對待，外儲說作「巧」，是其證。無常則以妄發之中秋毫

爲拙。今聽言觀行，不以功用爲之的彀，○先慎曰：張榜本、趙本「功」作「公」誤。言雖至察，行雖至

堅，則妄發之說也。是以亂世之聽言也，以難知爲察，以博文爲辯；其觀行也，以離羣爲

賢，以犯上爲抗。人主者說辯察之言，尊賢抗之行，故夫作法術之人，立取舍之行，別辭爭之

論，○先慎曰：張榜本無「故夫」至此十七字。而莫爲之正。是以儒服帶劍者衆，而耕戰之士寡；堅

白無厚之詞章，○先慎曰：史記荀卿傳：「趙有公孫龍，爲堅白異同之辯。」鄧析子無厚篇：「天不能屏勃厲之氣，

全夭折之人，使爲善之民必壽，此於民無厚也。凡民有穿窬爲盜者，有詐僞相迷者，此皆生於不足，起於貧窮，而君必執法

誅之，此於民無厚也。堯、舜位爲天子，而丹朱、商均爲布衣，此於子無厚也。周公誅管、蔡，此於弟無厚也。」而憲令之

法息。故曰：『上不明則辯生焉。』」

徐渠問田鳩曰：「臣聞智士不襲下而遇君，聖人不見功而接上。今陽成義渠明將也，○先慎曰：乾道本「今」作「令」，拾補作「令」。○顧廣圻曰：「毛」當作「屯」。○外儲說右篇云「屯二甲」，義同。先慎曰：顧說「毛」當作「屯」，是。其引「屯二甲」爲證，非。「屯伯」即屯長，見商君書境內篇。「措」，當依下文作「試」。而措於毛伯，○顧廣圻曰：盧文弨云：「『令』字非。」今據改。而關於州部，何哉？」田鳩曰：「此無他故異物，主有度，上有術之故也。且公孫亶回聖相也，○顧廣圻曰：文心雕龍書記引此云「孫亶回」，無「公」字，省耳。足下獨不聞楚將宋觚而失其政，魏相馮離而亡其國？二君者，驅於聲詞，眩乎辯說，不試於毛伯，不關乎州部，故有失政亡國之患。由是觀之，夫無毛伯之試，州部之關，豈明主之備哉！」

堂谿公謂韓子曰：「臣聞服禮辭讓，全之術也；修行退智，遂之道也。今先生立法術，設度數，○先慎曰：乾道本「生」作「王」，今據拾補改。臣竊以爲危於身而殆於軀。何以効之？○先慎曰：乾道本「効」作「効」。盧文弨云：「『効』，藏本作『効』。」今據改。所聞先生術曰：『楚不用吳起而削亂，秦行商君而富彊。○先慎曰：乾道本「彊」作「彊」，今據張榜本、趙本改。二子之言已當矣，然而吳起

支解而商君車裂者，不逢世遇主之患也。』逢遇不可必也，患禍不可斥也。夫舍乎全遂之道

而肆乎危殆之行，竊爲先生無取焉。』韓子曰：「臣明先生之言矣。〇先慎曰：乾道本無「臣」字，

顧廣圻云：「藏本、今本有。」今據補。夫治天下之柄，齊民萌之度，甚未易處也。然所以廢先王之

教，〇王渭曰：「王」當作「生」。下同。而行賤臣之所取者，竊以爲立法術，設度數，所以利民萌，便

衆庶之道也。故不憚亂主闇上之患禍，而必思以齊民萌之資利者，仁智之行也。憚亂主闇

上之患禍，而避乎死亡之害，知明夫身而不見民萌之資利者，貪鄙之爲也。〇先慎曰：乾道本

「知明夫身而不見民萌之資利者」作「知明而不見民萌之資夫科身者」。盧文弨云：「夫」字、「身」字、凌本無。」顧廣圻

云：「此當作『知明夫身而不見民萌之資利者』作「知明而不見民萌之資利者」。乾道本『利』作『科』，誤。」今據改。臣不忍嚮貪鄙之爲，不敢傷

仁智之行，先王有幸臣之意，然有大傷臣之實。」〇俞樾曰：「先王」當作「先生」，即謂堂谿公也。公〔二〕

諷韓子舍全遂之道而肆危殆之行，故曰「先生有幸臣之意」。「幸臣」，猶愛臣也，呂氏春秋至忠篇「王必幸臣與臣之母」，

是也。韓子自謂「不忍嚮貪鄙之爲，不敢傷仁智之行」。若從堂谿公言，則仁智之行傷矣，故曰「然有大傷臣之實」。此

〔一〕「有」字，當讀爲「又」。

〔二〕「公」，原本作「非」，據俞氏諸子平議改。

問者曰：「申不害、公孫鞅，此二家之言孰急於國？」應之曰：「是不可程也。人不

食，十日則死；大寒之隆，不衣亦死。謂之衣食孰急於人，則是不可一無，皆養生之具

也。今申不害言術，而公孫鞅爲法。術者，因任而授官，循名而責實，○先慎曰：「貴」作

「貴」，誤。據張榜本、趙本改。操殺生之柄，課羣臣之能者也，此人主之所執也。法者，憲令著於官

府，刑罰必於民心，賞存乎慎法，而罰加乎姦令者也，○盧文弨曰：「姦」馮改作「奸」。此臣之所師

也。君無術則弊於上，臣無法則亂於下，此不可一無，皆帝王之具也。」

問者曰：○先慎曰：「問」張榜本作「或」。「徒術而無法，徒法而無術，其不可何哉？」對

曰：「申不害，韓昭侯之佐也。韓者，晉之別國也。晉之故法未息，而韓之新法又生；先

君之令未收，而後君之令又下。申不害不擅其法，不一其憲令，則姦多。○先慎曰：「不一其憲

令」句。「則姦多」句。故利在故法前令則道之，利在新法後令則道之。○先慎曰：「道」讀爲導，與下

「使昭侯用術」同意。申不害則使昭侯用故法前令；；其「利在新法後令」，則使昭侯用新法後令。「前

令」、「後令」即上「先君之令」、「後君之令」。今人以「前」、「後」兩字逗，非也。利在故新相反，○盧文弨曰：「利

在二字衍。前後相悖，○先慎曰：乾道本「悖」作「勃」。顧廣圻云：今本「勃」作「悖」，誤。先慎案：説文「詩」下云「亂也」，或從心作「悖」；「勃」下云「排也」。明乖亂之字應作「悖」，而「勃」爲叚借字。顧氏以正字爲誤，蓋未之審耳，今據改。則申不害雖十使昭侯用術，而姦臣猶有所譎其辭矣。○先慎曰：張榜本「用」誤「利」。故託万乘之勁韓，○先慎曰：「万」張榜本、趙本作「萬」。七十年而不至於霸王者，○顧廣圻曰：「七十」有誤，或當作「十七」。雖用術於上，法不勤飾於官之患也。公孫鞅之治秦也，設告相坐而責其實，○先慎曰：「相」字淺人所加，此與下「連什伍而同其罪」對文。連什伍而同其罪，賞厚而信，刑重而必。是以其民用力勞而不休，逐敵危而不卻，故其國富而兵強，然而無術以知姦，則以其富強也資人臣而已矣。及孝公、商君死，惠王即位，秦法未敗也，而張儀以秦殉韓、魏。○顧廣圻曰：句絕。惠王死，武王即位，甘茂以秦殉周。○先慎曰：依上文「甘」上當有「而」字。武王死，昭襄王即位，穰侯越韓、魏而東攻齊，○先慎曰：御覽一百九十八引無「韓」字。五年而秦不益一尺之地，○先慎曰：各本「一尺」作「尺土」，據御覽引改。乃成其陶邑之封；○先慎曰：各本「成」作「城」，據御覽引改。應侯攻韓八年，成其汝南之封。○顧廣圻曰：藏本同。今本「成」作「城」，誤。上文「乃城其陶邑之封」，亦當作「成」。○先慎曰：御覽此亦作「成」，不誤。自是以來，諸用秦者，皆應、穰之類也。故戰勝則大臣尊，益地則私封立，主無術以知姦也。○先慎曰：張榜本「主」作「其」，誤。「主」，謂秦王也。商君雖十飾其法，人臣反用其資。故乘強秦之資，數十年而不至於帝王者，法不勤飾於官，○盧文弨曰：「不」，或改

「雖」。○顧廣圻曰：「不」當作「雖」。

問者曰：「主用申子之術，而官行商君之法，可乎？」對曰：「申子未盡於法也。○顧廣圻曰：當云「申子未盡於術，商君未盡於法也」。脫去六字。申子言：『治不踰官，雖知弗言。』」○先慎曰：乾道本無「治」字、「弗」字，顧廣圻云：「藏本、今本『知』下有『弗』字，今本『不』上有『治』字，按依下文當有。又見難三篇，『弗』亦作『不』。」今據補。『治不踰官』，謂之守職也可；○顧廣圻曰：藏本、今本「也可」作「可也」。先慎曰：張榜本無「可」字。『知而弗言』，是謂過也。○先慎曰：乾道本「是」下有「不」字。盧文弨云：「不」字脫，藏本、張本有。「也」、「邪」同。顧廣圻云：今本無「不」字，按句有誤。先慎按：「不」字衍文。下「知而弗言，則人主尚安假借矣」，即「是謂過也」意，今據改。人主以一國目視，故視莫明焉，以一國耳聽，故聽莫聰焉。今知而弗言，則人主尚安假借矣！○先慎曰：「矣」當作「乎」。商君之法曰：○先慎曰：乾道本「曰」作「日」，據張榜本、趙本改。『斬一首者爵一級，欲爲官者爲五十石之官，斬二首者爵二級，欲爲官者爲百石之官。』官爵之遷與斬首之功相稱也。今有法曰：『斬首者令爲醫匠。』則屋不成而病不已。夫匠者手巧也，而醫者齊藥也；○先慎曰：乾道本無「病不」至「者齊」十三字，空十八字。顧廣圻云：「藏本、今本有『病不已夫匠者手巧也而醫者齊』十三字。」今依藏本、今本補，說詳下。而以斬首之功爲之，則不當其能。今治官者，智能

也，○先慎曰：乾道本無「能也」二字，顧廣圻云：「空四字，藏本、今本有『能也』二字。」今據補。**今斬首者，勇**

力之所加也。以勇力之所加○先慎曰：乾道本無「勇力之所加也以」七字，不空，合計「屋不成」下缺五字，「智」

下缺二字，正符七字之數，足見今本之字非肛撰也。今據今本補「勇力之所〔二〕加也以」七字。**而治能之官，**○先

慎曰：乾道本「治」下有「者」字。顧廣圻云：藏本、今本無「者」字，此未詳。先慎按：「者」字衍，今據刪。此謂以勇力

所得之官，而理智能之事，不當其能，無異令斬首之人爲醫匠也。**是以斬首之功爲醫匠也。故曰：『二子**

之於法術皆未盡善也。』」

說疑第四十四○顧廣圻曰：「疑」讀爲擬。

凡治之大者，非謂其賞罰之當也。賞無功之人，罰不辜之民，○先慎曰：乾道本「辜」下無「之」

字，顧廣圻云：「藏本、今本有。」今據補。**非所謂明也。**○顧廣圻曰：「明」字當衍。**賞有功，罰有罪，而不**

失其人，方在於人者也，○顧廣圻曰：藏本同。今本「人方」作「當乃」誤。按「在」當作「任」，形近誤。先慎曰：

〔二〕「所」下原本衍「以」字，據正文刪。

顧說是。讀當以「而不失其人」句，「方任於人者也」句。

非能生功止過者也。是故禁姦之法：太上禁其心，其次禁其言，其次禁其事。今世皆曰「尊主安國者，必以仁義智能」，而不知卑主危國者之必以仁義智能也。故有道之主，遠仁義，去智能，服之以法。是以譽廣而名威，民治而國安，知用民之法也。凡術也者，主之所以執也；法也者，官之所以師也。然使郎中日聞道於郎門之外，以至於境內日見法，又非其難者也。昔者有扈氏有失度，讙兜氏有孤男，三苗有成駒，桀有侯侈，○顧廣圻曰：墨子所染篇云：「夏桀染於干辛、推哆。」又明鬼篇云：「推哆、大戲。」古今人表下中有「推侈」，即此「侯侈」。王念孫曰：「侯」當作「佳」，形相似而誤。（隸書從「佳」從「侯」之字往往譌溷，說見墨子非命篇「哆」、「移」皆同字耳。）墨子所染篇、明鬼篇並作「推哆」，晏子諫篇、漢書古今人表並作「推侈」，「佳」與「推」聲相近，故通作「推惟舌」〔二下。）「移」從「佳」。又呂氏春秋簡選篇云：「移、大犧。」淮南子主術訓云：「推移、大犧。」「侈」、也，其為「佳」字無疑。」顧廣圻曰：

紂有崇侯虎，晉有優施，此六人者，亡國之臣也。言是如非，言非如是，內險以賊，其外小謹，以徵其善，稱道往古，使良事沮；善禪其主，以集精微，○顧廣圻曰：句有誤。先慎曰：「禪」與「擅」通，莊子人間世釋文「禪，本作『擅』」是也。說文：「擅，專也。」「精微」，猶精細也。言平

〔二〕「惟舌」，原本作「為舌」，據王氏讀書雜志餘編改。

日擅專其主，無毫髮之可間也。亂之以其所好，○先慎曰：投其所欲，引爲不善也。此夫郎中左右之類者也。往世之主，有得人而身安國存者，有得人而身危國亡者。得人之名一也，而利害相千萬也，○先慎曰：趙本「万」作「萬」。故人主左右不可不慎也。爲人主者誠明於臣之所言，則別賢不肖如黑白矣。若夫許由、續牙、○顧廣圻曰：此七友在第三。秦顚頡、衛僑如、○顧廣圻曰：未詳。俞樾曰：「顚頡」，晉人而係之秦；「僑如」，魯人而係之衛，不可曉。且其人亦非如下文所云「伏死窟穴」者也。據下文云「若夫齊田恒〔二〕、宋子罕、魯季孫意如、晉僑如、衛子南勁、鄭太宰欣、楚白公、周單荼、燕子之，此九人者之爲其臣也，皆朋黨比周以事其君」云云，疑「魯季孫意如、晉僑如」當作「晉顚頡、魯僑如」，而傳寫誤入上文，又移「晉」字於「伯陽」之上，遂妄竄入「秦」字耳。晉伯陽、○顧廣圻曰：「晉」字當衍。此七友在第四。○先慎曰：「晉」字當衍。此七友在第四。狐不稽、○顧廣圻曰：莊子大宗師「狐不偕」。釋文：「司馬云〔三〕：『古賢人也。』」重明、○顧廣圻曰：未詳。董不識、○顧廣圻曰：此七友在第五。按齊策云「舜有七友」，姚校云：「雄陶、方回、續牙、伯陽、東不訾、秦不虛、靈甫。」古今人表上下有「雄陶、續身、柏陽、東不訾，秦不虛。」顏師古曰：「雄陶以下，皆舜之友也。」「身」或作「耳」，「虛」或作「宇」，上中有「方回」。其「靈甫」人表未見也。此「續牙」即「續身」「伯陽」即「柏陽」，「董不識」即「東不訾」。其餘或皆彼之駁異耳。卞隨、務光、

〔一〕　「田恒」，原本作「田桓」，據正文改。
〔二〕　「田恒」，原本作「田桓」，據正文改。
〔三〕　「云」下原本重二「云」字，據顧氏韓非子識誤刪。

伯夷、叔齊，此十二人者，皆上見利不喜，下臨難不恐，或與之天下而不取，有萃辱之名，○顧

廣圻曰：藏本同。今本「萃」作「卑」。先慎曰：「萃」字不誤，説文：「萃，讀若瘁」即「瘁」字。「領」，顬領也。苟

子富國篇「勞苦頓萃而愈無功」，正作「萃」，是其證。今本改「萃」爲「卑」，失其義矣。則不樂食穀之利。夫見利

不喜，上雖厚賞無以勸之，臨難不恐，上雖嚴刑無以威之。此之謂不令之民也。此十二人

者，○先慎曰：乾道本無「人」字，盧文弨云：「凌本有。」今據補。或伏死於窟穴，或槁死於草木，或飢餓於

山谷，或沈溺於水泉。有民如此，○先慎曰：乾道本無「民」字，顧廣圻云：「藏本、今本有。」今據補。先古

聖王皆不能臣，當今之世，將安用之？若夫關龍逢、王子比干、隨季梁、陳泄冶、楚申胥、○顧

廣圻曰：「申胥」當作「葆申」。「葆申」者，楚文王之臣，極言文王茹黄狗、宛路矰、丹姬事而變更之，下文所謂「疾争强諫

以勝其君」者也。見呂氏春秋，高誘注云：「葆，太葆，官。名申」。又載説苑，「葆」作「保」。古今人表同。「葆」「保」同字

也。吳子胥，此六人者，皆疾争强諫以勝其君。言聽事行，則如師徒之勢；○盧文弨曰：「勢」，

秦本作「合」。一言而不聽，一事而不行，則陵其主以語，從之以威，雖身死家破，○先慎曰：乾道本

〔從〕作「待」。「威雖身」作「其身雖」。顧廣圻云：今本「待」作「從」。「其身雖」作「威雖身」。按句有誤。先慎按：今本

是。「從之以威」句，此如鬻拳諫君以兵之類，改從今本。要領不屬，手足異處，不難爲也。如此臣者，先古

聖王皆不能忍也，當今之時，將安用之？若夫齊田恒、○先慎曰：乾道本「齊田」作「田齊」，盧文弨云：

「田齊」倒，張本作「齊田」。今據改。宋子罕、魯季孫意如、晉僑如、○顧廣圻曰：未詳。先慎曰：「晉」字

衍。此即魯叔孫宣伯。

鄭。』楚白公、周單茶、顧廣圻曰：未詳。下文：「單氏之取周。」燕子之，此九人者之爲其臣也，皆朋

黨比周以事其君，隱正道而行私曲，上逼君，下亂治，援外以撓內，親下以謀上，○顧廣圻曰：藏

本同。今本「親」作「侵」誤。不難爲也。如此臣者，唯聖王智主能禁之；若夫昏亂之君，能見之

乎？○先慎曰：「若夫」二字不當有。

衛子南勁、顧廣圻曰：未詳。鄭太宰欣、顧廣圻曰：未詳。下文云：「太宰欣取

蹇叔、舅犯、華登，○先慎曰：乾道本下作「襄」，拾補作「衰」，顧廣圻云：「襄」當作「衰」。』今依拾補改。范蠡、

大夫種、逢同、華登，此十五人者爲其臣也，○盧文弨曰：「爲其」疑倒，下同。先慎曰：「者」下脱「之」字。

上文「此九人者之爲其臣也」下文「此十二人者之爲其臣也」，句法一律，明此脱「之」字。讀當以十字爲句。盧氏疑「爲

其」倒，非也。皆夙興夜寐，卑身賤體，竦心白意。明刑辟，治官職以事其君，進善言，通道法

而不敢矜其善；有成功立事，而不敢伐其勞。○先慎曰：「立事」上當有脱字。不難破家以便國，

殺身以安主。以其主爲高天泰山之尊，而以其身爲壑谷鬴洧之卑；○顧廣圻曰：「鬴洧」，未詳。

王先謙曰：爾雅釋文：「鬴，古『釜』字。」「釜洧」即「釜鍑」也。「洧」，古讀與复聲之字近。水經洧水注：「甲庚溝水枝

分，東逕洧陽故城南，俗謂之復陽城，非也。」蓋「洧」「復」字類音讀變，是其證也。「洧」可讀爲「復」，則亦可讀爲「鍑」。方

言「釜，自關而西或謂之『釜』，或謂之『鍑』」，明「釜」「鍑」連文。此「鬴洧」即「釜鍑」之通叚字矣。「鬴洧」四旁高而中

央卑，與壑谷地形之卑相類，故並以爲身卑之喻。主有明名廣譽於國，而身不難受壑谷鬴洧之卑。○顧廣

圻曰：句有誤。○先慎曰：主得美名而身受卑名也。上文指位言，此指名言，文複而義不同。如此臣者，雖當昏亂之主，尚可致功，況於顯明之主乎？此謂霸王之佐也。若夫周滑之，○顧廣圻曰：藏本同。今本「之」作「伯」。按依下文，此周威王所用也，今無可考。鄭王孫申、○顧廣圻曰：鄭無王孫，「王」當爲「公」之誤。依下文，此鄭子陽所用也。先慎曰：趙本「芋」作「芋」。「芋」，誤。陳公孫寧、儀行父、荊芊尹申亥、○先慎曰：趙本「芊」作「芋」。盧文弨云：隨少師、越種干、○顧廣圻曰：「種干」下文未見。吳王孫頷、○顧廣圻曰：「頷」，「國語」作「雛」，「雛」同字也，他書「頷」作「駱」。晉陽成泄、○顧廣圻曰：依下文，智伯所用也。齊豎刁、易牙，此十二人者之爲其臣也，○顧廣圻曰：按上文，但有十一人，當有脫文字。皆思小利而忘法義，進則揜蔽賢良以陰闇其主，退則撓亂百官而爲禍難，皆輔其君，共其欲，苟得一說於主，○先慎曰：「說」，即「悅」字。雖破國殺衆不難爲也。有臣如此，雖當聖王，尚恐奪之，而況昏亂之君，其能無失乎？有臣如此者，皆身死國亡，爲天下笑。故周威公身殺，國分爲二；○先慎曰：「周威公」河南桓公揭之子，桓公自封少子班於鞏以奉王，號東周，而河南遂號西周。不詳身殺之事。鄭子陽身殺，國分爲三；○先慎曰：其事未詳。陳靈公身死於夏徵舒氏；○先慎曰：乾道本無「公」字，顧廣圻云：「藏本、今本有。」今據補。荊靈王死於乾谿之上；隨亡於荊；吳并於越；智伯滅於晉陽之下；桓公身死七日不收。故曰：諂諛之臣，唯聖王知之，而亂主近之，故至身死國亡。」聖王明君則不然，內

舉不避親，外舉不避讎。是在焉從而舉之，非在焉從而罰之。是以賢良遂進而姦邪并退，故

一舉而能服諸侯。其在記曰：「堯有丹朱，而舜有商均，啟有五觀，商有太甲，武王有管、

蔡。」五王之所誅者，皆父兄子弟之親也，而所殺亡其身殘破其家者何也？○王先謙曰：「而」下

「所」字當衍。以其害國傷民敗法類也。○顧廣圻曰：藏本同。○盧文弨曰：「法」下有「圯」字，誤。

山林藪澤巖穴之間，或在囹圄縲緤縲索之中，○盧文弨曰：「縲」當作「纆」。顧廣圻曰：藏本「緤」作「纆」。

或在割烹芻牧飯牛之事。然明主不羞其卑賤也，○顧廣圻曰：藏本「然」下有「後」字，今本有

「而」字，皆誤。以其能，為可以明法，○顧廣圻曰：藏本、今本無「為」字。按「能」字逗

之，身安名尊。亂主則不然，不知其臣之意行，而任之以國。故小之名卑地削，大之國亡身

死，不明於用臣也。無數以度其臣者，○顧廣圻曰：藏本同。今本「無」上有「夫」字，誤。先慎曰：「數」謂

術數。必以其眾人之口斷之。眾之所譽，從而說之，眾之所非，從而憎之。故為人臣者，破

家殘眴，○趙用賢曰：「眴」音粹，貨也。內構黨與、外接巷族以為譽，○先慎曰：相為名譽。從陰約結

以相固也，虛相與爵祿○顧廣圻曰：「相」字當衍。以相勸也。曰：「與我者將利之，○顧廣圻曰：

藏本、今本「曰」作「且」。按「曰」字是。不與我者將害之。」眾貪其利，劫其威。彼誠喜則能利己，忌

怒則能害己。○先慎曰：「忌」當作「誠」。眾歸而民留之，以譽盈於國，發聞於主；主不能理其

情，因以爲賢。彼又使譎詐之士，外假爲諸侯之寵使，○顧廣圻曰：「句絕。」假之以輿馬，信之以

瑞節，鎮之以辭令，資之以幣帛，使諸侯淫說其主，○顧廣圻曰：藏本同。今本「侯」下有「而」字，誤。按

句有誤。」先慎曰：「侯」字衍。「使諸淫說其主」謂使譎詐之士誦說於主前也。微挾私而公議。所爲使者，異

國之主也。」所爲談者，左右之人也。○先慎曰：如蘇代爲齊使燕，而使子之重權也。主說其言而辯

其辭，以此人者天下之賢士也。○盧文弨曰：「之於」二字或刪去。其諷一而語同。

大者不難卑身尊位以下之，小者高爵重祿以利之。夫姦人之爵祿重而黨與彌眾，又有姦邪

之意，則姦臣愈愈反而說之，曰：「古之所謂聖君明王者，○先慎曰：乾道本「者」上有「君」字。顧廣圻

云：「聖君明王」句絕。「君者」上當有脫文。藏本同。今本無下「君」字。先慎按：無下「君」字是，今據刪。「曰」字上

亦當有「者」字，各本奪「曰」上「者」字，連寫「於」「王」下增「君」字以補其缺耳。「而說之者」，即謂姦臣之黨與，故下文「姦

臣聞此，蹙然舉耳以爲是也」。顧氏不知「君」字接「曰」字上「者」字之誤，因讀「聖君明王」句絕，則疑「君者」上有脫文，宜

矣。○顧廣圻曰：「幼弱」二字，當衍其一。上「也」字當作「世」。九字爲一句。以

非長幼弱也及以次序也。○顧廣圻曰：

其搆黨與，偪上弒君而求其利也。」彼曰：「何知其然也？」因曰：「舜偪堯，禹偪

舜，湯放桀，武王伐紂，此四王者，人臣弒其君者也，而天下譽之。察四王之情，貪得人之意

也；○顧廣圻曰：「人」字衍。度其行，○顧廣圻曰：三字爲一句。暴亂之兵也。然四王自廣措也，

而天下稱大焉，自顯名也，而天下稱明焉。則威足以臨天下，利足以蓋世，天下從之。」又

曰：「以今時之所聞，田成子取齊，司城子罕取宋，太宰欣取鄭，單氏取周，易牙之取衛，○顧

廣圻曰：　未詳。　先慎曰：呂氏春秋先識覽：「衛公子啟方以書社四十下衛。」此「易牙」疑「開方」之誤。「取」當作

「下」。　或因易牙倡亂，而開方始降衛，歸罪於易牙，故云然。　韓、魏、趙三子分晉，此六人，臣之弒其君者

也。」○俞樾曰：　上文自「田成子」以下凡八人，不得言六。「六」疑「亦」字之誤，承上文「舜偪堯，禹偪舜，湯放桀，武王

伐紂」而言，故云「亦」也。　先慎曰：　此與上不相承。「六」當作「八」。「人」下當有「者」字，與上「此四王者」文法一例。

姦臣聞此，蘼然舉耳以爲是也。　故內搆黨與，外擽巷族，○盧文弨曰：　「擽」，張本作「擽」。

先慎曰：　「擽」「擽」並誤，當依上文作「接」。　觀時發事，一舉而取國家。　且夫內以黨與劫弒其君，外

以諸侯之權矯易其國，○先慎曰：　乾道本「權矯」作「懼驕」，顧廣圻云：　「今本『懼驕』作『權矯』，按今本是也。」

改從今本。　隱正道，○先慎曰：　乾道本「正道」作「敎適」。　顧廣圻云：　今本「敎適」作「正道」。　未詳。　先慎按：　作

「正道」是也。　「正道」，謂法度，與下「私曲」對文。　上云「皆朋黨比周以事其君，隱正道而行私曲」，飭邪篇「羣臣朋黨比周

以隱正道行私曲」，並作「正道」，即其證，改從今本。　持私曲，上禁君，下撓治者，不可勝數也。　是何也？

則不明於擇臣也。　記曰：　「周宣王以來，亡國數十，其臣弒君而取國者衆矣。」○先慎曰：　乾道

本「君」上有「其」字，「取」上無「而」字。　盧文弨云：　「『而』字脫，張本有。」顧廣圻云：　「今本無下『其』字。」今據改。

然則難之從內起與從外作者，相半也。　能一盡其民力，破國殺身者，尚皆賢主也。　若夫轉身

法易位，全衆傳國，○顧廣圻曰：今本無「身」字，「傳」作「傳」。按句當有誤，未詳。俞樾曰：「法」字衍文。「傳」當作「傳」。上所謂「破國殺身者」，以國君死社稷而言也，故曰「尚皆賢主也」。此所謂「轉身易位，全衆傳國」者，則晉靜公、齊康公之類，是以其不能死而反見屈於臣，故曰「最其病也」。趙本改「傳」爲「傳」，正得其字。惟不知「法」字之衍，而删去「身」字，失之。　最其病也。　爲人臣者，○先慎曰：乾道本「臣」作「主」。顧廣圻曰：「今本『主』作『臣』。按依上下文當作『臣』。」今據改。　誠明於臣之所言，則雖罼弋馳騁，○盧文弨曰：「罼」，張本作「畢」。　撞鐘舞女，國猶且存也。　不明臣之所言，雖節儉勤勞，布衣惡食，國猶自亡也。趙之先君敬侯，不修德行而好縱慾，適身體之所安，耳目之所樂。冬日罼弋，夏浮淫，爲長夜，數日不廢御觴，不能飲者以筒灌其口，進退不肅，應對不恭者斬於前。故居處飲食如此其不節也，制刑殺戮如此其無度也。然敬侯享國數十年，○先慎曰：史世家：〔敬侯即位十二年卒。〕兵不頓於敵國，地不虧於四鄰，內無君臣百官之亂，外無諸侯鄰國之患，明於所以任臣也。燕君子噲，邵公奭之後也。○先慎曰：趙本「邵」作「召」，古字通。地方數千里，持戟數十萬，不安子女之樂，不聽鍾石之聲，內不湮汙池臺榭，○先慎曰：此句衍一字。外不罼弋田獵，又親操耒耨以修畎畝。子噲之苦身以憂民如此其甚也，雖古之所謂聖王明君者，其勤身而憂世不甚於此矣。然而子噲身死國亡，奪於子之，而天下笑之，此其何故也？○先慎曰：「何故」二字倒。不明乎所以任臣也。故

曰：人臣有五姦而主不知也。爲人臣者，○先慎曰：乾道本「臣」作「二」，據趙本改。有侈用財貨賂以取譽者，有務慶賞賜予以移衆者，有務朋黨狥智尊士以擅逞者，有務解免赦罪獄以事威者，有務奉下直曲、怪言、偉服、瑰稱以眩民耳目者。此五者明君之所疑也，○顧廣圻曰：「疑」，讀爲擬，下文同。又本篇二字互見。而聖主之所禁也。去此五者，則譙詐之人不敢北面談立；○顧廣圻曰：句有誤。王先謙曰：「談立」二字疑倒。○先慎曰：「譙」當作「詭」。人君南面，故臣言「北面」。文言多，實行寡而不當法者，不敢誣情以談說。○先慎曰：乾道本「敢誣」作「誣敢」，顧廣圻云：「今本作『敢誣』。」今據改。是以羣臣居則修身，動則任力，非上之令不敢擅作疾言誣事，此聖王之所以牧臣下也。彼聖主明君不適疑物以闚其臣也，○先慎曰：「適」疑作「道」。見疑物而無反者，天下鮮矣。故曰：孽有擬適之子，配有擬妻之妾，廷有擬相之臣，臣有擬主之寵，此四者，國之所危也。故曰：內寵並后，外寵貳政，枝子配適，大臣擬主，亂之道也。故周記曰：「無尊妾而卑妻，無孽適子而尊小枝。○先慎曰：「無孽適子」，謂無以適子爲孽也。無尊嬖臣而匹上卿，無尊大臣以擬其主也。」四擬者破，則上無意，下無怪也；○先慎曰：君不道疑物以闚其臣，臣不誣情以談說，是謂上無意，下無怪。四擬不破，則隕身滅國矣。

聖人之所以爲治道者三：一曰利，二曰威，三曰名。夫利者所以得民也，威者所以行令也，名者上下之所同道也。非此三者，雖有不急矣。今利非無有也，而民不化上；威非不存也，而下不聽從；官非無法也，而治不當名。三者非不存也，而世一治一亂者何也？○先慎曰：拾補「與」上有「嘗」字。盧文弨云：「脱」，秦本有。疑當作

夫上之所貴與其所以治相反也。○先慎曰：拾補「與」上有「嘗」字。盧文弨云：「脱」，秦本有。疑當作『常』。夫立名號所以爲尊也，今有賤名輕實者，世謂之高。○先慎曰：乾道本無「之」字。顧廣圻云：藏本、今本有「之」字。先慎按：依下文當有，今據補。設爵位所以爲賤貴基也，而簡上不求見者，世謂之賢。威利所以行令也，而無利輕威者，世謂之重。○先慎曰：乾道本無「世」字。顧廣圻云：藏本、今本有。先慎按：依上下文當有，今據補。法令所以爲治也，而不從法令爲私善者，世謂之忠。官爵所以勸民也，而好名義不進仕者，世謂之烈士。○顧廣圻曰：句絶。刑罰所以擅威也，而輕法不避刑戮死亡之罪者，世謂之勇夫。○顧廣圻曰：句絶。民之急名也，甚其求利也。如此，則士之飢餓乏絶者，焉得無嚴居苦身以爭名於天下哉！故世之所以不治者，非下之罪，上失其道也。常貴其所以亂而賤其所以治，是故下之所欲常與上之所以爲治相詭也。今下而聽其上，上

之所急也。而惇愨純信，用心怯言，則謂之窶。○先慎曰：乾道本「則」作「時」，據藏本、今本改。「怯言」二字，當爲「少欲」之誤。因「少欲」二字錯簡在「寬惠行德」句上，乾道本遂涉下文之字而誤增。藏本以意改爲「壹者」，張、趙本改爲「壹者」，並非。守法固，聽令審，則謂之愚。敬上畏罪，則謂之怯。言時節，行中適，則謂之不肖。無二心私學，聽吏從教者，則謂之陋。○先慎曰：乾道本「聽」上有「吏」字，顧廣圻云：「今本無『吏』字。」今據刪。難致謂之正。難予謂之廉。難禁謂之齊。有令不聽從謂之勇。無利於上謂之愿。寬惠行德謂之仁。○先慎曰：乾道本「寬」上有「少欲」二字。顧廣圻云：今本無「少欲」二字。先慎按：「少欲」二字，當在上「用心」下，誤衍於此，據今本刪。上下文皆四字句，無脫文。成羣謂之師徒。閒靜安居謂之有思。○先慎曰：乾道本「閒」作「閑」，據趙本改。重厚自尊謂之長者。私學○顧廣圻曰：句絕。險躁佻反覆謂之智。○顧廣圻曰：當脫一字。「險躁」連讀，下文云「而險躁讒諛者任」。先慎曰：「佻」字衍文。「險躁反覆」四字爲句。損仁逐利謂之疾。本稱○顧廣圻曰：藏本同。今本「本」作「不」。按句有誤。先爲人而後自爲，類名號言，汎愛天下，謂之聖。言大不撓上者，謂之傑。下漸行如此，入則亂民，出則不便也。○先慎曰：乾道本「迹」作「近」，顧廣圻云：○盧文弨曰：「便」一作「使」。上宜禁其欲、滅其迹而不止也，○先慎曰：「藏本、今本『近』作『迹』。」今據改。又從而尊之，是教下亂上以爲治也。凡上所治者刑罰也，○先慎曰：乾道本無「上」字，盧文弨云：「一本

有。」今據補。　今有私行義者尊。〇顧廣圻曰：「私」下「行」字當衍。　社稷之所以立者安静也，而謀險

讒諛者任。　四封之内所以聽從者信與德也，而陂知傾覆者使。　令之所以行，威之所以立者

恭儉聽上；　〇顧廣圻曰：藏本同。今本「儉」下有「也不」二字，誤。按「上」字下當有「也」字。　而巖居非世者

顯。　倉廪之所以實者，耕農之本務也；　而綦組錦繡刻畫爲末作者富。名之所以成，城池之

所以廣者戰士也；　〇顧廣圻曰：「池」，當作「地」。　俞樾曰：顧說是也。惟「城地」連文，近於不辭，「城」疑衍文。

「名之所以成」、「地之所以廣」兩文相對，不當有「城」字，蓋即「成」字之誤而衍者。　今死之孤飢餓乞於道，〇顧廣

圻曰：藏本同。今本死下有「士」字，誤。　而優笑酒徒之屬乘車衣絲。賞禄所以盡民力，易下死也；

今戰勝攻取之士勞而賞不霑，而卜筮視手理狐蟲爲順辭於前者日賜。〇俞樾曰：「蟲」乃「蠱」之

誤。春秋「蠱牢」，春秋繁露竹林篇作「蠱牢」，即其例矣。「狐蠱」二字連文，見僖十五年左傳。上握度量，所以擅生

殺之柄也；　今守度奉量之士，欲以忠嬰上而不得見，巧言利辭行姦軌以倖偷世者數御。〇

先慎曰：廣雅釋詁：「御，進也。」「數」，音色角反。此言巧言利辭之人，得常常進見也。　據法直言，名刑相當，循

繩墨誅姦人，所以爲上治也而愈疏遠；　諂施順意從欲以危世者近習。　悉租税，專民力，所

以備難，充倉府也；　而士卒之逃事狀匿，附託有威之門以避徭賦，而上不得者萬數。〇俞樾

曰：「狀匿」即「藏匿」也。「狀」與「壯」通，考工記㮚氏「凡鑄金之狀」，故書「狀」作「壯」，是也。「壯」與「莊」通，漢書古

今人表「柳壯」，檀弓作「柳莊」，是也。而「藏」字說文所無，古書多以「臧」爲之。「臧」、「莊」聲近。「狀」通作「壯」、「壯」

又通作「莊」，則亦可通作「臧」矣。　王先謙曰：「狀」即「伏」字形近而誤。「伏匿」二字見史記范雎傳。俞說迂曲。夫

陳善田利宅，所以屬戰士也。○先慎曰：乾道本「屬戰士」作「戰士卒」。盧文弨云：「脫『屬』字，衍『卒』字。」

據拾補補。而斷頭裂腹，播骨乎平原野者，○顧廣圻曰：藏本同。今本「原」下有「曠」字，誤。按「平」字當衍，

涉「乎」字形近耳。無宅容身，死田畝。○顧廣圻曰：今本重「身」字。藏本「畝」作「敏」，今本作「奪」。按句有

誤。先慎曰：乾道本不誤，今本作「身死田奪」，非。「無宅容身」，則其田不待身死而奪也。藏本「畝」作「敏」，形近而誤。

「死田畝」，即孟子「死溝壑」之意。生既無宅，故死於外也。而女妹有色，大臣左右無功者，擇宅而受，擇田

而食。賞利一從上出，所以善削下也，○先慎曰：乾道本無「以」字。拾補「善削」作「擅制」。盧文弨云：

「以」字脫，張本有。「制」，藏本作「削」。顧廣圻云：「削」、「制」字同。『所』下當有「以」字。」今據張本補。而戰介

之士不得職，○顧廣圻曰：「戰」當作「耿」。今據補。而閒居之士尊顯。○先慎曰：乾道本「居」作「官」。顧廣圻云：

「今本『官』作『居』。」今據改。上以此爲教，名安得無卑，位安得無危！夫卑名危位者，○先慎曰：乾道

本無「危」字，盧文弨云：「『危』字脫，秦本有。」今據補。必下之不從法令，有二心無私學，反逆世者也，○

盧文弨曰：「無」字字衍。顧廣圻曰：「二心」「私學」上下文凡五見。而不禁其行，不破其羣，以散其黨，又

從而尊之，用事者過矣。上之所以立廉恥者，○先慎曰：乾道本「上」下有「世」字，顧廣圻云：「今本無

『世』字。今據刪。　所以屬下也，○王念孫曰：「屬」乃「厲」之誤，說詳上有度篇。今士大夫不羞汙泥醜

辱而宦。○先慎曰：句絶。女妹私義之門不待次而宦。○先慎曰：句絶。賞賜所以爲重也，○先慎

曰：乾道本「所」上有「之」字。顧廣圻云：今本無「之」字，誤。先慎按：顧氏句讀誤耳，此與下「誠信所以通威也」句法

一律，不當有「之」字，從今本刪。而戰鬥有功之士貧賤，而便辟優徒超級。名號○先慎曰：「便」上「而」

字衍。　誠信所以通威也，而主揜障。近習女謁並行，百官主爵遷人，用事者過矣。大臣官人

與下先謀比周，雖不法行，威利在下，○顧廣圻曰：藏本同。今本「與下先謀雖」五字爲一句。按句有誤，未詳。

則主卑而大臣重矣。夫立法令者以廢私也，法令行而私道廢矣。私者，所以亂法也。而士

有二心私學，巖居窞路，○顧廣圻曰：藏本同。今本「路」作「處」誤。託伏深慮，大者非世，細者惑

下。上不禁，又從而尊之，以名，○顧廣圻曰：「又從而尊之」五字爲一句。上下文及此凡四見。「以名」上

有脱文，當本重「尊之」二字而脱耳。化之以實，是無功而顯，無勞而富也。如此，則士之有二心私學

者，焉得無深慮，勉知詐與誹謗法令，○盧文弨曰：凌本無「與」字。以求索與世相反者也！凡亂上

反世者，常士有二心私學者也。故曰：「所以治者，法也；」所以亂者，私也。法立，則

莫得爲私矣。」故曰：「道私者亂，道法者治。」上無其道，則智者有私詞，賢者有私意。上

有私惠，下有私欲。　聖智成羣，造言作辭，以非法措於上；○顧廣圻曰：藏本同。今本「措」作「令」。

按句有誤。上不禁塞，又從而尊之，是教下不聽上，不從法也。是以賢者顯名而居，姦人賴賞而富。賢者顯名而居，姦人賴賞而富，是以上不勝下也。

韓非子集解卷第十八

六反第四十六　　八說第四十七

八經第四十八

六反第四十六

畏死遠難，○先慎曰：乾道本無「遠」字。顧廣圻云：今本有「遠」字。按句有誤，未詳所當作。先慎按：有「遠」字是。「難」讀爲患難之難，與下「雖犯軍旅之難」同。禮記曲禮：「臨難無苟免。」「遠難」即免難之義。「畏死遠難」，有倖生之心，用以當敵，必不恥降北之辱。此「遠」字不可少，據今本增。降北之民也，而世尊之曰「貴生之士」。學道立方，離法之民也，而世尊之曰「文學之士」。遊居厚養，牟食之民也，而世尊之曰「有能之士」。語曲牟知，○顧廣圻曰：「牟」字有誤，未詳所當作。先慎曰：淮南時則訓高注：「牟，多也。」

，知」，讀曰智。

偽詐之民也，而世尊之曰「辯智之士」。行劍攻殺，暴憿之民也，○顧廣圻曰：本書
亡徵篇有「暴憿」，即此。未知孰是。先慎曰：作「憿」是，説詳亡徵篇。而世尊之曰「磏勇之士」。○先慎曰：
説文：「磏，厲石也。」凡棱利之義即此字之轉注，經傳皆以「廉」爲之。活賊匿姦，當死之民也，而世尊之曰
「任譽之士」。○盧文弨曰：「譽」疑是「俠」。此六民者，世之所譽也。赴險殉誠，死節之民，○先慎
曰：依上下文，「民」下當有「也」字。而世少之曰「失計之民」也。寡聞從令，全法之民也，而世少之
曰「樸陋之民」也。力作而食，生利之民也，而世少之曰「寡能之民」也。嘉厚純粹，整穀之
民也，○王先謙曰：「整」，正。「穀」，善也。而世少之曰「愚戇之民」也。重命畏事，尊上之民也，而
世少之曰「怯懾之民」也。挫賊遏姦，明上之民也，○先慎曰：「明上」，謂奉揚法令。而世少之
曰「諂讒之民」也。此六者，世之所毀也。姦偽無益之民六而世譽之如彼，耕戰有益之民六而
世毀之如此，此之謂六反。布衣循私利而譽之，世主聽虛聲而禮之，禮之所在，利必加焉。
百姓循私害而訾之，世主壅於俗而賤之，賤之所在，害必加焉。故名賞在乎私惡當罪之民，
而毀害在乎公善宜賞之士，索國之富強，不可得也。

古者有諺曰：「爲政猶沐也，雖有棄髮必爲之。」愛棄髮之費，○先慎曰：趙本重「髮」字。盧
文弨云：下「愛」字，藏本不重。顧廣圻云：「必爲之」句絕。今本重「愛」字，誤。先慎案：「必爲之」謂不以損髮而

不沐。〈八説篇「沐者有棄髮」云云，與此意同。　而忘長髮之利，不知權者也。

夫彈痤者痛，飲藥者苦，爲苦憊之故不彈痤飲藥，則身不活病不已矣。○顧廣圻曰：自此至末，皆當連，各本多提行，皆非是。

今上下之接無子父之澤，○先愼曰：依下文「子父」當作「父子」。而欲以行義禁下，則交必有郄矣。且父母之於子也，産男則相賀，産女則殺之。此俱出父母之懷衽，然男子受賀，女子殺之者，慮其後便，○王渭曰：句絶。計之長利也。故父母之於子也，猶用計算之心以相待也，而況無父子之澤乎！

今學者之説人主也，皆去求利之心，出相愛之道，○王先謙曰：如孟子説世主不言利，而以仁爲先。是求人主之過於父母之親也，○先愼曰：乾道本無「於」字，今從拾補增。盧文弨云：「思」，馮校增。此不熟於論恩詐而誣也，○顧廣圻曰：藏本同。今本「恩」作「思」，誤。盧文弨曰：「思」，張本作「恩」。故明主不受也。○先愼曰：乾道本無「主」字，顧廣圻云：「今本『恩』下有『主』字，按此當有。」今據補。聖人之治也，審於法禁，法禁明著則官法，○顧廣圻曰：句絶。「法」，依下文當作「治」。必於賞罰，賞罰不阿則民用。○顧廣圻曰：句絶。官官治○顧廣圻曰：當作「民用官治」四字。則國富，國富則兵強，○盧文弨曰：下「國」字，張本無。而霸王之業成矣。霸王者，人主之大利也。人主挾大利以聽治，故其

任官者當能，其賞罰無私。使士民明焉盡力致死，則功伐可立而爵禄可致，爵禄致而富貴之

業成矣。○盧文弨曰：「致」張本作「至」。富貴者，人臣之大利也。人臣挾大利以從事，故其行危

至死，其力盡而不望。○先慎曰：大臣盡力從事，雖行危，至死無怨。此謂君不仁，臣不忠，則不可以

霸王矣。○顧廣圻曰：「不」字當衍。外儲說右篇云：「君通於不仁，臣通於不忠，則可以王矣。」此其證也。

夫姦，必知則備，必誅則止；不知則肆，不誅則行。夫陳輕貨於幽隱，雖曾、史可疑

也；懸百金於市，雖大盜不取也。不知，則曾、史可疑於幽隱；必知，則大盜不取懸金於

市。故明主之治國也，衆其守而重其罪，○先慎曰：張榜本「而」作「其」，誤。守者衆，以防於未發，罪者

重，以杜其效尤。使民以法禁而不以廉止。母之愛子也倍父，父令之行於子者十母；○盧文弨

曰：「者」一作「也」。吏之於民無愛，令之行於民也萬父母。父母積愛而令窮，○先慎曰：乾道本不

重「父母」二字。顧廣圻云：今本「積」上有「父母」二字，誤。先慎按：上「十母」「萬父母」並句絶。「父母積愛」與「吏用

威嚴」相對成文，不當省「父母」二字，顧説非，改從今本。吏用威嚴而民聽從，○先慎曰：乾道本無「用」字，盧文弨云：

「用」字脱，張本有。」今據補。嚴愛之筴亦可決矣。且父母之所以求於子也，動作則欲其安利也，行身

則欲其遠罪也；君上之於民也，有難則用其死，安平則盡其力。親以厚愛關子於安利而不聽，

○盧文弨曰：「關」或作「開」。君以無愛利求民之死力而令行。明主知之，故不養恩愛之心，而增威

嚴之勢。故母厚愛處，○顧廣圻曰：句有誤，當脱一字。子多敗，推愛也，推，行也。父薄愛教笞，○顧廣圻曰：五字爲一句。子多善，用嚴也。○先慎曰：張榜本無「故母」至「用嚴」大小二十四字。

今家人之治産也，○顧廣圻曰：藏本同。○先慎曰：張榜本無「故母」至「用嚴」大小二十四字。

相忍以飢寒，○先慎曰：盧文弨拾補出「飢」字云：「饑，張本作『飢』。按下『饑饉』、『天饑』作『飢』。」先慎按：下二「飢」字張榜本作「饑」，「飢」不誤。相強以勞苦，雖犯軍旅之難，饑饉之患，○先慎曰：「饑」字從張榜本改，下同。溫衣美食者必是家也。相憐以衣食，相惠以佚樂，天饑歲荒，嫁妻賣子者必是家也。故法之爲道，前苦而長利；仁之爲道，偷樂而後窮。聖人權其輕重，出其大利，故用法之相忍，而棄仁人之相憐也。○顧廣圻曰：「人」字當衍，此仁與法相對也。

學者之言，皆曰輕刑，此亂亡之術也。○先慎曰：乾道本無「刑」字，顧廣圻：「今本有『刑』字，按依下文當有。」今據補。凡賞罰之必者，勸禁也。○先慎曰：乾道本「必」作「心」。顧廣圻云：「今本『心』作『必』誤。」王先謙云：「『必』字是，上言『必於賞罰』，即其證。若作『心』，則不當有『者』字。」改從今本。賞厚則所欲之得也疾，罰重則所惡之禁也急。○先慎曰：乾道本「惡」作「惠」，拾補作「惡」，盧文弨云：「『惠』字非。」今據改。夫欲利者必惡害，害者利之反也，反於所欲，焉得無惡。欲治者必惡亂，亂者治之反也，是故欲治甚者其賞必厚矣，其惡亂甚者其罰必重矣。今取於輕刑者，其惡亂不甚也，其欲治又不甚也。○顧廣圻曰：藏本「也」下更有「其欲治又不甚也」七字，今本有「其欲治又

不甚也者」八字，皆誤。

此非特無術也，又乃無行。是故決賢不肖愚知之美，○顧廣圻曰：藏本同。今本

「知」作「智」，「美」作「分」。按句有誤。俞樾曰：「美」乃「笑」字之誤。上文云「嚴愛之笑亦可決矣」，此云「決賢不肖愚

知之笑」，其文義正相似。作「美」者，形近而誤，今本改「美」爲「分」，未得其字。在賞罰之輕重。且夫重刑者，

「撲賊」之「撲」誤移在上句，因移下句「治」字以補之，義不可通矣。道藏本、趙本但於「所撲也者」上加一「治」字，猶未

律。「撲賊」之「撲」，非治所撲賊，治所撲也者，是治死人也」方與下文「刑盜非治所刑也，治所刑也者，是治胥靡也」文法一

盡得也。又按「撲」字未詳何義，據與「刑盜」對文，疑「撲」當作「殺」。古字或以「蔡」爲之，尚書禹貢「二百里蔡」，鄭注

云：「『蔡』之言『殺』。」是「蔡」、「殺」聲近義通。説文米部臣鍇引左傳「槃蔡叔」，今作「蔡蔡叔」，亦其例也。「蔡」誤作

非爲罪人也，明主之法撲也。治賊非治所撲也，所撲也者，是治死人也。○俞樾曰：此當作「明

主之法也撲賊，非治所撲賊，治所撲也者，是治死人也」，方與下文「刑盜非治所刑也，治所刑也者，是治胥靡也」

「葵」，傳寫者又以意改爲「撲」耳。

刑盜非治所刑也，治所刑也者，是治胥靡也。故曰：重一姦之罪

而止境內之邪，此所以爲治也。○重罰者盜賊也，而悼懼者良民也，欲治者奚疑於重刑！○先

慎曰：乾道本「刑」下有「名」字。顧廣圻云：「藏本同。今本無『名』字，按依下文不當有。」今據刪。若夫厚賞者，

非獨賞功也，又勸一國。○顧廣圻曰：四字爲一句。受賞者甘利，未賞者慕業，是報一人之功而

勸境內之衆也，欲治者何疑於厚賞！今不知治者皆曰：「重刑傷民，輕刑可以止姦，何必於

重哉！」此不察於治者也。夫以重止者，未必以輕止也；以輕止者，必以重止矣。是以上

設重刑者而姦盡止，○先慎曰：「者」字涉上下文而衍。姦盡止則此奚傷於民也！○先慎曰：能止姦，

則重刑無傷。

所謂重刑者，姦之所利者細，而上之所加焉者大也。民不以小利蒙大罪，○先慎曰：乾道本「蒙」作「加」。盧文弨云：「加，張本作「蒙」。」今據改。故姦必止者也。○先慎曰：下文無「者」字。所謂輕刑者，姦之所利者大，上之所加焉者小也。○先慎曰：依上文「上」上當有「而」字。民慕其利而傲其罪，○先慎曰：「傲其罪」謂輕易其刑。故姦不止也。故先聖有諺曰：「不躓於山，而躓於垤。○先慎曰：淮南子人閒訓堯戒「躓」作「蹎」，「垤」作「蛭」，高注：「蹎、躓也。」「蛭、蟻也。」按依義當作「垤」。山者大，故人順之，○顧廣圻曰：「順」讀為慎。垤微小，故人易之也。今輕刑罰，民必易之。犯而不誅，是驅國而棄之也；犯而誅之，是為民設陷也。是故輕罪者，民之垤也。是以輕罪之為民道也，○先慎曰：「民」字不當有。此言輕罪之道非欲亂國，即為民設陷也。「民」字涉上下文而衍。非亂國也，則設民陷也，此則可謂傷民矣。

今學者皆道書筴之頌語，○先慎曰：「頌語」，猶美語也。不察當世之實事，曰：「上不愛民，賦斂常重，則用不足而下恐上，○盧文弨曰：「恐」疑是「怨」。○先慎曰：盧說是。下不足於用則怨上，故下云故天下大亂。」○王渭曰：「賞」當作「刑」。此以為足其財用以加愛焉，○先慎曰：「愛」與「怨」文正相對。雖輕刑罰，可以治也。此言不然矣。凡人之取重賞罰，固已足之之後也。故天下雖足民於財用而厚愛之，然而輕刑猶之亂也。○先慎曰：乾道本「厚」上有「後」字，據趙本刪。言上雖足民於財用而

厚愛之，若不重罰，民猶趨亂。下云「則雖足民何可以爲治」是也。夫富家之愛子，○先慎曰：乾道本「富」作「當」，拾補「當」作「富」。盧文弨云：「『當』字譌。」今據改。財貨足用，○盧文弨曰：「財貨」，張本倒，下同。輕用則侈泰，親愛之則不忍，不忍則驕恣。侈泰則家貧，驕恣則行暴，此雖財用足而愛厚，輕利之患也。○顧廣圻曰：藏本同。今本「雖」作「則」，誤。按「雖」當作「唯」。凡人之生也，財用足則隳於用力，上治懦則肆於爲非。○先慎曰：乾道本無「治」字，拾補有。盧文弨云：舊倒，依下文改。先慎按：趙本不誤，今據改。財用足而力作者神農也，上治懦而行修者曾、史也，夫民之不及神農、曾、史亦已明矣。○先慎曰：乾道本無「已」字，盧文弨云：「已」字脫，張本有。今據補。

老耼有言曰：「知足不辱，知止不殆。」夫以殆辱之故而不求於足之外者，老耼也。今以爲足民而可以治，○先慎曰：「民而」當作「而民」。是以民爲皆如老耼也。故桀貴在天子而不足於尊，○先慎曰：此與下相對，「子」下疑脫「之位」二字。富有四海之內而不足於寶。君人者雖足民，不能足使爲天子，○先慎曰：乾道本「爲」下有「君」字，顧廣圻云：「藏本、今本無『君』字。」今據刪。而桀未必以天子爲足也，○先慎曰：乾道本「以」作「爲」，拾補「爲」作「以」。盧文弨云：「爲」字，張本無。顧廣圻云：今本「以」「爲」兩有，非也。張本「爲」作「以」，是，今據改。則雖足民何可以爲「必」下有「以」字，誤。先慎按：今本「以」「爲」兩有，非也。

治也！故明主之治國也，適其時事以致財物，論其稅賦以均貧富，厚其爵禄以盡賢能，重其刑罰以禁姦邪，使民以力得富，以事致貴，以過受罪，以功致賞而不念慈惠之賜，此帝王之政也。○先慎曰：張榜本「帝」誤作「常」。

人皆寐則盲者不知，皆嘿則暗者不知；○先慎曰：盲暗混於寐嘿之中，人莫能辨。覺而使之視，問而使之對，則暗盲者窮矣。不聽其言也則無術者不知，不任其身也則不肖者不知；聽其言而求其當，任其身而責其功，則無術不肖者窮矣。夫欲得力士而聽其自言，雖庸人與烏獲不可別也；授之以鼎俎，則罷健效矣。○顧廣圻曰：「俎」字當衍，下句同。故官職者，能士之鼎俎也，任之以事而愚智分矣。故無術者得於不用，不肖者得於不任。言不用而自文以為辯，身不任而自飾以為高，○先慎曰：乾道本「任」下有「者」字，顧廣圻云：「今本無『者』字，按依上句不當有。」今據刪。世主眩其辯，濫其高而尊貴之，是不須視而定明也，不待對而定辯也，暗盲者不得矣。明主聽其言必責其用，觀其行必求其功，然則虛舊之學不談，矜誣之行不飾矣。

八説第四十七

為故人行私謂之不棄，○先慎曰：謂不遺故舊。以公財分施謂之仁人，輕禄重身謂之君子，

枉法曲親謂之有行，棄官寵交謂之有俠，離世遁上謂之高傲，交爭逆令謂之剛材，○先慎曰：

剛材者，在下而與上爭，故不行其令。行惠取衆謂之得民。不棄者，吏有姦也；仁人者，公財損也；

君子者，民難使也；有行者，法制毁也；有俠者，官職曠也；高傲者，民不事也；剛材者，令不行也；得民者，君上孤也。此八者，匹夫之私譽，人主之大敗也。反此八者，匹夫之私毁，人主之公利也。人主不察社稷之利害，而用匹夫之私譽，索國之無危亂，不可得矣。

任人以事，存亡治亂之機也。無術以任人，無所任而不敗。人君之所任，非辯智則修潔也。任人者，使有勢也。○先慎曰：「任人」則必使其人有勢可憑藉。智士者未必信也，○先慎曰：乾道本無「其」字。惑其信也；，以智士之計，處乘勢之資而爲其私急，則君必欺焉。爲智者之不可信也，○先慎曰：「爲」當作「惟」。「所」字當衍。故任修士者，使斷事也。修士者未必智，爲潔其身，因惑其智；以愚人之所惛，○王先謙曰：此與上「而爲其私急」對文，明有「其」字是，今據補。則事必亂矣。顧廣圻云：藏本、今本「爲」下有「其」字。先慎按：乾道本無「其」字。處治事之官而爲其所然，○先慎曰：「君」字，此「君」字緣上下文而誤衍。○顧廣圻曰：藏

用人，任智則君欺，任修則君事亂，○王先謙曰：承上文言，不當有「君」字，今本作「法術倒言而詭使」。無術之患也。明君之道，賤德義貴，下必坐上，決誠以參，聽無門戶，人莫能測也。○顧廣圻曰：藏本同。「下必坐上決誠以」「今本作「法術倒言而詭使」。按「德義」當作「得議」，形近之誤。七術篇云「夫不使賤議貴，下必

坐上」云云，又經云「觀聽不參則誠不聞，聽有門戶則主壅塞」，即此文之證。「下必坐上」者，商君之告坐也。今本不能讀，

輒加改易，謬甚。　先慎曰：顧說是。　張榜本無「下必坐上決誠以」七字，亦非。（七術篇不當有「必」字，說見彼。）故智者

不得詐欺。　計功而行賞，程能而授事，察端而觀失，有過者罪，有能者得，故愚者不任事。

先慎曰：「不」下當有「得」字，與上「故智者不得詐欺」文一律。　智者不敢欺，愚者不得斷，○先慎曰：不任修

士使斷事。　則事無失矣。

察士然後能知之，不可以為令。○先慎曰：「令」即法也。　夫民不盡察，賢者然後能行之，

○先慎曰：乾道本無「能」字。　顧廣圻云：今本有「能」字。　先慎按：依上文當有，今據補。　不可以為法。○顧廣圻

曰：　句絕。　夫民不盡賢。　楊朱、墨翟，天下之所察也，干世亂而卒不決，雖察而不可以為官職

之令，　鮑焦、華角，天下之所賢也，鮑焦木枯，立死，若木之枯也。　華角赴河，○顧廣圻曰：　未詳。　雖

賢不可以為耕戰之士。○先慎曰：乾道本無「賢」字，顧廣圻云：今本有「賢」字，按依上文當有。」今據增。　故

人主之所察，○先慎曰：乾道本無「所」字，拾補有，盧文弨云：「『所』字脫，依下文當〔一〕有。」今據補。　智士盡其

辯焉，　○顧廣圻曰：藏本同。　今本「士」下有「能」字，誤。　盧文弨曰：張本無「能」字。　人主之所尊，能士盡其

〔一〕　「當」原本作「常」，據盧氏群書拾補改。

行焉。○先慎曰：乾道本「士」下有「能」字，盧文弨云：「張本又有「能」字，馮去之。」顧廣圻云：「今本無下「能」字，按此衍。」今據删。今世主察無用之辯，尊遠功之行，索國之富强，不可得也。博習辯智如孔、墨，○先慎曰：趙本「博」下提行。孔、墨不耕耨，則國何得焉？修孝寡欲如曾、史，曾、史不戰攻，則國何利焉？匹夫有私便，人主有公利。不作而養足，不仕而名顯，此私便也；息文學而明法度，塞私便而一功勞，此公利也。錯法以道民也，○先慎曰：「錯」，施行也。而又貴文學，則民之所師法也疑；○王先謙曰：「所」字衍。賞功以勸民也，而又尊行修，則民之産利也惰。夫[二]貴文學以疑法，尊行修以貳功，索國之富强，不可得也。

擡笟干戚，不適有方鐵銛；言國軍異器。「方」，楯也。言「擡笟」之議，「干戚」之舞，與夫方楯鐵銛不相稱適也。○顧廣圻曰：「適」讀爲「敵」。「有方」，未詳。舊注全謬。孫詒讓曰：「有方」當爲「酋矛」。「酋」、「有」音近，「矛」、「方」形近，因而致誤。墨子備水篇云「二十人，人擅酋矛」，今本亦譌作「有方」，與此正同。（詳墨子閒詁。）登降周旋，不逮日中奏百；○盧文弨曰：荀子議兵篇：「魏之武卒，日中而趨百里。」顧廣圻曰：「奏」讀爲湊。狸首射侯，不當强弩趨發；○王先謙曰：「趨」與「趣」同。干城距衝，○先慎曰：乾道本「衝」上有

〔二〕「夫」，原本作「大」，據四部叢刊影宋乾道本改。

「衡」字。○顧廣圻云：今本無「衡」字。按「衡」即「衝」字複衍耳。齊策云「百尺之衝，折之衽席之上」，即其義。先慎按：荀子強國篇楊注引無「衡」字，今據刪。「干」，荀子注引作「平」。

不若埏穴伏橐。○王渭曰：強國篇楊注引「橐」作「橐」。按「橐」字是，見墨子。先慎曰：楊注引「穴」作「内」。盧文弨荀子拾補云：「「内」、「穴」古多通用。「橐」、「橐」互異，疑此『橐』字是，與韻協。」

古人亟於德，中世逐於智，當今争於力。古者寡事而備簡，樸陋而不盡，故有鉥銚而推車者。「銚」、「屋」，以屋爲銚也，即推輪也。上古摩屋而耨也。○盧文弨曰：「推」當作「椎」，下同。注「即椎輪也」四字，不應間在中，當云「椎車，即椎輪也」，移置於末，始得。今本注字誤且衍，不可從。顧廣圻曰：「推」當作「椎」。淮南子云：「古之所爲不可更，則推車至今無蟬匷。」鹽鐵論非鞅篇云：「推車之蟬攫，負子之教也。」亦當作「椎」。又鹽鐵論遵道、散不足、世務皆言「椎車」，則作「椎」字不誤可證。先慎曰：「推」字不誤。管子禁藏篇云「推引鉥耨以當劍戟」，即此所本。「推車」，謂推引其車。盧、顧說非。

古者人寡而相親，物多而輕利易讓，故有揖讓而傳天下者。然則行揖讓，高慈惠而道仁厚，○先慎曰：乾道本「道」下有「推」字，顧廣圻云：「今本無，按此不當有。」今據刪。皆推政也。○盧文弨曰：「推」當作「椎」，下同。先慎曰：盧說非。「推政」與六反篇「推愛」句法正同，義見上。

處多事之時，用寡事之器，非智者之備也；當大争之世，而循揖讓之軌，非聖人之治也。○先慎曰：趙本「也」作「難」。○顧廣圻曰：藏本同。今本「非」下有「也」字，誤。「難」字衍，張本作「也」，亦可省也。

故智者不乘推車，聖人不行推政也。法所以制事，分段。事所以名功也。法立而有難，○先慎曰：乾道本「法」下有「有」字，顧廣圻云：「今本無「有」字，按此不

權其難而事成則立之，○先慎曰：乾道本無「則立之」三字，顧廣圻云：「藏本、今本有。」今據

當有。」今據刪。補。事成而有害，權其害而功多則爲之。○顧廣圻曰：藏本同。今本無「則」字，誤。

功，天下無有也。○先慎曰：天下無不難之法，無不害之功，但權事之成否，功之多寡耳。乾道本「有」上無「無」

字，則文不成義。顧廣圻云：「今本有，按此當有。」今據補。是以拔千丈之都，敗十萬之衆，死傷者軍之

乘，「乘」謂其半也。○先慎曰：「乘」無「半」義。「乘」當作「垂」，形近之誤。說見內儲說篇。甲兵折挫，士卒死

傷，而賀戰勝得地者，出其小害計其大利也。夫沐者有棄髮，除者傷血肉。○先慎曰：見六反

篇。廣雅釋詁一：「除，瘉也。」欲病瘉者攻以藥石，藥石所達，血肉必傷。爲人見其難，因釋其業，是無術之事

也。○先慎曰：「事」當作「士」。先聖有言曰：「規有摩而水有波，我欲更之，無奈之何。」此通

權之言也。是以說有必立而曠於實者，言有辭拙而急於用者，故聖人不求無害之言，而務無

易之事。○顧廣圻曰：藏本同。今本「易」作「益」，誤。人之不事衡石者，○盧文弨曰：當提行。非貞廉而

遠利也，石不能爲人多少，衡不能爲人輕重，求索不能得，故人不事也。明主之國，官不敢枉

法，吏不敢爲私，○先慎曰：乾道本「私」下有「利」字。案「利」即「私」之誤而複者。「官不敢枉法，吏不敢爲私」二

文相對，不當多一字。御覽八百三十引正無「利」字，今據刪。貨賂不行，○顧廣圻曰：藏本同。今本「行」下有「者」字，

誤。先慎曰：御覽引亦有。是境內之事盡如衡石也。此其臣有姦者必知，知者必誅。是以有道之

主不求清潔之吏，而務必知之術也。

慈母之於弱子也，愛不可爲前。不可先以愛養之也。○俞樾曰：「愛不可爲前」，猶言無前於此者，正見其愛之至也。舊注非是。然而弱子有僻行，使之隨師；有惡病，使之事醫。不隨師則陷於刑，不事醫則疑於死。慈母雖愛無益於振刑救死，則存子者非愛也。子母之性，愛也；臣主之權，筴也。母不能以愛存家，君安能以愛持國？明主者通於富強，則可以得欲矣。故謹於聽治，富強之法也。明其法禁，察其謀計。法明則內無變亂之患，計得則外無死虜之禍。○先慎曰：乾道本「則」作「於」，顧廣圻云：「今本『於』作『則』。」今據改。故存國者，非仁義也。仁者，慈惠而輕財者也；暴者，心毅而易誅者也。○顧廣圻曰：「暴」當作「義」。先慎曰：顧說非。此以「仁」、「暴」對言。「心毅則憎心見於下，易誅則妄殺加於人」，即「暴」之實迹，若「義」則無「憎心」、「妄殺」之事。下「暴人在位」與「仁人在位」比勘，尤其證。此意謂仁人之亡人國，無異於暴者之亡人國也。慈惠則不忍，輕財則好與；心毅則憎心見於下，易誅則妄殺加於人。不忍則罰多宥赦，好與則賞多無功；憎心見則下怨其上，妄誅則民將背叛。故仁人在位，下肆而輕犯禁法，偷幸而望於上；暴人在位，則法令妄而臣主乖，民怨而亂心生。故曰：「仁暴者，皆亡國者也。」

不能具美食而勸餓人飯，不爲能活餓者也；○盧文弨曰：「爲能」二字舊倒，今從藏本，下亦當同。

先慎曰：乾道本作「爲能」，不誤。

不能辟草生粟而勸貸施賞賜，○先慎曰：「勸」字，淺人依上文誤加。不爲能富民者也。○先慎曰：乾道本「爲能」作「能爲」。今學者之言也，不務本作而好末事，知道虛聖以說民，○顧廣圻曰：藏本同。今本無「知」字，「聖」作「惠」，皆誤。此勸飯之說，勸飯之說，明主不受也。

書約而弟子辯，法省而民訟簡，○顧廣圻曰：「簡」當作「萌」，在「訟」字上。「萌」，「民萌訟」與「弟子辯」相對。「訟」猶「辯」也。○先慎曰：乾道本「詳」下有「盡」字，顧廣圻云：「今本無『盡』字，按此不當有。」今據刪。是以聖人之書必著論，明主之法必詳事。盡思慮，揣得失，智者之所難也；無思無慮，○先慎曰：乾道本「慮」作「操」，誤。挈前言而責後功，愚者之所易也。明主慮愚者之所易，○顧廣圻曰：「以」，當作「不」。以責智者之所難，○顧廣圻曰：有「力勞」二字，盧文弨云：「『力勞』二字，凌本無。」今據刪。「故智不勞，力不用」，與原本不合，非是。故智不用而國治也。○先慎曰：乾道本「慮」下有「於」字，此亦當衍。

酸甘鹹淡，不以口斷而決於宰尹，則廚人輕君而重於宰尹矣。○盧文弨曰：張本下兩句皆無「於」字。先慎曰：乾道本下兩句亦有「於」字，盧說非。上下清濁，不以耳斷而決於樂正，則瞽工輕君而重於樂正矣。治國是非，不以術斷而決於寵人，則臣下輕君而重於寵人矣。人主不親觀聽，而制斷在下，託食於國者也。○先慎曰：張榜本此下接「今生殺之柄」云云，不提行。使人不衣不食而不飢不寒，又不惡死，則無事上之意。意欲不宰於君，則不可使也。今

生殺之柄在大臣，○先慎曰：乾道本「之」作「人」，今據張榜本、趙本改。而主令得行者，未嘗有也。虎豹必不用其爪牙，而與鼷鼠同威；萬金之家必不用其富厚，而與監門同資。○先慎曰：「而」猶「則」也。「而」、「則」古通用，見經傳釋詞〔二〕。有土之君，○先慎曰：趙本「土」誤作「上」，盧文弨云「上」，張、凌本作「土」，是也。說人不能利，惡人不能害，索人欲畏重己，不可得也。

人臣肆意陳欲曰俠，人主肆意陳欲曰亂；人臣輕上曰驕，人主輕下曰暴。○孫詒讓曰：「驕」當作「撟」，謂撟君也。荀子臣道篇云：有能比知同力，率羣臣百吏而相與彊〔三〕君撟君，君雖不安，不能不聽，遂以解國之大患，除國之大害，成於尊君安國，謂之輔」，即此所謂「人臣輕上曰撟」。此「俠」與「撟」皆美名，「亂」與「暴」皆惡名，故云「下以受譽，上以得非」。若作「驕」則不得爲譽矣。「撟」字又作「矯」，〈荀子楊注：「撟，與『矯』同，屈也。」〉後忠孝篇云「故烈士內不爲家，亂世絕嗣而外矯於君」，義亦同。先慎曰：五蠹篇專詆「俠驕」之無益人主而爲邦之蠹，則韓非不以「俠驕」爲美名可知，此下以受譽指時人而言，孫說失本書之指。行理同實，下以受譽，上以得非。人臣大得，人主大亡。○先慎曰：張榜本自「有土之君」至此，皆刪去。明主之國，有貴臣，無重臣。貴臣者，爵尊而官大也。；○先慎曰：乾道本「者」上無「臣」字。顧廣圻云：藏本、今本有「臣」字。先慎按：有「臣」字是，今

〔二〕「經傳釋詞」，原本作「經傳釋辭」，今改。

〔三〕「彊」原本作「疆」，據荀子及孫氏札迻改。

據補。依下文，「也」上當有「者」字。**重臣者，言聽而力多者也。明主之國，遷官襲級，官爵受功，**○顧廣圻曰：句有誤。先慎曰：此言凡遷官襲級，必因其功而官爵之，「官爵受功」與八經篇云「爵祿循功」語意正同。**故有貴臣；言不度行，**○先慎曰：「不」當作「必」。**而有偽必誅，故無重臣也。**

八經第四十八

○先慎曰：趙本無下「八」字。盧文弨云：「十」下脫「八」字。顧廣圻云：此篇多不可通。

〔一〕**凡治天下，必因人情。人情者有好惡，故賞罰可用；賞罰可用則禁令可立，而治道具矣。君執柄以處勢，故令行禁止。柄者，殺生之制也；勢者，勝眾之資也。廢置無度則權瀆，賞罰下共則威分。**是以明主不懷愛而聽，不留說而計。故聽言不參則權分乎姦，智力不用則君窮乎臣。○顧廣圻曰：藏本同。今本「力」作「術」，誤。**故明主之行制也天，**不可測也。**其用人也鬼。**如鬼之陰密。**天則不非，**既高不測，誰能非之。**鬼則不困。**既陰密，誰能困之。**故賞賢罰暴舉善之至者也，賞暴罰賢舉惡之至者也，是謂賞同罰異。賞莫如厚，使民利之；譽莫如美，使民榮之；誅莫如重，使民畏之；毀莫如惡，使民恥之。然後**勢行教嚴，逆而不違，**雖逆天下不敢違，此勢之用也。○先慎曰：乾道本注「雖」誤作「誰」，據趙本改。**毀譽一行而不議。**毀譽一行而天下不敢議。

一行其法。○顧廣圻曰：□句絕。禁誅於私家，○顧廣圻曰：「禁誅」連文，姦劫弒臣篇云「以禁誅於己也」外儲説右篇云「夫不處勢以禁誅擅愛之臣」，皆可證。不害。○先慎曰：「不害」即無害。功罪賞罰必知之，○顧廣圻曰：藏本同。今本「功」作「公」。按句有誤。先慎曰：「不害」二字當連上爲句，「功罪賞罰必知之」爲句。知功罪賞罰，則治天下之道得矣。今本「功」誤「公」，顧氏又以「不害」屬下爲句，故疑有誤。知之，道盡矣。

因情　一曰「收智」。

〔二〕力不敵衆，智不盡物，○先慎曰：此謂一人之力，一人之智也。用君之一人之智力，不知任衆而用國也。○盧文弨曰：注「用君」下「之」字衍。又「不知」當作「不如」。與其用一人，不如用一國。故智力敵而羣物勝，揣中則私勞，不中則在過。○顧廣圻曰：藏本同。今本「在」作「有」。先慎曰：「在」當作「有」，形近而誤。今本以臆改也。下君盡己之能，中君盡人之智，○先慎曰：乾道本「人」下無「之」字，顧廣圻云：「藏本、今本有『之』字。」今據增。上君盡人之力，是以事至而結智，一聽而公會。○顧廣圻曰：句絕。聽不一則後悖於前，後悖於前則愚智不分；不公會則猶豫而不斷，不斷則事留。○顧廣圻曰：句絕。自取一聽，則毋墮壑之累，○先慎曰：乾道本無「聽」字，「毋」下有「道」字。顧廣圻云：「藏本、今本有「聽」字，無「道」字。按「自取一聽」句，上「一聽而公

〔一〕三字逗，下文聽法云「使君自取一以避罪」，即此句之義。下句有誤。先慎按：顧讀誤。「自取一聽」句，上「一聽而公

會」、「聽不一則後悖於前」兩見。此言君能「自取一聽」,即不爲臣下所動,自毋墮入臣下谿壑之憂。乾道本錯誤不可讀,改從藏本、今本。

故使之諷,諷定而怒。○顧廣圻曰:藏本同。今本「而」下有「不」字。按句有誤,未詳。先慎曰:「諷」,諫也。「諷定而怒」即下「揆伍必怒」意。

是以言陳之日必有筴籍,○先慎曰:乾道本「日」作「曰」。趙本作「由」,盧文弨云:「由」,藏本作『曰』,是。」今據改。

結智者事發而驗,結能者功見而謀,○先慎曰:「謀」當作「論」,字之誤也。

成敗有徵。○先慎曰:乾道本「成敗」二字,顧廣圻云:「今本不重。」今據刪。

君人者合符猶不親,而況於力乎?事智猶不親,而況於懸乎?○顧廣圻曰:「智」,當作「至」。

故非用人也不取同,同則君怒;使人相用則君神,

隨之。事成則君收其功,規敗則臣任其罪。

君神則下盡。○先慎曰:乾道本不重「君神」二字。顧廣圻云:今本重,按句有誤。先慎按:「君神」,即上文「其用人也鬼」義,取其不可測度也。「君神」二字當重,改從今本。

下盡下則臣上○先慎曰:「則」上衍「下」字。不因君而主道畢矣。

主道 一曰「結智」。

〔三〕知臣主之異利者王,以爲同者劫,○先慎曰:趙本「以」下有「異」字。盧文弨云:藏本無「異」字。

與共事者殺。故明主審公私之分,審利害之地,姦乃無所乘。○先慎曰:下「審」字衍。「公私之

分」、「利害之地」、並蒙「故明主審」四字而言。

亂之所生六也：主母、后姬、子姓、弟兄、大臣、顯賢。「主母」，君幼稱制；「后姬、子姓」，則強庶逼；「大臣」，代主執物者，「顯賢」，則虛名掩君。〇先慎曰：「弟兄」倒，下文「兄弟不侵」，明此當作「兄弟」，舊注未誤。乾道本注「子姓」作「之姓」，「代主」作「代圭」，今據趙本改。〇注說非。

任吏責臣，主母不放。廢亂輒責於臣。〇先慎曰：此謂以法任吏，以勢責臣，則主母有所畏憚不敢放肆。注說非。

禮施異等，后姬不疑。分勢不貳，庶適不爭。不令庶子貳適也。

權籍不失，兄弟不侵。權柄國籍不失於上也。〇盧文弨曰：「籍」，張本下作「藉」，此亦當同。〇先慎曰：「亂臣有二因」爲句，下文「此亂臣之所因也」，即其證。今以「亂」字屬上，非。

下不一門，大臣不擁。不令一門專制，則不得權。盧文弨曰：「擁」當從「土」旁。先慎曰：注「權」當爲「擁」之誤。

禁賞必行，顯賢不。亂臣有二因，謂外內也。〇先慎曰：「不」下當有脫字。

外曰畏，外臣行威，物皆畏。〇先慎曰：「外」，謂敵國；「內」，謂近習。注非。

內曰愛。

所畏之求得，所愛之言聽，此亂臣之所因也。

外國之置諸吏者，結誅親暱重帑。〇顧廣圻曰：藏本無「結」字，今本「結誅」作「誅其」，皆誤。按「帑」讀爲孥，下同。孫詒讓曰：「結」當作「詰」，同聲叚借字。「外國之置諸吏者」，謂鄰國之爲內臣求官者，戰國時往往有之。「結誅」，謂詰其罪而誅之。王先謙曰：「結」，孫說是。「帑」不誤。「重帑」，謂厚幣。敵所親暱重賂爲反間者，則詰而誅之。

則外不籍矣，〇先慎曰：「籍」，讀爲藉，下同。

爵祿循功，請者俱罪，則內不因矣。外不籍內不因，則姦宄塞矣。〇先慎曰：乾道本「宄」作「充」。下同。顧廣圻云：今本「充」作「宄」。先慎按：作「宄」是也。「塞」訓爲「閉」。淮南主術訓、晉語注並云：「塞，閉

也。「外不藉，內不因」，則姦宄之途閉。後人誤以「塞」爲充滿，故改「宄」爲「充」，以就其義，非也。改從今本。孫詒讓云「充，疑作『兌』」，亦誤。 **官襲節而進，以至大任，智也。其位至而任大者，以三節持之：**曰：「襲節」，猶上言「襲級」。「節」、「級」義同。以節持之，亦謂以上下之等治之。**曰質，曰鎮，曰固。 親戚妻子，質也；爵祿厚而必，鎮也；參伍貴帑，固也。** ○先愼曰：「貴帑」當作「責怒」，形近而誤。下立道云「行參以謀多，揆伍以責失，行參必折，揆伍必怒」，即其義。 **賢者止於質，貪饕化於鎮，姦邪窮於固。忍不制則下上，**○顧廣圻曰：藏本「下上」作「上下」，今本作「下失」，皆誤。先愼曰：即「毫末不拔，將尋斧柯」意。與「小不除則大誅」文正相對。○顧廣圻曰：「忍」、「上」二字互譌也。 **小不除則大誅，**○王先愼曰：當作「上不制則下忍」。下文當則徑之。 ○顧廣圻曰：「而」上當更有「誅」字。「徑」者，謂顯誅也，下文乃隱誅之。「生」者，不誅也；「害事」者，實不當也；「死」者，誅之也；「傷名」者，名不當也；「則行飲食」者，以飲食行其誅也。「不然」者，不行飲食也；「而與其讎」者，以所誅與其讎也。故曰：「此謂除陰姦也。」**生害事，死傷名，則行飲食：不然，而與其讎。 此謂除陰姦也。 翳曰詭，詭曰易。 見功而賞，見罪而罰，而詭乃止：**○先愼曰：乾道本「翳」作「醫」。「見功」作「易功」。拾補「翳」字下旁注「繁」字，「易功」作「見功」。盧文弨云：「繁」，秦本作「翳」。「詭」字，藏本不重。「易均」，張本作「易功」，亦譌。 俞樾云：「翳」者，蔽也。下文「見功而賞，見罪而罰，而詭乃止矣」，「見功」、「見罰」是不翳也，不翳「而詭乃止」，可證「翳曰詭」之義。先愼按：俞説是，改從拾補。 **是非不泄，説諫不通，而易乃不用。** ○王先謙曰：不爲臣下所輕易。 **父兄賢良播出曰遊禍，其患鄰敵多資。 僇**

辱之人近習曰狎賊，其患發忿疑辱之心生。藏怒持罪而不發曰增亂，其患徼幸妄舉之人起。

大臣兩重提衡而不跨〇王先謙曰：若齊闞止、田常之比。曰卷禍，〇孫詒讓曰：「卷」當作「養」，謂養成禍亂也。「養」「卷」形近誤。　其患家隆劫殺之難作。〇孫詒讓曰：「隆」讀爲閧。呂氏春秋察微篇：「楚卑梁公舉兵攻吳之邊邑，吳王怒，使人舉兵侵楚之邊邑。」吳、楚以此大隆。「大隆」，即大閧也。孟子云「鄒與魯閧」，孫奭音義引劉熙注云：「閧，構也，構兵以鬭也。」（説文鬥部〔二〕云：「閧，鬭也。」）此云「家隆」，即家閧，亦謂私家構兵爭鬭也。「隆」與「閧」古音相近，得相通借，古文苑揚雄宗正箴云：「昔在夏時，太康不恭，有仍二女，五子家降。」「降」與「隆」聲類亦同，古字通用。彼「家降」與此「家隆」，事異而義同。　脫易不自神曰彈威，〇王先謙曰：「彈」疑「彈」，形近而誤。「脫易不自神」，則威竭盡於外。「彈威」無義。　其患賊夫酖毒之亂起。此五患者人主之不知，則有劫殺之事。〇先慎曰：「主」下「之」字當衍文。　廢置之事生於内則治，〇顧廣圻曰：　自此下皆未詳。王先謙曰：國事廢置，皆當自内主之，由人主權其利害則無不治。　生於外則亂。〇先慎曰：「外」謂敵國也，上文「外曰畏，所畏之求得，此亂臣之所因」，即其義。　是以明主以功論之内，而以利資之外，〇王先謙曰：論功於朝廷，取利於敵國。　故其國治而敵亂。〇先慎曰：乾道本「故其」作「其故」。盧文弨：張本作「故其」。顧廣圻云：今本

〔二〕「鬥部」，原本作「門部」，據說文及孫氏札迻改。

「其」作「是」。 按句有誤。先慎按：作「故其」語已明顯，今據改。**即亂之道：** ○顧廣圻曰：按句有誤。王先謙曰：「即」，就也。「即亂」，猶左傳言「即死」，謂去安就危也。先慎曰：拾補「亂」下有「亡」字。盧文弨云：「亡」，藏本作「之」，並非。**臣憎則起外若眩，臣愛則起內若藥。** ○王先謙曰：不當憎而憎，則亂臣起外，若楚伍員之類；不當愛而愛，則亂臣起內，若吳宰嚭之類：。眩不自持，形骸之疾；飲藥致斃，心腹之疾。

起亂 一曰「亂起」。

〔四〕**參伍之道： 行參以謀多，揆伍以責失，** ○王先謙曰：三人從二，不用者必折抑之。先慎曰：乾道本「折」作「拆」，盧文弨云：「藏本、張本作『折』下同。」今據改，下同。**揆伍必怒。** ○先慎曰：乾道本「微」作「徵」；拾補作「微」。○王先謙曰：羣下和同，非上之利，故必責以怒之。**折之微足以知多寡，** ○王先謙曰：「多」，猶勝也，賢也，故行參以謀之。**不折則瀆上，不怒則相和。** ○王先謙按：此謂分別衆謀於極微，始知得失之多少。盧文弨云：「微」，張本作「徵」。顧廣圻云：今本「徵」作「微」。按句有誤。先慎按：作「微」字是，改從今本。**怒之前不及其衆。觀聽之勢，** ○王先謙曰：「折」「怒」雙承，此句有誤。○顧廣圻**其徵在比周而賞異也，** ○盧文弨曰：「也」字衍。先慎曰：臣下比周，則賞在立異。**誅毋謁而罪同。其** ○顧廣圻曰：今本「毋謁」作「罰」，誤。○先慎曰：「毋」字衍。「誅謁」，即上文「爵禄循功請者俱罪」意。**言會衆端，必揆之**

以地，謀之以天，驗之以物，參之以人。四徵者符，乃可以觀矣。參言以知其誠，易視以改其澤。○先慎曰：「改」當作「敀」，形近而誤。「澤」讀爲擇，謂擇守也。參聽人言以審察其誠否，易地而觀以攷驗其擇守。禮記射義：「澤者，所以擇士也。」「澤」有「擇」義，其字又相通。曲禮上鄭注「澤，或爲『擇』」，是其證。執見以得非常，一用以務近習，重言以懼遠使，○先慎曰：乾道本「言」作「官」，顧廣圻云：「藏本、今本『官』作『言』。」今據改。王先謙云：重其禁令，則遠使知懼。舉往以悉其前，即邇以知其内，疏置以知其外。○俞樾曰：「疏置」當作「置疏」。「疏」與「邇」對，今作「疏置」則不對矣。握明以問所聞，詭使以絕黷泄，倒言以嘗所疑，○先慎曰：「詭使」「倒言」並見七術篇。論反以得陰姦，○俞樾曰：「論反」當作「反論」。「反論」與「倒言」相對，傳寫誤也。設諫以綱獨爲，○王渭曰：「諫」讀爲「間」。王先謙曰：「爲」，讀爲偽。舉錯以觀姦動，明説以誘避過，卑適以觀直諂，宣聞以通未見，作鬭以散朋黨，○王先謙曰：即上文「不怒則相和」意。深一以警眾心，○王先謙曰：深藏於一心，則眾莫測喜怒。先慎曰：乾道本「警」作「敬」，顧廣圻云：「藏本、今本『敬』作『警』。」今據改。泄異以易其慮。似類則合其參，陳過則明其固，○先慎曰：「固」，猶故也。知辟罪以止威，○顧廣圻曰：藏本、今本「知」下有「罪」字。王渭曰：按句有誤。先慎曰：「辟」，即避字。既知避罪，則上可以止威。陰使時循以省衰，○顧廣圻曰：藏本同。今本「衰」作「衷」，誤。王先謙曰：陰遣使循視敵國，省其衰敝之釁。漸更以離通比，○王先謙曰：慮我使與外國通比，又逐漸更易以離其交，故下申之云：「言通事

泄，則術不行。」下約以侵其上，相室約其廷臣，廷臣約其官屬，兵士約其軍吏，遣使約其行介，縣

令約其辟吏，○盧文弨曰：「令」張本作「吏」，非。 郎中約其左右，后姬約其宮媛。 此之謂條達之

道，言通事泄則術不行。

立道

〔五〕明主，其務在周密。 是以喜見則德償，○顧廣圻曰：「償」當作「瀆」。 怒見則威分。 ○盧

文弨曰：「則」藏本作「其」。 先慎曰：作「則」是。 故明主之言隔塞而不通，周密而不見。 故以一得

十者下道也，以十得一者上道也。 ○先慎曰：「上下」二字互誤。 明主兼行上下，故姦無所失。 伍

官連縣而鄰，謁過賞，失過誅。 ○先慎曰：「失」字衍。 上之於下，下之於上，亦然。 是故上下貴

賤相畏以法，相誨以和。 ○顧廣圻曰：句有誤。 先慎曰：「和」當作「利」。 民之性有生之實，有生之

名；為君者有賢知之名，有賞罰之實。 名實俱至，故福善必聞矣。

參言

〔六〕聽不參則無以責下，言不督乎用則邪說當上。 ○先慎曰：不督其用，徒聽其言，則姦邪之說

當於人主之心矣。**言之為物也以多信：**○王先謙曰：言以多而易信，即三人成市虎義。**不然之物十人云**

疑，百人然乎，千人不可解也。○顧廣圻曰：句有誤。先慎曰：凡不然之物，十人以為然，則疑信已半；若

百人言之，愈不能決：至於千人之言，則己以為不然者亦已為然矣。此足上文「言之為物也以多信」義，顧以為誤，非也。

吶者言之疑，辯者言之信。○先慎曰：吶者言之，方以為疑；辯者言之，心無不信矣。**姦之食上也，取資**

乎眾，籍○先慎曰：「籍」讀為藉。「藉」，助也。**信乎辯，而以類飾其私。**○先慎曰：「信」讀曰伸，謂辨

士以相類之事文飾其私也。**人主不饜忿而待合參，其勢資下也。故無用之辯不留朝，任事者知不足以治職則**

功課而賞罰生焉。○先慎曰：張榜本「生」作「上」，誤。**有道之主，聽言督其用，課其功，**

放官收。○顧廣圻曰：「官收」當作「收官」。「放」字當衍，即「收」字之誤耳。張榜本無「任事」至下「說」十四字，而以「大而誇」為句，非。

說大而誇則窮端，○先慎曰：句。王渭曰：句絕。先慎曰：顧、王說是。

無故而不當為誣，誣而罪臣。○先慎曰：謂非為他事所阻，而功不當其言為誣，誣則罪其臣。○顧廣圻曰：以上皆有誤。先慎曰：

言必有報，說必責用既得其誇大之姦情，則人主必怒。**故姦得而怒。**

也，故朋黨之言不上聞。凡聽之道，人臣忠論以聞姦，○先慎曰：「聞姦」使姦得上聞。張榜本「聞」作

「文」，非。**博論以內一；**人○王先謙曰：「內」與下「納」同。「一人」謂君。**主不智，則姦得資。明主**

之道，已喜則求其所納，已怒則察其所搆，論於已變之後以得毀譽公私之徵。○王先謙曰：聞

辨言而喜，必求其所納之虛實；聞計言而怒，必察其所搆之是非。又於已變之後考論之，則毀譽公私皆得其徵驗矣。眾

諫以效智，使君自取一以避罪。○先愼曰：乾道本「使」上有「故」字，顧廣圻云：「今本無『故』字。」今據刪。眾

故眾之諫也，敗君之取也。○先愼曰：防眾諫敗取也。無副言於上以設將然，今符言於後以知謾

誠語。○盧文弨曰：「今」疑「令」。顧廣圻云：藏本同。今本無「語」字。按句有誤，未詳。先愼曰：「令」當作

「令」，「語」字衍。言能符於後則爲誠，不符則爲謾。「符」，猶合也。明主之道，臣不得兩諫，必任其一；語

不得擅行，必合其參。故姦無道進矣。

聽法

〔七〕官之重也，毋法也。，法之息也，上闇也。上闇無度則官擅爲，官擅爲故奉重無前，

奉重無前則徵多，○先愼曰：乾道本不重「奉重無前」四字，顧廣圻云：「今本重。」今據增。徵多故富。官之

富重也，亂功之所生也。○王先謙曰：「亂功」無義，「功」字當衍。明主之道，取於任，能任事則取之。賢

於官，能守官則贊揚之。賞於功。言程、主喜俱利，不當、主怒俱害，則人不私父兄而進其仇

讎。勢足以行法，奉足以給事，而私無所生，故民勞苦而輕官。○王先謙曰：民皆力耕，故勞苦；

不爲官擾，故輕官。任事者毋重，○先愼曰：乾道本「者」作「也」，顧廣圻曰：「今本『也』作『者』，按依下文當作

『者』。今據改。使其寵必在爵，處官者毋私，使其利必在祿。故民尊爵而重祿。爵祿所以賞

也，民重所以賞也則國治。○先慎曰：官輕則民重。刑之煩也，名之繆也，賞譽不當則民疑，民之

重名與其重賞也均。賞者有誹焉不足以勸，罰者有譽焉不足以禁。明主之道，賞必出乎公

利，名必在乎爲上。賞譽同軌，非誅俱行。○先慎曰：「非」「誹」字同。此即蒙上「賞者有誹焉不足以勸」

句。

然則民無榮於賞之內。○王渭曰：句有誤脫。有重罰者必有惡名，故民畏。罰所以禁也，民

畏所以禁則國治矣。

類柄

〔八〕行義示則主威分，慈仁聽則法制毀。民以制畏上，而上以勢卑下，故下肆很觸。○盧

文弨曰：「很」凌本作「狠」。而榮於輕君之俗，則主威分。民以法難犯上，而上以法撓慈仁，故下

明愛施而務賕紋之政，務爲貨賕。○顧廣圻曰：「紋」字有誤，未詳所當作，下同。孫詒讓曰：「紋」當作「納」，

篆文「納」作「納」「紋」作「紛」，二形相近而誤。「納」謂納貨財子女也。國語鄭語説褎姒〔二〕云：「褎人有獄而以爲

〔二〕「褎姒」，原本作「褎似」，據國語及孫氏札迻改。

人。「入」「納」義同。是以法令隳。尊私行以貳主威，行賕紋以疑法。○先慎曰：「法」下當有「令」字。聽之則亂治，不聽則謗主，○顧廣圻曰：「主」當作「生」。王先謙曰：「謗主」與「亂治」對文，句義本通，不煩改字。故君輕乎位，而法亂乎官，此之謂無常之國。明主之道，臣不得以行義成榮，不得以家利爲功。功名所生，必出於官法。法之所外，雖有難行，不以顯焉，故民無以私名。設法度以齊民，信賞罰以盡能，○先慎曰：乾道本「盡」下有「民」字，顧廣圻云：「今本無『民』字，按不當有。」今據刪。明誹譽以勸沮；名號、賞罰、法令三隅，○先慎曰：此下當有脫文。故大臣有行則尊君，百姓有功則利上，此之謂有道之國也。

主威。○先慎曰：乾道本脫此二字，今依拾補增。盧文弨云：末一行脫「主威」二字。

五蠹第四十九　　顯學第五十

五蠹第四十九

上古之世，人民少而禽獸衆，人民不勝禽獸蟲蛇，○先慎曰：御覽七十八引「衆」作「多」，「蟲蛇」作「虵虺」。有聖人作，搆木爲巢，以避羣害，而民悦之，使王天下，號之曰有巢氏。○先慎曰：各本「號」下無「之」字，御覽有，依下文當有，今據補。民食果蓏蜯蛤，腥臊惡臭而傷害腹胃，民多疾病，有聖人作，鑽燧取火，以化腥臊，而民説之，使王天下，號之曰燧人氏。中古之世，天下大水，而鯀、禹決瀆。近古之世，桀、紂暴亂，而湯、武征伐。今有搆木鑽燧於夏后氏之世者，必爲鯀、禹笑矣；有決瀆於殷、周之世者，必爲湯、武笑矣。然則今有美堯、舜、湯、武、禹之道於

當今之世者，必爲新聖笑矣。○先慎曰：「舜」下脫「鯀」字，「湯、武、禹」當作「禹、湯、武」。是以聖人不期

脩古，在扶世急也。不法常可，○顧廣圻曰：藏本同。今本「可」作「行」，誤。論世之事，因爲之備。宋人

有耕者，○先慎曰：舊本「耕」下有「田」字，藝文類聚九十五、御覽四百九十九及八百二十二、九百七、事類賦二十三

引「耕」下無「田」字，今據刪。田中有株，兔走觸株，折頸而死，因釋其耒而守株，冀復得兔，兔不

可復得，而身爲宋國笑。○先慎曰：藝文類聚引「笑」上有「所」字。今欲以先王之政，治當世之民，皆

守株之類也。古者○盧文弨曰：「古」下似當分段。丈夫不耕，草木之實足食也；婦人不織，禽獸

之皮足衣也。○先慎曰：張榜本、趙本「婦人」作「婦女」。不事力而養足，人民少而財有餘，故民不爭。

是以厚賞不行，重罰不用，而民自治。今人有五子不爲多，子又有五子，大父未死而有二十

五孫。是以人民衆而貨財寡，事力勞而供養薄，故民爭；雖倍賞累罰而不免於亂。堯之王

天下也，○盧文弨曰：「堯」下亦當分段。先慎曰：乾道本「也」下有「有」字。顧廣圻云：今本無「有」字，按當云「堯

之有天下也」。李斯列傳可證。先慎案：「有」字係後人用史記校記于「王」下失刪耳。北堂書鈔一百四十三、御覽八十、初

學記九引並無「有」字，今據刪。此下李斯傳有「雖逆旅之宿不勤於此矣」，似非韓子原文。此下云「古之讓天下者，是去監門之養

茅茨不翦，采椽不斲；○先慎曰：御覽一百八十八引「斲」作「刮」。

淮南主術訓亦作「斲」。不言「逆旅之宿」，明韓子無此十字。餘亦煩省不同，當各依本書。

而離臣虜之勞」，不言「逆旅之宿」，明韓子無此十字。餘亦煩省不同，當各依本書。糲粢之食，藜藿之羹，冬日

麑裘，○先慎曰：御覽二十七又八十又六百九十四引並作「鹿裘」，李斯傳亦作「鹿」。夏日葛衣，雖監門之服養不虧於此矣。○先慎曰：御覽八十引「虧」作「敵」，八百四十三引作「厭」，並誤。「虧」，損也。禹之王天下也，身執耒臿，以爲民先，○先慎曰：御覽八十二引「耒臿」作「木畚」。股無胈，○先慎曰：「股」，據張榜本改。李斯傳亦作「股」，御覽引作「股無完股」。胫不生毛：雖臣虜之勞不苦於此矣。以是言之，○先慎曰：「以」，張榜本作「又」，誤。夫古之讓天子者，是去監門之養而離臣虜之勞也，古傳天下而不足多也。○先慎曰：「古」，張榜本、趙本作「故」。「古」、「故」字通。今之縣令，一日身死，子孫累世絜駕，故人重之。是以人之於讓也，輕辭古之天子，難去今之縣令者，薄厚之實異也。夫山居而谷汲者，腰臘而相遺以水；○先慎曰：說文：「腰，楚俗以二月祭飲食也。」「臘，冬至後三戌臘祭百神。」風俗通引「相遺以水」作「買水」。谷水難得，故節以水相遺也。澤居苦水者，買庸而決竇。○先慎曰：澤者苦水，故買人功使決竇也。故饑歲之春，幼弟不饟；○先慎曰：幼弟可惜，猶不饟之也。○先慎曰：意林、御覽八百四十九引「幼」作「從」，意林「饟」作「讓」。穰歲之秋，疏客必食。○先慎曰：乾道本「穰」作「饟」，涉上文而誤，據拾補改。盧文弨云：「饟」，張本作「穰」。「疏」，意林作「過」。非疏骨肉，○先慎曰：乾道本無「客」字，顧廣圻云：今本「過」下有「客」字，按「疏」下當有「客」字。先慎按：顧說非：「非疏骨肉」逗，御覽、意林引同，無下「愛過客也」四字，改從今本。「愛過客」蒙上「疏客必食」言。「過客」即「疏客」。愛過客也，○先慎曰：

多少之心異也。○先慎曰：乾道本「心」作「實」。盧文弨云：意林「實」作「心」。先慎按：御覽亦引作「心」，今據

改。是以古之易財，非仁也，財多也；○盧文弨曰：張本「之」作「人」。

輕辭天子，非高也，勢薄也；重爭土橐，○先慎曰：乾道本無「重」字。顧廣圻云：今本「爭」上有「重」字。

按未詳。先慎按：「爭」上有「重」字是。「輕辭天子」、「重爭土橐」相對爲文。「土」當作「士」，形近而誤。「士」與「仕」

同。「橐」與「託」通。淮南修務、說林「項託」，漢書董仲舒傳孟康注作「項橐」，是「橐」、「託」通用之證。「士橐」即「仕託」，

古今字。外儲說左上篇「晉國之辭仕託者國之錘」，又云「晉國之辭仕託慕叔向者國之錘」，彼云「辭仕託」，此云「爭仕託」，

可見「仕託」之義。非下也，權重也。故聖人議多少、論薄厚爲之政。故罰薄不爲慈，誅嚴不爲

戾，稱俗而行也。故事因於世，而備適於事。古者文王處豐、鎬之間，○先慎曰：乾道本「文」作

「大」，據拾補改。盧文弨云：「古」下似當分段。地方百里，行仁義而懷西戎，遂王天下。徐偃王處漢

東，地方五百里，行仁義割地而朝者三十有六國，○先慎曰：論衡非韓篇作「三十二國」。荊文王恐其

害己也，舉兵伐徐，遂滅之。○盧文弨曰：徐偃王當周穆王時，與楚文王相去遠，譙周據此以駁史，失之不考。

故文王行仁義而王天下，偃王行仁義而喪其國，是仁義用於古而不用於今也。故曰：「世

異則事異。」當舜之時，有苗不服，禹將伐之，舜曰：「不可。上德不厚而行武，非道也。」乃

修教三年，執干戚舞，有苗乃服。共工之戰，鐵銛短者及乎敵，○先慎曰：乾道本「短」作「矩」。盧文

弨云：「矩」張本作「短」。顧廣圻云：「今本『矩』作『距』，誤。案當作『短』。」今據改。

鎧甲不堅者傷乎體，是干戚用於古不用於今也。故曰：「事異則備變。」上古競於道德，中世逐於智謀，當今爭於氣力。齊將攻魯，魯使子貢說之，齊人曰：「子言非不辯也，吾所欲者土地也，非斯言所謂也。」遂舉兵伐魯，去門十里以為界。故偃王仁義而徐亡，子貢辯智而魯削。以是言之，夫仁義辯智非所以持國也。去偃王之仁，息子貢之智，循徐、魯之力，使敵萬乘，則齊、荊之欲不得行於二國矣。

夫古今異俗，新故異備，如欲以寬緩之政治急世之民，猶無轡策而御駤馬，○先慎曰：淮南氾論訓高注：「駤馬，突馬也。」此不知之患也。今儒、墨皆稱先王兼愛天下，○先慎曰：乾道本無「稱」字。顧廣圻云：今本「皆」下有「稱」字。按句有誤。先慎按：有「稱」字其義已明，乾道本脫「稱」字。顯學篇云「孔子、墨子俱道堯、舜」，此即儒、墨皆稱先王兼愛之證。則視民如父母。○先慎曰：拾補「視民」作「民視君」三字。盧文弨云：「民視」二字舊倒。顧廣圻云：句有誤。先慎按：「視民」當作「民視」，盧說「舊倒」是也。「君」字不當有。「先王兼愛天下，則民視之如父母」，此即指先王之民而言，張本增「君」字，非也。何以明其然也？曰：「司寇行刑，君為之不舉樂；聞死刑之報，君為流涕。」此所舉先王也。夫以君臣為如父子則必治，推是言之，是無亂父子也。人之情性莫先於父母，父母皆見愛而未必治

也，君雖厚愛，奚遽不亂！○先慎曰：乾道本不重「父母」二字，無「君」字，「愛」下有「矣」字，據拾補改增。盧文弨云：「父母」、「君」三字脱。今先王之愛民，不過父母之愛子；子未必不亂也，○先慎曰：乾道本「子」下無「未」字，顧廣圻云：「今本『子』下有『未』字。」王渭云：「當有。」今據補。則民奚遽治哉！且夫以法行刑而君爲之流涕，此以效仁，非以爲治也。夫垂泣不欲刑者，仁也；然而不可不刑者，法也。先王勝其法不聽其泣，則仁之不可以爲治亦明矣。且民者固服於勢，寡能懷於義。仲尼天下聖人也，修行明道以遊海内，海内説其仁美其義，而爲服役者七十人。蓋貴仁者寡，能義者難也。故以天下之大，而爲服役者七十人，而仁義者一人。○先慎曰：拾補「而」下有「爲」字。盧文弨云：張本無。顧廣圻云：藏本同。今本「而」下有「爲」字，誤。按「一人」，仲尼也。魯哀公下主也，南面君國，境内之民莫敢不臣，民者固服於勢。勢誠易以服人，○先慎曰：乾道本不重「勢」字。顧廣圻云：藏本、今本「誠」上有「勢」字。按句有誤。先慎按：有「勢」字是也，今據補。「固服於勢」句，文義屬上；「勢誠易以服人」句，文義屬下。故仲尼反爲臣，而哀公顧爲君。仲尼非懷其義，服其勢也。故以義則仲尼不服於哀公，乘勢則哀公臣仲尼。今學者之説人主也，不乘必勝之勢，而務行仁義○先慎曰：乾道本「務」上有「勝」字。顧廣圻云：藏本、今本無「勝」字。按句有誤。先慎按：「勝」字衍，今據刪。「務行仁義」四字當重。則可以王。是求人主之必及仲尼，而以世之凡民皆如列徒，則七十子也。○先慎曰：乾道本

「世」作「勢」。顧廣圻云：「藏本、今本『勢』作『世』，誤。按『勢』上當脫『服』字。」王先謙云：「作『世』文義自明，無庸增『服』字。」今據藏本、今本改。 此必不得之數也。

今有不才之子，父母怒之弗為改，鄉人譙之弗為動，師長教之弗為變。夫以父母之愛，鄉人之行，師長之智，三美加焉而終不動，其脛毛不改。○顧廣圻曰：下有脫文。州部之吏，操官兵，推公法而求索姦人，然後恐懼，變其節，易其行矣。故父母之愛不足以教子，必待州部之嚴刑者，民固驕於愛聽於威矣。故十仞之城，樓季弗能踰者，峭也；千仞之山，跛牂易牧者，夷也。故明王峭其法而嚴其刑也。布帛尋常，庸人不釋；○先慎曰：八尺曰「尋」，倍尋曰「常」。論衡非韓篇「釋」誤「擇」。鑠金百溢，盜跖不掇。金銷爛，雖多，跖棄而不掇。○先慎曰：論衡「溢」作「鎰」，「掇」作「搏」，李斯列傳引與論衡同。案此當各依本書。不必害則不釋尋常，必害手則不掇百溢，○顧廣圻曰：藏本同。今本「手則」作「則手」，誤。是以賞莫如厚而信，使民利之；罰莫如重而必，使民畏之；法莫如一而固，○先慎曰：乾道本「固」作「故」，盧文弨云：「『故』，張本作『固』」，二字古通。」顧廣圻云：「今本『故』作『固』，誤。」王先謙云：「下文云『明主之道，一法而不求智，固術而不慕信』，即此所謂『一而固』也，作『固』是。」改從今本。使民知之。故主施賞不遷，行誅無赦。譽輔其賞，毀隨其罰，則賢不肖俱盡其力矣。今則不然，其有功也爵之，○盧文弨曰：「然」下當有「以」字，與下同。而卑其士

官也，以其耕作也賞之，而少其家業也；以其不收也外之，而高其輕世也；以其犯禁也罪之，○先慎曰：乾道本「禁」下無「也」字，盧文弨云：

「『也』字脱，張、凌本有，與上二句同。」今據補。而多其有勇也。毀譽賞罰之所加者相與悖繆也，故法禁壞而民愈亂。今兄弟被侵必攻者廉也，世謂之有廉隅之人。知友被辱隨仇者貞也，

慎按：「知友被辱」句，與上「兄弟被侵」相對爲文，不當少一字，改從今本。○先慎曰：乾道本無「被」字。顧廣圻云：「今本『友』下有『被』字，誤。」先

人主尊貞廉之行而忘犯禁之罪，故民程於勇而吏不能勝也。廉貞之行成，而君上之法犯矣。○先慎曰：禮記儒行「不程勇」，注…

「程，猶量也。」不事力而衣食則謂之能，不戰功而尊則謂之賢，○先慎曰：乾道本無下「則」字。顧廣圻

云：「藏本、今本有『則』字，誤。」先慎案：上「則謂之能」與此句法一律，有「則」字爲是，今據補。賢能之行成，而兵

弱而地荒矣。人主說賢能之行，○先慎曰：乾道本無「成而兵弱而地荒矣人主說賢能之行」十五字，顧廣圻

云：「藏本、今本有。」今據補。而忘兵弱地荒之禍，○先慎曰：乾道本「荒」作「弱」，顧廣圻云：「藏本、今本

『弱』字作『荒』。」今據改。則私行立而公利滅矣。○先慎曰：乾道本「公」上有「功」字，顧廣圻云：「藏本、今本下

無『功』字。」今據刪。儒以文亂法，○盧文弨曰：「儒」下似當分段。俠以武犯禁，而人主兼禮之，此所以

亂也。夫離法者罪，而諸先生以文學取；○先慎曰：乾道本「生」作「王」，無「取」字，拾補「王」作「生」，有

「取」字。盧文弨云：「『王』，張本作『生』。」顧廣圻云：「『王』，當作『生』。今本『學』下有「取」字，依下文當有。先慎

按：盧、顧說是，今據改。張榜本「諸」誤「誅」。

吏之所誅，上之所養也。　法趣上下四相反也，而無所定，雖有十黃帝不能治也。　故行仁義者

非所譽，○王渭曰：　句絕。　譽之則害功；　○王渭曰：　爲一句，下文「非所用」句絕。「用之」屬下，同此例。○先慎

文學者非所用，○先慎曰：乾道本「文」上無「工」字。顧廣圻云：　今本「文」上有「工」字。按句有誤，未詳。○先慎

按：　有「工」字是。　上文「行仁義者非所譽」，與「工文學者非所用」句法一律，明此不當少一字，改從今本。　用之則亂

法。　楚之有直躬，其父竊羊而謁之吏。　令尹曰：　「殺之！」以爲直於君而曲於父，報而罪

之。　以是觀之，夫君之直臣，父之暴子也。　魯人從君戰，三戰三北。　仲尼問其故，對曰：

「吾有老父，身死，莫之養也。」仲尼以爲孝，舉而上之。　以是觀之，夫父之孝子，君之背臣也。

○先慎曰：　兩「父」字，皆當作「母」。涉上文而誤，御覽四百九十六引尸子：　「魯人有孝者，三爲母北，魯人稱之。」汪繼

培云：　「此即卞莊子事。韓詩外傳十及新序義勇篇並云『養母』，與尸子同。韓子以爲養父，非也。」

不上聞，仲尼賞而魯民易降北。　上下之利若是其異也，而人主兼舉匹夫之行，○先慎曰：乾道本

「兼」下有「也」字。顧廣圻云：藏本、今本無「也」字。　先慎按：　此不當有「也」字，今據刪。　而求致社稷之福，必

不幾矣。　古者蒼頡之作書也，自環者謂之私，背私謂之公。　○盧文弨曰：說文引作「自營爲ム」，

「營」、「環」本通用。　「私」當作「ム」，下同。顧廣圻曰：說文又云：　「公，從八，從ム。　八，猶背也。」引此曰「背ム爲公」。

先慎曰：據説文所引，則本書本多古字，今盡改之，不一存焉，惜哉！公私之相背也，乃蒼頡固以知之矣。今

以爲同利者，不察之患也。然則爲匹夫計者，莫如脩行義而習文學。○先慎曰：「行」當作「仁」。

上文云「行仁義，工文學」，此云「脩仁義，習文學」「仁義」、「文學」篇內對舉，明「行」爲「仁」之誤，下同。行義脩則見

信，見信則受事；文學習則爲明師，爲明師則顯榮。此匹夫之美也。然則無功而受事，無

爵而顯榮，有政如此。○先慎曰：乾道本「有」上有「爲」字。盧文弨云：「爲」字，凌本無。先慎按：「爲」字衍，

今依凌本删。顧廣圻謂「有」字衍，非。則國必亂主必危矣。故不相容之事不兩立也，斬敵者受賞，

而高慈惠之行；拔城者受爵禄，而信廉愛之説；堅甲厲兵以備難，而美薦紳之飾；富國

以農，距敵恃卒，而貴文學之士；廢敬上畏法之民，而養遊俠私劒之屬。舉行如此，治強不

可得也。國平養儒俠，難至用介士，所利非所用，所用非所利。是故服事者簡其業，而游學

者日衆，○先慎曰：乾道本「游」上有「於」字，顧廣圻云：「藏本、今本無『於』字。」今據删。是世之所以亂也。

且世之所謂賢者，○盧文弨曰：「且」下似當分段。貞信之行也；所謂智者，微妙之言也。微妙之

言，上智之所難知也。今爲衆人法，而以上智之所難知，則民無從識之矣。故糟糠不飽者不

務粱肉，○先慎曰：「粱」當作「梁」。短褐不完者不待文繡。○先慎曰：御覽八百五十四引「飽」作「厭」，

「務」作「待」，「肉」下有「而飽」二字，「待」作「須」，「繡」下有「而好」二字。夫治世之事，急者不得，則緩者非

所務也。今所治之政，民間之事，夫婦所明知者不用，而慕上知之論，則其於治反矣。故微

妙之言，非民務也。若夫賢良貞信之行者，○顧廣圻曰：「良」字當衍，上文云：「且世之所謂賢者，貞信

之行也。」必將貴不欺之士；，○先慎曰：張榜本「將」作「待」。貴不欺之士者，○先慎曰：乾道本無「貴」字，

顧廣圻云：「今本『不』上有『貴』字。」今據補。亦無不欺之術也。○顧廣圻曰：「不」下當有「可」字。布衣相

與交，無富厚以相利，無威勢以相懼也，故求不欺之士。今人主處制人之勢，有一國之厚，重

賞嚴誅得操其柄，以修明術之所燭，○先慎曰：張榜本無「所」字。雖有田常、子罕之臣，不敢欺也，

奚待於不欺之士！今貞信之士不盈於十，而境內之官以百數，必任貞信之士則人不足官，人

不足官則治者寡而亂者眾矣。故明主之道，一法而不求智，固術而不慕信，故法不敗而羣官

無姦詐矣。今人主之於言也，說其辯而不求其當焉；其用於行也，美其聲而不責其功焉。是以天下之眾，其談

○先慎曰：乾道本無「焉」字，顧廣圻云：「今本『功』下有『焉』字，按依上句當有。」今據補。

言者務為辯而不周於用，故舉先王言仁義者盈廷，而政不免於亂；行身者競於為高而不合

於功，故智士退處巖穴，歸祿不受，而兵不免於弱。政不免於亂，此其故何也？民之所譽，上

之所禮，亂國之術也。今境內之民皆言治，藏商、管之法者家有之，而國愈貧，○先慎曰：乾道本

無「愈」字。顧廣圻云：藏本、今本「國」下有「愈」字。先慎按：依下文當有，今據補。言耕者眾，○先慎曰：乾道本

「言」作「民」，顧廣圻云：「今本『民』作『言』，按依下文當作『言』。」今據改。……執耒者寡也；境内皆言兵，藏孫、吳之書者家有之，而兵愈弱，言戰者多，被甲者少也。故明主用其力不聽其言，賞其功必禁無用。○先慎曰：乾道本「必」作「伐」。顧廣圻云：「今本「伐」作「必」。」按句有誤。先慎按：「無用」即上「不周於用」，故明主必禁之。乾道本作「伐」，誤。改從今本。故民盡死力以從其上。夫耕之用力也勞，而民為之者，曰：「可得以富也。」戰之為事也危，○先慎曰：舊本無「為」字，藝文類聚五十五、御覽六百七引並有「為」字，是也。「戰之為事也危」與「耕之用力也勞」相對，不應少一字，今據補。而民為之者，曰：「可得以貴也。」今修文學，習言談，○先慎曰：藝文類聚、御覽引「言談」並作「談論」。則無耕之勞而有富之實，無戰之危而有貴之尊，則人孰不為也！是以百人事智而一人用力。事智者眾則法敗，用力者寡則國貧，此世之所以亂也。故明主之國，無書簡之文，以法為教；無先王之語，○顧廣圻曰：「王」當作「生」，此與下文「吏」對。以吏為師；無私劍之捍，以斬首為勇。是境內之民，其言談者必軌於法，動作者歸之於功，為勇者盡之於軍。是故無事則國富，有事則兵強，此之謂王資。既畜王資而承敵國之釁，超五帝侔三王者，必此法也。今則不然，士民縱恣於內，言談者為勢於外，外內稱惡，以待強敵，不亦殆乎！故群臣之言外事者，非有分於從衡之黨，則有仇讎之忠，○顧廣圻曰：藏本同。今本「忠」作「患」，誤。而借力於國也。從者，合眾弱以攻一強也；

○先慎曰：乾道本強弱互易，今據拾補改。而衡者，事一強以攻眾弱也。皆非所以持國也。今人臣之言衡者，皆曰：「不事大則遇敵受禍矣。」事大未必有實，則舉圖而委，效璽而請兵矣。○先慎曰：乾道本「則舉」作「舉則」。顧廣圻云：藏本「舉則」作「則舉」。俞樾云：「舉則」二字誤倒，當從道藏本。韓子原文本作「事大必有實，則舉圖而委，效璽而請」，「未」、「兵」字皆衍文也。言事大必有事大之實，非空言事大而已。「舉圖而委，效璽而請」者，謂舉地圖而委之大國，故下文云「獻圖則地削」也。所謂「效璽而請」者，謂收百官之璽，效之大國而請大國發之也，故下文云「效璽則名卑」也。外儲說右云：「王因收吏璽自三百石以上」，皆效之子之、「子之大重」。此雖非以小事大，然效璽之事則同。效璽非請兵，淺人不得其解，於「請」下增入「兵」字。下文「救小未必有實，則起兵而敵大矣」，「未」字亦衍文，殊失本旨。趙用賢本乃於上句「委」字之下增「地」字以配之，謬矣。下文「救小未必能存，則起兵而敵大矣」，「未」字亦衍文，謂救小必有救小之實，起兵敵大，是其實也。與此文正相對，因涉下文衍「未」字，遂於「事大必有實」句亦增「未」字。淺人不詳文義，率意增益，往往如此。獻圖則地削，效璽則名卑，地削則國削，名卑則政亂矣。事大為衡未見其利也，而亡地亂政矣。人臣之言從者，皆曰：「不救小而伐大則失天下，失天下則國危，國危而主卑。」救小未必有實，則起兵而敵大矣。○俞樾曰：「交」當作「敵」。救小未必能存，而交大未必不有疏，○顧廣圻曰：藏本同。今本無「有」字，誤。盧文弨曰：「有」字似不必增。王渭曰：「交」當作「敵」。先慎曰：顧、王說是。有疏則為強國制矣。出兵則軍敗，退守則城拔。救小為從未見其利，而亡地敗軍矣。是故事強則以外權士官於內，○顧廣圻曰：藏本同。今本「士」作「市」，誤。上文云「而卑其士官也」。救小則以內重求利於外。國利未立，○顧廣

昕曰：四字爲一句。封土厚祿至矣，主上雖卑，人臣尊矣，國地雖削，私家富矣。事成則以

權長重，事敗則以富退處。人主之聽說於其臣，○先慎曰：乾道本作「人主之於其聽說也於其臣」，盧文弨

云：「『之』下『於其』二字，『說』下『也』字，皆衍，凌本無。」今據刪。事未成則爵祿已尊矣，事敗而弗誅，

則游說之士孰不爲用矰繳之說而徼倖其後？故破國亡主以聽言談者之浮說，此其故何也？

是人君不明乎公私之利。○盧文弨曰：「乎」張本作「於」。不察當否之言，而誅罰不必其後也。皆

曰：「外事，大可以王，小可以安。」夫王者，能攻人者也；而安，則不可攻也。強，則能攻

人者也；治，則不可攻也。治強不可責於外，○先慎曰：句。內政之有也。○顧廣昕曰：藏本同。

今本「有」作「脩」，誤。今不行法術於內，而事智於外，則不至於治強矣。鄙諺曰：「長袖善舞，

多錢善賈。」此言多資之易爲工也。故治強易爲謀，弱亂難爲計。故用於秦者十變而謀希

失，用於燕者一變而計希得。非用於秦者必智，用於燕者必愚也，蓋治亂之資異也。故周去

秦爲從，期年而舉；○顧廣昕曰：句絕。衛離魏爲衡，○顧廣昕曰：五字爲一句。半歲而亡。○先慎

曰：全祖望云：「六國盡亡而衛尚存，韓子之言謬矣。」案六國表：「秦莊襄王六年[二]，五國共擊秦，拔魏朝歌，衛從濮

〔一〕據六國表，當爲始皇帝六年。

陽徙野王。」衛故屬魏，或因衡而不救。此韓子當時事，聞見有真，當不謬也。是周滅於從，衛亡於衡也。使周、

衛緩其從衡之計，而嚴其境內之治，○先慎曰：「乾道本無「嚴」字。顧廣圻云：今本「而」下有「嚴」字。按句

有誤。先慎按：有「嚴」字是，今據增。明其法禁，必其賞罰，盡其地力以多其積，致其民死以堅其城

守，天下得其地則其利少，攻其國則其傷大；萬乘之國莫敢自頓於堅城之下，而使強敵裁

其弊也，此必不亡之術也。舍必不亡之術而道必滅之事，治國者之過也。智困於內而政亂

於外，○顧廣圻曰：「内」「外」當互易，上文云：「而事智於外。」則亡不可振也。民之政計，皆就安利如

辟危窮。○先慎曰：拾補「政」作「故」。「如」下旁注「皆」字。盧文弨云：「故」張本作「政」。「皆」張本作「如」，與

「而」同。當分段。顧廣圻云：今本「政」作「故」。按句有誤。先慎按：趙本改「如」為「皆」，非也。「政」當作「自。今

為之攻戰，進則死於敵，退則死於誅，則危矣；棄私家之事而必汗馬之勞，家困而上弗論，

則窮矣。窮危之所在也，民安得勿避？故事私門而完解舍，解舍完則遠戰，遠戰則安。行貨

賂而襲當塗者則求得，求得則私安，私安則利之所在，安得勿就？○顧廣圻曰：「解」「廨」同字也。

俞樾曰：「解舍完」三字衍文也。「事私門而完解舍則遠戰」與「行貨賂而襲當塗者則求得」兩文相對，不當衍此三字

也。「求得則私」「私」乃「利」字之誤。「遠戰則安」「安」對「危」，「安」言

也。「安私安則利之所在」，當作「安利之所在」。上文「窮危之所在也，民安得勿避」，此云「安利之所在，安得勿就」，兩文

亦相對。○先慎曰：「解舍完」三字不當有，應增「二」「者」字。下「行貨賂而襲當塗者則求得」，正有「者」字，此不當少一字。

是以公民少而私人衆矣。夫明王治國之政，使其商工游食之民少而名卑，以寡趣本務而趨末作。○先慎曰：拾補「趙」作「外」。盧文弨云：「趙」譌，舊人改。先慎按：張榜本作「減」，較舊義爲近。

今世近習之請行則官爵可買，官爵可買則商工不卑也矣，○先慎曰：張榜本無「也」字。

姦財貨賈得用於市，則商人不少矣。聚歛倍農而致尊過耕戰之士，○盧文弨曰：「致尊過」三字，舊作「不貴」，今從張。○顧廣圻曰：藏本同。今本作「不貴」，誤。

則耿介之士寡而高價之民多矣。是故亂國之俗，其學者，則稱先王之道以籍仁義，盛容服而飾辯說，以疑當世之法而貳人主之心。其言古者，○顧廣圻曰：「古」當作「談」，上文云：「言談者爲勢於外。」

爲設詐稱，借於外力，以成其私而遺社稷之利。

其帶劍者，聚徒屬，立節操，以顯其名而犯五官之禁。○先慎曰：「五官」，謂司徒、司馬、司空、司士、司寇，典司五衆者。

其患御者，○盧文弨曰：「患」讀串。詩皇矣篇：「串夷載路」，毛傳「串，習也」，釋文云「串，本作『患』」，是其證也。俞樾曰：「患」疑是「串」字。爾雅：「串，習也。」是其證也。先慎曰：盧、俞說是。張榜本、趙爲「串」。

積於私門，盡貨賂而用重人之謁，退汗馬之勞。其商工之民，修治苦窳之器，聚弗靡之財，○顧廣圻曰：藏本同。今本「弗」作「沸」，誤。

蓄積待時而侔農夫之利。○顧廣圻曰：「牟」、「侔」同字也。

此五者，邦之蠹也。人主不除此五蠹之民，不養耿介之士，則海內雖有破亡之國，

世削滅之朝，亦勿怪矣。

顯學第五十

世之顯學，儒、墨也。儒之所至，孔丘也。墨之所至，墨翟也。自孔子之死也，有子張之

儒，有子思之儒，有顔氏之儒，有孟氏之儒，有漆雕氏之儒，有仲良氏之儒，○盧文弨曰：「良」，張

本作「梁」。顧廣圻曰：藏本「良」作「梁」，按「梁」、「良」同字也。有孫氏之儒，○顧廣圻曰：「孫」，孫卿也。難三篇

云：「燕子噲賢子之而非孫卿。」有樂正氏之儒。自墨子之死也，有相里氏之墨，有相夫氏之墨，○先

慎曰：「意林」「夫」作「芬」。孫詒讓云：蒲阪圓引山仲質云：「相夫」，一本作『祖夫』。」案廣韻二十「陌伯」字注云：「韓子

有伯夫氏，墨家流。」則古本「相」或作「伯」，山氏所見本作「祖夫」，疑即「伯夫」之誤。〔「相」，或當爲「柏」之誤，古「柏」、

「伯」聲同字通。〕有鄧陵氏之墨。故孔、墨之後，儒分爲八，墨離爲三，取舍相反不同，○先慎曰：

「相反不同」，語意重複。蓋一本作「相反」，一本作「不同」，校者旁注於下，刊時失刪耳。而皆自謂真孔、墨，○先慎曰：北

墨不可復生，○先慎曰：乾道本不重「孔墨」三字。顧廣圻云：今本「不」上更有「孔墨」三字，按當有。先慎按：

堂書鈔九十六引重「孔墨」三字，今據增。將誰使定後世之學乎？○先慎曰：乾道本無「後」字，據張榜本、趙本

補。孔子、墨子俱道堯、舜，而取舍不同，皆自謂真堯、舜；堯、舜不復生，將誰使定儒、墨之誠乎？殷、周七百餘歲，虞、夏二千餘歲，而不能定儒、墨之真，今乃欲審堯、舜之道於三千歲之前，意者其不可必乎！無參驗而必之者，愚也；弗能必而據之者，誣也。故明據先王，必定堯、舜者，非愚則誣也。愚誣之學，雜反之行，○先慎曰：乾道本「反」下無「之」字，顧廣圻云：「今本有『之』字，按當有。」今據增。明主弗受也。

墨者之葬也，冬日冬服，夏日夏服，桐棺三寸，服喪三月，○盧文弨曰：墨子公孟篇作「三日」，淮南齊俗篇與此同。先慎曰：北堂書鈔九十二、御覽五百五十五引此作「三日」，「服」作「執」。世主以為儉而禮之。○先慎曰：乾道本「世」下無「主」字。盧文弨云：「主」字脱，據下文補。先慎按：北堂書鈔、御覽引有「主」字，今據補。儒者破家而葬，○先慎曰：北堂書鈔、御覽引有「賃子而償」四字。服喪三年，大毀扶杖，世主以為孝而禮之。夫是墨子之儉，將非孔子之侈也；是孔子之孝，將非墨子之戾也。今孝戾侈儉俱在儒、墨，而上兼禮之。

漆雕之議，○先慎曰：上有「漆雕之儒」，此別一人。不色撓，不目逃，行曲則違於臧獲，行直則怒於諸侯，世主以為廉而禮之。宋榮子之議，○顧廣圻曰：荀子正論篇云：「子宋子曰：『見侮人之不辱，使人不鬭。』」又天論、解蔽皆云：「宋子」。漢書藝文志宋子十八篇，在小說家，云：「孫卿道宋子，其言黃、老意。」先慎曰：莊子逍遙遊：「宋榮子猶然笑之」，且舉世譽之而不加勸，舉世非之而不加沮，定乎内外之分，辯乎榮辱之竟。」釋文：「宋榮子，司馬、李云：『宋國人也。』崔云：『賢者也。』」「宋榮」即宋鈃，「榮」「鈃」偏旁相通，月令「腐草爲螢」呂覽淮南作

「蚈」。「榮」之爲「鈃」「猶」「螢」之爲「蚈」也。

設不鬥爭，○先慎曰：「設」疑「語」譌。取不隨仇，不羞囹圄，

見侮不辱，世主以爲寬而禮之。夫是漆雕之廉，將非宋榮之恕也；是宋榮之寬，將非漆雕

之暴也。今寬廉恕暴俱在二子，人主兼而禮之。自愚誣之學、雜反之辭爭，而人主俱聽之，

故海內之士言無定術，行無常議。○顧廣圻曰：藏本同。今本「議」[二]作「儀」，誤。夫冰炭不同器而

久，寒暑不兼時而至，雜反之學不兩立而治。今兼聽雜學繆行同異之辭，安得無亂乎！聽行

如此，其於治人，又必然矣。今世之學士○盧文弨曰：「今」下當分段。語治者，多曰：「與貧窮

地以實無資。」今夫與人相若也，○先慎曰：乾道本「若」作「善」，下同。俞樾云：「善」字皆「若」字之誤。「與

人相若也」，猶曰鈞是人也。俗書「若」字作「善」，兩形相似而誤。先慎按：張榜本「善」字作「若」，不誤，

今據改。無豐年旁入之利，而獨以完給者，非力則儉也；與人相若也，無饑饉疾疚禍罪之殃，

○先慎曰：拾補「疚」作「疫」。張榜本作「惰」下同，今據改。獨以貧窮者，非侈則惰也。○先慎曰：乾道本

「惰」作「墮」。盧文弨云：「疚」，舊人改「疫」。侈而惰者貧，而力而儉者富。今上徵歛於富人以布施於

貧家，是奪力儉而與侈惰也，而欲索民之疾作而節用，不可得也。今有人於此，義不入危城，

［二］　「議」，原本作「義」，據顧氏韓非子識誤改。

不處軍旅，不以天下大利易其脛一毛，世主必從而禮之，貴其智而高其行，以爲輕物重生之士也。夫上所以陳良田大宅，設爵祿，所以易民死命也；〇先慎曰：乾道本「宅」作「澤」。顧廣圻云：藏本、今本「澤」作「宅」。先慎按：作「宅」是，今據改。内儲説上篇云「賜之上田上宅」，是其證。今上尊貴輕物重生之士，而索民之出死而重殉上事，不可得也。藏書策，習談論，聚徒役，服文學而議説，世主必從而禮之，曰：「敬賢士，先王之道也。」夫吏之所税，耕者也；而上之所養，學士也。耕者則重税，學士則多賞，而索民之疾作而少言談，不可得也。立節參民，〇顧廣圻曰：藏本、今本「民」作「明」。執操不侵，怨言過於耳，必隨之以劍，世主必從而禮之，以爲自好之士。夫斬首之勞不賞，而家鬪之勇尊顯，而索民之戰距敵而無私鬪，不可得也。國平則養儒俠，難至則用介士，所養者非所用，所用者非所養，此所以亂也。且夫人主於聽學也，〇先慎曰：「官」藏本、今本「主」下有「之」字，今本「於聽」作「聽於」，皆誤。張榜本、趙本作「而官」，誤倒。而，「官」張榜本、趙本作「而官」，誤倒。若是其言，宜布之官而用其身；若非其言，宜去其身而息其端。今以爲是也而弗布於官，以爲非也而不息其端。是而不用，非而不息，亂亡之道也。澹臺子羽，〇盧文弨曰：「澹」下當分段。宰予之辭，君子之容也，〇盧文弨曰：「久」字，藏本無，下同。仲尼幾而取之，與處久而行不稱其貌。〇顧廣圻曰：藏本同。今本「處」下有「久」字。故孔子雅而文也，仲尼幾而取之，與處而智不充其辯。〇顧廣圻曰：

曰:「以容取人乎,失之子羽;以言取人乎,失之宰予。」故以仲尼之智而有失實之聲。

今之新辯濫乎宰予,而世主之聽眩乎仲尼,爲悦其言,因任其身,則焉得無失乎!是以魏任

孟卯之辯而有華下之患,○先慎曰:「華下」即華陽。事在秦武王三十四年〔二〕,魏安釐王四年。趙任馬服

之辯而有長平之禍,○先慎曰:「平」誤「年」。此二者任辯之失也。夫視鍛錫而察青黃,區冶

不能以必劍;○顧廣圻曰:「區」他書又作「歐」。先慎曰:「區」、「歐」古通。周禮司烜氏職文云:「凡金多錫

則刃白。」考工記:「六齊,視錫之品數以爲上下。」故治劍必鍛以錫,然色之青黃仍不能決其劍之利鈍。水擊鵠雁,

陸斷駒馬,則臧獲不疑鈍利。發齒吻形容,○王先謙曰:按五字不成句。形容在外,不待發也。「吻」下當

有二字,與「視鍛錫」句相配,而今奪之。伯樂不能以必馬;授車就駕而觀其末塗,則臧獲不疑駑良。

觀容服,聽辭言,仲尼不能以必士;試之官職,課其功伐,則庸人不疑於愚智。故明主之

吏,宰相必起於州部,猛將必發於卒伍。夫有功者必賞,則爵禄厚而愈勸;遷官襲級,則官

職大而愈治。夫爵禄大而官職治,王之道也。磐石千里,○盧文弨曰:「磐」下當分段。不可謂

富;象人百萬,○盧文弨曰:「象人」或作「俑言」,韓詩外傳四作「愚民」。先慎曰:「象人」即俑人也。孟子

〔一〕據史記,當爲秦昭王三十四年。

曰：「始作俑者，其無後乎。」謂其象人而用之也。作「象人」是。不可謂強。石非不大，數非不衆也，○先慎曰：「數」當作「象人」二字，上下文可證。而不可謂富強者，磐不生粟，○顧廣圻曰：「磐」下當有「石」字。象人不可使距敵也。今商官技藝之士，亦不墾而食，是地不墾與磐石一貫也。儒俠毋軍勞顯而榮者，則民不使，○王先謙曰：「顯而」當作「而顯」。與象人同事也。夫禍知磐石象人，○顧廣圻曰：「禍知」當作「知禍」。此以「知禍」與下句「不知禍」相對也。而不知禍商官儒俠為不墾之地，不使之民，不知事類者也。故敵國之君王○盧文弨曰「故」下似當分段。雖說吾義，吾弗入貢而臣，關內之侯雖非吾行，吾必使執禽而朝。是故力多則人朝，力寡則朝於人，故明君務力。夫嚴家無悍虜，○顧廣圻曰：李斯列傳引「悍」作「格」。而慈母有敗子，吾以此知威勢之可以禁暴，而德厚之不足以止亂也。夫聖人之治國，○盧文弨曰：「夫」下當分段。不恃人之為吾善也，而用其不得為非也。恃人之為吾善也，境內不什數；用人不得為非，○乾道本無「為」字，顧廣圻云：「今本『得』下有『為』字。今據補。」一國可使齊。○顧廣圻曰：五字為一句。為治者用眾而舍寡，○先慎曰：意林、御覽本同。今本「者」作「也」，誤。下同。故不務德而務法。夫必恃自直之箭，百世無矢；○先慎曰：意林、御覽九百五十二引「恃」作「待」，下同。「矢」下有「矢」字。案困學紀聞卷十引作「恃」，與此合。恃自圜之木，千世無輪矣。○盧文弨曰：「世」張本作「歲」。先慎曰：意林、御覽引亦作「歲」。困學紀聞引仍作「世」，與此合。自直之

箭,自圜之木,百世無有一,然而世皆乘車射禽者何也?隱栝之道用也。○先慎曰:「栝」,張榜本、趙本作「括」,説見前難勢篇〔一〕。雖有不恃隱栝○先慎曰:「雖有」二字衍。○先慎曰:「有」當作「恃」。良工弗貴也。何則?乘者非一人,射者非一發也。不恃賞罰而恃自善之民,明主弗貴也。何則?國法不可失,而所治非一人。故有術之君,不隨適然之善,「適然」,謂偶然也。而行必然之道。今或謂人曰:○盧文弨曰:「今」下當分段。「使子必智而壽。」則世必以爲狂。○張榜曰:「狂」與「誑」同。夫智,性也;壽,命也。性命者,非所學於人也。○王渭曰:句有誤。○先慎曰:張榜本、趙本「諭」皆作「喻」。以人之所不能爲説人,此世之所以謂之爲狂也。謂之不能然,則是諭也。夫諭,性也。○先慎曰:乾道本無「義」字,顧廣圻云:「今本『仁』下有『義』字,按依下文當有。」今據補。以仁義教人,○先慎曰:乾道本無「人」字,顧廣圻云:「今『人』字脱,一本有。」今據補。是以智與壽説人也,有度之主弗受也。故善毛嗇、西施之美,○先慎曰:拾補「嗇」作「嬙」。盧文弨云:藏本作「廧」。顧廣圻云:藏本作「廧」,是也。今本作「嬙」,誤。按左昭三年傳釋文:「嬪廧,本又作『嬙』。」哀元年:「妃嬙,本又作『廧』。」「嬙」在説文新附。先慎按:藝文類聚五十二、御覽六百二十四、七百十九引並作「嬙」。無

〔一〕「難勢篇」原本作「難勢篇下」。「下」字顯爲衍文,今刪。

益吾面；用脂澤粉黛，則倍其初。言先王之仁義，無益於治；明吾法度，必吾賞罰者，亦國之脂澤粉黛也。故明主急其助而緩其頌，故不道仁義。今巫祝之祝人曰：「使若千秋萬歲。」千秋萬歲之聲聒耳，○先慎曰：乾道本上「歲」字與下「秋」字互易，是也。今本二「秋」字皆作「歲」，誤。戰國策云：「千歲」譌，下同。「括」藏本作「聒」。顧廣圻云：藏本下「秋」字與上「歲」字互易，是也。先慎按：此當讀「使若千秋萬歲」句，「千秋萬歲之聲聒耳」句。張榜本作「聒」是，今據改。犀首跪行為儀千秋之祝。藏本「括」作「栝」，案當作「聒」。而一日之壽無徵於人，此人所以簡巫祝也。今世儒者之說人主，不言今之所以為治，而言上古之傳譽，先王之成功。儒者飾辭曰：○先慎曰：乾道本「言」作「善」，今據張榜本、趙本改。顧廣圻云：藏本、今本「釋」作「飾」，今本「儒」下有「者」字。按句有誤。先慎按：有「者」字是，「釋」當作「飾」，今據增改。「聽吾言則可以霸王。」此說者之巫祝，有度之主不受也。故明主舉實事，去無用，不道仁義者故，○盧文弨曰：「者」字，舊人刪。顧廣圻曰：「者」字當衍。俞樾曰：「者」字，與古「諸」通。禮記郊特牲云「或諸遠人乎」，儀禮士虞禮注引作「或者遠人乎」，是其證。廣雅釋言：「諸，之也。」「不道仁義諸」，「之」「諸」互用，古書多有，禮記少儀篇「申之面，拖諸帶」，孟子滕文公篇注「諸海注之江」，皆是也。大戴記將軍文子篇「道者孝弟，說之以義，而觀諸體者與」，「諸」並猶「之」也。「者」為衍，而以「故」字屬下讀，失其義矣。不聽學者之言。今不知治者○盧文弨曰：「今」下當分段。必

曰：「得民之心。」欲得民之心而可以爲治，則是伊尹、管仲無所用也，將聽民而已矣。民智之不可用，猶嬰兒之心也。夫嬰兒不剔首則腹痛， 謔。素問癰論：「病極則復。」「復」與「複」通。說文：「複，重也。」今皆以「複」爲之。○先慎曰：「腹」乃「復」字之不揗痤則浸益。 謂癰也。 齇，威而潰之，披齇也。○先慎曰：「揗」字不見於字書。下作「揗」，亦後起之字。注作「齇」，是也。說文：「副，判也。周禮曰：『副，辜祭。』籀文作『疈』。」今周禮「副」亦作「疈」，「副」、「疈」同。古本韓子作「疈」，或改作「副」，寫者又誤加手旁，校者又於下文去刀旁，展轉譌誤，遂不成字，幸注文猶存真。又案：注「威」字，當爲「痤」之譌。「披齇」三字亦倒。下「揗」，張榜本、趙本作「揗」，非。

剔首、揗痤必一人抱之，慈母治之，然猶啼呼不止，嬰兒子不知犯其所小苦，致其所大利也。今上急耕田墾草以厚民產也，而以上爲酷；修刑重罰以爲禁邪也，而以上爲嚴；徵賦錢粟以實倉庫，且以救饑饉、備軍旅也，而以上爲貪， ○先慎曰：乾道本無「上」字。顧廣圻云：今本「以」下有「上」字。先慎按：有「上」字是，上下文皆有，乾道本脫，從今本增。 境內必知介而無私解， ○顧廣圻曰：藏本同。今本作「境內教戰陣閱士卒」，誤。按「境內必知」者，八說篇云「此其臣有姦者必知」，又云「而務必知之術也」，是其義。「介」當作「分」。「分而無私」者，制分篇云「宜務分刑賞爲急」，又云「亡者其制刑賞不分也」云云，是其義。「解」字上下當有脫文。○盧文弨曰：凌本作「知之而不悅也」，并注云：「謂民不悅也。」 并力疾鬥，所以禽虜也，而以上爲暴。 此四者所以治安也，而民不知悅也。

夫求聖通之士者，爲民知之不足師用。昔禹決江濬河，而民聚瓦石；子產開畝樹

桑，鄭人謗訾。禹利天下，子産存鄭，皆以受謗，夫民智之不足用亦明矣。故舉士而求賢智，爲政而期適民，皆亂之端，未可與爲治也。○先慎曰：乾道本無「士者」至「治也」七十六字。顧廣圻云：藏本、今本有，未詳所出。先慎按：御覽九百五十五、事類賦二十五引並有「子産開畝樹桑，鄭人謗訾」二句，是宋本不盡脱也。今據藏本補。趙本「而民聚瓦石」下并有注云「有以擊禹也」五字。張榜本末句「可與」作「可以」。

韓非子集解卷第二十

忠孝第五十一

人主第五十二

飭令第五十三

心度第五十四

制分第五十五

忠孝第五十一

天下皆以孝悌忠順之道爲是也，而莫知察孝悌忠順之道而審行之，是以天下亂。○先慎曰：一本「弑」作「亂」。盧文弨云：「亂」藏本作「弑」。皆以堯、舜之道爲是而法之，是以有弑君，○先慎曰：乾道本「父」上有「於」字。顧廣圻云：今本無「於」字，誤。先慎案：「弑君」、「曲父」相對，「於」字不當有，據今本刪。下「舜見瞽瞍，其容造焉」，即承「曲父」言。有曲父。堯、舜、湯、武或反君臣之義，亂後世之教者

也。堯爲人君而君其臣，舜爲人臣而臣其君，○先謙曰：此爲燕子之事而發。湯、武爲人臣而弑其主，刑其尸，○先愼曰：乾道本無「爲」字，盧文弨云：「『爲』字脫，藏本有。」今據補。而天下譽之，此天下所以至今不治者也。夫所謂明君者，能畜其臣者也；所謂賢臣者，能明法辟、治官職，以戴其君者也。今堯自以爲明而不能以畜舜，舜自以爲賢而不能以戴堯，湯、武自以爲義而弑其君長，此明君且常與而賢臣且常取也。故至今爲人子者有取其父之家，爲人臣者有取其君之國者矣。父而讓子，君而讓臣，此非所以定位一教之道也。臣之所聞曰：「臣事君，子事父，妻事夫，三者順則天下治，三者逆則天下亂。此天下之常道也，明王賢臣而弗易也。」則人主雖不肖，臣不敢侵也。今夫上賢任智無常，○王先謙曰：「常」，上文所謂「常道」也。逆道也；而天下常以爲治，是故田氏奪呂氏於齊，戴氏奪子氏於宋。此皆賢且智也，豈愚且不肖乎？是廢常、上賢則亂，舍法、任智則危。故曰：「上法而不上賢。」記曰：「舜見瞽瞍，其容造焉。」「造」，愁貌也。○先愼曰：「造」與「蹙」通，見孟子萬章篇。孔子曰：「當是時也，危哉！天下岌岌，有道者，父固不得而子，君固不得而臣也。」○先愼曰：「末」，張、凌本作「未」。韓非自謂。孔子本未知孝悌忠順之道也。○先愼曰：拾補「未」下旁注「末」字。盧文弨云：「末」、凌本作「末」。然則有道者進不得爲臣主，退不得爲父子耶？○先愼曰：乾道本兩「不」字下皆無「得」字，盧文弨云：「得」字脫，張、凌本

有。先慎按：有「得」字是，今據補。「臣主」當作「主臣」。言進不得爲主之臣，退不得爲父之子也。父之所以欲有

賢子者，家貧則富之，父苦則樂之。君之所以欲有賢臣者，國亂則治之，主卑則尊之。今有

賢子而不爲父，則父之處家也苦；有賢臣而不爲君，則君之處位也危。然則父有賢子，君

有賢臣，適足以爲害耳，豈得利焉哉！○盧文弨曰：「焉哉」二字舊作「哉焉」，張本作「焉哉」，顧廣圻曰：藏本同。

今本「焉哉」作「哉焉」，誤。先慎曰：趙本無「焉」字，據誤本而刪之也。「哉」字句絕，「焉」字屬下

讀，盧、顧說非。所謂忠臣不危其君，孝子不非其親，今舜以賢取君之國，而湯、武以義放弒其

君，此皆以賢而危主者也，而天下賢之。古之烈士，進不臣君，退不爲家，是進則非其君，退

則非其親者也。且夫進不臣君，退不爲家，亂世絕嗣之道也。是故賢堯、舜、湯、武而是烈

士，天下之亂術也。瞽瞍爲舜父而舜放之，象爲舜弟而殺之。○先慎曰：依上文，「殺」上當有「舜」

字。放父殺弟，不可謂仁；妻帝二女而取天下，不可謂義。仁義無有，不可謂明。詩云：

「普天之下，莫非王土；率土之濱，莫非王臣。」信若詩之言也，是舜出則臣其君，入則臣其

父，妾其母，妻其主女也。故烈士內不爲家，亂世絕嗣；而外矯於君，朽骨爛肉，施於土地，

○先慎曰：施，陳也。流於川谷，不避蹈水火，使天下從而效之，是天下偏死而願夭也，此皆釋世

而不治是也。世之所爲烈士者，雖衆獨行，○王渭曰：「雖」當作「離」。四字爲一句。取異於人，爲恬

淡之學，而理恍惚之言。臣以爲恬淡，無用之敎也；恍惚，無法之言也。言出於無法，敎出於無用者，〇先愼曰：乾道本「敎」作「數」。盧文弨云：「『數』張本作『敎』。」顧廣圻云：「藏本『數』作『敎』，案依上文是也。」今據改。天下謂之察。臣以爲人生必事君養親，事君養親不可以恬淡，〇顧廣圻曰：藏本同。今本無「之人」二字，按此不當有。〇先愼曰：「之人」當作「人生」，屬下讀。上文「人生必事君養親」此作「人生必言論忠信法術」。「人生」誤作「之人」趙本不思其誤，從而删之，非也。之人〇先愼曰：乾道本無「之人」二字，今據補。人生必言論忠信法術，〇先愼曰：乾道本無「之」字，顧廣圻云：「今本『誹』上有『是』字，按依上文當有。」今據補。非其親者，知謂之不孝；〇先愼曰：乾道本無「是」字，顧廣圻云：「『誹』上有『之』字，是。今依上文不當有「以」字。言論忠信法術不可以恍惚。恍惚之言，恬淡之學，天下之惑術也。孝子之事父也，非競取父之家也；忠臣之事君也，非競取君之國也。夫爲人子而常譽他人之親曰：「某子之親，夜寢早起，强力生財，以養子孫臣妾。」是誹謗其親者也。爲人臣常譽先王之德厚而願之，是誹謗其君者也。〇先愼曰：乾道本無「是」字，顧廣圻云：「藏本有『之』字，是。今本無『此』字。」今據删。此所以亂也。而非其君者，天下賢之。〇先愼曰：乾道本「天下」下有「此」字，顧廣圻云：「『謂』作『其』，誤。」今據補。故人臣毋稱堯、舜之賢，毋譽湯、武之伐，毋言烈士之高，盡力守法，專心於事主者爲忠臣。古者黔首悗密蠢愚，「悗」忘情貌。〇盧文弨曰：「古」下當分

段。

孫詒讓曰：爾雅釋詁：「密，靜也。」「悗密」謂忘情而靜謐也。莊子大宗師篇云：「悗〔二〕乎忘其言也。」故可以虛名取也。今民懁詗智慧，○先慎曰：「詗」，音杓政反，反間也，見漢書淮南王安傳注。近人謂「詗」當作「譎」非。欲自用，不聽上。上必且勸之以賞，然後可進；又且畏之以罰，然後不敢退。而世皆曰：「許由讓天下，賞不足以勸；盜跖犯刑赴難，罰不足以禁。」○先慎曰：乾道本無「罰」字，顧廣圻云：「今本『不』上有『罰』字，按依上文當補。」今據增。臣曰：未有天下而無以天下爲者，許由是也；已有天下而無以天下爲者，堯、舜是也。毀廉求財，犯刑趨利，忘身之死者，盜跖是也。此二者，殆物也。○先慎曰：拾補「二」字下旁注「三」字。盧文弨云：「三」，藏本作「二」，蓋唯指許由、盜跖言。先慎按：〔三〕趙本譌作「三」，下仍作「二」，不誤。治國用民之道也，不以此二者爲量。治也者，治常者也；道也者，道常也。殆物妙言，治之害也。天下太平之士，○先慎曰：乾道本「士」上無「之」字，依下文當有，據藏本、今本增。顧廣圻云：「平」當作「上」，見下文。○先慎曰：乾道本「以」下有「爲」字，盧文弨云：「以」下『爲』字，張本無。顧廣圻云：「『爲』字當衍。」今據刪。不可以賞勸也；天下太平之士，○顧廣圻曰：「平」當作「上」，見下文。不可以刑禁也。然爲太上士不設賞，爲太下士不設刑，則

〔二〕「悗」，原本作「悦」，據莊子改。

治國用民之道失矣。故世人多不言國法而言從橫。諸侯言從者曰○顧廣圻曰：「侯」字當衍。

「從成必霸」，而言橫者曰「橫成必王」。山東之言從橫未嘗一日而止也，然而功名不成，霸

王不立者，虛言非所以成治也。王者獨行謂之王，是以三王不務離合，○顧廣圻曰：而止

五霸不待從橫，○顧廣圻曰：句絕。「止」字當衍，即「王」之形近而複誤耳。先慎曰：趙本「止」作「正」，「橫」下有

「而」字，句讀亦異。蓋趙用賢改增以成其義也。察治內以裁外而已矣。○顧廣圻曰：九字爲一句。

人主第五十二

人主之所以身危國亡者，大臣太貴，左右太威也。○先慎曰：拾補「威」下旁注「戚」字。盧文弨

云：「戚」張本作「威」。顧廣圻云：藏本同。今本「威」作「戚」，誤。所謂貴者，無法而擅行，操國柄而便私

者也。所謂威者，擅權勢而輕重者也。此二者，不可不察也。夫馬之所以能任重引車致遠

道者，以筋力也。萬乘之主、千乘之君所以制天下而征諸侯者，以其威勢也。威勢者，人主

之筋力也。今大臣得威，左右擅勢，是人主失力；人主失力而能有國者，千無一人。虎豹

之所以能勝人執百獸者，以其爪牙也；當使虎豹失其爪牙，則人必制之矣。○先慎曰：趙本

「當」作「而」。

盧文弨云：「而」，張本作「當」。顧廣圻云：藏本同。今本「當」作「而」，誤。今勢重者，人主之爪

牙也，君人而失其爪牙，虎豹之類也。宋君失其爪牙於子罕，簡公失其爪牙於田常，而不蚤

奪之，故身死國亡。今無術之主，皆明知宋、簡之過也，而不悟其失，不察其事類者也。且法

術之士與當途之臣不相容也。何以明之？主有術士，則大臣不得制斷，近習不敢賣重，大臣

左右權勢息，則人主之道明矣。今則不然，其當途之臣得勢擅事以環其私，○先慎曰：「環」讀

為「營」。說文引本書「自營為私」，五蠹篇作「自環為私」，與此同，即其證。左右近習朋黨比周以制疏遠，則法

術之士奚時得進用，人主奚時得論裁？故有術不必用，而勢不兩立，法

君人者非能退大臣之議而背左右之訟，獨合乎道言也，則法術之士安能蒙死亡之危而進說

乎！此世之所以不治也。　明主者○先慎曰：趙本「主」作「王」。　推功而爵祿，稱能而官事；所舉

者必有賢，所用者必有能；賢能之士進，○先慎曰：乾道本「賢」下有「用」字，顧廣圻云：「藏本、今本無

『用』字。」今據刪。　則私門之請止矣。夫有功者受重祿，有能者處大官，則私劍之士安得無離於

私勇而疾距敵，○先慎曰：「疾」下當有「於」字，此與下「務於清潔」文正相對。　游宦之士焉得無撓於私門

而務於清潔矣。　此所以聚賢能之士，而散私門之屬也。　今近習者不必智，人主之於人也或

有所知而聽之，○先慎曰：「知」讀為智。與下「或有所賢」句相對。孤憤篇正作「智」。　入因與近習論其言，

聽近習而不計其智，是與愚論智也。其當途者不必賢，人主之於人或有所賢而禮之，人因與當途者論其行，聽其言而不用賢，是與不肖論賢也。故智者決策於愚人，賢士程行於不肖，○先慎曰：「程」，量也。則賢智之士奚時得用，而人主之明塞矣。○先慎曰：乾道本「而」作「以」，改從趙本。昔關龍逢説桀而傷其四肢，○盧文弨曰：「肢」張本作「支」。王子比干諫紂而剖其心，子胥忠直夫差而誅於屬鏤。此三子者，爲人臣非不忠，而説非不當也。然不免於死亡之患者，主不察賢智之言，而蔽於愚不肖之患也。○先慎曰：乾道本無「於」字，顧廣圻云：「今本『蔽』下有『於』字。」今據補。今人主非肯用法術之士，聽愚不肖之臣，則賢智之士孰敢當三子之危而進其智能者乎！此世之所以亂也。

飭令第五十三

○盧文弨曰：「飭」，張本作「飾」，古通用。顧廣圻曰：此篇皆商子靳令篇文。先慎曰：秦本商子作「飭」，與此同。

飭令則法不遷，○先慎曰：商子「法不遷」作「治不留」。法平則吏無姦。法已定矣，不以善言售法。○先慎曰：「售」當作「害」，形近而誤。商子作「害」，是其證。任功則民少言，任善則民多言。行法曲斷，○顧廣圻曰：「曲」當作「由」。先慎曰：商子亦誤作「曲」。以五里斷者王，能參驗五里，然後斷定其罪，如此

者王也。○先慎曰：此謂行法之速也。「五里斷」「九里斷」，皆對「宿治」言，舊注非。以九里斷者强，既王且强〔二〕。

○先慎曰：行九里而斷，較五里爲遲矣，然亦能斷，則其國必强。舊注并王而言，誤。商子「九」作「十」。宿治者削。

「宿」，置也。若委置其法，則必削。以刑治，以賞戰。○顧廣圻曰：三字爲一句，見商子。國無姦民，厚禄以周術。○顧廣圻

曰：藏本、今本「周」作「用」。按句有誤。「周術」，商子作「自伐」。○先慎曰：乾道本作「行都

之過」。顧廣圻云：今本作「國無姦民」。先慎按：商子正作「國無姦民」，今據改。則都無姦市。○先慎

「市」，商子作「示」。先慎曰：乾道本「末」作「者」，顧廣圻云：「今本『者』作『末』。」今

據改。農弛姦勝，則國必削。民有餘食，使以粟出爵，必以其力，則震不怠。○顧廣圻曰：「震」當

作「農」，見商子。先慎曰：上「爵」字當重，商子作「官爵」，亦重，是其證。三寸之管毋當，不可滿也。雖受不

多，然當無則不可滿也。○先慎曰：意林「毋」作「無」。商子「三寸」作「四寸」，「毋」亦作「無」。注「當無」二字誤。

爵出利禄不以功，是無當也。國以功授官與爵，此謂以成智謀，以威勇戰，其國無敵。國以功授官與爵，則治見

爲盛。「威」當作「成」，亦讀爲盛。商子靳令篇作「盛」，去强篇作「成」。授官

者省，言有塞，○顧廣圻曰：「見」字當衍，「有」當作「者」。商子作「則治省言寡」。此謂以治去治，以言去

〔二〕「强」，原本作「張」，形近而誤，據文義改。

言。以功與爵者也，故國多力而天下莫之能侵也。兵出必取，取必能有之；案兵不攻必當。○顧廣圻曰：「當」當作「富」，見商子。朝廷之事，小者不毀，○先慎曰：「小」商子「小」作「少」。下有「多者不損」句，疑此脫。效功取官爵，廷雖有辟言，不得以相干也，○先慎曰：「辟言」，即上「善言」也。商子「辟」作「辯」。是謂以數治。以力攻者，出一取十；以言攻者，出十喪百。國好力，此謂以難攻；國好言，此謂以易攻。其能勝其害，○王渭曰：此以下皆當依本書用人篇改正。顧廣圻曰：用人篇云：「人臣皆宜其能勝其官。」輕其任，而道壞餘力於心，○顧廣圻曰：「道壞」用人云「莫懷」。莫負乘官之責於君，○顧廣圻曰：「乘官」用人云「兼官」。故莫訟；使士不兼官，故技長；使人不同功，故莫爭。○顧廣圻曰：此五字涉上文而衍。內無伏怨，使明者不相干，○顧廣圻曰：用人云「相干」。言此謂易攻。多賞輕刑，上不愛民，民不死賞。○先慎曰：乾道本「民」下無「不」字，顧廣圻云：「今本「民」下有「不」字，按此當有。」改從今本。重刑少賞，上愛民，民死賞。○先慎曰：「上愛民」即下「以刑去刑」義。利出一空者，○顧廣圻曰：「空」讀為孔。其國無敵；利出二空者，其兵半用；利出十空者，民不守。重刑明民，大制使人，則上利。○王先謙曰：平日重刑，俾民知上指，臨事又大為禁制以使之。行刑重其輕者，輕者不至，○乾道本「至」下重「至」字，顧廣圻云：今本不重「至」字，按此不當有。先慎案：商子亦不重，今據刪。重者不來，此謂以刑去刑。○先慎曰：此下當有「其國必強」四字，

與下「其國必削」對文。**罪重而刑輕，**○盧文弨曰：「刑輕」二字，張本倒，下同。**刑輕則事生，此謂以刑致刑，其國必削。**

聖人之治民，度於本，不從其欲，期於利民而已。故其與之刑，非所以惡民，愛之本也。刑勝而民靜，賞繁而姦生。故治民者，刑勝治之首也，賞繁亂之本也。夫民之性，喜其亂而不親其法。○顧廣圻曰：「喜其亂」藏本同。今本無「其」字，誤。故治民者，禁姦於未萌；而用兵者，服刑則民親法。勸功則公事不犯，親法則姦無所萌。故治民者，禁先其本者治，兵戰其心者勝。聖人之治民也，先治者強，先戰者勝。夫國事戰於民心。禁先其本者治，兵戰其心者勝。聖人之治民也，先治者強，先戰者勝。夫國事務先而一民心，專舉公而私不從，賞告而姦不生，明法而治不煩。能用四者強，不能用四者弱。夫國之所以強者，政也；主之所以尊者，權也。故明君有權有政，亂君亦有權有政，積而不同，其所以立異也。故明君操權而上重，一政而國治。故法者，王之者也；○顧廣圻曰：藏本、今本「者」作「本」。按當作「自」。刑者，愛之自也。夫民之性惡勞而樂佚，佚則荒，荒則不治，不治

則亂，而賞刑不行於天下者必塞。○王渭曰：「亂」字當更有。「賞」字衍。顧廣圻曰：「天」字當衍。「塞」字有誤，未詳。故欲舉大功而難致而力者，大功不可幾而舉也，○顧廣圻曰：藏本、今本「致」下無「而」字，按當作「其」。欲治其法而難變其故者，民亂不可幾而治也。○先慎曰：「欲治其法」當作「欲治民亂」。上言「欲舉大功而難致其力者，大功不可幾而舉也」，此言「欲治民亂而難變其故者，民亂不可幾而治也」。「舉大功」「治民亂」相對爲文。故治民無常，唯治爲法。○王先謙曰：當作「唯法爲治」，文誤倒。法與時轉則治，治與世宜則有功。○先慎曰：乾道本「治與」作「與世」，顧廣圻云：「世知」二字舊無，張本有。顧廣圻曰：藏本、今本「與世」作『治與』。今據改。故民樸而禁之以名則治，世知維之以刑○盧文弨曰：「世知」二字衍。顧廣圻云：趙本有「世」字，無「知」字，亦非。○顧廣圻曰：「治」二字誤，未詳所當無「世知」二字，誤。按「知」讀爲智，下當有「而」字。先慎曰：趙本有「世」字，無「知」字，亦非。今本作。王先謙曰：「治不易」當作「法不易」。「能治衆」「治」字當衍。○顧廣圻曰：藏本、今本下「治」字作「也」。按此字衍。則從。○王先謙曰：二字上屬，顧讀誤。時移而治不易者亂，能治衆而禁不變者削。○顧廣圻曰：「能衆」，即下「能耕」「能戰」是也。故聖人之治民治，○顧廣圻曰：藏本同。今本下「治」字作「也」。按此字衍。法與時移而禁與能變。○顧廣圻曰：藏本同。今本「能」作「治」，誤。能越力於地者富，○顧廣圻曰：「越」當作「趨」。下句「能起力」「起」亦當作「趨」。能起力於敵者強，強不塞者王。故王道在所聞，○顧廣圻曰：藏本同。今本「聞」作「開」。按當作「閉」，下文云「能閉外塞私」。在所塞，塞其姦者必王。故王術不恃外之不亂也，恃其不可亂也。恃外不

亂而治立者削，〇顧廣圻曰：「治」當作「始」。恃其不可亂而行法者興。故賢君之治國也，適於不亂之術。〇先慎曰：乾道本「適」上有「敵」字。顧廣圻云：藏本、今本無「敵」字。按當云「道於不可亂之術」。先慎按：「敵」即「適」之誤而衍者，據藏本、今本刪。貴爵則上重，故賞功爵任而邪無所關。〇先慎曰：飭令篇「辟言不得以相干」即其義。好力者其爵貴，爵貴則上尊，上尊則必王。國不事力而恃私學者，其爵賤，爵賤則上卑，上卑者必削。故立國用民之道也，〇先慎曰：「也」字衍。能閉外塞私而上自恃者，王可致也。

制分第五十五

夫凡國博君尊者，〇顧廣圻曰：「夫」當作「大」。未嘗非法重而可以至乎令行禁止於天下者也。〇顧廣圻曰：「天」字當衍。是以君人者分爵制祿，則法必嚴以重之。〇顧廣圻曰：藏本、今本「制祿」作「祿制」。夫國治則民安，事亂則邦危。法重者得人情，禁輕者失事實。且夫死力者民之所有者也，情莫不出其死力以致其所欲；〇顧廣圻曰：藏本同。今本「情」上有「人」字，誤。而好惡者上之所制也，民者好利祿而惡刑罰。上掌好惡以御民力，〇先慎曰：乾道本「掌」作「賞」，顧廣圻云：

「藏本、今本『賞』作『掌』。今據改。事實不宜失矣，○王先謙曰：「不宜」乃「宜不」倒文。然而禁輕事失者，

刑賞失也。其治民不秉法爲善也，如是，則是無法也。故治亂之理，宜務分刑賞爲急。治國

者莫不有法，然而有存有亡。亡者，其制刑賞不分也。治國者，其刑賞莫不有分，有持異以

爲分，○先慎曰：乾道本「異以」作「以異」。盧文弨云：「異以」二字舊倒，今從張本。不可謂分。至於察君之

分，獨分也。是以其民重法而畏禁，願毋抵罪而不敢胥賞。○先慎曰：「胥」與「須」古今字。「須」

俟也。故曰：「不待刑賞而民從事矣。」是故夫至治之國，善以止姦爲務，是何也？○先慎曰：

乾道本無「也」字，顧廣圻云：「今本『何』下有『也』字。」今據補。其法通乎人情，關乎治理也。然則去微姦

之奈何？○顧廣圻曰：藏本、今本「之」下有「道」字，按非也，此當衍「之」字。然則微姦之法奈

何」。此篇首以「法重」發端，以下至篇末，「法」字凡十五見。此「去」亦即「法」之壞字，校者不知其誤，因移著「微姦」之

上，遂不可通矣。「微」者，「賤」之借字。說文見部云：「賤，司也。」墨子迎敵祠篇云「謹微察之」，亦以「微」爲「賤」，與此

正同。「微姦之法」，謂司察姦人之法也。「之」非衍字。藏本、今本「道」字固後人肊增，顧校亦未允。其務令之相規其

情者也。○盧文弨曰：「規」張本作「閱」。「規」讀爲閱，與下文互見[二]。「其情者也」句有誤。先慎

〔二〕「互見」，原本作「互易」，據顧氏韓非子識誤改。

曰：「微姦」之法，務令人彼此闚察其隱情也。「其務令之相規察其情者也」十字爲一句。顧氏句讀未明，故疑誤。則使相闚奈何？○先慎曰：「則」上當有「然」字，此與上「然則微姦之法奈何」句法一律。曰：蓋里相坐而已。同里有罪，罪必相坐。禁尚有連於己者，理不得相闚，○顧廣圻曰：「理」當作「里」。惟恐不得免。有姦心者不令得忘，闚者多也。如此，則慎已而闚彼，發姦之密。告過者免罪受賞，失姦者必誅連刑。○王先謙曰：誅則必，刑則連。如此，則姦類發矣。姦不容細，○顧廣圻曰：句絶。私告任坐使然也。「任」，保也。同里相保之人則坐之，故曰「任坐」。○顧廣圻曰：七字爲一句。先慎曰：乾道本注「故曰『人則』」，改從趙本。

夫治法之至明者，任數不任人。是以有術之國，不用人之譽則毋過。○先慎曰：乾道本「過」作「適」。○盧文弨云：張本作「過」。先慎按：張本作「過」是也。謂有術之國，不用人之譽則毋過。「過」即下「過形之於言者難見」之「過」。「過」與「適」形相近，乾道本因誤爲「適」。趙用賢改「則毋過」三字爲「得人之情」，誤。顧廣圻謂「適」、「敵」同字，亦未見作「過」之本，從而爲之辭也。境内必治，任數也；亡國使兵公行乎其地，而弗能圉禁者，任人而無數也。自攻者人也，攻人者數也。故有術之國，去言而任法。

凡畸功之循約者難知，○先慎曰：乾道本「難」作「雖」。○顧廣圻云：藏本、今本「雖」作「難」。先慎按：「難」字是。下文所謂「循約難知」，即承此而言，今據改。畸功，謂偏畸不當理者，如攘奪增級之類。「循約」，謂與立功之約相依循，故曰「畸功」、「虛功」也。過刑之於言者難見也，○盧文弨曰：「刑」舊校改「形」，本通用。是

以刑賞惑乎貳。所謂循約難知者，姦功也；臣過之難見者，失根也。○王先謙曰：「之」字當衍。
循理不見虛功，度情詭乎姦根，則二者安得無兩失也！是以虛士立名於內，而談者爲略於
外，故愚怯勇慧相連，而以虛道屬俗而容乎世，故其法不用，而刑罰不加乎儍人。如此，則刑
賞安得不容其二！實故有所至，○盧文弨曰：「實故」舊倒，藏本作「實故」。顧廣圻曰：藏本「二」作「貳」，是
也，上文云「刑賞惑乎貳」。今本「實故」作「故實」。按句有誤。王先謙曰：「容其」二字當衍，「故實」是也，「至」字誤。
而理失其量，量之失，非法使然也，法定而任慧也。○先慎曰：「法定」當作「釋法」。釋法而任慧
者，則受事者安得其務！務不與事相得，則法安得無失，而刑安得無煩！是以賞罰擾亂，邦
道差誤，刑賞之不分白也。○顧廣圻曰：「不分」當作「分不」。先慎曰：顧說非。「白」下脱「黑」字，用人篇
「如此則白黑分矣」，説疑篇「爲人主者誠明於臣之所言，則別賢不肖於黑白矣」，皆有「黑」字，是其證。

韓非子集解

五二四